Du même auteur

Aventurier des glaces
(avec Nicolas Dubreuil)
La Martinière, 2012
et « Points », n° P3358

Ciel d'acier
Arléa, 2015
et « Points », n° P4317

SÉQUOIAS

MICHEL MOUTOT

SÉQUOIAS

roman

ÉDITIONS DU SEUIL
*25, bd Romain-Rolland, Paris XIVe*

Pour la citation en exergue :

Herman Melville, *Moby Dick*, traduit de l'anglais (États-Unis) par Jean Giono, Lucien Jacques et Joan Smith. © Éditions Gallimard, 1941, 1996.

ISBN 978-2-02-138507-6

www.seuil.com

À Sophie, avec mon amour et ma gratitude.

À ma mère, pour « Les Raisins de la colère ».

N'empêche que les deux tiers de ce globe terraqué appartiennent aux Nantuckais. Car la mer est à eux. Ils la possèdent comme les empereurs possèdent les empires.

Herman Melville, *Moby Dick.*

You know, this is no gold fever.
This is freedom fever.

Glen LeBaron
Nome, Alaska.
Mai 2013.

1

À bord du navire baleinier américain Connecticut, *au large du Brésil*

6 octobre 1832

– Allez me chercher le petit Fleming, on va voir ce qu'il a dans le ventre.

Le capitaine Charles Tandy pose la hache avec laquelle il a découpé, en huit coups ajustés, une ouverture carrée dans le crâne du cachalot, devant l'évent. La tête de l'animal, sanglante, gluante, énorme, six mètres sur trois, a été sciée et hissée sur le pont par une douzaine d'hommes et trois palans. Le corps reste arrimé au flanc du navire par des chaînes passées autour des nageoires, entouré de plateformes de bois suspendues aux bastingages, qui permettent aux hommes de circuler pour découper la carcasse. Percée de coups de lance mortels, deux harpons y sont encore accrochés.

Dès la mise à mort, loin du baleinier, une meute de requins, ces loups des mers, s'est jetée sur le cadavre, l'a suivi jusqu'au bateau, s'est régalée du festin. Un squale approche trop près, il est repoussé à coups de perche sur le museau. Les plus gros sont harponnés. Blessés, ils deviennent des proies pour les autres qui oublient, un temps, la chair du mammifère et les dévorent dans un bouillonnement d'ailerons, de nageoires et de sang.

Sur le pont, pendant que deux marins scient la mâchoire inférieure et ses précieuses dents en ivoire, les hommes s'affairent pour récupérer le spermaceti. La cavité crânienne des gros cachalots peut contenir trois tonnes, vingt-trois barils, de cette substance blanchâtre, douce et onctueuse, qui n'est pas la semence de l'animal mais lui a valu en anglais, par erreur, le nom de « *sperm whale* ».

– Il est où, ce petit crétin ? Trouvez-le vite, n'attendons pas que ça se solidifie… Ah, le voilà. Fleming, c'est ton premier cachalot. Tu as la taille pour te glisser dans ce trou. Passe ce bout autour de ta poitrine, descends là-dedans avec ces deux seaux. Tu les remplis et les lèves bien haut au-dessus de ta tête. Et tâche de ne rien renverser !

Mercator Fleming vient d'avoir douze ans. Son père, le capitaine baleinier Stewart Fleming, a décidé qu'il savait lire, écrire, compter et devait commencer son éducation de futur officier. Pour ça, quel meilleur embarquement que le *Connecticut* ? Le capitaine Tandy est son partenaire commercial, tueur de baleines hors pair, meneur d'hommes, dur en affaires, richissime, exigeant…

Parfois trop, dit-on sur le port de Nantucket, mais ça endurcira ce garçon frêle et taciturne qui a un peu trop pleuré la mort de sa mère, emportée par la variole l'an dernier. La chasse aux monstres des profondeurs n'est pas affaire de pleurnichards. Tu pars enfant, tu reviendras homme dans un an ou deux, Mercator. Tu vas voir le monde, te mesurer à l'océan, aux cachalots, apprendre les secrets de la grande chasse, gagner le respect de l'équipage. Serre les dents, et ne me fais pas honte.

Les marins entourent la tête percée, ricanent, poussent dans le dos le jeune garçon. Le quartier-maître noue un cordage sous ses aisselles, le second l'encourage d'une tape sur les fesses.

– Tiens, prends ça entre tes dents, dit le cuistot en lui tendant un bouquet de sauge et de cannelle. Ça pue comme le cul du diable, là-dedans.

Les barriques vides attendent le spermaceti. Sous le soleil du Brésil, la bête a commencé à se décomposer. Les odeurs de putréfaction, de sang séché, de glaires fétides se mêlent. Celle qui monte de la gueule et de la cavité ouverte dans le crâne soulève le cœur.

Soudain, le capitaine attrape Mercator par les mollets, le retourne comme un pantin et, tête la première, le plonge dans l'orifice. L'adolescent écarte les bras, on lui tape dessus. Il hurle, disparaît dans le trou, avalé par le liquide tiède et visqueux, d'où montent de grosses bulles. Rires de l'équipage, qui saluent un rite de passage pour les mousses sur les baleiniers américains. Crachant, toussant, pleurant,

Mercator émerge, tente de se retenir à quelque chose, glisse sur les parois aux membranes luisantes, boit la tasse, remonte.

– Hé ! morveux, c'est pas un bain ! Attrape ces seaux et gagne ton salaire.

Le premier baquet de bois tombe à côté de lui, le second sur sa tête, les quolibets redoublent. Il s'essuie les yeux, renifle, cale ses pieds sur ce qui ressemble à un morceau d'os, saisit un seau. Il le remplit à moitié de spermaceti, le hisse sur son épaule et le tend. Une main l'empoigne.

– Pleins à ras bord, les seaux, Fleming ! Faut faire vite. Plus on attend, plus il se fige.

Le deuxième est tellement lourd qu'il lui déborde sur le crâne, l'aveugle, lui fait perdre l'équilibre, nouveau plongeon. En remontant il s'accroche à quelque chose : une poche souple, comme une glande, qui crève et libère une matière noire et visqueuse, odeur nauséabonde. Mercator se relève, tend un nouveau seau. Pas pleurer, pas pleurer. Oh mon Dieu, cette odeur… Il évite le baquet vide qu'on lui jette, commence à remplir le suivant quand son estomac se tord. La nausée monte, il lâche tout, serre les poings, ferme les yeux… Rien à faire. Juste sous l'orifice, il vomit.

– Putain, ce morveux dégueule ! Sortez-le de là avant qu'il nous pourrisse tout. Mais c'est pas vrai. Qui m'a foutu un mousse pareil ? Sortez-le, je vous dis !

Deux hommes tirent sur le bout. Mercator est soulevé en l'air, tapé à coups de perche, insulté, jeté comme un sac contre le bastingage, entre un tonneau vide et un cordage roulé.

– Tu restes là. Bouge pas. Je m'occuperai de toi quand on aura fini. Interdiction de lui donner à boire, de lui parler. Quand je vais raconter ça à son père…

Le garçon se roule en boule, l'estomac noué, les yeux au sol. Plus pleurer.

Quatre coups de hache agrandissent le trou, un jeune marin se glisse dans le crâne, récupère les seaux. Deux heures pour vider la cavité, seize tonneaux de spermaceti, belle prise.

– Bon, allumez les fourneaux, commencez à découper. Il faut sortir le reste de l'eau avant que les requins ne nous bouffent tout.

Flanquez ce freluquet dans un baril d'eau salée et amenez-le-moi au pied du grand mât. Je vais lui apprendre à gâcher la meilleure part d'un cachalot…

Avec des scies, des haches, des barres de fer, une dizaine d'hommes dépècent la tête de l'animal. Ils crèvent les yeux, raclent les joues, coupent la chair, piochent la graisse, crient, jurent, chantent, cassent à coups de masse les os de la bête. Pataugent dans le sang.

Quatre marins allument, avec des fagots et des morceaux de lard de baleine rance gardés en réserve, les feux dans les deux fours de brique qui trônent au centre du pont, surmontés d'énormes chaudrons de cuivre et de cheminées de tôle.

L'équipage se rassemble. Le quartier-maître a posé sa grosse patte sur la tête de Mercator, trempé, tremblant, les cheveux collés de spermaceti.

– Attachez-le au mât. Remontez sa chemise.

Les bras de l'enfant sont trop courts, il faut un morceau de cordage supplémentaire pour lui lier les mains. Le capitaine enlève sa ceinture. Sur d'autres navires, c'est le chef d'équipage ou un officier qui inflige les punitions. Sur le *Connecticut,* Charles Tandy s'en charge. Un coup, deux coups, trois, de plus en plus forts. Le sang perle sur le dos de l'adolescent. Il a réussi à retenir le premier cri, pas les suivants. Il hurle, pleure, supplie. Quatre, cinq, juste au-dessus des fesses. L'officier lève le bras dans un grognement quand le second touche son épaule. Capitaine… Pas de sixième coup.

– Le crâne du prochain cachalot, tu le videras à la paille s'il le faut, Fleming. Compris ? Ça, un baleinier ? Un chasseur de Nantucket ? Un marin ? Faites-moi rire.

Le commis détache Mercator, couvre son dos d'un linge.

– Viens, petit, descendons à la cuisine. Il faut de l'eau douce.

Dans le sang, la graisse, les sucs, les humeurs visqueuses et les morceaux de peau gris-bleu, les hommes terminent de découper la tête de l'animal. La mâchoire inférieure avec ses quarante-six dents d'ivoire est mise de côté.

La nuit tropicale tombe sur le navire quand les feux sont assez vifs sous les chaudrons pour y jeter les morceaux de graisse. Mitrons d'enfer, deux marins perchés sur des estrades, dans les nuées grasses, vapeurs de carnage, escarbilles brûlantes, manient à deux mains des cuillères géantes, touillent les quartiers de cachalot qui grésillent et commencent à fondre. La lueur orange illumine le pont, teinte les voiles et les visages, enveloppe le bateau d'un halo doré. L'huile chaude coule dans des tuyaux de cuivre vers les tonneaux alignés sous les fours. L'odeur de graisse cuite, de sang chaud et de chairs calcinées prend à la gorge.

– Allez, plus vite ! crie le capitaine. Terminez-moi cette tête. Monsieur Johnson, monsieur Suza, attachez le crâne à un palan, foutez-le par-dessus bord. Il faut faire de la place pour les couvertures. Allumez les lampes, les torches, ils ne voient plus rien en dessous. Il y a trop de requins, dans ces eaux. On continue, ou il ne restera que la carcasse demain matin. Équipe de nuit !

Sur les plateformes de bois suspendues au-dessus des flots, avec leurs lames aiguisées comme des rasoirs au bout de perches, le second et un marin à la carrure d'ours découpent sur la bête, comme s'ils pelaient une pomme, la couche de graisse en lanières. Ils tranchent, frappent, en équilibre sur des passerelles glissantes. Toutes voiles affalées, le *Connecticut* roule et tangue. Un faux pas et c'est la chute au milieu des requins.

Quand le morceau est assez long, la « couverture », bande de peau et de graisse, est accrochée par un hameçon géant à un palan, hissée à bord. Posée sur des tables de bois, elle est débitée au hachoir. Pieds nus, dans la graisse jusqu'aux chevilles, les hommes tranchent, cognent, glissent, crient, se bousculent, jurent, font tomber des outils, remplissent des baquets.

– Allez, bande de fainéants ! Bougez-vous ! On n'a pas toute la nuit !

Près des foyers, dans une puanteur de graisse roussie, de peau calcinée, de viscères et de sueur, la chaleur cuit les visages. Les baleiniers expérimentés redoutent ces heures de découpage et de cuisson qui suivent l'excitation de la chasse. Pour les débutants, les « mains vertes », c'est une épreuve que jamais ils n'oublieront.

La course contre les requins dure toute la nuit. Couverture après couverture, le cachalot est écorché, retourné sur lui-même entre ses liens de chaîne, gratté, dépouillé de sa graisse. Les morceaux sont jetés dans les chaudrons bouillonnants, l'huile brûlante déborde des barriques, qu'il faut remplacer toutes les heures.

Dans les lueurs de l'aube, Charles Tandy et Jay Russell, son second, observent la carcasse sur laquelle s'acharnent, dans une eau rouge, une trentaine de squales.

– Ça devrait aller, dit Russell. C'est limite, mais avec les quatre palans et tous les hommes sur le pont, on devrait pouvoir la soulever. Découpez la queue, jetez-la, on va gagner du poids.

En cette année 1832, les cours de l'huile sont au plus haut : bougies, lampes, pharmacie, lubrification des machines des débuts de la révolution industrielle, les baleiniers de Nantucket savent qu'un navire rentrant les cales pleines verra les acheteurs se bousculer sur le quai, les armateurs se frotter les mains.

Mais les tueurs de baleines cherchent aussi un trésor. Celui dont ils rêvent est étrange, enfoui dans les entrailles de certains cachalots : l'ambre gris. Cette substance est contenue dans l'intestin de certains mammifères, très rares, peut-être malades. Elle est revendue à prix d'or aux pharmaciens et à des intermédiaires sur la côte, qui en font on ne sait quoi. Certains baleiniers sont rentrés à Nantucket avec dans leurs cales des tonnes d'huile et quelques dizaines de kilos d'ambre gris, dont la valeur dépassait celle de la cargaison.

– On va tenter le coup, hisser la carcasse à bord, dit le capitaine Tandy. Si les poulies menacent de lâcher, on arrête. Je désignerai celui qui descendra dans le ventre…

L'équipage se fige. Pénétrer dans un cachalot arrimé à l'extérieur d'un navire pour y ouvrir au sabre les intestins à la recherche d'ambre est le cauchemar des *whalers*. L'an dernier, à bord d'un bateau de New Bedford, un marin a été dévoré jusqu'à la taille par un grand requin blanc, comme il ressortait du squelette et faisait signe qu'il n'avait rien trouvé.

Les chaînes sont arrimées, les crochets fixés aux vertèbres de l'animal. Tous les marins, sauf le cuistot et Mercator, sont sur le pont, bouts en main.

– À trois… Un, deux, trois. Oh ! hisse ! crie M. Manta, le quartier-maître.

Les poulies grincent, les cordages se tendent, les mâts penchent. Le *Connecticut* prend de la gîte vers le côté où pend le cachalot.

– Encore, plus fort les gars. Hisse ! Faites-moi bouger ce gros salaud.

Le navire s'incline, des grincements dans la mâture font craindre que quelque chose ne casse. Le capitaine va lever la main et ordonner l'arrêt quand, vers l'arrière, la carcasse sort de l'eau, poursuivie par les claquements de mâchoires des squales.

– Allez ! C'est bon. Hisse ! Il monte. Encore un coup, on le tient !

Un jeune requin refuse de lâcher prise et reste suspendu au cachalot sans tête, écorché, qui pend deux mètres au-dessus des flots. Un coup de perche le fait tomber.

Le bastingage a été rabattu : attrapée par de longs crochets, la carcasse est hissée à bord. Cris de joie des hommes, bras tétanisés, mains en feu.

– Bravo, les gars ! Nettoyez un peu ce merdier. Monsieur Manta, à vous de jouer. On ouvre l'estomac. Vous connaissez la règle : une pièce d'or à celui qui trouve de l'ambre.

Un coup de lance, longue et effilée comme le sabre d'un samouraï, libère les entrailles du monstre qui se répandent sur le pont dans une odeur pestilentielle. Armés de lames, de couteaux, de machettes, les marins se bousculent, s'insultent, pataugent dans les intestins, fouillent la tripaille et les excréments, ouvrent les viscères qui sont ensuite rejetés à la mer, pour le bonheur des requins et des oiseaux de mer.

L'estomac du mammifère, de la taille d'une charrette, est poussé dans un coin par quatre hommes. Sectionné, il dégage une bouffée de gaz fétide, crache des kilos de poulpes, poissons et calamars en décomposition.

– Bon, ce n'est pas encore celui-là qui nous rendra riches, dit Charles Tandy. Vous vous rendez compte que la dernière fois que j'ai trouvé de l'ambre dans un poisson, j'avais quatre poils au menton. Flanquez-moi toute cette saloperie à la mer ! Il faut terminer la cuisson et nettoyer le pont. Je crois qu'il va dépasser les quarante barils, celui-là. Pas mal, mais on doit faire mieux si vous voulez revoir Nantucket avant Noël. Il y a encore de la place dans la cale.

Toute la journée, les fourneaux chauffent et fument comme les forges de Vulcain, leur fumée noire visible à des kilomètres. *Hell on a small scale,* comme disent les hommes. Un enfer à petite échelle.

À la nuit tombée, six heures de repos sont accordées à l'équipage, à part les quatre malchanceux réquisitionnés pour finir la cuisson. Dans l'entrepont, les hommes se glissent dans les bannettes, grimpent dans les hamacs, souvent sans enlever leurs vêtements puants, gorgés d'huile, couverts de sang.

Dans sa cabine, à l'arrière, le capitaine Tandy ouvre le livre de bord, prend la plume.

> Samedi 6 octobre 1834 – Atlantique Sud, au large de Recife (Brésil). Cachalot mâle. Aperçu par McNill. Premier harponneur Lathern. Trois harpons. Mise à mort Soares. Quarante-trois barils. Pas d'ambre gris.

Le lendemain commence le nettoyage : les déchets sont jetés par-dessus bord puis, avec du savon noir mélangé aux cendres encore tièdes des fourneaux, il faut frotter, gratter, laver le pont. Rinçage à grands seaux d'eau de mer. Après le découpage et la cuisson, la graisse et l'huile ont rempli le moindre interstice, souillant jusqu'aux premières vergues. Les marins récurent les outils, les cordages, les vêtements, le bastingage, les portes, les chaudrons, passent à la brosse les briques des fours, nettoient les cuivres au chiffon. Les palans descendent en fond de cale les barriques d'huile, que le charpentier arrime les unes aux autres. Pendant deux jours, alors qu'il a remis cap au sud, le *Connecticut* laisse dans son sillage une traînée d'eau savonneuse.

Les deux vigies, postées dos à dos, sont remontées au sommet du grand mât, à la recherche sur l'horizon des jets caractéristiques qui leur feront pousser le cri du baleinier : « *Thar' she blows !* Elle souffle ! »

Antone, le cuisinier du bord, a enduit de saindoux les plaies de Mercator, lui a bandé le dos.

– C'est rien, petit, ça va passer. Une peau de vache, ce capitaine. Mais le vrai danger, c'est le second, Russell. Tu ne restes jamais seul avec lui, tu m'as compris ? Jamais.

Le long de la côte brésilienne, ils sont pris dans le pire ennemi du chasseur de baleines, celui qu'il redoute plus encore que la tempête : le calme plat. Toutes voiles pendantes, le navire est encalminé sur une mer d'huile. Pas un cétacé en vue. Le bâtiment a été récuré des mâts aux soutes, les cordages ont été enroulés, les harpons aiguisés et rangés.

Les hommes jouent aux dés, pêchent, tendent des filets pour capturer des poissons volants. Les dents du cachalot ont été vendues aux marins. Avec des aiguilles et des lames effilées, outils de poupées dans leurs mains de brutes, ils gravent sur l'ivoire des dessins ensuite teints à l'encre. Les thèmes sont toujours les mêmes : navires, baleines, scènes de chasse, naufrages, paysages de Nantucket, portraits de leurs femmes et enfants. De retour au port, certains matelots renommés dans l'art délicat du *scrimshaw* vendent leurs œuvres à bon prix aux notables de l'île ou de Boston.

La chaleur est accablante. L'équipage dort sur le pont pour échapper à l'étouffoir des couchettes. Au milieu de la nuit, Mercator sort de son hamac pour aller boire au tonneau d'eau douce, au pied du mât de misaine. Il soulève le couvercle : vide.

À pas de loup, il descend dans l'entrepont, vers la cambuse.

Au moment où il passe devant la cabine de Jay Russell, la porte s'ouvre. Le second l'aperçoit. Le jeune garçon fait demi-tour, trop tard. Une main se plaque sur sa bouche. Il est entraîné à l'intérieur, jeté sur la couchette. La porte se referme. Il tente de mordre la main qui l'étouffe, un coup de poing sur la tête l'étourdit. Avant de s'évanouir, de peur et de douleur, il sent une main baisser son pantalon.

2

Île de Nantucket (Massachusetts)

14 juin 1838

Sur les dunes herbeuses qui surplombent la plage de Siasconset, à la pointe est de l'île de Nantucket, les huttes de la famille Baird sont les derniers vestiges du village indien. Quarante ans plus tôt, une centaine de Wampanoags vivaient encore là, le plus loin possible du port et des Blancs, de leurs grands bateaux, leurs longs fusils et leur faim de terres. Un siècle auparavant, c'est toute l'île, croissant de sable battu par les vents et les tempêtes au large de la Nouvelle-Angleterre, qui servait de refuge à la tribu des « Hommes de l'Est » face à l'invasion de colons anglais toujours plus nombreux.

Les Wampanoags de la côte et de l'île voisine de Martha's Vineyard y ont gagné quelques décennies de vie libre, à chasser et pêcher, avant qu'à leur tour les maladies inconnues venues de l'autre côté de l'océan ne les déciment.

Massasoit Baird travaille sur le port, dans la fabrique de cordages, mais préfère marcher cinq miles, le soir et le matin, pour retrouver sa femme et leurs enfants dans leur royaume de sable et d'embruns, le dernier coin sauvage de l'île. Certains disent qu'ici aussi la terre a été vendue, que des hommes blancs avec armes et piquets vont bientôt arriver, mais pour l'instant Tatoson et Wansutta, les jumeaux, jouent dans les dunes tous les après-midi.

Ce jour-là le soleil est encore haut quand Wansutta, plus grande que son frère, fine comme une liane, se fige dans sa course, doigt tendu vers l'océan.

– Tatoson, regarde, là ! *Moshups, moshups,* des baleines !

Elle désigne, à cent mètres de la plage, un banc d'une trentaine de cétacés, reflets gris-bleu, jets de vapeur d'eau, arc de cercle majestueux de la queue d'un grand mâle, comme il y a si longtemps, avant qu'ils ne soient chassés de la côte est de l'Amérique par les navires baleiniers. Des vigies, sur des miradors de bois, guettaient leur passage, donnaient dans des trompes le signal d'empoigner les harpons, de sauter dans les canots, de lancer la chasse.

Elles sont si proches que les jumeaux distinguent leurs dos, leurs têtes, entendent leur chant, ce mélange de sifflements et de cliquetis que leur père a si souvent décrit.

– Viens, Wansutta, il faut courir au port. Il y a une pièce d'argent pour celui qui repère des baleines. Viens vite !

Ils déboulent, hors d'haleine, dans la cour de la corderie.

– *Dad ! Dad !* Des baleines ! Des dizaines de baleines, juste devant notre plage. Elles viennent de passer, descendent vers le sud.

– Vous êtes sûrs, les enfants ? Des baleines, pas des dauphins ? demande Massasoit.

– Non. Des dauphins il y en a souvent. Là, elles sont énormes, crachent des jets d'eau vers le ciel. *Moshups !*

– Combien ?

– Je ne sais pas… Une bande, une grosse avec une grande queue, des petites. On a entendu leur souffle, leurs sifflements, elles sont tout près.

– Venez avec moi, il faut prévenir Corbitant. Je l'ai vu tout à l'heure, il est sur le *Freedom*.

Ils courent jusqu'à la jetée où est amarré le trois-mâts barque du capitaine Fleming. Corbitant White, premier harponneur du bord, le meilleur chasseur de baleines indien de la région, a grandi avec Massasoit, leurs pères étaient amis. Il les voit arriver du haut de l'échelle de coupée.

– Des baleines, Corbitant. Un banc, juste devant chez nous, à Siasconset, en route vers le sud. D'après ce que disent les enfants, ce sont des grises, avec un gros mâle.

– *Moshups ?* Ça fait des années qu'on n'en voit plus par ici. Nous les avons toutes tuées. Ou alors elles se méfient, passent au large. Vous êtes sûrs, les petits ? De vraies baleines ?

– Oui monsieur, dit Wansutta. Il n'y a qu'elles pour souffler ces grands jets d'eau au-dessus de leur tête. Papa nous a expliqué ça depuis longtemps.

– C'était quand ?

– Juste le temps de venir en courant. Une demi-heure.

Corbitant se tourne vers le mousse.

– Petit, file chercher le capitaine. Il est à l'entrepôt. Dis-lui qu'un banc de grises vient de passer au sud de l'île. À lui de décider si nous partons en chasse.

Stewart Fleming arrive à grands pas, quelques minutes plus tard. Il n'a pas cinquante ans, en paraît dix de plus avec sa peau tannée, ses rides profondes, ses longs cheveux blanchis par le sel de tous les océans, qu'il attache en queue-de-cheval dès qu'il est en mer. Capitaine baleinier réputé sur cette île de coureurs des mers, c'est un homme taciturne, opiniâtre, courageux jusqu'à l'inconscience à l'avant d'un canot, harpon en main.

À la mort de son épouse, il a engagé une gouvernante pour ses trois fils et n'a plus regardé une autre femme. Il a à peine vu grandir ses garçons, entre deux traversées, deux expéditions dans les champs de chasse de l'Atlantique, du cap Vert à Sainte-Hélène, et jusqu'à l'océan Indien, les rives de Madagascar. La dernière fois, il est parti deux ans. Mercator était mousse sur le *Connecticut* de Charles Tandy, Michael trop petit, trop frêle, pour embarquer, Nicholas encore un enfant, dans les jupes de Mme Smalley, la gouvernante.

J'avais demandé à Tandy de ne pas ménager mon aîné, pour lui tanner le cuir et en faire un marin, un futur capitaine baleinier. Il m'a dit que tout s'était bien passé, que le petit avait été à la hauteur, mais il a dû arriver quelque chose pendant cette campagne. C'était un garçon joyeux, il ne rit plus jamais. Il me regarde comme un ennemi, en plissant les yeux, sans les baisser avant que je ne l'ordonne. Je ne suis pas du genre à prendre mes fils dans mes bras, mais quand même. Il ne parle que si je l'interroge, passe ses soirées enfermé dans sa chambre, n'a aucun ami. La vie d'un mousse à bord d'un baleinier de Nantucket n'est pas facile tous les jours. Après leur première campagne, ils reviennent tous différents de l'enfant qui est parti, mais je voudrais bien savoir… J'aurais pu demander au second de Tandy,

Russell, mais on l'a retrouvé la gorge tranchée, une nuit de l'hiver dernier, entre deux barriques à l'arrière d'une taverne du port. Le premier meurtre sur l'île depuis plus de vingt ans. Je vais encore faire une ou deux campagnes, dans l'Atlantique Sud et l'océan Indien puis dans quelques années Mercator reprendra le bateau et la chasse, s'il en est capable. Les deux autres feront ce qu'ils voudront, développeront la fabrique de bougies, le commerce de l'huile.

– Des baleines au large de Nantucket ? Ça fait des années…

– Pas au large, capitaine, dit Corbitant White. Juste devant la plage de Siasconset. Il y a moins d'une heure.

La rumeur monte et enfle sur le port. *Whales !* Elles sont là, tout près. Des hommes courent, harpon à la main, sautent dans les baleinières, ces longs canots de chasse aux extrémités pointues fabriqués sur l'île, rament vers la sortie du port.

– Nous ne sommes pas les seuls à les avoir vues. Que fait-on, capitaine ? On met les baleinières à l'eau ?

– Non. Le bateau est prêt, on va mettre les voiles. Ces crétins n'y connaissent rien, ils vont s'épuiser contre le vent et les vagues. Si les baleines filent vers le sud, face au courant ils n'ont aucune chance. Sortons le *Freedom*, ce sera l'occasion de tester le nouveau mât de misaine et son accastillage. Partons deux ou trois jours, si on les rattrape tant mieux, sinon ce n'est pas grave. Envoyez le mousse prévenir Mercator. Dites-lui d'aller à la maison chercher Michael, il est temps qu'il assiste à sa première chasse. Rassemblez l'équipage. Nous levons l'ancre dans une heure. Tant pis pour ceux qui ne seront pas là.

Dans l'entrepôt au portail surmonté d'une silhouette de cachalot et des lettres *Fleming and sons – whale oil,* le fils aîné du capitaine Fleming verse dans un entonnoir de l'huile de baleine pour un dernier filtrage quand l'adolescent lui dit qu'il doit aller chercher son frère Michael et rejoindre leur père à bord du *Freedom,* pour prendre la mer.

Qu'est-ce que c'est que cette histoire ? Partir comme ça ? Père avait parlé du début du mois prochain, pour ma première campagne avec lui. Qu'est-ce qui lui prend ? Et Michael ? Il vient d'avoir quatorze ans, il n'a jamais été question qu'il devienne mousse, il déteste naviguer. Je vais passer au bateau voir de quoi il retourne. C'est tout près de toute façon, se dit Mercator en commençant à courir.

Il croise des marins brandissant des harpons, des hommes poussant sur une charrette une baleinière fraîchement repeinte, des femmes portant des rouleaux de cordages dans des paniers d'osier. Branle-bas de combat sur les pontons. Qu'est-ce qu'ils ont tous ?

– Mercator, on ne t'a pas dit d'aller à la maison chercher ton frère ?

– Mais père…

– Un banc de grises vient de passer au sud de l'île. Nous appareillons pour les prendre en chasse. Quelques jours, pas plus. Ramène Michael en vitesse, préviens Mme Smalley, elle peut partir avec Nicholas voir sa famille sur le continent, si elle veut. Jusqu'à dimanche ou lundi. Va.

– Mais…

– Fais ce que je te dis.

Mercator trouve ses deux frères et la gouvernante sur le seuil de la maison familiale, alertés par la rumeur qui se répand comme une traînée de poudre. Des baleines, le long de la côte Est, elles sont revenues !

– Michael, mets une tenue de rechange dans le sac, avec la mienne. Nous partons à la poursuite d'un banc de grises. Père exige que tu viennes avec nous.

– Mais j'ai du travail, pour l'école. Mme Carney… Et je ne veux pas devenir chasseur, c'est pour toi ça. Le bateau, les harpons, c'est pour toi.

– Il n'y a pas à discuter. Dépêche-toi, sinon il viendra te chercher. Tu te souviens de la dernière fois ? C'est l'affaire de quelques jours. On n'est pas sûrs de les rattraper. Il fait beau, la mer est calme. Tu vas voir, quand toutes les voiles sont sorties, vent arrière, on vole sur l'eau.

– Mais tu sais bien que même sur un canot dans le port, j'ai le mal de mer.

– Tu finiras par t'y faire. Allez, faut y aller.

L'amarre avant est jetée, les premières voiles larguées quand ils montent en courant l'échelle de coupée. Sur le quai, Mme Smalley tient par la main Nicholas Fleming, neuf ans, qui regarde en pleurant son père et ses frères prendre la mer.

Le *Freedom* est le seul trois-mâts de la flotte baleinière de Nantucket, la première du monde avec une centaine de bateaux, à appareiller à la poursuite des baleines grises. À la sortie du port il est entouré de canots de chasse, un harponneur à l'avant, un homme à la barre, six rameurs qui s'arrachent les bras pour devancer les autres.

– Tous les hommes dans la mâture ! Envoyez les huniers, la grand-voile, les perroquets. Larguez le grand foc. Timonier, cap à centre trente-cinq, on part au grand largue, tribord amure. Rattrapons ces fichus poissons avant la nuit.

Peu à peu les baleinières et leurs rameurs sont distancés. Après le cap de Great Point, la pointe nord de l'île, les embarcations disparaissent à l'horizon. La plupart des bateaux ont compris leur erreur et rebroussent chemin. Deux marins montent au poste de vigie, au sommet du grand mât. Dos à dos, longues vues en main, ils scrutent les flots et se préparent à pousser le cri des baleiniers : « Elle souffle ! » dès qu'ils apercevront le jet craché par l'évent des cétacés, visible par mer calme à des kilomètres. Derrière la barre ouvragée en forme de rose des vents, le capitaine Fleming a pris la place du timonier. Il donne les ordres au quartier-maître, qui les crie à l'équipage dans un porte-voix de cuivre.

Dès la sortie du port, Michael sent le roulis sous ses pieds et les premiers effets du mal de mer. C'est la troisième fois qu'il monte à bord, a détesté les deux précédentes, ronds dans l'eau entre Nantucket et le continent pour tester des voiles ou du matériel. À quatorze ans, il sait qu'il ne veut pas être marin. Il hait cet océan qui le retient prisonnier sur ce croissant de sable, si loin au large ; cet océan sur lequel son père disparaît pendant des mois pour massacrer cachalots et baleines et faire fondre leur huile ; cet océan synonyme de mort, de tempêtes, de vagues dans lesquelles, quand il était enfant, il a été emporté sur une plage, à demi noyé. Cet océan que sa mère, morte il y a sept ans mais il s'en souvient si bien, passait des heures à scruter, sur la terrasse de bois construite sur le toit de la maison entre les cheminées, à l'affût de voiles sur l'horizon. Cet océan qui a empêché le médecin de Boston d'arriver à temps pour la sauver quand elle est tombée malade. Cet océan de violence et de sang qui prélève son tribut sur les équipages de chasseurs de baleines, qui jamais ne reviennent au complet de leurs campagnes au bout du monde.

Le soleil rougit, descend vers l'ouest sans que les vigies aient aperçu le moindre jet. À la tombée de la nuit, les côtes de Nantucket s'estompent, les hommes quittent leur poste d'observation en haut du mât. Pas de cuisinier à bord, celui de la campagne précédente est reparti sur le continent. Pour le dîner, l'équipage tartine du corned-beef en boîte sur des tranches de pain. Dans la cambuse, Corbitant White fait cuire dans le four à bois deux bars tachetés qu'il a pêchés juste à la sortie du port, laissant par habitude traîner sa ligne à quinze hameçons à l'arrière du navire. Il les fait glisser sur un plat et les apporte à la table du capitaine, où Stewart Fleming et ses deux fils attendent, silencieux, immobiles.

– Monsieur White, faites-nous l'honneur de dîner avec nous. Nous n'avons emporté aucune provision pour notre petite balade, votre pêche nous évite les biscuits de mer, soyez-en remercié. Mercator, veux-tu dire le bénédicité ?

– Oui, père. Seigneur Jésus, soyez notre invité, bénissez ces amis et ces poissons, ces présents qui nous ont été faits. Amen.

– Alors mon fils, dit le capitaine en se tournant vers Michael, livide, c'est la première fois que tu prends le large sur notre *Freedom*. Quelle impression ?

– J'ai le mal de mer, père. Puis-je avoir la permission de retourner dans ma couchette ?

– Non. Avale un peu de ce filet de bar, ça ira mieux. Nous avons tous le pied marin dans la famille, ça va venir. Si les baleines continuent plein sud, en cette saison c'est probable, nous devrions les rattraper demain. Tu vas voir comment on affronte les plus puissants animaux de la Création. Ton frère connaît ça, à ton tour. Combien de poissons avez-vous tués, sur le *Connecticut*, Mercator ?

– Une quinzaine, je crois, père.

– Tu crois ? Pas de souvenir plus précis ? Ma première campagne, je pourrais la décrire bête après bête, avec pour chacune le nombre de tonneaux. J'avais seize ans, je venais d'arriver sur l'île et le premier qui osait me traiter de *coof*, leur insulte pour ceux qui viennent du continent, prenait ma main dans la gueule, harponneur ou pas harponneur.

Michael plaque sa main sur sa bouche.

– Père, je crois que je vais être malade…

– Dégage d'ici. Tu ne vas quand même pas vomir à ma table. Tu parles d'un marin ! Bon, Mercator, si nous trouvons ces grises, M. White sera harponneur dans la première baleinière, je serai dans la deuxième avec ton pied tendre de frère et je veux que tu sois à l'avant de la troisième. T'es-tu entraîné au harpon, à terre, comme je te l'ai dit ?

– Un peu…

– Ce sera l'occasion de montrer ce que tu sais faire. Nous partons le mois prochain pour l'Atlantique Sud, je veux savoir si à dix-huit ans mon aîné pourra tenir son rang. Moi, à ton âge…

Aux premières lueurs de l'aube, la cloche de l'homme de quart retentit. Nul besoin de vigies pour apercevoir le banc de baleines grises : elles sont là, tout près, nageant entre deux eaux à quelques encablures, à tribord.

– *Thar' she blowes !* Elles soufflent ! Réveillez-vous, tout le monde sur le pont. Une vingtaine de baleines !

Les hommes sautent des hamacs, enfilent leurs vêtements de mer, se bousculent dans les échelles et les escaliers, se précipitent vers les râteliers, les chaloupes. Le capitaine Fleming serre sa ceinture, glisse un long couteau dans son étui de cuir.

– Mercator, va chercher ton frère. Il ne manque que lui. Aux baleinières, les harpons, les lances. Mettez à l'eau !

Dans la cabine à l'arrière, Michael, qui entre deux nausées n'a pas fermé l'œil de la nuit, est assis au bord de sa couchette, en sous-vêtements.

– Mick', qu'est-ce que tu fous ? Tu n'as pas entendu la cloche ? Habille-toi.

– Mercator, je ne peux pas. J'ai mal au ventre, la tête qui tourne. Je ne veux pas monter dans les canots, approcher des baleines. Merc', j'ai peur…

– Il faut que tu viennes. Tu seras dans son canot, il connaît son affaire, ne t'inquiète pas. Ce sont des baleines grises, pas très grosses, dociles comme des vaches, elles se laissent harponner sans réagir ou presque, rien à voir avec des cachalots. Il n'y a pas de danger, je t'assure.

– Dis-lui que je suis trop malade, que je ne peux…

– Michael, tu dois venir, tu le sais bien.

Il prend l'adolescent par le bras, le fait sortir de la couchette, lui tend son pantalon.

– Fais vite, j'entends les poulies, les baleinières descendent. Il faut y aller.

Un canot est à l'eau, les hommes glissent le long des cordes. Corbitant White a mis ses deux harpons et une lance en bandoulière dans son dos, se laisse aller le long du filin, contrôle la vitesse avec ses pieds. Il prend la barre, range les armes au fond de la chaloupe.

– Aux avirons ! Prêts ? Souquez ferme, les gars. À nous la première !

– Ah, enfin ! Michael, monte dans cette baleinière, tu vas descendre avec elle. Tu t'assieds au premier rang de nage, près du barreur, attrape un aviron. Fais vite. Mercator, prends ce harpon, tu vas à l'avant de l'autre. Paré à mettre à l'eau ! Monsieur Swain, monsieur Douglas, vous prenez le commandement du navire. Mettez en panne, larguez les ancres flottantes. Surveillez nos pavillons.

Les deux chaloupes de chasse descendent sur le flanc du navire dans des crissements de cordages. Michael est seul à bord de l'une d'elles, agrippé à deux mains à son banc. Un marin glisse jusqu'à lui le long d'un filin.

– N'aie pas peur, petit. Pousse-toi un peu, je suis à côté de toi, tu fais comme moi. Attrape l'aviron comme ça, bien à deux mains. On ne risque rien avec des grises. Ton père est un grand harponneur, l'Indien ne rate jamais sa cible. Tu vas voir ça…

– Lâchez tout ! À vos rames ! Dépêchez-vous, elles s'éloignent. Souquez ! Souquez nom de Dieu !

Les baleines ont senti le danger. Les mouvements de queues s'accélèrent. Le grand mâle est le premier à sonder, plongeant vers la sécurité des profondeurs. Les autres suivent. En quelques instants, la surface de l'océan aux reflets verts n'est plus agitée que par la houle. Capables de rester cinquante minutes en apnée, de changer de direction, elles peuvent disparaître à jamais. Celles qui ont déjà été chassées connaissent et transmettent les ruses pour échapper aux harpons.

Mais dans ce groupe une baleine voyage vers le sud au côté de son baleineau de quelques mois. Il a tenté de plonger avec elle mais, incapable de la suivre, remonte à la surface et souffle, à quelques encablures de la baleinière du chasseur wampanoag.

– Là, le petit ! crie Corbitant White en attrapant son harpon décoré de signes tribaux. Souquez ferme. Approchez-moi !

À trois cents mètres, le capitaine Fleming a vu le jet monter en l'air, l'Indien se dresser à l'avant.

– Allons-y ! Vite ! M. White va blesser le baleineau pour attirer la mère. Ramez ! Ramez de toutes vos forces ! Il faut être là quand elle va remonter.

Le fer orné d'une plume de corbeau s'cnfonce comme dans du beurre dans le dos de l'animal qui se tord de douleur, lance un sifflement strident. L'eau se teinte de sang, le chasseur s'empare à deux mains d'une lance, frappe de toutes ses forces en poussant de longs cris de gorge. Le baleineau émet une série de cliquetis aigus que Michael entend courir à la surface de l'eau. Dans la chaloupe, son père s'est porté à l'avant, harpon en main.

– Allez, allez ! Plus vite ! Elle va venir au secours du petit. Souquez !

L'adolescent tente de calquer son rythme de rame sur celui de son voisin, n'y parvient pas, ses mains glissent sur le manche, ses poumons sont en feu. Ils ne sont plus qu'à une dizaine de mètres de la baleinière de M. White, qui flotte sur une mer rouge sang, quand soudain :

– Attention, la voilà ! En arrière, vite !

La gueule gris et blanc de la mère surgit des flots, quelques mètres devant la proue du canot. Les marins inversent le sens de rame, Michael ne comprend pas la manœuvre, continue à contretemps. Son aviron s'entrechoque avec celui du rameur devant lui, se casse net à mi-longueur. Ils n'ont pas reculé assez vite : la baleinière heurte le dos de l'animal qui fait surface, reste deux secondes en équilibre et bascule d'un côté. Tous les hommes à la mer.

– Au secours ! crie Michael, paniqué, qui agite bras et jambes comme s'il ne savait pas nager.

– N'aie pas peur ! Calme-toi ! lui lance son voisin de banc de rame. Elle s'est éloignée, elle ne nous a pas vus. Fais comme moi, nage vers le canot, attrape un cordage.

La baleinière est à portée de bras, quille en l'air, les sept marins se rassemblent autour.

– Michael, arrête de beugler comme une truie ! lui crie son père qui, accroché à l'avant de la chaloupe, lui tend la main. Attrape le bout. Et vous autres, venez tous de mon côté, on va la retourner.

Mercator a vu l'embarcation de son père chavirer, ordonné à ses rameurs de se porter à son secours.

– Mercator ! Nom d'un harpon, mais qu'est-ce que tu fous là ? hurle le capitaine à son approche. Va aider M. White ! Tu vois bien qu'elle va se coller contre son petit ! Tue-la !

– Mais, ça va ?

– Bien sûr, que ça va ! Ce n'est rien, on la retourne et on la vide, tous les hommes sont là, ton frère aussi. File ! Mais c'est pas vrai ! Des chasseurs de baleines, ça ? Qu'est-ce que j'ai fait au Seigneur ? Allez, à trois ! Un, deux, trois !

Pesant de tout leur poids du même côté, les marins font basculer la chaloupe, se hissent à bord. Une main se tend pour aider Michael, une autre l'attrape par le pantalon, le soulève comme un paquet, il retombe à l'intérieur, reste figé à quatre pattes, crache, tousse, sanglote.

– Aux écopes ! crie le capitaine, sans un regard pour son fils. Vérifiez que les harpons de rechange étaient arrimés. Récupérez les seaux.

À trois cents mètres, la baleine est passée sous son baleineau qui agonise. Elle tente à coups de tête de le maintenir hors de l'eau. Affolée par les cris de son petit, l'odeur de son sang, elle ne prête aucune attention au canot de Corbitant White qui approche. Le premier coup de harpon met dans le mille, en plein dans l'évent, qui expulse dans un bruit de forge un nuage rouge qui s'élève, retombe sur les hommes en pluie de sang.

– Attention, accrochez-vous ! crie l'Indien. Elle va plonger !

Mais, peut-être parce que l'instinct maternel l'empêche d'abandonner son baleineau blessé, peut-être parce que la douleur du harpon le lui interdit, la baleine grise ne s'enfuit pas. Elle reste en surface, tente de soutenir son petit qui expire et s'enfonce dans l'eau. Une cible facile pour le harponneur qui envoie deux fers puis s'empare de sa lance. En quelques coups, poussant les cris de guerre de sa tribu, il plante la lame jusqu'aux poumons. Dans un dernier souffle écarlate, la baleine succombe et bascule sur le côté, nageoire pectorale en l'air. Sa cheminée est en feu ! Hourra ! crient les chasseurs. Une de plus pour M. White !

Le harponneur wampanoag, penché dans l'eau jusqu'au torse, passe une chaîne autour de la queue pour arrimer la bête à sa baleinière quand le canot de Mercator le rejoint.

– Bravo, monsieur White. Joli coup.

– C'était facile. Les grises préfèrent se faire découper en lanières plutôt que d'abandonner leur petit. Tout le contraire des cachalots. Que s'est-il passé pour le capitaine ?

– Ils ont chaviré mais tout va bien, pas de blessés. Ils ont retourné le canot, ils le vident, regardez là-bas. Ils ne vont pas tarder à nous rejoindre. Mon père va sans doute trouver un motif pour nous engueuler. Je hisse le pavillon pour signaler au *Freedom* que nous avons une bête, qu'ils mettent les voiles pour s'approcher de nous.

La baleine flotte sur une mer de sang. Le baleineau a coulé. Le reste de la horde, effrayé par les sifflements et cliquetis d'agonie, fonce vers les grands fonds et ne réapparaîtra qu'à des milles du massacre. Suivant son instinct, le grand mâle a rebroussé chemin et à coups vigoureux de nageoire caudale se dirige vers le nord. Les femelles suivent ses signaux infrasons, qu'elles peuvent capter sur de grandes distances.

Deux cordages sont attachés à la chaîne qui entoure la queue de la proie afin de pouvoir la ramener vers le navire. Une demi-heure plus tard, le canot du capitaine Stewart rejoint les chasseurs. Il est encore à moitié plein d'eau, les hommes sont trempés, épuisés, ils ont perdu une partie du matériel. Sur son banc, Michael grelotte et sanglote, sa rame cassée dans la main.

– Qui a porté le premier coup de harpon ?

– C'est Corbitant, père. Et c'est aussi lui qui l'a tuée. Elle n'a pas fui, est restée près du petit.

– Bien entendu. Joli coup, monsieur White, à vous la prime. Attendons le *Freedom,* il arrive. Pas la peine de s'épuiser à tirer ce poisson. Nous allons l'arrimer au navire et le ramener à Nantucket. Il n'y a pas de requins par ici, en cette saison, pour nous le bouffer en route. Je la vendrai à Coffin, nous avons autre chose à faire que de la cuire, et les fours ne sont pas prêts. Michael, passe sur le canot de ton frère. Je ne supporte plus de t'entendre chialer comme une gamine. Mercator, récupère ce moussaillon, tout juste capable de casser son aviron. Je voulais voir ce que vous valiez, j'ai vu.

3

Île de Nantucket (Massachusetts)

13 juillet 1847

Quand les flammes percèrent le toit de la boutique du chapelier pour attaquer la grange voisine, Mercator comprit qu'il était trop tard.

En quelques secondes, le foin puis la charpente s'embrasent, pluie d'étincelles, boule de feu dans la nuit d'été qui illumine les ruelles jusqu'au port de Nantucket, peint en orange le clapot entre les quais, crache vers les navires amarrés des escarbilles grosses comme le poing.

La chaleur du brasier fait reculer les deux compagnies de volontaires. Alertés par le tocsin ils se sont précipités, charrettes à bras et pompes à mains, devant l'échoppe en flammes. Il faudrait brancher les tuyaux sur le réservoir creusé sous Main Street. Mais ils se disputent l'honneur – la prime financière – d'intervenir les premiers. Les deux capitaines se toisent, hurlent pour couvrir le grondement du feu, s'injurient. Quand celui du quartier ouest pousse l'autre en arrière, il répond par un direct à l'estomac. Mêlée générale, on lâche pompes et charrettes, dos tourné à l'incendie qui, alimenté par un vent chaud venu de terre, bondit comme un dragon de toit en toit, de maisons en remises.

Des semaines sans pluie sur cette île sableuse, vigie de la côte est de l'Amérique, quarante kilomètres au large du cap Cod : les façades, poutres, toitures de bois s'embrasent comme de l'étoupe. La lueur rouge illumine le quartier des marchands, bientôt les entrepôts.

Des hommes en pantalons mal fermés et chemises de nuit, équipés de seaux ou de pelles, accourent des quatre coins du bourg, s'arrêtent à bonne distance, mains devant les yeux.

Mercator recule, ôte ses gants, se tourne vers le port. Les trois mâts qu'il aperçoit, entre les volutes de fumée, sont ceux du baleinier *Freedom*. Son père, le capitaine Stewart Fleming, vient d'en acquérir une part supplémentaire. Avec soixante pour cent du capital, il en est le principal propriétaire, chose rare pour une famille n'appartenant pas à la caste dominante des quakers de Nantucket, pionniers de la chasse à la baleine sur le continent, maîtres des océans, dompteurs de tempêtes, puritains, pacifistes assoiffés du sang des cétacés, tous millionnaires ou presque.

Le vent pousse les flammes vers le port, se dit le jeune homme. Si elles touchent les quais, elles dévoreront les tonneaux d'huile, les réserves, la fabrique de bougies. Nous allons tout perdre. Le bateau…

Un homme vêtu de noir, chapeau à large bord, collier de barbe blanche, regard de fièvre, fend la foule à coups de canne.

– Arrêtez ! Arrêtez, bougres d'imbéciles ! Vous ne voyez pas que tout va brûler ! Branchez les pompes. Je double la récompense, la même pour tout le monde !

À Nantucket, quand un membre de la famille Starbuck prend la parole, tous écoutent. Surtout s'il s'agit de Nathanaël, le chef du clan, baleinier de légende, descendant des premiers quakers de l'île.

Au début du XVIIIe siècle, quand il fallut s'éloigner des côtes à la recherche de proies devenues méfiantes, ses ancêtres furent parmi les premiers à armer des navires de haute mer pour aller, par-delà l'horizon, chasser les Léviathans pour leur précieuse graisse. Sur le port, des centaines de barriques suintantes portent leur sceau. De leur fabrique sortent des bougies réputées jusqu'à Vienne et Paris. À quai, ils possèdent deux navires, des parts dans cinq autres. Leur parole vaut signature de Londres à Auckland, de Perth à Santiago.

Les poings se baissent, on s'essuie le nez, se tape dans le dos, tire les charrettes. Une première bouche à incendie, trop proche du brasier, est hors d'atteinte. La seconde alimente, par la force de quatre hommes actionnant ses leviers de fonte, un jet ridicule qui s'évapore à peine lancé.

Le feu, attisé par les bourrasques, devient tourbillon de flammes qui rugit, dévore maisons et ateliers, coupe en deux Main Street, menace l'église méthodiste. Sa chaleur est si intense que les pompiers refluent en courant, visages et mains écarlates. Des familles fuient vers les dunes, enfants et baluchons dans les bras, chèvres ou cochons devant.

Des commerçants tentent de sauver leurs marchandises, renoncent. Bill Geary, le chapelier qui avait négligé, en fermant boutique, de vérifier que le poêle était bien éteint, voit partir en fumée ses rouleaux de feutre importé de Liverpool, une vie de travail. Les volontaires arrosent les murs de maisons menacées. Des brandons volent au-dessus de leurs têtes, enflamment dans leurs dos toits et remises, forçant d'autres retraites.

Nathanaël Starbuck monte sur une caisse, les mains en porte-voix :

– Les hommes valides, avec moi. Réunion devant l'église. John, prends deux gars, foncez à l'armurerie, rapportez de la poudre, tout ce que vous pourrez !

Le plan du capitaine est de faire sauter six bâtiments, les derniers entre le quartier commerçant et le port, pour faire contre-feu et étouffer le monstre. Murmures, protestations. L'idée est mise aux voix, les mains se lèvent.

L'ancien propriétaire, près de Boston, d'une carrière de pierres s'empare de la brouette contenant les caisses de dynamite. Il court d'une porte à l'autre dans une chaleur de four, fixe les bâtons par trois sur les piliers porteurs, tire les cordons. Les explosions déchirent le ciel, font trembler la terre, terrifient les familles réfugiées sur les hauteurs. Quand la poussière retombe, il ne reste du pâté de maisons qu'un amas de poutres et de planches sur lequel l'incendie se jette avec des rugissements d'ogre.

Plus rien ne protège l'Atheneum Library and Museum : fondée vingt ans plus tôt, cette bibliothèque est la fierté d'une île qui se vante d'un taux d'alphabétisme supérieur à celui du continent. De grandes figures intellectuelles de la côte Est s'y sont produites. Elle recèle plus de trois mille volumes, gravures, objets précieux, cartes et souvenirs rapportés par les baleiniers de tous les points du globe. Trente damnés font la chaîne sur son seuil, jetant vers la fournaise des seaux d'eau dérisoires. Un crachat du dragon et ils sont encerclés, noircis, brûlés, vaincus. Le bâtiment, l'un des plus beaux du centre historique, s'embrase comme une torche.

Mercator Fleming lève la tête, lâche la manivelle de la pompe qu'il actionnait, court dans la direction opposée aux flammes. Il contourne l'incendie pour rejoindre les quais.

À vingt-sept ans, c'est un jeune homme de taille moyenne, svelte et agile. Les deux profondes rides qui lui creusent les joues, sous une barbe clairsemée, le font paraître plus âgé. Elles encadrent une cicatrice au menton, souvenir d'une rixe dans un bar du port de Macao quand il avait quinze ans et qu'il était mousse à bord du *Connecticut*. Il s'était sauvé, visage en sang, à quatre pattes sous les tables. Ses longs cheveux noirs sont souvent attachés sur la nuque. S'il est estimé sur l'île, on ne lui connaît pas d'amis, pas de fiancée. Il fréquente peu les tavernes ; passe ses journées, quand il n'est pas en mer ou dans les entrepôts de son père, à lire dans sa chambre ou à la bibliothèque. Personne, depuis le jour où il est devenu marin, ne se souvient l'avoir vu sourire.

Il parvient au débarcadère, illuminé toutes les trente secondes par le faisceau du phare, sous une pluie de flammèches. Les accès au bassin sont défendus par une trentaine d'hommes, volontaires ou recrutés par les armateurs, qui vident sur le sol et le bois des entrepôts des barriques d'eau salée transportées en charrettes. Les chevaux qu'ils avaient tenté d'y atteler, fous de terreur, ont été libérés. Il faut pousser et tirer à bras. Derrière eux une chaîne d'hommes hagards, quelques femmes et des enfants plongent les seaux dans les flots aux reflets dorés.

– Plus vite ! Encore ! Apportez d'autres tonneaux. Le feu avance ! crie Bruce le forgeron, rouge écarlate, presque nu sous son tablier de cuir, la barbe en bataille, les joues noircies de charbon.

Alors qu'il semblait moins virulent de l'autre côté, l'incendie, à la faveur d'une bourrasque, mord le toit du premier hangar. Il regorge de cordages, voiles, éléments d'accastillage, bois de construction ; s'embrase comme une boîte d'allumettes.

Il jouxte l'entrepôt de la famille Fleming : à l'intérieur, quatre baleinières, une cinquantaine de tonneaux d'huile et une dizaine de spermaceti. Trois fois plus précieuse que l'huile, cette mixture, à laquelle certains prêtent des vertus médicinales, permet la confection des bougies les plus brillantes et les moins odorantes, destinées aux rois, princes, nobles et bourgeois du monde entier. Elles ont longtemps fait la fortune de trois grandes familles de l'île qui en avaient le monopole jusqu'à ce que Stewart Fleming les défie. Sa fabrique de chandelles de spermaceti, vendues à Boston et exportées en Angleterre, a rapporté dès la première année autant que la chasse elle-même. Les moules, les réserves, l'outillage, les harpons, tout est là.

– Par ici ! hurle Mercator. Venez par ici, il faut défendre cet entrepôt. Vous voyez bien que le feu a tourné. Si on ne l'arrête pas, tout va y passer !

Les grondements et craquements couvrent sa voix. Il s'élance sur les plateformes de bois, traverse le port, prend le bras d'un volontaire, lui désigne l'autre côté et les flammes qui lèchent le hangar.

– S'il vous plaît, vite, venez nous aider !

Deux hommes interrogent du regard Bruce le forgeron, salarié à l'année par la famille Coffin, une autre grande lignée de baleiniers quakers. Il fait non de la tête, s'adosse à une barrique de cent litres d'eau de mer qu'il renverse, à la force des jambes, sur le sol en terre battue. Tous se remettent à la tâche.

Michael et Nicholas, les frères cadets de Mercator, arrivent en courant. Trois pas derrière suivent Henry Jacobs et Fergus Smalls, deux Noirs de Virginie, esclaves affranchis. Ils ont participé à la dernière campagne de chasse de la famille, deux ans jusqu'au grand sud de l'Atlantique, au-delà du cap Horn, à la limite des glaces.

– Trouvez des seaux ! crie Mercator. Il faut faire une chaîne. Mouillez les murs, le toit est trop haut, on n'y arrivera pas.

Quatre marins, deux inconnus, trois adolescents les rejoignent. Le quai est loin, il faut courir, perdre de l'eau en route. Le vent semble faiblir. Les flammes frôlent les murs de l'entrepôt Fleming mais, comme un fauve devant le fouet, reculent sous les seaux d'eau. Le bois mouillé résiste.

– Encore ! Encore ! On va y arriver.

Mercator tente d'approcher une échelle pour arroser le toit. La chaleur est insoutenable. Il se tourne de tous côtés, voit à l'autre bout du port la brigade de Bruce mettre en batterie une pompe en cuivre reliée au bassin et qui crache un jet à cinq mètres de hauteur.

Soudain, à l'arrière du hangar, comme une explosion. Une boule incandescente s'élève, retombe en gouttes de feu sur le bâtiment. Dans un grondement sourd, un morceau du toit s'embrase.

– Merde ! crie Nicholas, dix-huit ans. La barrique d'huile. Elle était à moitié pleine, on l'avait laissée dehors.

– Reculez, on ne peut plus rien faire avec des seaux, dit Mercator.

Il tente d'ouvrir une porte latérale, la bouffée de chaleur lui arrache un cri, il bondit en arrière. À trois pour la refermer, l'arroser.

– C'est fini, tout est perdu. Au bateau, il faut sauver le *Freedom*. Mike, tu sais où est père ?

– À la maison, il s'habillait quand nous sommes partis. Il arrive.

Les bardeaux enflammés tombent à l'intérieur de l'entrepôt Fleming. Les voiles brûlent en premier, puis les mâts, la réserve de bois pour les barriques, les cordages, les rouleaux de filasse, le tonnelet de goudron qui explose comme une grenade, les baleinières. Le sol du hangar, imbibé d'huile, transforme la pièce en volcan. Chaque tonneau devient une boule de feu. La fumée grasse et âcre se fait plus sombre, l'odeur de graisse brûlée prend à la gorge. En vingt minutes, le patrimoine familial est anéanti.

Comme de la lave, le liquide en fusion s'écoule par l'entrée principale, embrase les pontons luisants, atteint d'autres dépôts dont les portes se déforment puis explosent. Des rigoles et caniveaux pleins d'huile, perdue lors de déchargements, s'enflamment et courent tels des serpents de feu.

Deux ateliers de construction navale et leurs stocks de bois sont dévorés. Une étable et son foin, d'où le propriétaire avait eu le temps de libérer les chevaux de trait, renforcent la puissance du brasier. Les volontaires reculent devant la chaleur des flammes. Une rivière de feu s'écoule des hangars où les barriques explosent. La lueur rouge aux millions d'étincelles monte dans le ciel et illumine jusqu'aux pointes de l'île. Sur le port, on y voit comme en plein jour.

Le premier appontement, vide de navires, brûle, deux hommes plongent pour sauver leurs vies. En touchant l'eau, l'huile se répand à la surface avec des ondulations de monstre marin. Les premiers litres sont avalés par les flots, mais les suivants s'embrasent. Une mer de flammes avance sur le bassin, dévore cordages et pontons, menace les navires alignés. Plus rien ne sépare l'océan de la terre. Le brasier est partout, le port de Nantucket est un enfer incandescent. Deux barques à l'ancre se transforment en torches.

– Reculez ! Laissez tomber les bâtiments, c'est trop tard, crie le forgeron. Aux bateaux !

Les hommes courent sur les deux quais encore intacts, grimpent à bord des baleiniers, des cotres, des barques. Ils hurlent des ordres que personne n'entend, larguent amarres et voiles, au risque de les voir s'embraser. Comme des démons sur un Styx enflammé, huit géants aux chemises fumantes fendent sur deux chaloupes les flots rougeoyants, s'emparent de cordages, remorquent deux baleiniers vers le large.

Le *Freedom* est le dernier sur le quai numéro deux, le plus éloigné du brasier. Mercator pose la passerelle, saute à bord. Henry et Fergus, avec quatre autres marins, sont descendus dans une barque de travail, près de la proue. Ils attrapent au vol le cordage que leur lance Mercator.

– Allez-y, souquez, il faut nous éloigner du quai !

Une première amarre est larguée. La seconde va l'être quand Michael arrive en courant :

– Merc' ! Viens vite. Père est blessé. Un morceau de toit enflammé…

Sur le pont, Mercator se penche vers son frère :

– Laisse-moi, largue l'amarre, éloigne-toi !

4

Île de Nantucket (Massachusetts)

18 juillet 1847

Alignés devant la porte d'entrée, sous le porche, les trois frères serrent les mains. Merci, merci d'être venus. Tout Nantucket a assisté à l'enterrement de leur père, le capitaine Stewart Fleming, seule victime de l'incendie. Cérémonie sobre, trois prières, quatre phrases du pasteur, cercueil de planches, pierre tombale de granit clair.

Les tantes et les cousines ont préparé le buffet. La sœur de Mary Fleming, la mère des garçons morte il y a seize ans, est venue mais n'a pas cuisiné, pas prononcé un mot. Elle le lui avait bien dit, que c'était de la folie de se marier en dehors de sa communauté, avec ce jeune homme qui n'était pas membre de la Société religieuse des Amis, les quakers, dont la famille venait d'on ne sait où, du Vermont peut-être, ou même du Canada.

Parce qu'il n'était pas né dans l'île, d'une lignée de pionniers des océans, de marins chasseurs de baleines, Stewart Fleming n'avait pas fait construire sa maison dans Orange Street, la rue des capitaines, même après trois campagnes fructueuses, dont une couronnée de quinze kilos d'ambre gris. Il aurait peut-être pu, grâce à un frère de Mary, mais avait préféré la rue Mulberry, qui descend sur le port.

De la fenêtre de son bureau, et mieux encore depuis la terrasse sur le toit, il pouvait voir le détroit, la grande passe, le trafic sur le bassin, le *Freedom* quand il était à quai.

– Votre père était un marin, un vrai capitaine, un membre éminent de notre communauté. Quelle mort absurde pour quelqu'un qui a affronté tous les dangers des océans… Je suis désolé, dit John Folger, le plus gros négociant de l'île, serrant la main de Mercator.

Le jeune homme penche la tête, ferme les yeux, sans un mot.

– Merci, merci beaucoup, enchaîne Michael. Nous avons compris trop tard la gravité de sa blessure. Je m'en veux beaucoup de ne pas l'avoir embarqué immédiatement pour Cape Cod…

– Notre Seigneur l'a rappelé à lui, il est dans un monde meilleur, c'est ce que vous devez vous dire.

Le défilé des hommes en noir, femmes en coiffes, dure plus d'une heure. Les salons sont presque vides, la plupart des invités partis quand le capitaine Tandy descend d'une calèche, monte les marches de la maison. Il s'appuie lourdement sur une canne. Il a cinquante-cinq ans mais avec son épaule fuyante, ses cheveux blancs clairsemés, cette maigreur de spectre, ce rictus qui déforme sa bouche et lui donne une expression permanente de colère, c'est déjà un vieillard.

Sur l'île, tout le monde connaît mais personne n'évoque en sa présence sa désastreuse dernière campagne : au large du Chili, il a été envoyé dans les airs, à cinq ou six mètres, par le coup de queue d'un cachalot qui a fracassé sa baleinière. Un marin s'est noyé. La hanche et une jambe brisées, Tandy a été secouru, ramené à bord du *Connecticut*. Il s'est bandé lui-même, s'est posé une attelle.

Mais malgré des cales presque pleines d'huile et un stock de vivres insuffisant, il a refusé de mettre cap sur Nantucket.

À partir de là, ont raconté les marins, il a fait vivre un enfer à l'équipage. Couché sur une civière près de la barre, délirant à moitié, accroché à sa pipe d'opium, il a ordonné cap à l'ouest, vers les immensités brûlantes du Pacifique. Il exigeait la prise de trois baleines supplémentaires, alors qu'il n'avait plus qu'un harponneur. Les officiers l'ont supplié, les hommes ont protesté. Personne n'a pu le raisonner, même quand sa blessure s'est infectée, quand l'eau douce dans les tonneaux a tourné, quand le porc salé a pourri.

Persuadé d'être devenu le jouet d'un dément, le second, avec l'accord de presque tous les marins, l'a sans violence démis de son commandement. Une mutinerie, une vraie. Ils l'ont débarqué sur l'île Juan Fernandez, au large de Valparaíso, l'y ont laissé avec quatre fidèles et ont mis cap au sud, vers le Horn.

Après une escale à Montevideo où trois marins sont restés à terre, ils sont rentrés en Nouvelle-Angleterre, à New Bedford où ils pensaient pouvoir négocier la cargaison. Mais la nouvelle de la révolte, dans le monde clos des chasseurs de baleines, les avait précédés. Des hommes en armes les attendaient sur le quai.

Charles Tandy, sauvé par un navire yankee après dix jours sur Juan Fernandez, était présent, sur le quai Homer de New Bedford quand l'officier mutin a été pendu, les autres envoyés en prison.

Il a récupéré son baleinier, qu'il n'a plus jamais commandé mais affrète toujours, depuis son bureau en bout de quai, miraculeusement épargné par les flammes la nuit de l'incendie.

Il tend la main à Mercator qui hésite, la prend.

– Sincères condoléances, mon garçon. Bon… J'ai été dur avec toi, peut-être trop, injuste, il y a longtemps. Tu étais mousse. Ton père m'avait demandé de t'apprendre le métier, sans te ménager. Je regrette les coups de ceinture. Mais tu es un homme, maintenant. Tu sais que l'océan peut être cruel, surtout pour nous les baleiniers. Il ne reste qu'à chérir la mémoire de ton père, qui était mon ami. Tu sais aussi que je possède vingt pour cent du *Freedom*. Passe me voir demain matin, sur le port.

– Je viendrai. Mais ne parlez pas d'amitié.

Dès le lendemain du sinistre qui a détruit un tiers du village, tous les hommes valides se sont mis au travail. Depuis six jours, l'île résonne de coups de marteau, du chant des scies, des cris des ouvriers. D'abord nettoyer, faire tomber les poutres calcinées, emporter le bois brûlé à l'extérieur, sauver ce qui peut l'être.

L'appel à l'aide lancé sur le continent a été entendu : des collectes ont été organisées à Salem, Boston, Chelsea, Westfield. Les paroisses quakers de la côte ont été généreuses. Les habitants de Fall River ont envoyé un vapeur qui a accosté le 16 juillet avec de la nourriture, des vêtements, des outils, des centaines de dollars en liquide. On attend demain le premier navire chargé du bien le plus précieux et le plus rare sur cette île sans forêt, le bois de construction.

Sur le port, les marins, maçons, tonneliers, charpentiers, volontaires ont été organisés en escouades, commandées par un armateur ou le chef d'une grande famille baleinière. Il faut scier les morceaux des quais brûlés, vérifier la solidité des poteaux, préparer la reconstruction. Les navires accostent à tour de rôle sur le seul appontement épargné par les flammes.

Mercator contourne les monceaux de détritus noircis, arrive devant les ruines de l'entrepôt Fleming. Ses frères, noirs comme des charbonniers, entassent devant le portail les objets et outils en métal. Certains ont fondu, méconnaissables. Il ne reste des baleinières que des morceaux d'armatures, des lances et couteaux que les lames, des barriques les fers de cerclage ; des mâts, voiles et cordages, rien. Un demi-tonneau de spermaceti a été épargné mais l'intérieur a cuit.

– Hé, Merc', lance Nicholas en riant, regarde. On plante une mèche dedans, ça fait une bougie géante. La plus grosse jamais sortie de la fabrique Fleming !

– Oui, et sans doute la dernière… Mettez à part les pointes de harpon, dit Mercator. On va les nettoyer et les vendre, pour parer au plus urgent. Je vais voir le banquier, puis j'ai rendez-vous avec Tandy. Il n'a presque rien perdu dans l'incendie. Je vais négocier une avance pour que nous puissions partir chasser le plus vite possible.

James Parkman et son fils Abbot représentent à Nantucket la Massachusetts Bank. Quand Stewart Fleming, devenu capitaine, a voulu financer l'achat d'une part du *Freedom,* il s'est adressé à eux, seul établissement où un étranger à la communauté quaker pouvait espérer obtenir un prêt.

– Je ne sais pas s'il vous tenait au courant du détail de ses affaires, jeune homme, dit le banquier dans son bureau au premier étage, sur Main Street, mais les deux dernières années n'ont pas été bonnes. Des réparations majeures ont été faites sur votre baleinier, avec des factures de bois très élevées, que M. Tandy a réglées avec des intérêts disons… conséquents. J'ai consulté l'avocat de votre famille. J'ai bien peur que votre père ne vous lègue, à part les soixante pour cent dans le capital du *Freedom* qui représentent bien sûr une jolie somme, que des créances. Chez nous, en tout cas, il n'y a rien en caisse. Quelques dettes, rien d'important. Peut-être voudrez-vous envisager de vendre le navire, ou la maison. Nous pouvons nous charger…

– Le bateau est tout ce qu'il nous reste. Je veux monter une campagne, partir avec mes deux frères. Pas forcément très longue, sans passer le cap Horn, disons un an, vers le sud des Falkland. Je connais ces terrains de chasse, il y a encore de grandes colonies de baleines franches et de cachalots. Ce serait une bonne affaire pour vous. Mais tout notre équipement a brûlé. Nous avons besoin…

– Vous diriez de combien ?

– Six, huit mille dollars.

– Je peux m'engager jusqu'à trois mille, gagés sur la maison. Pour le reste, voyez les associés de votre père. Votre mère était quaker, n'est-ce pas ? Native de l'île ?

– Oui, mais personne ne s'en souvient. J'avais onze ans quand elle est morte. Nous sommes les fils de Stewart Fleming, un *coof* arrivé à Nantucket à seize ans, simple matelot. Ça, ils ne l'oublieront jamais.

– Je suis désolé. Trois mille… Et encore, je vous dis ça mais il faudra que j'obtienne le feu vert de Boston. Vous savez que l'industrie baleinière sur l'île n'est plus ce qu'elle était. Ce banc de sable qui bouge sans cesse bouche l'entrée du port… Ces navires qu'il faut décharger avec des barques… Les baleiniers préfèrent New Bedford et son port en eaux profondes, relié au chemin de fer. Les armateurs du continent assurent que ça n'a plus aucun sens d'opérer depuis une île, même si elle a vu naître cette industrie, que les surcoûts sont ridicules. L'incendie en plus, deux des trois quais détruits… Combien de temps pour les reconstruire ? Deux mois, trois mois, quatre ? Un des propriétaires de notre banque est l'ami du maire de New Bedford. Ils ont lancé une campagne contre Nantucket. Vendre le *Freedom* quand il vaut encore beaucoup d'argent… Pensez-y.

– Merci, monsieur Parkman. Trois mille dollars, gagés sur la maison. Je repasse dans quelques jours.

Sur le port, à l'opposé des entrepôts calcinés, les bureaux de la Tandy Whaling and Transport Company ont été à peine noircis par le sinistre. Accolés à ceux d'autres entreprises familiales enrichies par la graisse des baleines et le spermaceti des cachalots, ils ont été défendus par une légion de pompiers amateurs, payés pour répandre aux abords des litres d'eau de mer. Seule l'enseigne, un cétacé projetant dans les airs d'un coup de queue un T majuscule, s'est décrochée et a en partie brûlé. En montant les quatre marches de l'entrée, Mercator remarque sous le porche un menuisier et son apprenti qui en taillent une nouvelle dans un panneau de cèdre.

Trois hommes, dans l'habit sombre des quakers, entourent Charles Tandy, assis à son bureau d'acajou. La lampe à huile posée sur un pied sculpté dans une vertèbre de baleine est allumée, malgré l'heure matinale et les flots de lumière qui pénètrent dans la pièce par les trois fenêtres donnant sur les quais. Aux murs, entre les représentations de scènes de chasse au cachalot, deux dents de narval croisées, des couteaux inuits, un harpon à manche d'ébène. Sur un trépied à hauteur d'homme, l'immense longue-vue de laiton pointée vers le port brille comme de l'or.

– Merci d'être venu, Mercator. Assieds-toi, je t'en prie.

– Merci, je vais rester debout.

– Comme tu voudras. Encore une fois, toutes nos condoléances. Tu connais MM. Wade, Penn et Holder. Je ne sais pas ce que ton père te confiait de ses affaires, mais tu n'ignores pas que nous possédons quarante pour cent du *Freedom*. Et nous avons financé la dernière campagne. Je déteste avoir à évoquer ça au lendemain de son enterrement, mais étant donné les circonstances, l'incendie dans lequel nous avons perdu des sommes considérables, les dettes de Stewart à notre égard étaient importantes. En temps normal nous aurions pu attendre, mais nous avons un besoin urgent de liquidités pour reconstruire ce qui a brûlé. Je ne sais pas si tu as consulté maître Holmes à propos de l'héritage, mais nous aimerions savoir comment tu comptes nous rembourser…

– Vous serez remboursés dès que possible, soyez-en sûrs. Je vais partir pour une campagne de chasse, avec mes deux frères et six des marins de notre père. Un voyage court, quelques mois seulement, pour rentrer avant l'été prochain avec assez d'huile…

– Excuse-moi, Mercator. Mais si je ne me trompe pas votre entrepôt a été détruit, non ?

– Oui. Entièrement.

– Les baleinières étaient-elles à bord du *Freedom* ?

– Non. À terre, en réparation. Elles ont brûlé, avec l'accastillage, tous les harpons ou presque. C'est pour ça que…

– Donc tu te rends compte, mon jeune ami, des sommes à investir pour pouvoir repartir chasser la baleine avec ce navire ?

– Bien sûr. Je viens de voir M. Parkman. Sa banque nous prête une partie des fonds nécessaires.

– Et pour le reste ? Je suppose qu'il ne s'agit pas de quelques centaines de dollars.

– Je pensais…

– J'espère que tu ne pensais pas que nous allions avancer cet argent. Comme je te l'ai dit, nous avons des frais énormes de remise en état des installations portuaires, des entrepôts, une fabrique de bougies a été endommagée. Même si nous le voulions, nous ne pourrions pas.

– Mais de toute façon, vous ne voulez pas, c'est ça ?

– Effectivement, Mercator. Nous ne pouvons pas, et nous ne voulons pas. Tu devras trouver cet argent ailleurs. Mais, je suis désolé d'insister, tu vas d'abord nous rembourser ce que nous devait ton père. Nous n'attendrons pas.

Charles Tandy ouvre le tiroir de son bureau.

– J'ai fait préparer un décompte par mon comptable…

Mercator tourne les talons, sort de la pièce en laissant la porte ouverte.

– Mon jeune ami, sois raisonnable…

Le soir, autour de la table du salon dans la maison familiale, il élude les questions de Michael. Les comptes ne sont pas faits, ça demandera quelques jours. Il faut prendre une décision pour Nicholas : à dix-huit ans, bon élève, il devait commencer en septembre des études classiques dans un lycée de Cape Cod.

– Je suis désolé, Mike. Mais je ne vois pas comment nous pourrions payer. Il n'y a pas un sou à la banque, que des dettes. Et si j'arrive à monter une campagne, j'ai besoin de vous deux.

– Mais, Mercator, Nick n'a jamais embarqué, n'a qu'à peine fait le tour de l'île avec père, une fois ou deux, dit Michael. À quoi pourrait-il servir à bord ?

– Dix-sept ans…

– Dix-huit, Merc', je viens d'avoir dix-huit ans.

– Oui, dix-huit ans, c'est déjà trop âgé pour un mousse. Il sera « main verte ». Il n'est pas question qu'il tienne un harpon. Mais un aviron, oui. Tu crois que nous pouvons payer un équipage au complet ? Une campagne, un an, et si ça se passe bien, si nous avons de la chance, nous serons de retour à temps l'an prochain pour que tu reprennes les études, Nick.

– Je suis d'accord, Merc'.

– Et moi je dis que c'est de la folie. Père n'aurait jamais…

– Père est mort. C'est moi qui décide, maintenant.

Pendant deux jours, le fils aîné de Stewart Fleming fait le tour des amis, relations d'affaires, anciens associés, concurrents de son père, banquiers de l'île, prêteurs sur gages. Condoléances, mines contrites, refus polis, protestations d'impuissance. Les temps sont durs, Mercator. Si seulement il n'y avait pas eu cet incendie. Ce serait avec plaisir, Mercator, mais…

Ce soir, les trois frères dînent à la taverne. Il n'y a plus rien dans la cuisine à la maison. La gouvernante est rentrée chez elle, à Dartmouth.

– Nous n'aurons pas un sou ici, dit Mercator. Père était endetté. Les taux d'intérêt qu'ils lui ont imposés pour financer les dernières réparations du *Freedom* sont à la limite de l'usure. Ce Fleming, ce *coof* qui possédait la majorité d'un baleinier à Nantucket, qui en plus trouvait de l'ambre, fabriquait des bougies, ils ne l'ont jamais avalé. Cet incendie est l'occasion qu'ils attendaient. Ils vont nous mettre le couteau sous la gorge pour nous forcer à vendre. Un jour, leur orgueil, leur égoïsme, leur cupidité les étoufferont. Vous les avez assez entendus clamer que « sans nous le monde plonge dans les ténèbres » ? Je pars demain pour New Bedford et Boston. Peut-être que sur le continent… Je devrais être de retour dans une semaine. Pendant ce temps, terminez le nettoyage, vendez ce qui peut l'être.

Dans les banques de Boston, la plus grande ville du Massachusetts, Mercator est reçu par des subalternes qui refusent de prêter un dollar sans gage possible sur la maison, par des fondés de pouvoir qui lui demandent des garanties qu'il n'a pas, des caissiers qui lui disent que, désolé, le chef n'est pas disponible.

À New Bedford, le port concurrent, la vue d'un baleinier de Nantucket tendant sébile pour financer une campagne de chasse provoque des ricanements, sourires satisfaits, encouragements hypocrites. Alors, cet incendie ? Combien de bateaux ont brûlé ? Et les entrepôts ?

Mercator est assis à l'avant sur des poutres de chêne empilées jusqu'à mi-hauteur des bastingages du vapeur qui le ramène chez lui, après un arrêt sur l'île voisine de Martha's Vineyard. Le soleil rougit, le vent du large dissipe la brise de terre et ses parfums de forêts. La houle se lève, le panache de fumée s'étire, le navire vibre et tousse, l'étrave fend les vagues aux reflets verts. Mercator écoute les hoquets de la chaudière, le roulement de l'hélice, fixe l'horizon, cherche le phare de Nantucket, aperçoit les nageoires d'une horde de dauphins, refait des calculs qui jamais ne tombent juste.

Un homme approche. Chapeau rond, bottes cirées, manches de lustrine, carnet et crayon en main, il recompte les caisses de clous, les madriers, les planches, les manches d'outils entassés.

– Vous êtes de Nantucket, jeune homme ?

– Oui, pourquoi ?

– Mon nom est Markey, Henry Markey. Je suis négociant à Salem. J'ai été payé par des familles de ma ville pour livrer ça à Nantucket. Mais ce n'est qu'une partie, ce vapeur ne peut pas emporter grand-chose. Je cherche un bateau assez grand pour le reste…

Deux jours plus tard, le *Freedom,* Mercator à la barre, le commerçant à ses côtés, ses deux frères et quatre hommes d'équipage appareillent pour la côte du Massachusetts. Dans le port de Salem, les cales du baleinier sont remplies des matériaux de construction offerts par les paroisses quakers de Salem et ses environs. Avertis de la présence du navire, des paysans apportent des cageots de légumes, six moutons, deux vaches. Des sacs de jute sont pleins de vêtements entassés dans trois brouettes, elles aussi du voyage.

– Monsieur Markey, demande Mercator la veille du jour prévu pour le retour vers Nantucket, y a-t-il une scierie par ici ?

– Bien sûr, plusieurs. Nous sommes entourés de forêts. Celle de mon cousin est tout près. Il est spécialiste de la coupe de bois pour les chantiers navals.

– Pouvez-vous m'indiquer où elle se trouve ? Il me reste cinquante-trois dollars. Si je les transforme en planches et chevrons, je pourrai les revendre à bon prix sur le port. Il y en a pour des mois de travaux…

– Bien calculé, jeune homme. Suivez-moi.

En vue de l'île, grâce à sa cargaison attendue avec impatience, le *Freedom* ne reste au large qu'une matinée avant d'accoster. Des volontaires de la Société des Amis montent à bord pour décharger.

– Non, tout ce qui est là reste ici. C'est à nous. Et c'est à vendre, si ça intéresse quelqu'un… dit Mercator.

Les premières poutres sont à peine posées sur le quai que Samuel Wade, associé du capitaine Tandy, monte l'échelle de coupée.

– J'entends dire que vous avez du bois à vendre, jeune Fleming. Mais ce n'est pas pour faire du commerce que nous vous avons autorisé à partir pour Salem. Vous deviez rapporter les dons collectés pour notre communauté…

– Et je l'ai fait. Vous pouvez vérifier, voici la liste, tout est là. Mais il restait de la place dans les soutes, et c'est mon bateau. J'en possède la majorité du capital. J'ai mis les quelques dollars que nous avions encore dans ces planches. Donc si elles vous intéressent…

– Bien sûr, nous en avons besoin. Je vais en parler au capitaine Tandy. Nous pouvons soustraire cette valeur de votre dette.

– Non, pas comme ça… Rendez-vous à la Black Cat Tavern dans une heure. Dites à Tandy de venir.

En quelques minutes de négociation autour d'une cruche de bière, un accord est trouvé : la moitié de la cargaison des frères Fleming est vendue, à bon prix, aux actionnaires du *Freedom* qui déduisent la somme de leur créance. Mercator est libre de vendre le reste comme bon lui semble.

– Tu es plus malin que je ne le croyais, jeune Fleming, dit Charles Tandy. Ton père avait peut-être raison, après tout… Voilà ce que je te propose : tu vas faire deux ou trois autres voyages à Salem. Tu charges du bois pour notre compte, et aussi pour toi si tu veux. Nous revendons ici, au même prix. Il faut faire vite. Réfléchis : oublie la chasse pour le moment. Tu n'auras jamais de quoi armer le *Freedom.* Là tu peux gagner pas mal d'argent, commencer à rembourser vos dettes, et nous ne t'obligeons pas à vendre le bateau.

– D'accord. Deux navettes. Cinquante dollars le voyage. Ensuite nous partons chasser.

– Deux navettes, départ le plus tôt possible. Pour la chasse, nous verrons combien tu pourras mettre sur la table.

Les vents descendus du Canada fraîchissent, les forêts de la côte du Massachusetts rougissent, les feux de l'été indien embrasent les paysages de Nouvelle-Angleterre quand, fin septembre, Mercator pénètre dans le bureau de Henry Markey, sur le port de Salem.

– Monsieur Markey, le chargement est terminé. Nous appareillons demain matin. Merci encore pour mon frère. Je suis sûr que Mike sera à la hauteur.

– Je n'en doute pas, Mercator. Je l'ai vu à l'œuvre, c'est un brillant jeune homme. J'ai toujours besoin de garçons talentueux dans mes affaires. Il ne perdra pas son temps. Et comme tu le disais hier, c'est sans doute provisoire. Il pourra te rejoindre pour la prochaine campagne de chasse au cachalot, quand tu seras prêt.

– Nick aussi va rester ici, monsieur Markey. Il n'y a plus rien pour lui à Nantucket. L'idéal serait qu'il continue les études, ses professeurs disent qu'il est doué, mais nous ne pouvons pas payer pour l'instant. Il a trouvé un emploi dans la fabrique de bougies de M. Lloyd. Ils partageront une chambre dans la pension de Mme Morgan.

– Je veillerai sur eux. Et, Mercator, souviens-toi de ce que je t'ai dit : les navires baleiniers sont construits pour transporter des barriques. Le vôtre est parfait. Je vais recevoir une cargaison de vin de France, qu'un négociant anglais me paie pour livrer à Alexandria. C'est le port de notre capitale fédérale, Washington. Du vin que vont boire nos sénateurs, peut-être même le président Polk. S'il n'y a rien pour toi à Nantucket, et franchement je ne vois pas ce que tu pourrais y faire cet hiver, reviens ici. Je te ferai un bon contrat.

Dix jours plus tard, le *Freedom* amène ses voiles à l'entrée du port de Salem, Mercator à la barre.

5

Océan Atlantique,
au large de Virginia Beach (Virginie)

27 novembre 1848

– Ça doit être là, dit Mercator à l'homme de barre en repliant la longue-vue. Nous sommes passés devant Cape May il y a trois jours, après la baie de New York. Je n'ai pas l'habitude de croiser si près des côtes, mais d'après mes calculs et la carte, la ville à bâbord, ces maisons en front de mer, ce doit être Virginia Beach, et à tribord le cap Charles. C'est l'entrée de la baie de Chesapeake. Markey a dit d'embarquer un pilote à Hampton pour remonter le Potomac. Hissez les perroquets et les cacatois, affalez les focs, on va longer la rive par le sud, c'est à l'embouchure de la première rivière.

Le *Freedom* a quitté Salem mi-novembre. Seize hommes d'équipage, moitié moins que pour une campagne de chasse, le minimum pour la manœuvre. Seul Fergus Smalls, l'un des esclaves affranchis, a suivi Mercator depuis Nantucket, les autres ont été embauchés sur le port de Salem, deux sont venus de New Bedford. Trois semaines de travail, un mois peut-être selon le vent.

Dans les cales, arrimées comme des fûts d'huile de baleine, deux cent cinquante barriques marquées au pochoir, en français, « Grand vin de Bordeaux », avec des armoiries : un château surmonté d'une couronne, entouré de cèdres. L'acheteur est un homme d'affaires, Archibald Seddon, propriétaire d'une plantation en Virginie, d'un chantier naval et d'une maison de négoce. Il fournit à la capitale fédérale les meilleurs vins du Vieux Monde et a été élu, pour un deuxième mandat, dans le quatrième district de l'État de Virginie à la Chambre des représentants.

« Mercator, vous livrez le vin, vous embarquez du maïs et du coton, avait dit Henry Markey. Le maïs en sacs, le coton en ballots, c'est pour l'Angleterre. Le temps de charger tout ça, vous aurez deux jours sur place. Suivez mon conseil, profitez-en pour visiter notre capitale. J'y étais l'année dernière : tout a été reconstruit, après les incendies allumés par ces salauds d'Anglais en 1814. Une splendeur. Le Mall, ces bâtiments immenses, les monuments, le Capitole, vous n'avez jamais rien vu de pareil. »

Le trois-mâts suit la côte de Virginie, jette l'ancre devant l'entrée du port de Hampton, signalé par un phare de pierre et de bois. Une baleinière est mise à l'eau, deux marins aux avirons.

– Les gars, ne vous éloignez pas du quai, dit Mercator en accostant. Si je trouve un pilote, on repart de suite pour profiter du vent du sud.

Dans la salle enfumée de la Kelly's Tavern, le capitaine du *Freedom* trouve sans difficulté deux, puis trois marins de la région disposés à le guider dans les méandres de la baie vers l'entrée de la rivière Potomac, jusqu'à Alexandria. Mais aucun ne veut lever l'ancre cet après-midi.

– La nuit tombe vite, en cette saison. Il ne reste que deux heures de jour, dit l'un d'eux. Avec un trois-mâts comme le vôtre, on ne navigue pas de nuit dans la Chesapeake. Ce n'est pas un vapeur. Et encore, même un vapeur… Deux dollars par jour, et je suis sur le ponton demain avant l'aube. J'ai à faire à Alexandria.

– Entendu. Nous mouillons devant l'entrée du port, pas la peine de payer la taxe d'amarrage pour si peu. Faites signe avec une lanterne, j'enverrai une baleinière.

L'homme sourit.

– Dites donc, vous savez qu'il n'y a plus de baleines dans la baie depuis le siècle dernier ?

– On ne chasse pas. Des tonneaux à livrer à Washington. Nous avons tout perdu dans un incendie sur le port de Nantucket, en juillet, à part le navire. Il faut rentrer un peu d'argent pour le rééquiper et partir en campagne l'été prochain.

– Ah, d'accord. Ce sera un honneur de tenir la barre d'un baleinier, un trois-mâts qui passe le cap Horn, poursuit les monstres des mers dans le Pacifique. Je n'aurais jamais cru…

– Avant le jour. Ne soyez pas en retard.

Après la longue houle de l'Atlantique, le *Freedom* navigue le lendemain, vent arrière, dans le clapot de la baie de Chesapeake. Reflets gris-bleu, rives mangées de marécages et de roseaux, fermes blanches aux toits de bois, granges rouges, moulins, forêts, collines cultivées jusque sur les îles.

– Ça ressemble à un lac, dit Mercator.

– Plutôt une mer intérieure, remarque Pierre le pilote, à la barre depuis l'aube, un chien à ses pieds. Ne vous y fiez pas. Nous allons entrer dans la saison des tempêtes. Ce n'est pas l'océan, mais elles peuvent être terribles par ici. Vous voyez là, à bâbord, c'est la baie de Mobjack. On ne compte plus les épaves. Il y a eu un naufrage le mois dernier, un navire français. J'ai participé aux secours, trois survivants seulement. En plus, avec un trois-mâts barque comme le vôtre, il faut éviter les hauts-fonds, les bancs de sable. Il y en a partout, ils bougent sans arrêt. Nous allons rester au milieu de la baie jusqu'à l'embouchure du Potomac… Et encore : vous voyez, là devant, le gris devient un peu plus clair. Il faut contourner par tribord. Paré à virer ?

Ils remontent plein nord toute la journée. La baie est si large que par moments les rives disparaissent. Le vent mollit, et c'est toutes voiles dehors qu'ils arrivent à la tombée du jour en vue de l'île de Tangier.

– C'est le repère pour l'entrée du Potomac, même dans la brume, dit le pilote. Le fleuve fait un grand estuaire à bâbord, caché par les roseaux, d'ici on ne peut pas le voir.

– D'accord, amenez toute la toile, paré à mouiller, crie Mercator. C'est quoi ces trois sloops qui tournent en rond près de l'île ?

– Des *bugeye* : des bateaux de la baie, ils draguent le fond, ramassent les huîtres. Nous avons les plus beaux gisements d'huîtres sauvages du monde, dans la Chesapeake. Dans la langue des Algonquins, ça veut dire « la grande baie des coquillages ». Vous n'en avez jamais mangé ? On les expédie sur toute la côte Est, à New York ils en sont fous. Vous venez d'où, déjà ? Boston ?

– Pas loin, Nantucket.

– Ah oui, l'île des tueurs de baleines. Nous pouvons mouiller, si vous voulez, dans une anse appelée port de la morue. J'ai un ami, un gars avec lequel j'ai navigué vingt ans dans le coin, qui vient d'ouvrir une auberge sur Tangier. Si vous me mettez un canot à la mer, j'irai chercher des huîtres et des tourtes pour dîner.

Ils jettent l'ancre en vue du Whale Point, à l'abri d'une anse de sable, jetée naturelle en forme d'hameçon. Le pilote et deux marins grimpent dans une baleinière qui descend lentement au bout de deux poulies quand, à un mètre des flots, le grand chien brun saute à l'eau en jappant de joie.

– Mon Jack ? dit Pierre une heure plus tard, remontant à bord avec trois paniers d'osier, il adore l'eau, un vrai canard. C'est un chien d'ici, un Chesapeake Bay Retriever. Mon père en avait trois. Il racontait qu'ils descendaient des deux premiers arrivés dans la région, sur un bateau anglais qui s'est échoué dans la baie. Les seuls survivants du naufrage étaient un couple de chiens de Terre-Neuve. Ces bêtes-là aiment tellement nager, être dans l'eau avec leurs grosses pattes, qu'ils sont parfaits pour la chasse dans les marais. Par ici, il y en a un dans chaque ferme.

Au milieu de la nuit, au claquement des voiles, au sifflement du gréement, au rythme des vagues contre la coque, Mercator comprend que le vent a tourné. Il se lève avant l'aube, rejoint l'homme de quart qui a relevé le col de sa veste.

– Le nord est rentré, dit-il. C'est bon pour nous, capitaine ?

– Je ne crois pas. Je verrai avec le pilote. Il va falloir sans doute remonter un moment pour attraper l'entrée du fleuve. Descends réveiller le cuistot. Il ne faut pas tarder.

Une pluie froide et serrée mouille les voiles, ruisselle sur le pont, fait grelotter les marins qui arrivent en vue de l'embouchure, si large qu'on dirait une autre baie. Deux vapeurs à aubes crachent leur fumée en direction de la capitale des États-Unis. Un trois-mâts britannique, bas sur l'eau, très toilé, précède le *Freedom.*

– Coup de chance, dit Pierre. Les Anglais ont toujours les meilleurs pilotes pour remonter le Potomac. On se met derrière et on suit gentiment. Espérons que le temps va s'arranger. Là on ne voit rien mais les berges sont magnifiques. Il faut compter au moins trois jours à partir d'ici, capitaine, parfois quatre. Nous allons remonter près de cent milles. Sur la rive nord, c'est le Maryland, la rive sud, la Virginie.

En fin de journée la pluie cesse, le baleinier remonte lentement les méandres du fleuve, à moins de trois nœuds à l'heure. Deux jours plus tard, Fort Washington est en vue, fortifications de pierre qui gardent l'entrée sud de la capitale fédérale, avant Alexandria et son port de commerce.

– On n'y arrivera pas seuls, dit le pilote. À partir d'ici le Potomac n'est plus assez large pour tirer des bords face au vent. Et il y a trop de trafic. Je vais aller chercher deux ou trois canots de halage. Plusieurs familles de Noirs sont spécialisées là-dedans, à Fort Washington. Je les connais, j'aurai un bon prix.

Le lendemain, deux longues chaloupes, six bancs de rames, douze hommes à bord, des Noirs aux épaules de chêne, prennent en remorque le *Freedom* vers les docks d'Alexandria. Les cordages se tendent, les vingt-quatre rameurs tirent le trois-mâts deux fois plus vite que lorsqu'il était sous voile.

– Ce sont des esclaves ? demande Fergus Smalls à Pierre, à la barre.

– Non, des hommes libres. Nés libres ou affranchis, dit le pilote. C'est leur business. Fort Washington est sur la rive nord : dans le Maryland les esclaves sont rares. En Virginie, il y en a beaucoup, à cause des plantations. Et toi tu es l'esclave du patron, ou tu reçois un salaire ?

– Je suis libre, affranchi quand j'étais enfant avec ma famille. Il n'y a pas d'esclaves à Nantucket. Les quakers sont pour l'abolition. Et sur un baleinier, la couleur de ta peau ne compte pas. L'important, c'est ton courage pour affronter les monstres, la force de ton bras pour ramer ou lancer le harpon. Que tu viennes d'Afrique, de Chine ou de la Lune, si tu tues le cachalot au premier coup de lance, ou même au deuxième, tu as ta part et le respect de tous.

– Oui, je savais pour les quakers. Il y en a pas mal dans la Chesapeake, des fermiers. Ils n'ont pas d'esclaves. On dit même qu'ils aident les Nègres en fuite à remonter vers le nord. Les relations avec les planteurs sont tendues, parfois, quand ils font des battues avec leurs chiens à la recherche des évadés. Au moins nous, les marins, on ne trempe pas dans ces sales histoires. Capitaine, chez qui livrez-vous la cargaison ?

– Archibald Seddon, un négociant.

– Seddon, je vois, c'est l'un des gros. Ce sera le troisième quai.

Mercator soulève le couvercle de sa table à cartes, sort son ordre de mission cacheté à la cire, le déplie.

– Le quai d'Alexander Street.

– C'est bien ça, le troisième. Monsieur Smalls, vous voulez bien aller à l'avant et prévenir le chef des rameurs ? C'est l'homme à l'arrière, chaloupe de droite.

Les bâtiments de toutes tailles se croisent, se côtoient, se frôlent dans le port de la capitale de l'Union : barques de travail, vapeurs à aubes ou à hélice, goélettes, ketchs de loisir, sloops de pêche, barges de transport, canots minuscules, ferries pour passagers et charrettes, grands navires transatlantiques battant pavillon européen.

Sur les quais s'entassent marchandises en vrac ou en ballots, barriques, paniers, matériaux de construction, poutres et madriers charriés par des centaines de dockers en casquettes. Les sacs de blé, d'orge ou de maïs sont portés à dos d'homme. Des mules escaladent à petits pas d'étroites passerelles pour charger dans les navires balles de coton, paniers de pierres taillées, sacs de jute ou fagots de bois.

Six lanceurs font la chaîne et se jettent, un par un, des ananas sortis des cales d'un voilier décrépit battant pavillon du Honduras.

Les pontons résonnent du claquement des sabots, des cris de manœuvre, ordres des contremaîtres, insultes et blagues des marins, crissement des cordages, battement des toiles, chansons échappées des fenêtres des tavernes, appels des marchands ambulants.

Les voiles sont amenées, le *Freedom* glisse et approche du quai de pierre. Les rameurs noirs sautent à terre, tirent les amarres, les nouent.

Au fronton d'un entrepôt voisin, en gros caractères : *A. Seddon and Sons, Import-Export – General Store.*

Dans le bureau près de l'entrée, Mercator présente son document et la lettre d'Henry Markey à son client.

– Ah oui, le vin français… Je vous envoie les dockers dans une heure, dit l'employé en blouse grise, pipe à la bouche, visière sur les yeux. Combien de barriques ?

– Deux cent cinquante.

– Ils n'auront pas fini ce soir. De toute façon je n'ai pas toute la cargaison que vous devez charger pour Salem. Il manque des ballots de coton. Je dirais deux jours, peut-être trois. Repassez demain vers midi, si vous voulez bien.

Le lendemain matin, Mercator, assis près du poêle à bois de la cuisine termine ses œufs au bacon avec du pain frais quand un marin lance :

– Capitaine, un visiteur pour vous.

Sur le pont, un homme en redingote noire, col cassé, lavallière de soie, fines lunettes ovales, chapeau de feutre dans une main, canne en ébène dans l'autre, lui sourit.

– Vous devez être le capitaine Fleming. Enchanté, et merci. Je suis Archibald Seddon. J'ai reçu il y a deux jours un télégramme de mon ami Markey annonçant votre arrivée. Vous tombez bien, nous étions presque à sec.

– Bonjour, monsieur Seddon. Excusez-moi, mais qu'est-ce qu'un télégramme ?

– Ah oui… Une invention qui va changer ce pays, et la face du monde, croyez-moi. M. Morse vient d'installer à Washington un système qui permet – ne me demandez pas comment, je n'y comprends rien – d'envoyer et de recevoir des messages passant à l'intérieur de câbles, accrochés à des poteaux plantés le long des routes. Nous étions reliés à New York depuis six mois, Boston l'a été la semaine dernière. Le télégramme de Markey, avec le nom de votre bateau et la cargaison, est le troisième que je reçois. Formidable, non ? J'avais à faire sur le port ce matin, mon comptable m'a dit que vous aviez accosté hier soir. C'est un bien beau bateau que vous avez là, jeune homme. Mais il n'est pas un peu grand pour remonter le Potomac ?

– Un peu. En fait, c'est un baleinier. Nous sommes entre deux campagnes de chasse, j'ai pris ce contrat de transport de barriques, nos cales sont faites pour ça.

– Bien. Henry Markey m'écrit que vous êtes originaire de Nantucket. J'aime beaucoup les histoires de chasse à la baleine. Cela vous dirait-il de dîner avec moi et quelques amis ce soir ? J'espère que vous n'êtes pas trop pressé de repartir, nous attendons encore une partie de la cargaison que vous devez emporter, j'en suis désolé.

– Avec plaisir. Je navigue sur des baleiniers depuis mes douze ans, je connais quelques anecdotes…

– Parfait, disons six heures et demie. Vous êtes mon invité. La Gadsby's Tavern, demandez à n'importe qui en sortant du port. À ce soir, donc.

Avec de longs diables de bois, des palans et poulies, les dockers montent sur le pont, puis sur le quai où attendent des charrettes, les barriques teintées de mauve. Dans l'autre sens, des Noirs vêtus de courts pantalons et de sacs de jute percés pour la tête et les bras, malgré le vent froid de décembre, chargent dans la soute des centaines de kilos de maïs.

– Cette nuit, quatre hommes à bord, quartier libre pour les autres, dit Mercator en fin d'après-midi. Monsieur Smalls, si vous voulez bien prendre le commandement. Je serai là demain soir, nous en avons au moins pour trois jours.

Sur les quais d'Alexandria, éclairés par des lampadaires de verre brûlant de l'huile de baleine, il longe des entrepôts, des ateliers, puis des maisons de brique rouge. Le crachin fait luire les pavés. L'air sent la vase, le bois coupé et la terre fraîche. Un garde municipal, long fusil à l'épaule, lui indique l'adresse de la taverne, à deux rues de là. C'est une bâtisse de trois étages aux fenêtres à carreaux blancs d'où s'échappent des odeurs de viande grillée, des éclats de voix, des rires et des accords de violon. Sous l'enseigne de bois gravée d'une grappe de raisin, Mercator frappe trois coups de heurtoir à tête de lion. Une femme immense, longs cheveux gris et poitrine débordant de sa robe-tablier, ouvre et lui sourit.

– Bienvenue chez Gadsby, jeune homme !

– Bonsoir, je dois retrouver M. Seddon, pour dîner.

– Bien sûr. L'honorable représentant Seddon et ses amis sont dans leur salle habituelle, si vous voulez me suivre…

Autour de la table, près d'une cheminée de pierre blanche où ronfle un feu de chêne, une dizaine de convives en habits se partagent deux cruches de bière ambrée et trois bouteilles de vin. Archibald Seddon est assis au centre, les yeux brillants, les joues rosies par l'alcool.

– Ah, mon jeune ami… Approchez. Messieurs, je vous présente le capitaine Mercator Fleming. Il est arrivé ce matin de Salem avec une cargaison de vin de Bordeaux que tout Washington attendait avec impatience. Mais au lieu d'un vulgaire navire de transport, ce jeune homme tient la barre d'un baleinier. Oui, un de ces navires qui courent les océans à la poursuite des Léviathans, qui font claquer notre chère bannière étoilée à tous les vents du monde, qui alimentent avec une bravoure sans égale une part si importante de notre industrie et de notre économie. Capitaine, bienvenue à Alexandria. C'est un honneur de vous avoir à notre table.

– Merci, monsieur Seddon. Bonsoir, messieurs. Je dois préciser que je commande bien ici le *Freedom* mais que je n'ai encore jamais dirigé une campagne de chasse. Je compte bien le faire, avec mes deux frères, au printemps. Nous avons hérité du navire à la mort de notre père, cet été.

– Toutes nos condoléances. Avez-vous déjà harponné un cachalot, jeune homme ? demande l'un des convives, petit, rond, que ses dents écartées et ses favoris roux font ressembler au *leprechaun* irlandais.

– Oui, plusieurs fois, surtout l'an dernier, quand nous avons eu la chance de tomber sur des hordes de baleines franches au sud des îles Falkland. Mais vous savez, lancer le harpon n'est pas le plus difficile, à condition d'être assez près. Il faut ensuite bien s'accrocher, poursuivre le poisson qui va plonger, tenir bon le temps qu'il se fatigue, puis l'achever. Tout l'équipage de la baleinière participe.

– Ah oui, la fameuse « partie de luge de Nantucket », quand le monstre entraîne la chaloupe à toute vitesse : je me souviens d'une illustration dans l'*Alexandria Gazette* l'an dernier. Mais où diable trouvez-vous le courage de faire ça ?

Mercator prend place au côté de son hôte, enchaîne les anecdotes, emmène les convives des confins de l'Atlantique au large des côtes du Groenland, des golfes africains aux eaux turquoise des Bermudes, des douceurs des Caraïbes aux embruns glacés de Géorgie du Sud.

Il raconte la découverte d'îles désertes et paradisiaques, l'accostage dans des ports inconnus, les tribus africaines et leurs danses, le ballet des dauphins, les poissons volants, les aubes et les crépuscules, les aurores boréales, les tempêtes et les mers d'huile, les heures glaciales à scruter l'océan à la recherche des jets d'eau et de vapeur, le souffle des proies, l'excitation de la chasse quand elles sont repérées et que descendent les baleinières, les courses à la rame contre les titans des mers qui, parfois trop rapides, plongent vers les tréfonds et s'échappent après des heures de poursuite ; les harpons cassés, les coups de nageoire qui projettent les esquifs en l'air, les mâchoires monstrueuses de certains cachalots, leurs dos couverts de cicatrices et de fers, les marins noyés ou disparus, les bouées qu'on largue l'une après l'autre pour ralentir et fatiguer la bête, le cordage qu'on finit par trancher en panique, d'un coup de hache, pour éviter d'être entraîné par le fond ; le coup de lance mortel dans les poumons, quand l'animal épuisé est remonté à la surface et qu'enfin son évent crache un jet de sang, aspergeant les hommes de l'odeur fétide et merveilleuse de la victoire.

– Là, on dit que sa cheminée est en feu. C'est l'agonie, il ne peut plus nous échapper, il va mourir dans l'heure, dit Mercator. Mais quand il est mort, c'est loin d'être fini : la poursuite nous entraîne souvent à des milles du navire. Il faut l'arrimer et ramer pendant des heures, parfois après la nuit tombée, en remorquant des tonnes et des tonnes… Ce genre de chasse n'est pas pour tout le monde, croyez-moi, et j'ai vu plus d'un marin déserter, quitter le bord à la première escale.

– Et avez-vous déjà passé le cap Horn ?

– Jamais. L'an dernier, mon père envisageait d'aller explorer les terrains de chasse du Pacifique, mais nous avons tué tellement de bêtes dans l'Atlantique Sud que nos cales étaient pleines d'huile. Nous sommes rentrés à Nantucket six mois plus tôt que prévu… Ça n'arrive pas souvent.

Deux serveuses aux cheveux blonds nattés, sans doute des sœurs tant elles se ressemblent, apportent des pièces de gibier découpées sur de grands plats, des pommes de terre, des miches de pain, d'autres pichets de bière.

Archibald Seddon et ses amis changent de sujet, discutent politique, construction du chemin de fer dans la péninsule de Chesapeake, dragage du Potomac entre Alexandria et Washington.

– Avez-vous déjà visité notre capitale, capitaine ? demande Seddon.

– Non, c'est la première fois que je viens dans la région. À part mon île, les océans et quelques ports, je n'ai pas vu grand-chose…

– Vous savez quoi ? Il y a demain un événement unique. Comme tous les ans à cette époque, le Congrès se réunit pour écouter la lecture du message annuel du président. C'est un texte assez long, lu par un appariteur devant les sénateurs et les représentants, mais James Polk a la réputation d'avoir une belle plume, et la solennité des lieux et de l'occasion pourra vous amuser. J'ai droit à deux invités : pourquoi ne viendriez-vous pas avec moi ? Cela vous permettra de visiter notre magnifique Capitole. Ensuite je vous emmènerai déjeuner dans un restaurant dont le chef sera ravi de serrer la main à l'homme qui va regarnir sa cave.

– Avec plaisir, merci beaucoup, monsieur Seddon. M. Markey m'a conseillé de ne pas repartir sans avoir vu ces merveilles.

– Très bien. Mon cocher passera vous prendre demain matin à huit heures à votre navire.

6

Washington (District of Columbia)

5 décembre 1848

– Honorables Sénateurs et Représentants du grand peuple des États-Unis d'Amérique, mesdames et messieurs, veuillez prendre place et faire silence. La lecture du quatrième message annuel de James K. Polk, onzième président de notre nation, va commencer !

À l'appel du sergent d'armes, les représentants d'un côté, sénateurs de l'autre, s'installent dans leurs sièges, dans la grande salle du Congrès.

Sur la mezzanine, Mercator est assis entre l'épouse d'un sénateur de Floride et le propriétaire d'abattoirs à Chicago, tellement gros qu'il n'a pu se glisser entre les accoudoirs du fauteuil et a demandé une chaise. Le jeune marin tire sur les pans de la redingote de drap sombre que lui a prêtée son hôte pour dissimuler son pantalon de grosse toile et ses auréoles de sel. Il a posé sur ses genoux un haut-de-forme trop petit pour lui, sourit à sa voisine, ravissante brune aux yeux clairs, ne trouvant que lui dire. Zut, elle regarde mes chaussures…

Un appariteur du Congrès en habit noir choisi pour sa grande taille, la puissance de sa voix et son élocution monte à la tribune, pose des feuilles sur le pupitre.

– Concitoyens du Sénat et de la Chambre des représentants, sous la providence bienveillante du Dieu tout-puissant, les représentants des États et du peuple sont à nouveau réunis pour délibérer pour le bien de tous. La paix, l'abondance et le bonheur règnent entre nos frontières, et notre pays bien-aimé offre au monde un spectacle moral sublime. Nous pouvons nous féliciter d'être le peuple le plus favorisé sur la surface du globe.

Après avoir dit qu'il était « heureux d'annoncer que nos relations avec toutes les nations sont amicales et pacifiques », le président Polk salue le rétablissement des liaisons diplomatiques avec le Mexique, après la guerre qui a opposé les deux pays depuis 1845 et s'est achevée par la déroute de l'armée mexicaine et la signature du traité de Guadeloupe Hidalgo, au début de l'année.

Résultat : le Mexique a été contraint de céder à l'Union, pour seulement quinze millions de dollars, le Texas, l'Utah, la Californie, le Nevada, le Wyoming, l'Arizona, le Colorado et le Nouveau-Mexique.

– Le Mississippi, qui était il y a peu la frontière de notre pays, est maintenant son centre. Avec ces acquisitions, les États-Unis sont désormais aussi vastes que toute l'Europe.

L'orateur est interrompu par les applaudissements. Habitué aux cartes marines, Mercator visualise mal ces territoires. C'est dans l'Ouest, mais à part ça… Ah oui, la Californie, c'est sur la côte du Pacifique. Des baleiniers de Nantucket ont raconté avoir trouvé des terrains de chasse riches en baleines dans cet océan, mais je ne suis pas sûr qu'ils soient remontés aussi haut, se dit-il. Ils parlaient plutôt des côtes du Chili… Valparaíso, il doit y avoir un port nommé Valparaíso.

Après avoir souligné l'importance pour l'Union de l'annexion du grand Texas, le texte présidentiel évoque la « Haute Californie ».

Bon, c'est pas mal, tout ce décorum, la salle est splendide, mais ça commence à être un peu long… Pas question de me lever et partir, mon voisin de droite ne peut pas bouger. J'aurais peut-être dû me contenter de l'entrée du Capitole, donner rendez-vous à Seddon pour le déjeuner et aller visiter la ville.

– Nous savions que des mines de métaux précieux existaient en Californie au moment de son acquisition. Mais des découvertes récentes nous laissent penser qu'elles sont plus riches que nous ne l'espérions. Les rapports sur l'abondance de l'or dans ce territoire sont si extraordinaires que nous ne pourrions les croire s'ils n'étaient corroborés par les constatations de nos officiers qui ont visité les régions minières.

Sa voisine, la femme du sénateur qui l'avait jusqu'alors ignoré, se penche vers Mercator et lui murmure :

– Vous vous rendez compte… Mon mari dit que le compte-rendu était accompagné d'une boîte à thé pleine à ras bord de pépites, certaines plus grosses que votre pouce, ramassées en quelques heures dans le lit d'une rivière. Extraordinaire, non ?

Le marin se redresse sur son fauteuil, tend l'oreille.

– Ne voulant prêter foi aux rumeurs qui circulent sur les quantités d'or découvertes, le commandant de nos forces en Californie s'est rendu en juillet dans le district minier. À cette date il y avait environ quatre mille personnes engagées dans la recherche d'or. Tout porte à croire que ce nombre a depuis augmenté. Les premières explorations confirment que les ressources sont considérables et qu'on trouve de l'or dans de nombreux districts.

Les rumeurs d'une fièvre de l'or dans la lointaine Californie étaient parvenues, au début de l'été, sur la côte Est. Mercator se souvient d'un article dans un journal de Boston, de discussions entre marins dans les tavernes du port de Nantucket. Mais là ce n'est pas pareil. C'est le président des États-Unis, un discours à la tribune du Congrès, un rapport officiel. Il a bien dit « des quantités considérables, dans de nombreux districts… » Une boîte à thé pleine de pépites, en quelques heures…

– Dans ces territoires, toutes les activités autres que la recherche d'or ont cessé. La quasi-totalité de la population mâle a pris la direction des zones minières. Les navires arrivant sur la côte sont abandonnés par leurs équipages et leurs voyages interrompus faute de marins. Le commandant de nos forces s'inquiète du fait qu'il ne pourra garder ses soldats à moins de revoir les soldes à la hausse. Les désertions se multiplient, et il demande que des récompenses soient allouées à ceux qui résistent à la tentation. L'abondance d'or et la frénésie de sa quête ont déjà conduit à une augmentation sans précédent des prix de tous les produits de base.

Les quantités de métal précieux découvertes sont si importantes que le président préconise l'ouverture, le plus vite possible, d'une branche du Trésor fédéral en Californie, qui est encore un territoire même si son admission prochaine, avec statut d'État, dans l'Union ne fait pas de doute. On pourrait ainsi convertir officiellement les pépites trouvées dans les rivières en dollars, au lieu de les revendre à des intermédiaires douteux ou de les utiliser directement comme monnaie.

– Mon mari dit que des tripots et des maisons louches, vous voyez ce que je veux dire, ouvrent tous les jours dans la région minière, et que les mineurs paient en pépites. Certains sont millionnaires, chuchote la femme du sénateur. Ils n'ont pas de caisses pour les billets, mais des balances. C'est extraordinaire. Un de mes frères rassemble des fonds et un équipage pour prendre la mer depuis Miami. Premier arrivé…

Le message présidentiel évoque ensuite l'urgence d'instituer en Californie, où l'anarchie menace, un ordre gouvernemental, étant donné que les lois mexicaines ne s'appliquent plus et les américaines pas encore, mais Mercator n'écoute plus.

– Au revoir madame, ravi de vous avoir rencontré. Mon nom est Mercator Fleming. Excusez-moi de vous déranger, monsieur, je dois partir.

Il croise du regard Archibald Seddon, lui fait comprendre par gestes qu'il regagne Alexandria et son bateau, passe sous les colonnes, dévale deux par deux les escaliers de pierre blanche, court jusqu'à un arrêt de fiacre où il accepte de payer, sans discuter, un dollar pour démarrer immédiatement, et sans arrêt, pour le port de la capitale.

Dans le bureau de la Seddon and Sons, le comptable lui annonce que les douze derniers ballots de coton sont en train d'arriver, et que le chargement du *Freedom* devrait être terminé demain à la mi-journée.

– Excusez-moi, qui commande cette équipe de dockers ? demande Mercator, sur le quai, devant l'échelle de coupée menant à son navire.

– C'est moi, dit un grand Noir coiffé d'un calot de laine, fumant une pipe à tête d'Indien, assis sur une caisse.

– Je suis le capitaine. Quand pensez-vous pouvoir terminer le chargement du coton ?

– Encore une dizaine de balles, mais elles sont lourdes… demain, avant midi.

– Combien pour les charger tout de suite ? Les dernières vont arriver, je dois reprendre la mer le plus tôt possible.

– Ça peut se faire, mais il me faut du monde… Un demi-dollar par personne, six gars. Et des marins à bord pour manœuvrer les palans.

– Ne vous inquiétez pas pour les marins. C'est d'accord, six hommes, voici trois dollars. Et deux de plus pour vous si c'est fini avant la nuit.

Fergus Smalls voit le capitaine monter à bord en courant, les yeux brillants.

– Monsieur Smalls, changement de programme. Prenez deux gars, faites le tour des tavernes, le quartier libre est annulé. Je veux l'équipage au complet pour le dîner, nous partons demain matin.

– Mais le chargement…

– Il sera terminé ce soir. Trouvez nos hommes.

– Ça risque de ne pas être facile, je ne connais pas ce port, si certains sont partis ailleurs…

– On lève l'ancre à l'aube. Le plus important, c'est Pierre. Ramenez le pilote. Les autres, tant pis pour ceux qui ne seront pas là, je ne peux pas attendre.

– Mais…

– Filez, je vous expliquerai ce soir.

Il retourne au bureau de l'importateur.

– Bien, si le coton est chargé ce soir, tout est en règle, dit l'employé. Je vais passer inspecter la cargaison, mais je sais que le blé est à bord… Signez là, je vous prie. Cet ordre de mission est pour vous, il faudra le montrer à Fort Washington en partant, et cette lettre pour M. Markey à Salem.

– Savez-vous si M. Seddon sera chez lui ce soir ?

– Je ne sais pas, mais j'en doute. Quand il siège à la Chambre, il dîne dans la capitale, il vient d'acheter une maison à Georgetown.

– Puis-je vous demander de quoi écrire ? J'aimerais lui laisser un mot pour expliquer mon départ précipité. Je ne voudrais pas qu'il en prenne ombrage. Remerciez-le de vive voix pour son accueil et son invitation au Capitole, je vous prie.

Mercator trempe sa plume dans l'encrier et, sur la feuille à en-tête Seddon and Sons, écrit :

> Cher monsieur Seddon,
> Je ne sais comment vous remercier. Cette journée va certainement changer le cours de ma vie. Vous l'avez sans doute déjà compris, je

pars pour la Californie. Non sans avoir auparavant, bien sûr, livré le blé et le coton à Salem, à M. Markey que je saluerai de votre part.
Avec toute ma gratitude.
Sincèrement.

Mercator Fleming.

7

Salem (Massachusetts)

16 décembre 1848

– Michael, regarde, le trois-mâts qui affale les focs à l'entrée du port, ce n'est pas celui de ton frère ? Passe-moi la longue-vue… Oui, *Freedom – Nantucket*, c'est bien lui. Dis donc, il est en avance. Je ne l'attendais pas avant Noël… Laisse cet inventaire, va sur le quai.

– Merci, monsieur Markey. Oui, c'est le bateau de mon père. Je le reconnaîtrais entre mille. Il n'est pas très chargé, regardez comme il est haut sur l'eau.

Michael Fleming enfile son caban, coiffe son chapeau et descend en courant la rue qui mène au port. Il dérape sur les pavés mouillés par le crachin, se rattrape en posant une main au sol, sourit de toutes ses dents. Il atteint le quai au moment où le baleinier, pris en remorque par deux barques de manœuvre, glisse vers l'appontement principal. Il fait des moulinets avec les bras, saute en l'air. Mercator ! Merc' !

En voyant la touline s'envoler en l'air, le jeune homme crie aux lamaneurs :

– Laissez-la-moi. C'est mon navire !

Il attrape au vol la boule lestée, tire sur le cordage, sort la grande aussière de chanvre des eaux du port où elle est tombée, mais a besoin de l'aide de deux hommes pour la monter sur le quai et passer la boucle sur la bitte d'amarrage.

– Michael ! Micky ! Ohé ! crie Mercator, les deux mains en porte-voix, laissant la barre à Fergus Smalls. Salut frangin ! J'arrive.

Ils se retrouvent sur l'échelle de coupée, s'embrassent, se tapent dans le dos.

– Merc', c'est formidable que tu sois de retour si tôt. Je ne t'attendais qu'en janvier. Nous allons pouvoir passer Noël à la maison, à Nantucket. M. Markey m'accorde trois jours. Et je crois que la fabrique de bougies de Nick ferme pendant une semaine.

– Oui, nous irons sur l'île, frérot, mais pas pour passer Noël. Enfin pas seulement. Nous allons préparer le bateau pour un grand voyage, et partir le plus tôt possible.

– Un grand voyage ? La campagne de chasse ? Mais c'est trop tôt. Tu n'as quand même pas gagné…

– Pas pour la chasse, Micky. Enfin, pour une autre chasse au trésor… J'ai un plan. Allons chercher Nick, je vous expliquerai. Monsieur Smalls, je vous confie le commandement. Je vais voir avec M. Markey quand le déchargement peut commencer, sans doute demain. Désignez deux gardes avec vous, dites aux autres qu'ils peuvent débarquer, rendez-vous à neuf heures demain matin pour la paie. Belle navigation.

Mercator a pris son frère par l'épaule et lui raconte, en chemin pour l'usine de bougies, la descente de la côte, la baie de Chesapeake, la remontée du Potomac, la flotte extraordinaire dans le port d'Alexandria, les splendeurs de Washington.

Ils arrivent devant un hangar de bois gris, délavé par les pluies et les embruns, sur lequel est dessinée une baleine franche, presque grandeur nature, surmontée de l'inscription : « Isaac Rivera – Bougies de Spermaceti – Les plus brillantes, les moins odorantes au monde ».

Dans l'entrée, des chandelles de toutes tailles, certaines torsadées, d'autres lisses, fines ou épaisses comme un bras, sont alignées sur des étagères, à côté de longues boîtes en carton illustrées de cétacés.

– Bonjour, messieurs, dit l'employé derrière un comptoir de bois. C'est pour acheter des bougies ? Vous êtes à la bonne adresse. La fabrique Rivera est l'héritière d'une tradition remontant à plus d'un siècle, M. Rivera est le descendant…

– Pas du tout. Excusez-nous, nous cherchons Nicholas Fleming. Nous sommes ses frères.

– Nick ? Vous le trouverez dans la pièce du fond. Aujourd'hui il est à l'emballage.

Ils traversent une première pièce où des milliers de litres de spermaceti reposent dans des fûts de bois trois fois plus hauts et larges que des barriques de vin. Puis ce sont les chaudrons de cuivre martelé, sous lesquels des enfants alimentent des feux de branches de chêne, où la plus fine des huiles de cachalot est chauffée et filtrée, pour en éliminer les impuretés.

– Tu sens cette odeur ? demande Mercator. C'est bien moins fort que quand nous faisons fondre la graisse à bord… C'est pour ça que le spermaceti, le *blanc de baleine* comme disent les Français, vaut trois fois plus cher que l'huile ordinaire.

Ils passent devant les séries de moules de fonte que des ouvriers, hommes en casquettes et femmes en fichus, remplissent de liquide épais, encore tiède, après avoir délicatement inséré, au centre, la mèche de coton.

– Tu as vu ça ? C'est presque de l'industrie, à cette échelle. C'est autre chose que notre petit atelier, dit Michael.

Nicholas ? Juste là, derrière ces caisses.

– Hello, petit frère !

– Merc' ! Tu es déjà là ! Bonjour, Micky, tu vois, je te disais qu'il serait là pour Noël. Vous avez eu bon vent ? Venez, je vais vous présenter M. Rivera.

Ils sortent par le portail du fond, trouvent le propriétaire occupé à vérifier le chargement d'une charrette tirée par quatre chevaux.

– Ah, vous êtes le capitaine baleinier. Enchanté, je suis Isaac Rivera. Si vous saviez comment votre frère parle de vous…

– Bonjour, monsieur Rivera. Je ne suis pas tout à fait capitaine, je commande le navire dont nous avons hérité, mais je n'ai jamais mené de campagne de chasse. Vos installations sont impressionnantes. Nous avions une petite fabrique, sur Nantucket, mais tout a brûlé dans l'incendie cet été. Et vous utilisez aussi de l'huile ?

– Pas du tout. Les bougies Rivera sont vendues à Boston, New York et jusqu'à Londres et Paris parce qu'elles éclairent mieux que les autres, sans aucune odeur. Et ça, c'est dû à l'utilisation exclusive de la meilleure qualité de blanc de baleine. Si vous coupez avec de la graisse, la fumée devient plus grasse, la flamme moins brillante. Mes ancêtres ont importé ce savoir-faire du Portugal, il y a bientôt un siècle. Je compte sur vous, puisque nous travaillons en famille désormais, pour me réserver le meilleur de votre prise lors de votre prochaine campagne. Nicholas m'a dit que vous allez prendre la mer sous peu…

– C'est possible, en effet, mais il se pourrait que je fasse encore un ou deux transports de tonneaux de vin auparavant, en attendant le printemps.

– Ah, dit Michael, je n'avais pas compris…

– Je vais vous expliquer tout ça, les garçons. Monsieur Rivera, permettez-vous que nous vous enlevions Nick ?

– Allez-y, il avait presque fini, de toute façon. Bonne soirée, Nicholas, et ne traînez pas trop dans les tavernes. Je vous attends demain matin.

Les trois frères Fleming repartent vers le port. Ils trinquent au retour de l'aîné à la Beadle Tavern, trois chopes de bière brune, mais quand Michael et Nicholas interrogent Mercator :

– Pas ici, les garçons. Retournons au bateau. Ce que j'ai à vous dire doit s'ébruiter le moins possible.

Ils remontent à bord, deux lampes à huile éclairent la rampe.

– Monsieur Smalls, à votre tour d'aller vider quelques verres. Vous l'avez mérité. Je dois faire le point avec mes frères, mais demain j'aurai quelque chose d'important à vous dire. Vous revenez dormir à bord ?

– Certainement pas, capitaine ! J'ai bien l'intention de passer la nuit à la taverne, ou ailleurs…

– Dans ce cas nous verrons au matin, après la paie.

Les trois frères descendent dans la cabine du capitaine, à l'arrière. Mercator ferme la porte, tourne le verrou.

– Bon, je n'ai pas eu le temps à Alexandria d'acheter de nouvelles cartes, mais nous allons avoir besoin de celles du cap Horn et de toute la côte du Pacifique, les garçons. Nous partons en Californie.

– Quoi ? Pourquoi aller si loin ? Tu parlais des Falkland, de la Géorgie du Sud. Tu disais qu'il y avait de nombreuses baleines dans l'Atlantique Sud…

– Nous n'allons plus chasser la baleine, Micky. Nous partons chercher de l'or.

– De l'or ?

– Ah oui, les fabuleuses mines d'or de Californie ! Il y a eu un article dans la *Salem Gazette,* dit Nicholas. C'est le président Polk lui-même qui l'a annoncé… J'en ai parlé avec M. Rivera, il était tout excité, il envisage de financer une expédition. Formidable !

– C'est ça, Nick. C'est officiel, il y a des gisements d'or incroyables en Californie. J'étais dans la salle du Capitole quand ils ont lu le message annuel du président. Attendez, j'ai pris des notes.

Il sort une feuille de sa poche, la déplie.

– Je cite : « Les premières explorations confirment qu'il y a des quantités considérables d'or dans de nombreux districts. » Le rapport a été fait par un officier de l'US Army qui est allé sur place cet été. Cette fois ce ne sont pas des rumeurs ou des on-dit. Des milliers de chercheurs d'or sont déjà au travail, d'autres vont venir de partout. Je sais qu'un bateau se prépare en Floride. Nous devons faire vite, être parmi les premiers. Le président dit aussi que les équipages des navires accostant dans la région désertent, que toutes les autres activités sont abandonnées. Mais moi, je ne crois pas qu'il y en aura pour tout le monde. Seulement pour les plus rapides, et les plus malins. Nous partons dans quelques jours, et vous venez avec moi.

– Oh oui, Merc'. Chercheur d'or ! La Californie ! Je commençais à me dire que je n'allais pas empaqueter des bougies pendant des années.

– Attendez, dit Michael. On ne peut pas partir comme ça. Il faut se renseigner, il faut un équipage… Et le *Freedom* n'est pas à nous, pas entièrement. Père n'en avait que soixante pour cent, Tandy et les autres…

– Au diable ces maudits quakers ! Ils ne nous lâcheront jamais. Tu as vu ce qu'ils me font faire ? Du transport de vin. Tu n'as donc pas compris qu'ils veulent profiter de l'incendie pour éliminer un concurrent ? Les baleines se font de plus en plus rares, il faut aller les chercher de plus en plus loin, partir de plus en plus longtemps. Le port de Nantucket s'ensable. Un baleinier de moins sur l'île, pour eux c'est tout bénéfice. Ils ne nous financeront jamais une nouvelle campagne de chasse. La part que nous n'avons pas dans le navire, nous allons la leur voler.

– La voler ? Mais Mercator, tu rêves !

– Pas du tout. Que nous reste-t-il ? Une maison qu'il faudra bientôt vendre faute de pouvoir l'entretenir, les tombes des parents. Je n'ai même pas gagné en transportant ce vin de quoi acheter un jeu de harpons et de lances. Nous allons quitter la côte Est et ne jamais y revenir. Dans deux ans nous serons plus riches que nous ne l'aurions été ici, que vous ne l'auriez rêvé. Nous partons après-demain pour Nantucket, après avoir déchargé. Je vais dire à Tandy que j'ai un autre contrat de transport vers le sud, d'Alexandria à La Nouvelle-Orléans par exemple, et le temps qu'il comprenne nous aurons passé le cap Horn. Ils ne nous reverront plus.

– Et s'ils nous poursuivent ?

– Qui va nous poursuivre ? Je te dis que nous aurons des semaines d'avance avant qu'ils ne se doutent de quoi que ce soit. Je me suis renseigné : si nous partons peu chargés, nous pouvons atteindre un port appelé San Francisco en cinq ou six mois. C'est le plus proche des régions minières. Là, nous vendons le *Freedom* et sa cargaison, et nous investissons l'argent dans la recherche d'or, avec de bons outils et de l'équipement.

– Quelle cargaison ? demande Michael.

– Des outils, du ravitaillement, du bois de construction. Ils manquent de tout, au pays de l'or. La moindre pioche est vendue dix fois son prix. C'est dans le message du président. Nous allons faire escale à New York, acheter tout ce que nous pourrons et revendre sur place.

– Et le passage du cap Horn ? demande Michael, de plus en plus sombre. Tu te souviens ce qu'en disait père ? Même lui, il le redoutait. Il ne l'a jamais franchi.

– Je sais, ce ne sera pas facile, mais les baleiniers de New Bedford chassent dans le Pacifique depuis longtemps, avec des navires parfois plus petits que le nôtre. Il faudra embarquer un marin qui l'a déjà passé.

– Justement, ajoute Michael, à supposer qu'on parte, avec quel équipage ? Il faut être au moins…

– Minimum quinze ou seize, c'est ce que je viens d'expérimenter à Alexandria. C'est le principal problème : trouver des volontaires pour la Californie sans alerter tout Nantucket. Je vais en parler à Fergus, il tiendra sa langue, je pense à quelques autres, mais je suis loin du compte. Il faut réfléchir. Peut-être embaucher des gars ici, ou à New York…

Nicholas se lève d'un bond, saute au cou de son grand frère.

– Pour moi c'est tout réfléchi. On va devenir chercheurs d'or, on va faire fortune en Californie ! Merc', je savais que tu trouverais. C'est fabuleux !

– Ne vous emballez pas trop vite, dit Michael. Et si ça ne marche pas ? Si nous arrivons trop tard ? Si tous les gisements sont pris ? Nous aurons tout perdu. Nous serons des voleurs, recherchés dans tous les ports du pays. On peut finir en prison.

– C'est pour ça qu'il faut faire vite, frérot. Cela dit, si tu préfères rester dans un bureau du port de Salem à aligner des chiffres dans des colonnes pour M. Markey en espérant une augmentation, libre à toi.

– Pas question de vous laisser partir sans moi. Le *Freedom* est notre héritage à tous les trois, je te rappelle. Et il faut bien que quelqu'un vous accompagne, pour protéger Nicky de tes folies.

Ils passent le reste de la soirée sur la carte du monde, deux pages enluminées au centre de l'almanach maritime de leur père, ouvert sur la table d'acajou. Michael suit du doigt la route, cap plein sud en quittant Nantucket, New York, la Floride, les îles des Caraïbes, les côtes de l'immense Brésil, l'Argentine, les Falkland à l'est, juste avant le Horn, la remontée le long du Chili, le Mexique.

– Ce port, là, Valparaíso, ce n'est pas là qu'il y a un consul américain qui vient de Nantucket ? demande Nicholas. Je crois que c'est l'oncle d'un copain. À l'école, il en parlait tout le temps.

– Peut-être, il faudra se renseigner. C'est le dernier grand port avant San Francisco. Nous nous y arrêterons sans doute pour ravitailler. Mais eux aussi savent qu'il y a de l'or à foison en Californie, et ils ont des mois d'avance. On ne pourra pas s'attarder. En tout cas, la première chose à faire, demain matin après la paie de l'équipage, c'est trouver les cartes. Micky, tu sais où ?

– Oui, mais c'est à Boston. J'y suis allé il y a deux semaines, pour M. Markey. Ici il y a un marchand mais il n'a que les cartes des environs, jusqu'au Canada d'un côté, New York de l'autre. Et hors de prix.

– OK, tu y vas demain. Je te donnerai l'argent. Tu as vu l'itinéraire ? Mais pas un mot sur l'or ou la Californie. Dis que c'est pour une campagne de chasse dans le Pacifique.

Le lendemain matin, une heure après que les dockers ont commencé à vider les cales, l'équipage se rassemble sur le pont. Un comptable de la maison Markey, monté à bord avec un petit coffre de bois clouté, distribue pièces et billets. Son patron arrive un peu plus tard.

– Excellent travail, Mercator. Près d'une semaine d'avance, tout va être rentré avant Noël, une bonne partie du maïs livré aux acheteurs. J'ajoute une prime de dix dollars. J'aurai sans doute d'autres contrats pour toi l'an prochain, si ça t'intéresse.

– Merci beaucoup, monsieur Markey. Mais après les fêtes je pensais descendre vers le golfe du Mexique, avec mes frères. Un transport entre Alexandria et La Nouvelle-Orléans. Plus tard, si vous voulez…

– Tu sembles moins pressé de reprendre la chasse à la baleine, mon garçon.

– C'est-à-dire que nous sommes encore loin d'avoir gagné assez d'argent pour équiper le bateau et financer une nouvelle campagne… L'été prochain, peut-être.

– Tu sais où me trouver. Bon courage, et bon Noël sur votre île.

Comme les marins descendent dans l'entrepont pour faire leur sac et quitter le bord, Mercator entraîne Fergus Smalls à l'avant. Quelques mots, or, Californie, fortune, et son regard s'enflamme.

– J'ai entendu dire dans une taverne que pour la première fois, dans ce Nouveau Monde à l'ouest, l'or appartenait à celui qui le trouvait, quels que soient son rang et la couleur de sa peau. Je suis curieux d'aller vérifier. Quand part-on ?

– Dès que possible, dès que nous avons assez de monde pour manœuvrer le *Freedom*. Tu penses à quelqu'un ? Henry Jacobs ?

– Je vais lui demander, mais j'en doute. Moi, je suis célibataire, lui, il a deux enfants, sa femme a une bonne place chez les Starbuck. J'ai un neveu à New Bedford, si je peux y aller…

– Préviens-le, mais fais vite. Nous partons au début de l'année. Il faut perdre le moins de temps possible.

Quatre jours plus tard, le baleinier hisse les voiles, quitte Salem à destination de son port d'attache. À bord, dix marins de Nantucket ou New Bedford, les trois frères Fleming, Fergus Smalls et Adam, le fils de sa sœur, qui a fait son sac en quelques minutes pour suivre son oncle, sans prévenir ses parents.

– Ils auraient eu peur, rigole-t-il. Je leur enverrai un message plus tard, de New York : Je suis avec Fergus, parti chercher fortune en Californie. Je reviens dans cinq ans, plus riche qu'un planteur de Virginie.

En vue du port, Mercator hisse les fanions demandant l'autorisation d'accoster. Ils doivent attendre une journée qu'un anneau se libère, alors que les travaux de reconstruction d'un deuxième ponton viennent de s'achever, et que des charpentiers frigorifiés travaillent au troisième, certains dans l'eau glacée jusqu'à la taille. Le lendemain, le capitaine Tandy, enveloppé d'un manteau de phoque gris, protégé de la pluie par un chapeau à large bord, les attend sur le quai.

– Ah, bienvenue ! Je vois que les frères Fleming sont au complet. J'avais entendu dire que vous vous installiez à Salem. Je dois avouer que nous étions un peu inquiets pour notre investissement. Comment s'est déroulée cette livraison de tonneaux à Washington, cher Mercator ?

– On ne peut mieux, cher capitaine. Si vous le voulez bien, je passe à votre bureau le lendemain de Noël pour faire nos comptes et vous régler notre échéance. J'ai noué à Washington d'intéressants contacts. Je me suis engagé sur un contrat de livraison de vin pour le Mississippi, le plus tôt possible en janvier. J'espère que vous serez d'accord…

– Tant que vous réglez vos dettes et respectez les échéances, aucun problème, cher ami. Voilà qui est fort raisonnable.

Les trois frères traversent le port, où presque toutes les traces de l'incendie de juillet ont disparu. Deux navires déchargent des planches, les coups de marteau résonnent, les charpentiers marchent en équilibre sur des poutres, la plupart des façades de bois ont été refaites, des peintres sur des échafaudages alignent des lettres gothiques, dessinent baleines, trois-mâts et cachalots. L'entrepôt Fleming est l'une des rares ruines calcinées.

– Nous pourrions vendre l'emplacement, mais ça éveillerait les soupçons de Tandy, dit Mercator. Vous êtes sûrs d'avoir récupéré tout ce qui pouvait l'être ?

Ils ouvrent la maison familiale restée fermée pendant des semaines. Dans la cheminée du salon, le feu réchauffe à peine la pièce. Nicholas, Michael et Mercator ont approché des tabourets pour s'asseoir en cercle devant les flammes. Ils font griller sur des baguettes des saucisses fraîches qu'ils dévorent, en souriant, entre deux tranches de pain, deux gorgées de bière.

– Il faut des braises pour remplir le chauffe-lit, dit Michael. Il gèle dans les chambres, les draps semblent mouillés tant ils sont humides. Il va falloir des jours pour réchauffer la maison.

– Nous serons partis avant, dit Mercator. J'ai entendu un marin dire Californie, tout à l'heure sur le port. Le discours du président Polk était dans tous les journaux de la côte Est. Si nous voulons avoir une bonne chance, il ne faut pas tarder.

– Mais si nous prenons le *Freedom,* nous ne pourrons plus revenir ici, même pour vendre la maison, l'entrepôt. Quand même, tout quitter, comme ça…

– J'emporte tous les papiers, la vente pourra se faire par courrier, si nécessaire, l'avocat peut s'en charger. Et tu sais quoi ? Si ça te chante, tu reviendras si riche que tu pourras rembourser rubis, ou plutôt pépite sur l'ongle tous ces maudits quakers. Ils te mangeront dans la main, eux et leur satanée huile de baleine. L'or des rivières de l'Ouest, au moins ça ne pue pas !

Ils passent leurs journées sur le bateau, qu'ils vident et aménagent pour un équipage réduit.

– J'ai obtenu de Tandy qu'il nous prête deux baleinières, en guise de chaloupes, dit Mercator. Du coup j'emporte nos deux derniers harpons et deux lances, on ne sait jamais ce qu'on pourra croiser pendant un si long voyage…

Ils prennent leurs repas à la taverne, préparent les sacs de vêtements, rangent la maison comme s'ils ne devaient jamais y revenir.

Le 25 décembre, ils font une brève apparition à l'Assemblée de Noël, qui tient lieu de messe chez les quakers, pour donner le change et rappeler que leur mère est issue de l'une des plus anciennes lignées de l'île.

– Mercator, nous allons sur les tombes des parents, dit Michael. Je veux donner quelques dollars à M. Jones pour qu'il les entretienne en notre absence. Tu viens ?

– Allez-y sans moi, je vais payer Tandy.

Devant la liasse de dollars, plus épaisse que prévu, que Mercator pose sur son bureau, Charles Tandy, occupé à compter les billets, écoute le mensonge d'une oreille distraite : départ début janvier, chargement de vin français à Alexandria, livraison trois semaines plus tard à La Nouvelle-Orléans, retour à Nantucket fin février ou début mars, avec une halte possible en Floride pour trouver une cargaison à remonter vers la Nouvelle-Angleterre. Sur du papier à en-tête de la maison Markey, Import-Export à Salem, Michael a fabriqué un faux ordre de mission, parfait jusqu'au tampon.

– Quelques transports comme celui-ci et tu auras apuré la dette de ton père. Nous pourrons alors reparler d'une campagne de chasse, dit le capitaine. Sois réaliste : les barriques de vin ne rapportent pas autant que celles d'huile, mais les risques sont moindres. Quand un baleinier quitte le port, tout le monde sait que l'équipage ne reviendra pas au complet, même si nul n'en parle. C'est bien, mon garçon. Vous pouvez partir quand vous voulez, ce n'est pas la peine de repasser me voir. Le *Freedom* est entre de bonnes mains. Et meilleurs vœux pour 1849, après l'année funeste que nous venons de vivre.

Le dernier jour de décembre, les trois frères, Fergus Smalls et son neveu Adam se retrouvent dans le salon des Fleming. Michael a sorti son cahier, aligne les chiffres.

– Tout compris, avec ce que tu as rapporté d'Alexandria, plus la vente des harpons et de quelques bricoles, nous avons un peu moins de deux cents dollars, dit-il.

– J'ai rendez-vous avec Parkman, de la Massachusetts Bank. Si je peux lui montrer l'ordre de mission, il m'avancera bien quarante ou cinquante dollars, ajoute Mercator. Tu es sûr de ton document ?

– Insoupçonnable, tu peux y aller.

– À nous deux nous avons vingt-six dollars, dit Fergus. Je pourrais vendre d'autres choses, mais ça semblerait louche…

– Non, ça ira. Le problème, c'est l'équipage. Nous sommes cinq, il nous faut une dizaine de marins, plus un cuisinier. Vous voyez quelqu'un qui serait tenté par l'aventure et n'irait pas le brailler dans toutes les tavernes de l'île ?

– Coleman ?

– Cet ivrogne ? En deux heures il aura tout raconté, Tandy montera la garde devant le bateau avec son fusil…

– Pour le cuisinier, je peux en parler à Marcus, Marcus Anderson. Vous voyez qui c'est ? demande Fergus. J'ai fait une campagne dans l'océan Indien avec lui, c'est un magicien. Il transforme des provisions périmées en repas dignes d'un restaurant. Il est réputé entre New York et le Canada pour son pudding de biscuits de mer, avec un peu de rhum.

– Et tu penses qu'il sera tenté par l'aventure ?

– La dernière fois que je l'ai vu, il parlait d'arrêter la grande chasse. Il rêve d'ouvrir une auberge à Cape Cod : si nous revenons riches dans deux ans…

– OK, contacte-le, dis Mercator. Pour les autres, voilà ce qu'on va faire. On ne va en parler à personne. On va embaucher dix gars qui nous semblent capables de tenter le coup, avec si possible un qui a déjà passé le Horn, mais on leur dira qu'on fait un aller-retour à La Nouvelle-Orléans. Une fois au large, on dit la vérité. Là, ils décident : ils viennent avec nous ou ils débarquent en route. Je suis sûr qu'après le discours du président nous n'aurons aucun mal à trouver des marins sur le port de New York, peut-être même des passagers payants. Ah oui, et dégote-nous deux ou trois chats, pour faire la chasse aux rats dans les réserves.

Une semaine plus tard, malgré des bourrasques de neige fondue et un vent du nord qui blanchit la crête des vagues, le *Freedom* appareille et met cap au sud. À la barre, Mercator crie les ordres dans son porte-voix de cuir. À l'arrière, ses deux frères regardent Nantucket disparaître à l'horizon.

8

Océan Atlantique, au large de Long Island
(État de New York)

12 janvier 1849

– Tu vois Nick, le faisceau qui clignote là-bas c'est le phare de Montauk, la pointe de Long Island. Nous serons à New York demain matin. Rassemble tout le monde sur le pont.

Six marins amènent la toile, le *Freedom* se cale vent arrière, l'équipage entoure Mercator qui cède la barre à Fergus Smalls, tout sourire.

– Bon, certains le savent déjà, mais il est temps de dire la vérité aux autres. Notre destination n'est pas Washington ou La Nouvelle-Orléans. Il n'y a pas de livraison de vin. Nous allons plus loin, beaucoup plus loin. Nous allons en Californie.

– En Californie ? C'est quoi cette blague ?

– Avez-vous entendu parler des fabuleux gisements d'or qui viennent d'y être découverts ? Eh bien nous allons chercher notre part. Vous connaissez la légende de l'El Dorado, la ville aux rues pavées d'or que les premiers explorateurs venus d'Europe ont cherchée si longtemps. Ils l'ont trouvée : El Dorado est dans les montagnes de Californie ! Nous sommes désolés de ne pas vous l'avoir dit avant, mais nos associés sur l'île ne nous auraient pas laissés partir avec le *Freedom*. Nous leur devons de l'argent. Mon père leur a laissé de grosses dettes. Grâce à la fortune que nous allons amasser là-bas, nous pourrons les rembourser. Si tout va bien, nous arriverons à San Francisco dans cinq mois, peut-être un peu plus, ça dépendra du passage du cap Horn.

– Attendez… Moi j'ai dit à ma femme que j'étais de retour dans deux mois, que c'était un petit transport tranquille, elle ne supporte plus… Je ne peux pas…

– Je sais. Si je vous ai menti, c'est parce que nous allons faire demain escale à New York. Alors voilà : vous avez la nuit pour réfléchir. Ceux qui veulent saisir cette unique chance de devenir riches, vraiment riches, restent à bord. Les autres débarquent et n'auront aucun mal à trouver un bateau pour Boston ou Salem. Je leur donnerai vingt dollars de dédommagement. Je comprends que certains refusent. Je comprends aussi que vous puissiez être en colère, nous en vouloir. Mais nous n'avions pas le choix.

Mercator se retourne, reprend la barre, observe les marins. Certains sont abasourdis, d'autres hilares. Ils se sont bien foutus de nous, les Fleming – Putain, la Californie ! – C'est de la folie – Il paraît que des gars sont devenus millionnaires en une semaine – Y a qu'à se baisser – Si tu crois qu'ils vont nous attendre – Il faut du matériel pour chercher de l'or, non ? – Un type en parlait, l'autre jour chez Newcomb – Pas question, mon troisième enfant doit naître en avril – Et tu crois que Tandy va laisser faire ça ? – Des pépites grosses comme le poing – Le président je te dis, le président des États-Unis d'Amérique – Voler un baleinier, on n'a jamais vu ça à Nantucket – Comme de l'ambre gris, mais facile à trouver, plein les rivières – Mais c'est pas au Mexique, la Californie ? – On va gagner en un an plus que dans toute une vie – Et le cap Horn, tu y as pensé au cap Horn ?

Les trois plus âgés, pères de famille, s'écartent du groupe, se concertent à voix basse puis s'avancent vers Mercator.

– Nous devons être de retour en mars pour labourer. C'est pour ça que nous ne naviguons qu'en hiver. Si nous ne rentrons pas, les nôtres n'auront rien à manger à l'automne. Ça fait rêver, l'or de la Californie, mais…

– Bien sûr, monsieur Pierce. Je comprends. Rentrez. Vous serez même en avance pour travailler vos champs, avec vingt dollars pour acheter des semences. Désolé de vous avoir joué ce tour.

Cinq autres marins, jeunes célibataires, sautent de joie, se tapent dans le dos.

– Quelle chance ! Je n'ai embarqué que pour gagner l'argent de mon passage jusqu'en Californie, dit l'un d'eux. J'étais à Boston quand le président Polk a annoncé la découverte, ça s'est répandu comme une traînée de poudre sur le port. Un navire est parti trois jours plus tard, mais la place coûtait soixante-quinze dollars.

– Un bateau a quitté Boston le 8 décembre ? Pour la Californie ? Nom de Dieu, dit Mercator. C'était il y a plus d'un mois. Ils doivent approcher du cap Horn. Bon les gars, on reste à New York le moins longtemps possible. C'était quel genre de navire ?

– Un baleinier, je crois bien.

La soirée passe en récits dorés, rêves de fortune, explications techniques, doigts sur les cartes que Michael a dépliées dans le carré.

– Ne vous inquiétez pas, on va embarquer des passagers payants à New York, acheter le matériel nécessaire, des pelles, des pioches, des revolvers et des fusils, et aussi du bois de construction, toujours facile à revendre. Pour ceux qui restent avec nous, le transport est bien sûr gratuit, en échange de leur travail. Nous avançons même vingt-cinq dollars pour acheter de l'équipement.

À l'aube, comme ils pénètrent dans l'embouchure du fleuve Hudson et passent devant le fort de Bay Ridge qui marque l'entrée du port de New York, les deux matelots qui hésitaient la veille ont pris leur décision, les voilà chercheurs d'or, en route vers ce nouveau monde du Nouveau Monde.

– Sept hommes, plus Fergus et Adam, et nous trois, ça fait douze, dit Mercator à ses frères. Il faut encore au moins quatre marins, dont un si possible qui connaisse le Horn. Nous avons trente couchettes, plus six crochets pour des hamacs. L'idéal serait d'avoir une vingtaine de passagers payants, plus un commis pour aider le cuistot. Vous avez vu le tarif : soixante-quinze dollars par personne. Même si on n'en trouve que dix, on aura tout l'argent nécessaire pour le voyage. Ah, voici la barque du port. Descendez une échelle, le pilote va monter à bord.

Casquette de tweed sur l'oreille, mégot de cigare éteint à la bouche, grosse moustache rousse, l'homme envoyé par la capitainerie enjambe le bastingage. Il lance un « Salut la compagnie » avec un accent irlandais si prononcé qu'il semble parler une langue étrangère.

– Laissez-moi la barre, jeune homme, affalez-moi ces focs, la brigantine et la flèche. Nous allons accoster au quai dix-sept, sur l'Hudson. Vous avez de la chance, trois bateaux sont partis à l'aube.

Sans ça vous auriez pu attendre un jour ou deux. Le trafic est insensé depuis un mois, encore plus que d'habitude. Mais qu'est-ce que vous venez faire avec un baleinier à Manhattan ?

– Une courte escale, pour ravitailler. Nous ne chassons pas, nous partons pour la Californie.

– Ah vous aussi ! Mais c'est pas vrai ! Qu'est-ce que vous avez tous avec la Californie ? J'y crois pas, moi, à ces mines d'or ouvertes à tous. C'est une arnaque. Ce pays est en train de devenir fou.

– Il y a eu beaucoup de départs, depuis New York ?

– Vous voulez rire ? Les trois bateaux de ce matin, quatre ou cinq hier, ils filent tous vers le cap Horn comme s'ils avaient le diable aux trousses. Par saint Patrick, vous allez voir, c'est l'émeute sur le port. Il y a des gars arrivés du fin fond de l'Ohio ou de Pennsylvanie avec leurs pelles et leurs pioches sur le dos, qui dorment sur les quais en attendant de pouvoir embarquer. Certains ont monté leurs tentes, allument des feux. Les armateurs publient des listes d'attente, le prix du passage a doublé depuis Noël. Dingue, je vous dis…

– Donc vous croyez que si on cherche des passagers…

– Des passagers ? Mais quand vous allez dire que vous partez pour la Californie, il vous faudra des gardes sur la passerelle.

Le *Freedom* progresse lentement, presque à sec de toile, entre des dizaines d'embarcations vers le quai dix-sept, se faufile entre le vapeur de la ligne régulière sur l'Hudson vers Albany et un trois-mâts hollandais en plein chargement, lance les amarres.

– Merci monsieur…

– McGuinness, Sean McGuinness. À votre service. Ce sera cinq dollars, à payer à la capitainerie. Prévenez-moi quand vous repartez, je connais le bateau maintenant. Pour les passagers, allez voir de ma part l'armateur Norris, dans Harrison Street. Demandez Martin, il vous sélectionnera des gens sérieux.

Mercator descend dans sa cabine, prélève dans le coffre douze billets de cinq dollars, remonte sur le pont où Thomas Pierce et les deux marins qui quittent le bord attendent, sac sur l'épaule. Il donne à chacun quatre billets, serre les mains. Bonne chance. Bon retour.

– Micky, s'il te plaît va trouver l'armateur Norris. C'est tout près je crois. Vois avec lui comment procéder : vingt à vingt-cinq passagers pour San Francisco, départ demain ou après-demain. Soixante-quinze dollars pour une couchette, soixante pour un hamac, payables d'avance, nourriture comprise. Pas de femmes, pas d'enfants, pas de trop vieux. Je vais avec Nick me renseigner pour le ravitaillement, le matériel et le bois de construction. L'idéal serait qu'on puisse être livré demain. Rendez-vous ici dans deux heures.

Les trois frères descendent à terre. Entre les files de dockers, les charrettes, carrioles, brouettes, grues, palans, les charges qui volent au-dessus de leurs têtes, les passagers endimanchés sortant des clippers, les jets de fumée des machines à vapeur, le hennissement des chevaux, les cris des marins, jurons des portefaix, les cornes de brume et les sirènes, les caisses, tonneaux, ballots qui s'entassent jusqu'à boucher la vue, les quais de New York offrent un spectacle sans pareil.

– Boston et Alexandria font penser au port de Nantucket à côté, dit Mercator. Regardez, vous voyez la cheminée au centre de ce paquebot, le *Great Britain* : il paraît qu'il traverse l'Atlantique en deux semaines, tout à la vapeur. Si on avait ça pour passer le Horn… Excusez-moi, monsieur, nous cherchons un General Store, pour des outils et matériaux.

– Sur Broadway, il y en a plusieurs. C'est tout droit.

– Merci. Tiens, la rue Harrison est là. Micky, à tout à l'heure.

Au coin de Broadway, Mercator et Nicholas s'arrêtent devant le stand d'une immigrante polonaise qui vend de délicieux petits pains ronds avec un trou au milieu, qu'elle appelle *beigels* et sert chauds, tartinés de fromage frais, pour trois cents.

Les trottoirs de la grande rue de Manhattan disparaissent sous les carrioles de commerçants ambulants, les tonneaux, les empilements de caisses, les tas d'ordures, les roues de pierre des rémouleurs, les étals des marchands de vêtements, de légumes, de tapis ou de paniers d'osier. Une marchande de quatre saisons annonce ses prix une fois en anglais, une fois en italien. Un jeune homme vêtu d'un costume de charcuteries, chapeau en salami, crie « Meilleure saucisse du monde ! » avec un accent allemand. Il faut marcher sur le pavé, en s'écartant pour laisser passer les charrettes à un ou deux chevaux, qui foncent dans le tas ou bloquent la circulation. Les cochers s'apostrophent, s'insultent en anglais, en russe et dans d'autres langues inconnues. Un policier en tenue poursuit, matraque en l'air, un pick-pocket d'une douzaine d'années qui pour lui échapper se glisse sous une carriole. Des grappes d'enfants en haillons qui piaillent et tentent de mendier sont chassées à coups de pied ou de bâton. D'un côté de la rue, un panneau en forme d'écusson à un premier étage indique Banca Malzone, de l'autre des lettres de fer accrochées à un balcon font la publicité de la bière Welz and Zerweck, à côté d'idéogrammes, chinois ou japonais. Au-dessus de leurs têtes, des cordes à linge qui traversent la rue portent tellement de draps et de vêtements qu'elles cachent le ciel. Mercator a déjà vu, à Boston, des quartiers ressemblant à celui-ci, mais pour Nicholas, c'est une autre planète.

– Merc', ces grandes échelles de fer sur les façades… Il y en a partout. C'est pour la construction ?

– Non, ce sont les issues de secours en cas d'incendie car il y en a eu de terribles, à New York comme à Boston. Des quartiers réduits en cendres, des dizaines de morts chaque fois, alors maintenant elles sont obligatoires.

Deux rues plus bas, ils aperçoivent une façade dont les briques disparaissent sous la peinture d'une immense publicité en noir et blanc : « Smith and Sons – Hardware – Lumber – General Store. Oldest in New York. »

– Bonjour, dit Mercator au vendeur aux manches gainées de cuir, crayon sur l'oreille, si petit qu'il dépasse à peine du comptoir de bois surmonté de centaines de tiroirs aux poignées de laiton, étiquettes manuscrites. Nous avons besoin de pelles, de pioches et de batées. Il nous en faudrait pas mal…

– Ah ah ! La bonne blague. Vous vous foutez de moi ?

– Mais non…

– Dis donc, mon gars, tu viens d'où ? Tu ne sais pas qu'il n'y a plus une pioche à vendre entre ici et le Canada depuis au moins un mois ? Ces tarés qui partent pour la Californie ont tout raflé. Je pourrais tripler les prix, si je savais où en trouver. Pelles, pioches, batées, lampes à pétrole, tentes, lits de camp, couvertures, y a plus rien. Et ce n'est pas la peine de faire le tour de la ville, crois-moi, on a essayé. Même au fin fond du Queens, et dans le New Jersey, tout est vendu. On attend une livraison d'Angleterre dans un mois, à ce que dit le patron.

– Ah…

– Vous aussi, vous allez rejoindre ces légions de *schmucks* qui vont laisser leurs chemises à l'autre bout du pays ? De l'or dans tous les ruisseaux, qui pousse sur les arbres, y en aura pour tout le monde ? Mon œil ! Trois de nos vendeurs sont partis le mois dernier, deux autres se préparent. On ne sait plus comment les remplacer. Même en augmentant les salaires, ils foutent le camp. Bon, il vous faut autre chose ?

– Il vous reste des armes, revolvers, fusils ?

– Ah ça oui, on a du stock, de quoi équiper une petite armée, mon gars. Qu'est-ce qu'il vous faut ?

– Trois Colt Paterson, deux fusils Hawken, les munitions qui vont avec.

– Je vous apporte ça. Autre chose ?

– Oui, planches et poutres, bois de construction, vous avez ?

– Faites le tour par la gauche, la cour derrière. Ils prépareront votre commande et vous reviendrez deux heures plus tard avec une charrette, ou deux, ou trois. Pour le transport, voyez avec Di Palma, le petit vieux au coin de la rue.

Après avoir payé les armes, Mercator achète une centaine de planches de cèdre en deux largeurs, des chevrons de pin, quatre longues poutres de chêne, un baril de clous. Cent dix dollars.

– Merc', ce n'est pas trop cher tout ça ?

– Tu as entendu le pilote, fais le calcul : vingt passagers à soixante-quinze dollars, sans compter les hamacs. Non seulement nous partons en Californie pour rien, mais nous commençons déjà à gagner de l'argent. Viens, passons chez les avitailleurs sur le port pour les tarifs, et allons voir si Micky a avancé avec l'armateur. Puis on reviendra chercher le bois.

Presque arrivés au quai dix-sept, ils pensent d'abord à une bagarre. Au pied du *Freedom,* une trentaine d'hommes s'empoignent, s'invectivent dans un brouhaha incompréhensible. Fergus Smalls monte la garde sur le pont, l'air farouche, un harpon à la main. Comme ils approchent, un adjoint du shérif de New York, étoile d'argent et moustache noire, sort calmement son revolver et tire deux coups en l'air. Tous se figent.

– Bon, vous allez m'arrêter ce bordel et vous aligner sur une file, crie le policier. On ne va pas recommencer comme hier, je vous rappelle qu'un pauvre gars est tombé dans le port, on ne l'a toujours pas retrouvé. Alors du calme. Hé, le bateau, vous pouvez faire descendre quelqu'un ?

– Shérif, je suis Mercator Fleming, le capitaine. Je n'étais pas à bord mais je crois savoir ce qui se passe. Je vais monter voir mon équipage et je reviens. Vous pouvez vous assurer qu'ils restent tranquilles ?

– Ne vous inquiétez pas, ils ne bougeront pas. Vous aussi, vous partez pour la Californie ?

– Oui, shérif.

– OK. Je vous donne cinq minutes.

La passerelle est posée, Michael attend ses frères sur le pont.

– J'ai trouvé les bureaux de l'armateur, dit-il. J'ai vu ce Martin, il assure qu'ils peuvent se charger de tout, la sélection des passagers, l'avitaillement du bateau, toutes les formalités. Le prix du voyage est d'ailleurs monté à quatre-vingts dollars. Je lui ai dit que je revenais avec toi pour signer le contrat. Mais il y avait ce gars, là, le grand avec le chapeau. Il était dans le bureau. Il m'a suivi dans la rue, m'a demandé de noter son nom et a commencé à gueuler : J'en ai trouvé un ! Un baleinier ! Il part bientôt ! Il m'a pris le bras, ne voulait plus le lâcher. J'ai filé mais il m'a suivi en braillant. Arrivé au bateau, ils étaient une vingtaine. Fergus en a giflé deux pour les empêcher de monter derrière moi. Qu'est-ce qu'on va faire ?

– C'est plutôt une bonne nouvelle. Donne-moi le porte-voix.

Mercator se penche par-dessus le bastingage, fait signe, pouce en l'air, à l'adjoint du shérif.

– Écoutez-moi tous ! Nous partons bien pour San Francisco, demain ou le jour d'après. Nous avons vingt-cinq places. Toutes les inscriptions se font chez Norris, sur Harrison. Rien ici. Premiers arrivés, premiers servis. Si j'étais vous, je ne resterais pas là…

Deux hommes, dont celui au chapeau noir, se retournent et se mettent à courir, suivis par tous les autres au coude à coude.

– Voilà, je passe chez ce Norris tout à l'heure. Maintenant il faut trouver quatre ou cinq marins, ce n'est pas la même clientèle. Je vais demander à la capitainerie. S'il le faut, on fera les tavernes dans le quartier ce soir.

Les frères louent dans l'après-midi deux charrettes et vont chercher la commande de bois, montée à bord par des palans, descendue et arrimée à fond de cale. Chez l'armateur, où les noms de quarante personnes ont été notés, rendez-vous est pris pour le lendemain matin.

– Nous avons dit à tous les candidats au voyage d'être là à huit heures, avec l'argent. Vous pourrez les sélectionner. Au fait, notre commission est de deux dollars par passager, dit Martin.

À la capitainerie, ils retrouvent le pilote Sean McGuinness qui leur indique deux bars à marins.

Dans le premier, la Fraunces Tavern près de Wall Street, ils rencontrent un Norvégien de près de deux mètres, filiforme comme un roseau, Anders Isaksen. Il se prétend habitué des lignes de clippers avec l'Europe, et signe immédiatement, à la simple mention du mot Californie.

– Je connais un gars, un Suédois, qui raconte qu'il a passé deux fois le cap Horn. Il n'est pas loin, vous voulez que j'aille le chercher ?

– Oui, le plus vite possible. Mais dis-lui bien qu'il ne devra pas être pressé pour le retour. Nous ne savons pas combien de temps nous resterons sur place, plusieurs mois au minimum.

– Vu le nombre de bateaux qu'on a vus partir depuis trois semaines, il trouvera facilement un embarquement si jamais il veut revenir. J'y vais tout de suite.

– Tu vois la taverne au coin du quai dix-huit ? Retrouve-nous là-bas dans une heure.

La façade du Pirate's Cafe est minuscule, peinte en rouge sang, éclairée par deux lampes à huile, mais l'intérieur est immense, tout en longueur, décoré de trophées de pêche, de cordages et de poulies, gravures de voiliers dans la tempête, navires dans des bouteilles. L'équipage d'un clipper écossais est rassemblé près de la cheminée autour d'un joueur de mandoline et chante à pleins poumons *Pilots of Tiger Bay*. Sur les tabourets du bar, trois jeunes femmes trop maquillées, en robes décolletées, fleurs dans les cheveux, sourient aux trois frères qui s'installent à une table ronde. Mercator approche du comptoir.

– Trois pintes de brune, s'il vous plaît. J'ai un service à vous demander : je commande un navire qui doit partir le plus tôt possible pour la Californie, nous venons de Boston. Nous avons besoin de quatre bons marins. Des marins expérimentés, pas des chercheurs d'or. Vous pouvez passer le mot ?

Le serveur, grand échalas à tête de fouine, le regard brillant, prend sur l'étagère des chopes de grès.

– Je vais voir ce que je peux faire. Ça ne devrait pas être trop difficile, ils sont comme des fous avec cette Californie. Allez vous asseoir, j'apporte les bières. C'est encore un peu tôt, ils vont arriver. Si j'ai des candidats, je vous les envoie.

Le grand Norvégien pousse la porte, suivi d'un homme trapu, aussi blond que lui, d'une quarantaine d'années. Mercator leur fait signe.

– Voici Sven Strandhall. C'est lui qui connaît le Horn.

– Monsieur Strandhall, je suis le capitaine du *Freedom*, un baleinier. Nous allons en Californie. Je connais l'Atlantique Sud, mais pas le cap Horn. M. Isaksen me dit que vous l'avez passé deux fois. Avec quel genre de navire ?

– La première fois, c'était il y a dix ans, avec une gabare portugaise. La seconde l'an dernier, à bord d'un clipper de Baltimore. Pour Valparaíso.

– Vous étiez à la barre ?

– Non, mais je sais lire les cartes. J'ai bien regardé, je connais la route à prendre. Je sais aussi qu'il faut savoir attendre. Le Horn ne se passe que si les vents soufflent dans la bonne direction. Vents de face, c'est le naufrage assuré.

– Nous allons jusqu'à San Francisco, chercher de l'or.

– Je sais, Anders me l'a dit. Ça me va.

– Passage gratuit, vingt-cinq dollars d'avance.

– Pour moi, ce sera cinquante.

Mercator hésite, cherche Michael du regard.

– Quarante.

Le Suédois fait mine de tourner les talons.

– Cinquante, ou trouvez quelqu'un d'autre.

– OK, cinquante. Mais il me faut deux marins supplémentaires. Départ le plus tôt possible, après-demain sans doute.

L'équipage écossais commande une nouvelle tournée de bière, trois d'entre eux montent, par un escalier de bois au fond de la salle, au premier étage sur les talons des jeunes femmes du bar. Un garçon d'une vingtaine d'années approche de la table des trois frères.

– Excusez-moi, j'ai entendu votre conversation, dit-il à mi-voix. Je suis cuisinier à bord du *Scottish Maid*. Nous partons dans une semaine pour Adélaïde, mais moi je veux aller chercher de l'or en Californie. Vous levez l'ancre quand ?

– Si possible demain. Tu es vraiment cuisinier ?

– Enfin, plutôt commis. Mais je me débrouille bien. Comment s'appelle votre bateau ?

– Le *Freedom*, quai dix-sept.

– Je ne peux pas vous parler plus longtemps, ils vont se douter de quelque chose. Je viens ce soir, après le dîner. Ça va ?

– Ça va. Je suis Mercator Fleming, le capitaine. Voici mes deux frères, Michael et Nicholas. À ce soir…

– Lesley. Je m'appelle Lesley Brown. Merci, capitaine. Je ne vous décevrai pas.

Nicholas se lève, traverse la pièce enfumée vers la porte de service donnant sur l'arrière-cour et les urinoirs. Au bout du bar, il remarque un homme assis sur un tabouret, les yeux dans son verre de whisky. Il voit d'abord la tresse de cheveux noirs qui pend jusqu'à mi-dos, puis le collier de coquillages blancs et mauves, à la ceinture un couteau de marin dans un étui de cuir et perles rouges. Ses avant-bras sont épais comme des branches d'arbre. L'un est recouvert de tatouages à motifs géométriques ; l'autre, sur toute la longueur, de la silhouette d'un cachalot attaqué par un chasseur. Au revers de son manteau, il porte une broche en ivoire en forme de harpon.

– Tu vois le gars, là-bas, dit-il à Mercator en revenant. C'est un harponneur indien. Je dirais wampanoag. Tu te souviens de Corbitant, qui a chassé avec père pendant des années ? Il avait les mêmes tatouages.

Mercator se lève, traverse la pièce.

– Bonjour. Je ne vous dérange pas ? Je vois que vous avez chassé la baleine. Nous venons de Nantucket, sur le baleinier le *Freedom*. Le meilleur harponneur que mon père ait jamais eu à bord était indien, un Wampanoag de Long Island. Comme vous ?

L'homme lève les yeux, le dévisage longuement.

– Non, shinnecock. Les Wampanoags sont nos voisins sur la grande île, et nos ennemis. Mais nos tatouages se ressemblent. Que faites-vous avec un baleinier à Manhattan ? Vous cherchez un harponneur ?

– Non, la chasse c'est fini, du moins pour le moment. Nous partons pour la Californie, la côte Ouest.

– Ah oui, comment ils disent ici ? L'appel de l'or…

– Oui, nous partons chercher de l'or.

– Pour longtemps ?

– Je ne sais pas exactement, des mois, peut-être deux ou trois ans. Le temps de faire fortune.

– Vous avez besoin d'hommes ?

– J'en cherche encore un ou deux. C'est pour ça que je suis venu vous voir. Vous avez fait combien de campagnes ?

– Deux, deux ans chacune, avec des baleiniers de Sag Harbor. Dans l'Atlantique, les côtes d'Afrique. J'ai harponné six baleines et deux cachalots… La Californie… Vous partez quand ?

– Le plus tôt possible.

– OK. Il faut que je m'éloigne de la tribu pendant quelque temps. C'est pour ça que je suis ici. Alors la côte Ouest, pourquoi pas…

– Demain matin, quai dix-sept. Je suis Mercator Fleming.

– Mon nom est Gordell Strong. C'est possible dès ce soir ? J'ai dormi dans des filets sur le port, hier. Il n'y a pas beaucoup de pensions qui acceptent les Indiens, par ici.

– Venez, je vous présente mes frères.

Dans sa cabine, avant de se coucher, Mercator ouvre le livre de bord, prend la plume.

12 janvier 1849 – Port de New York
Équipage au complet :
– Anders Isaksen. Norvège. 32 ans.
– Sven Strandhall. Suède. 41 ans. Cap Horn.

– Lesley Brown. Écosse. 21 ans.
– Gordell Strong. Indien shinnecock. 34 ans.

Le lendemain, il laisse Michael sur le quai pour attendre les charrettes des avitailleurs, pendant que Nicholas et deux marins partent remplir les tonneaux d'eau douce.

La queue commence dans la rue, sur cent mètres avant l'entrée des bureaux de la Norris Shipment Co. Des hommes de tous âges, chaussés de bottes ou de brodequins, casquettes et chapeaux, arme à la ceinture ou à l'épaule, sacs de grosse toile et valises de cuir.

Martin, en discussion sur le seuil avec un candidat au voyage, aperçoit Mercator, lui fait signe, entrouvre la porte.

– La plupart ne sont pas sur la liste, j'ai beau leur dire que c'est trop tard, que nous avons déjà plus de passagers que de places, rien n'y fait. Bon, comme ça vous avez le choix. Nous allons nous installer dans mon bureau. Asseyez-vous, je peux vous apporter du café ? Je les fais entrer deux par deux.

Les premiers sont un père et son fils, descendus avant Noël d'Albany, la ville industrielle sur l'Hudson, qui cherchent depuis deux semaines à embarquer, ont été trois fois en liste d'attente.

– Voilà cent soixante dollars, cash. S'il vous plaît, inscrivez-nous de suite. Ça nous coûte une fortune d'attendre ici, dit le père.

Suivent un professeur d'allemand du New Jersey, le fils d'un fermier du Connecticut, deux cousins venus à pied de New London, Vernon et Joseph Kidd, un Irlandais à barbe rousse, un immigrant italien parlant quatre mots d'anglais, un juif des pays Baltes en costume traditionnel, un Canadien-Français de Montréal souriant de toutes ses dents, trois amis d'enfance du Bronx qui ont fait une collecte dans le quartier pour rassembler l'argent du passage, promettant aux voisins et amis de leur rendre leur mise au centuple, en pépites et poudre d'or.

– Attendez, nous avons dit pas d'enfant, dit Mercator en voyant s'avancer un jeune homme aux longs cheveux noirs accompagné d'un adolescent au visage d'ange à demi caché par une grande casquette, les yeux baissés.

– C'est mon frère, monsieur, il a dix-sept ans, ce n'est plus un enfant. S'il vous plaît, ne nous séparez pas. Nos parents sont morts il y a trois mois, la variole. Nous avons vendu tout ce qu'ils nous ont laissé. Nous devons partir en Californie. Il n'y a plus rien ici, pour nous. Je vous en supplie…

– Seize ans… Ouais, je dirais plutôt quatorze, non ?

– Non, non, seize. Il semble frêle, mais il est costaud. Nous avons l'argent, s'il vous plaît…

– Bon, de toute façon je ne vous embauche pas pour monter les voiles. Vous êtes passagers, donc si vous voulez aller en Californie…

– Oh, merci monsieur. Vous ne le regretterez pas.

– Inscrivez vos noms ici, donnez l'argent à Martin. Suivant !

En moins d'une heure le registre du bord est plein. Vingt couchettes, cinq hamacs. Recette : près de deux mille dollars. Dans la ruc, un grondement de colère accueille l'employé de Norris qui annonce que toutes les places sont prises. Un caillou vole, brise une fenêtre au premier étage. Son lanceur est ceinturé par deux policiers en tenue qui surveillaient la scène du coin de la rue.

Martin rassemble les aspirants chercheurs d'or dans l'entrée.

– Embarquement ce soir, présentez-vous avec votre bon avant six heures, le *Freedom*, quai dix-sept. L'échelle sera remontée à huit heures, départ prévu demain à l'aube. Bonne chance à tous, que la fortune vous accompagne.

9

Océan Atlantique, au large de Cape May
(New Jersey)

15 janvier 1849

Toutes voiles dehors, au grand largue dans une houle qui le fait rouler d'un bord sur l'autre, le *Freedom* navigue, au crépuscule de sa première journée de voyage vers le grand Sud, au large du New Jersey. La côte basse et sableuse, qu'il a longée toute la matinée, s'éloigne et sera bientôt hors de vue. Le vent du nord-est est froid mais sec pour cette période de l'année.

Les premières heures ont été terribles pour les passagers, dont la plupart n'avaient jamais mis le pied sur un bateau. Ils étaient à peine sortis du port de New York que les vomissements ont commencé. Dans les seaux de bois d'abord, puis en rangs d'oignons sur le pont, accoudés au bastingage, pitoyable concert de hoquets et de gémissements. Certains sont si malades qu'ils n'ont pas la force de quitter couchettes ou hamacs. Les autres marchent à petits pas sur le pont, livides comme des spectres. Robert Ladoucette, le Québécois si jovial à quai, tombe à quatre pattes entre les cages à poules et vomit un mélange de bile et de salive en se tenant le ventre.

Les marins posent parfois la main sur l'épaule de ces pauvres créatures, le plus souvent sourient et se moquent d'eux.

– Nick, approche, dit Mercator. Il est temps que tu apprennes à barrer. Micky n'est pas très chaud, et nous n'allons pas faire tout le voyage en nous relayant à trois, Fergus, Sven et moi. Il nous faut un quatrième timonier. Bon, attrape bien les poignées, une de chaque côté, par en dessous. Là, oui, tu sens la résistance ? C'est ton lien avec le safran, qui nous dirige. Tu vois les cordes qui s'enroulent là ? Ce sont les drosses. Elles descendent sous tes pieds et te relient à la mèche de gouvernail, par des poulies. Tu vas apprendre à sentir battre le cœur du bateau, là dans tes mains. Tu vois la boussole sous la cloche de verre ? Sud-sud-ouest, c'est notre cap. La grande flèche doit être dans cette position, facile…

– La flèche noire… D'accord. Et les voiles ?

– Les voiles, tu ne t'en occupes pas pour l'instant. Surtout quand elles sont toutes dehors, comme ça, c'est un peu compliqué. On va y aller petit à petit. Bon, le mât au-dessus de nous, le plus petit des trois, c'est le mât d'artimon. Au milieu, le grand mât, devant le mât de misaine. Tu vas apprendre le nom des voiles. Tu verras, au début ce n'est pas évident, mais ça vient vite. Ne bouge pas, tiens bien le cap.

– Attends, Merc', où tu vas ? Ne me laisse pas seul, tu rigoles ou quoi ?

– Tu te débrouilles très bien, mon grand. Reste comme ça, regarde bien la flèche noire. Je descends chercher du tabac, je remonte de suite. Deux minutes. Hé ! toi, dégage de là ! Tu ne vois pas la corde ? Les passagers n'ont pas le droit de venir ici. Vous allez encore dégueuler partout, c'est pas possible ! Oh putain, cette odeur ! Par-dessus bord, nom de Dieu, penchez-vous bien.

Au petit matin, Fergus Smalls prend la barre. Mercator rejoint ses frères dans le carré arrière, Marcus Anderson leur apporte une cafetière, des crêpes de maïs.

– Aujourd'hui, nous avons quelque chose d'important à faire, et il faut le faire vite, dit-il. Nous allons nous débarrasser des chaudrons, des fours, de la plupart des tonneaux à huile. Tout par-dessus bord.

– Quoi ? dit Michael. Mais ça ne va pas ? Nous sommes un baleinier, c'est le navire de notre père, cet équipement pour cuire la graisse a coûté une fortune. Pourquoi veux-tu tout mettre à la mer ?

– Micky, réfléchis. Thomas et les deux autres ont quitté le bord avant-hier. Il y a des chances qu'ils soient dans un bateau pour Salem, et demain ou après-demain à Nantucket. Je leur ai demandé de tenir leur langue, mais tu sais comme moi qu'ils n'en feront rien. Tandy et les autres seront au courant dans trois jours, quatre au plus tard. Je ne crois pas qu'ils envoient un navire à notre poursuite, ça leur coûterait plus cher que leurs quarante pour cent du capital du *Freedom*, mais nous ne devons pas traîner. Si un baleinier de Nantucket part pour la Californie, ce qui va arriver pour sûr, ou si un clipper de Boston nous double, nous serons interdits de séjour dans tous les ports entre ici et San Francisco. Une simple lettre suffit. Je n'ai pas prévu d'escale avant Valparaíso, nous avons largement de quoi tenir, mais on doit atteindre le Chili avant eux. Et pour ça, nous devons nous alléger, pour aller plus vite. Tu as idée du poids des fours, toutes ces briques, les récipients en cuivre, les barriques ? Ça pèse des milliers de livres. Il faut tout jeter. Ça nous fera gagner un ou deux nœuds à l'heure, peut-être plus.

– Mais tu disais que nous allions racheter la part qui nous manque, avec l'or de Californie. À quoi sert un baleinier sans ses fours ?

– Si jamais nous décidons un jour de reprendre la chasse, ce qui reste à voir, nous aurons largement assez d'argent pour en réinstaller. Pour l'instant, ils nous ralentissent, ne servent à rien. À l'eau.

– Mercator, tu es peut-être le capitaine mais je te rappelle que nous sommes tous trois héritiers de Stewart Fleming. Tu n'as pas à nous donner d'ordres. Tu en penses quoi, toi, Nicholas ?

L'adolescent hésite, regarde l'un après l'autre ses deux frères.

– Ben, si Mercator dit que c'est important…

– Ça va, j'ai compris, râle Michael en se levant. Toi, s'il te disait de sauter par-dessus bord…

Comme un pâle soleil pointe à l'horizon, Mercator demande au timonier de ralentir l'allure, de passer vent arrière pour stabiliser le navire. Six hommes sont envoyés dans les vergues pour affaler cacatois et perroquets.

– Messieurs les passagers, lance-t-il au porte-voix, si certains d'entre vous se sentent mieux ce matin, nous avons besoin d'aide pour nous débarrasser de certains équipements et gagner en vitesse. Pour les autres, ne vous en faites pas. C'est un mauvais moment à passer, vous allez vous amariner bientôt. Dans quelques jours vous serez aussi à l'aise que nous à bord.

Le plus simple, et le plus facile, ce sont les deux chaudrons de cuir martelé, trois mètres de diamètre. Quatre hommes pour les soulever, qui les passent à quatre autres : en quelques minutes, le premier est jeté à l'eau, disparaît dans les flots. Le second récipient est posé en équilibre sur le bastingage, Mercator et Nicholas poussent de toutes leurs forces, il bascule.

Assis sur une caisse près du poste de barre, bras croisés, Michael dit à Fergus Smalls :

– Notre père a mis des années à bâtir tout ça…

– Ne vous en faites pas, monsieur Mick. Mercator sait ce qu'il fait. Nous sommes des chercheurs d'or, maintenant, plus des baleiniers.

Il éclate de rire.

– À nous la fortune, toutes les richesses de Californie !

Les deux cheminées, les tuyaux de cuivre, les récipients à huile de baleine sont démontés, jetés.

Sven Strandhall, qui a été charpentier avant de devenir marin, est descendu à l'atelier dans l'entrepont, revient avec une masse et deux gros marteaux.

– Messieurs, si certains d'entre vous veulent bien aider M. Strandhall, dit Mercator. Il faut casser ces fours, mettre les briques dans ces paniers, les jeter à la mer.

– Nous avons des pioches dans nos sacs, dit l'un des chercheurs d'or. Nous pouvons les utiliser, si vous voulez…

– Bonne idée, merci.

Comme les premiers coups résonnent, les briques réfractaires tombent sur le pont, le capitaine et Nicholas descendent à fond de cale.

– Tu prends l'avant, moi l'arrière, dit Mercator. Il faut compter les tonneaux vides, nous allons voir de combien nous pouvons nous passer. Il y a d'abord tout ça, les lattes de bois démontées, les cerclages de fer, je vais envoyer trois hommes les chercher.

Sur le pont, chercheurs d'or et marins ont formé une chaîne, les paniers de briques noircies passent de main en main jusqu'au bastingage. En trois heures, les fours dans lesquels la graisse de dizaines de cétacés a été fondue ont laissé place à deux trous béants, donnant sur l'entrepont.

– Non, laissez. Pas la peine d'arracher ces morceaux de cuivre, vous allez abîmer le bois.

Une trentaine de tonneaux vides sont jetés, formant à l'arrière du navire une chaîne de bouées brunes avant d'être avalés par les flots.

Mercator reprend la barre.

– Hissez les focs, les perroquets ! Bordez les voiles d'étai. Parés à virer. Nom de Dieu, je le sens déjà, nous volons ! Avec si peu de charge et autant de toile, pas un baleinier n'arrivera avant nous à San Francisco. À nous la fortune, les gars !

Le navire prend de la gîte, l'étrave fend les rouleaux par travers, projetant des embruns jusqu'au pied du grand mât.

Sur la dunette, Fergus Smalls sort de sa boîte d'acajou le loch et son sablier.

– Adam, viens voir, dit-il. Je vais te montrer comment calculer notre vitesse.

Nicholas approche avec le neveu de Fergus, les deux adolescents s'emparent du rouleau de bois sur lequel est enroulée la longue ligne terminée par une pièce de teck triangulaire.

– Quand je vous le dis, mettez le loch à l'eau… Allez-y ! Attendez… Maintenant, quand je retourne le sablier, vous comptez à haute voix le nombre de nœuds sur la ligne qui file entre vos doigts. Attention… Maintenant !

– Un, deux, trois, quatre, cinq, six, sept…

– Stop, sablier vide… Donc sept. On recommence une fois. Je le retourne.

– Un, deux, trois, quatre, cinq, six, sept…

– OK, sept. Voilà, les garçons, nous filons à sept nœuds. Le sablier, le nombre de nœuds, facile, non ? Hé, capitaine, un peu plus de sept nœuds !

– Bien, pour cette allure, dit Mercator. Avec toutes les voiles dehors et par vent arrière, nous pourrons approcher dix. Le *Freedom* ne peut pas aller plus vite, mais sans escale nous allons dépasser la Floride et entrer dans les Caraïbes dans trois ou quatre jours. Merci, monsieur Smalls.

Le lendemain, des nuages sombres se rassemblent sur l'horizon vers l'est, forment une masse dense gris acier. L'océan se creuse, une pluie fine et glacée s'abat sur le navire, vidant le pont des passagers.

Au centre de l'entrepont, les futurs chercheurs d'or sont allongés sur leurs couchettes, étroites bannettes de bois peintes en blanc sur deux niveaux, fermées par de petits rideaux, à fleurs ou à carreaux, dans lesquelles ont été installés des matelas de crin. Les hamacs, plus à l'avant, oscillent au rythme du tangage.

Chez les voyageurs, il y a ceux que terrasse le mal de mer, qui ne se penchent que pour vomir dans un seau ; ceux, comme Georg Altmaier, le professeur d'allemand, fils d'émigrants venus de Basse-Saxe, qui ont apporté assez de livres pour tout le voyage ; ceux, comme l'Italien Giuseppe Tolomio, qui ne parle pas assez bien anglais pour engager la conversation ; ceux, comme Jacob Kalmanovich, juif pratiquant récemment arrivé de Vilna, qui passent leurs journées en invocations et en prières.

Albert Fallon et son jeune frère Andrew, les deux orphelins, ont choisi les deux couchettes les plus isolées, dans un recoin, le plus loin possible de l'escalier. Les trois premiers jours, Andrew, sans doute très atteint par le mal de mer, est resté caché derrière les rideaux à petits carreaux. Il n'a bougé que pour se traîner jusqu'aux toilettes en pleine nuit.

Au fil des heures, comme le navire se stabilise un peu, le nombre de malades diminue. Dans une réserve vers l'avant, vidée de ses barriques d'huile, le charpentier du bord a construit une longue table rectangulaire. C'est là que les passagers, interdits dans le carré près de la cuisine, prennent leurs repas. Pour l'instant, Ron, James et Ed, les trois amis du Bronx, à l'aise à bord comme de vieux loups de mer, assis sur des caisses, ont entamé, à la lueur de deux lampes à huile, une partie de poker à laquelle s'est joint Vernon Kidd, ancien soldat, de New London dans le Connecticut.

– Bon, les gars. J'ai trois dollars à jouer, pas un de plus, dit-il. J'ai pas mal de choses à acheter, en arrivant. Vous pensez qu'il y a du matériel, en Californie ?

– Il vaudrait mieux, dit Ron Soltero, qui à vingt et un ans semble tout juste sorti de l'enfance, parce que nous n'avons rien trouvé à New York, à part une tente et des couvertures. Le capitaine a parlé d'une escale au Chili… Je ne sais pas où c'est, mais ce sera sans doute dans un grand port, non ?

– Nous, nous avons tout ce qu'il faut, dit Daniel Bailey, assis sur un tonnelet dans un coin de la pièce. Avec mon fils, nous avons été les premiers à filer au grand General Store d'Albany acheter des pioches et des batées, le jour même où la découverte a été publiée dans le journal. Toute la famille a réuni l'argent. Il y a intérêt à ce que ça rapporte…

– Pour ça, pas d'inquiétude, dit James Gibson, l'un des trois joueurs du Bronx, vous croyez vraiment que le président des États-Unis l'aurait annoncé officiellement si tout n'avait pas été vérifié ? Il y a aussi un officier de l'US Cavalry, qui a ramené des échantillons incroyables ! J'ai lu dans le *Herald* qu'ils étaient exposés au ministère de la Guerre. Des boîtes entières.

Le soir venu, les cartes et les jetons sont rangés. Noah Robinson, le fermier du Connecticut, et Paul Halligan, l'Irlandais à barbe rousse, vont dans la cambuse chercher le plat de porc salé et les pommes de terre. Il reste une miche de pain, rassise mais encore mangeable. Dans deux jours ce sera fini, le cuistot ouvrira la première boîte de biscuits de mer.

Vingt passagers se pressent autour de la table. Cinq sont trop malades, ou n'ont pas encore assez faim.

– Chers compagnons d'aventure, permettez-moi de partager avec vous ma dernière bouteille de bière, élaborée selon la méthode allemande par le meilleur brasseur de New York, annonce Georg Altmaier en sortant un flacon de grès de son sac.

– Ben toi, mon gars, tu sais te faire des amis !

– Il y en aura très peu pour chacun, alors savourez-la bien. On n'en reboira pas avant un bon bout de temps…

– Santé, à notre fortune !

– Aux mines d'or de Californie !

– Dans six mois, nous trinquerons au champagne !

– À la chance, qui comme chacun sait sourit aux audacieux !

Le plat passe de main en main, le roulis du navire fait s'entrechoquer les assiettes de métal, tomber les couverts de fer-blanc.

Georg Altmaier vide d'un trait son gobelet, essuie la mousse sur sa moustache et lance :

– Messieurs, savez-vous ce que nous sommes ?

– Ce que nous sommes ?

– Oui, nous tous, à bord de ce bateau si bien nommé, ces héros en quête de fortune ?

– Des chercheurs d'or ?

– Certes…

– Des aventuriers ?

– Oui, mais beaucoup plus, beaucoup mieux que ça. Nous sommes… des Argonautes !

– Des Argo… Quoi ?

– Des Argonautes. Je viens de terminer la lecture de l'histoire de Jason dans le recueil de récits mythologiques qui ne me quitte jamais, et j'ai été frappé par la similitude. Je vous raconte en deux mots : C'était le fils d'un roi dans la Grèce antique, descendant du dieu du vent Éole et cousin d'Ulysse, celui de la fameuse Odyssée dont vous avez peut-être entendu parler. Mais à sa naissance son oncle a volé le trône de son père. Pour éviter que Jason ne soit tué, sa mère le fait passer pour mort et l'envoie sur un mont sacré, où il est élevé par un centaure.

– Un quoi ?

– Une créature fabuleuse, buste d'homme et corps de cheval… Donc, Jason, devenu adulte, vient réclamer son dû à l'oncle usurpateur. Celui-ci promet de lui rendre sa couronne à condition qu'il lui rapporte la Toison d'or qui se trouve dans un lointain royaume sur la mer Noire. Jason fait construire un magnifique vaisseau à voile et à rame, l'Argo, qui signifie le Rapide, et embarque à son bord avec cinquante hommes tous plus braves les uns que les autres : les Argonautes. Je vous passe les détails et les péripéties, je pourrai vous prêter mon recueil, mais sachez qu'après avoir surmonté des épreuves surhumaines Jason et ses compagnons rentrent triomphalement dans leur pays, où il récupère son trône…

– Mais cette Toison d'or, c'est quoi exactement ? demande le jeune Richard Bailey, les yeux brillants de curiosité.

– La légende veut que ce soit le pelage doré d'un bélier merveilleux, mais ce qui est intéressant, et sans doute à l'origine du mythe, c'est que les habitants du royaume de Colchide, qui est aujourd'hui sur mon atlas une province de l'Empire russe, ont de tout temps cherché des paillettes d'or dans les ruisseaux de leurs montagnes, et se servaient pour les collecter de toisons de mouton qu'ils trempaient dans l'eau pour retenir dans leurs poils les précieuses paillettes. Souvenez-vous de cette technique, elle pourra nous servir…

– Et ces Argonautes sont-ils devenus riches ?

– Mon livre ne le dit pas… Mais ce qui est certain, c'est qu'ils se sont couverts de gloire. Le *Freedom* est notre *Argo*. Je lève mon verre au capitaine Mercator, notre Jason ! Aux Argonautes en route pour San Francisco ! À tout l'or de la Californie ! Depuis que l'Occident existe, les légendes situent l'or à l'Ouest, là où le soleil enflamme le ciel au couchant, là où il tombe dans l'océan, là où nous allons. À nous la gloire et la fortune ! *Prosit !*

10

Océan Atlantique, au large de Cuba

3 février 1849

– Andrew… Chut, ne fais pas de bruit, murmure Albert Fallon. C'est bon, la voie est libre jusqu'au cabinet de toilette, tu peux y aller. Ils dorment tous. Veux-tu que je t'accompagne ?

– Non, ça ira. Il faut juste que je me change, je ne supporte plus ces vêtements, je pue, c'est une infection. Je me lave un peu, je mets une chemise propre et je reviens vite.

Albert remonte sans bruit dans la couchette du dessus, son jeune frère Andrew descend de la sienne. En chaussettes de laine, il longe à tâtons les parois, évite deux ronfleurs en hamacs, se penche sous une poutre maîtresse de l'entrepont, monte un escalier étroit en tentant de ne pas faire grincer les marches, se glisse dans le réduit humide près de la cuisine.

Une cuvette en porcelaine fleurie, un broc d'étain, deux lieux d'aisance, simples trous dans le plancher donnant sur l'océan, dans de petites cabines fermées. La première est ouverte. Dans la seconde, close par un loquet de bois, Richard Bailey se fige en entendant quelqu'un arriver, sa verge en érection dans la main. Il se colle contre la paroi, retient sa respiration.

Andrew s'enferme dans la cabine, allume avec un briquet à pierre un morceau de bougie qu'il pose au sol. À travers les planches disjointes, Richard distingue sa silhouette qui danse dans la flamme, le voit enlever son pantalon de toile, puis un caleçon de laine.

Si je bouge, il va m'entendre. Mieux vaut rester là et attendre, se dit le jeune homme.

Andrew ouvre la porte, mouille un linge dans la cuvette, frotte un morceau de savon. Il vérifie que personne n'approche, ôte sa chemise de lin. Il se renferme dans la cabine, décroche l'épingle à nourrice qui maintenait une longue bande de tissu enroulée sur sa poitrine, tourne lentement sur lui-même pour l'enlever.

À la lueur de la bougie, à travers les planches, Richard aperçoit d'abord un, puis deux petits seins qu'Andrew – Andrew ? – masse à pleines mains dans un soupir. La jeune fille claque des dents, se lave sous les bras, la nuque, le long des jambes, entre les fesses, se sèche avec sa chemise, entoure à nouveau sa poitrine, serre de toutes ses forces, ferme l'épingle, enfile un vêtement propre et un lourd chandail de laine, souffle la bougie et repart comme elle est venue, à pas de loup. Elle s'allonge sur sa couchette.

– Ça va ?

– Oui. Personne ne m'a vue. Je me sens mieux. Rendors-toi.

Elle tend vers le haut une main qu'Albert Fallon attrape, porte à ses lèvres.

Dans le cabinet, Richard a remonté son pantalon, attendu cinq minutes. Quand il n'entend plus que les craquements du navire et le rythme des vagues contre la coque, il se glisse à son tour jusqu'à l'entrepont des passagers.

– Pa', réveille-toi. Il faut que je te dise quelque chose, j'ai vu…

– Richard, ta gueule. Laisse-moi dormir. On verra ça au matin.

Quatre heures plus tard, les Bailey père et fils demandent à voir Mercator, qui termine son café dans la cuisine.

– Tu es sûr, petit ?

– Comme je vous vois, capitaine.

– Merci. Je vais tirer ça au clair. Fergus, s'il te plaît va chercher Albert et Andrew Fallon, tu sais, le gars de New York et son jeune frère à la casquette.

En voyant pénétrer, pour la première fois depuis le début du voyage, le grand Noir dans le dortoir des passagers, Albert se retourne, referme d'un coup sec le rideau de la couchette inférieure.

– Ce n'est pas la peine, monsieur Fallon. J'aurais besoin que vous et votre « jeune frère » me suiviez jusqu'à la cabine du commandant. Il a quelque chose à vous dire.

– Mais quoi ?

– Je ne sais pas, il ne m'a pas dit. Venez, je vous prie.

Le rideau s'écarte. Le visage de la jeune fille est invisible ou presque, caché derrière une large casquette rabattue sur les yeux. Elle enfile des brodequins de cuir, taille enfant.

– Ce n'est pas grave, Al. Nous sommes en mer, maintenant. Nous avons réussi. Nous avons payé notre passage. Que veux-tu qu'ils fassent ? Qu'ils nous jettent à l'eau ?

Ils traversent les coursives sur les talons du quartier-maître. Derrière eux ils entendent des murmures : Comment ça, une femme ? Putain, je m'en doutais, c'était louche, quand même… Elle va rester avec nous ?

– Entrez.

– Capitaine…

– Merci, monsieur Smalls. Approchez, vous deux. Donc vous êtes deux frères. Albert, quel âge avez-vous ?

– Vingt-quatre ans, capitaine.

– Et vous ?

– Dix-sept.

– Bon, plus la peine de jouer. Enlevez votre casquette, regardez-moi.

Elle se tourne vers Albert qui tente de sourire, acquiesce en baissant les paupières.

Elle ôte son couvre-chef, libère en secouant la tête des cheveux blonds qui tombent en boucles sur ses épaules. Elle serre les jambes, se redresse, sa poitrine apparaît sous les vêtements. Elle plante ses yeux dans ceux de Mercator, sourit.

– À qui ai-je l'honneur ?

– Je m'appelle Sara Magnet. J'ai bien dix-sept ans, mais comme vous l'avez deviné je ne suis pas le frère d'Albert. Je suis sa femme… Enfin sa future femme. Je le deviendrai aussitôt que vous voudrez bien nous marier, capitaine Fleming.

– Magnet ?

– Oui, Magnet, comme Cornelius Magnet. Le banquier, l'associé de M. Vanderbilt. C'est mon père.

– Et votre père…

– Sait-il que je suis à bord d'un navire en route pour la Californie ? Pas le moins du monde. À l'heure qu'il est il doit remuer ciel et terre, harceler le maire de New York, le gouverneur de l'État, le gouvernement fédéral, le président et tout ce que ce pays compte de détectives privés pour tenter de me retrouver. Mais si j'ai bien compris, nous ne faisons pas d'escale avant Valparaíso, c'est bien ça ?

– À moins que je ne décide de m'arrêter à Port-au-Prince pour vous débarquer, mademoiselle la passagère clandestine. Je n'aime pas…

– Capitaine, je n'ai pas beaucoup parlé depuis que nous avons levé l'ancre, mais j'ai écouté. Je sais que vous avez plus ou moins volé ce bateau, qu'il ne vous appartient pas, ou seulement en partie, que vous avez passé par-dessus bord tout ce que vous pouviez pour l'alléger. Je doute que vous souhaitiez faire une halte imprévue aussi près des États-Unis. Je me trompe ?

– Capitaine, dit Albert Fallon. Nous sommes désolés, mais nous n'avions pas d'autre solution. Sara n'est pas une passagère clandestine. Nous avons réglé notre voyage. Nous nous aimons, mais ses parents n'auraient jamais accepté… La Californie est une terre vierge, lointaine, ils ne pourront plus rien. Je vous en prie. Nous vous promettons de ne poser aucun problème à bord.

– J'ai de l'argent. Je peux payer un supplément si vous le désirez, dit Sara.

– Ce n'est pas une question d'argent, mademoiselle Magnet. J'avais dit pas de femmes. Une femme sur un navire, pour un voyage aussi long, ça n'apporte que des ennuis. C'est quelque chose que nous savons depuis des décennies, à Nantucket. Ça a causé des morts. Je n'ai pas de cabine pour femme, pas de lieux de toilette séparés, aucun moyen…

– Capitaine, je ne demande aucun privilège. Laissez-moi avec Albert. Il me protégera. Nous allons expliquer la situation aux passagers, je suis sûre qu'ils comprendront. Nous voulons simplement arriver en Californie. Chercher de l'or ou pas, nous n'avons pas encore décidé. Mais nous souhaitons vivre là où personne ne nous connaît, où je ne serai plus la fille d'un banquier millionnaire et Al un simple cocher engagé par mon père.

– Vous ne demandez pas une cabine séparée ?

– Pas du tout. Je veux rester auprès d'Albert. Ne plus avoir à me cacher. Prendre ma part à cette aventure. Je peux continuer à me vêtir en homme, si vous voulez. De toute façon, je n'ai rien d'autre.

– Je vais y réfléchir. Retournez dans l'entrepont.

Deux heures plus tard, comme le *Freedom* glisse, toutes toiles dehors, dans les eaux turquoise des Caraïbes, Mercator réunit sur le pont les passagers et les marins, à part ceux occupés dans la mâture. Albert et Sara, debout à côté de lui, se tiennent par la main.

– Écoutez-moi tous, comme vous le constatez il y a eu depuis notre départ un petit malentendu. La personne que nous avons enregistrée à bord comme Andrew Fallon est en fait une jeune fille. Je ne le savais pas, elle s'est fait passer pour le frère d'Albert Fallon afin de contourner mon interdiction d'emmener des femmes. C'est regrettable, mais c'est trop tard. J'ai décidé de ne pas faire escale pour débarquer Mlle Magnet – c'est son nom –, ça nous retarderait trop. Je vous demande donc, chercheurs d'or comme membres de mon équipage, de considérer Mlle Magnet comme un passager ordinaire. Aucun privilège ne lui sera accordé mais je tiens à ce que chacun se comporte en gentleman. La présence d'une femme à bord d'un baleinier est souvent source de tension. Nous ne sommes plus un baleinier, nous avons tous ensemble passé par-dessus bord les fours et les chaudrons. Nous sommes un navire en route pour la Californie. Pour la fortune. Rien ne doit nous faire dévier de notre projet. Merci à tous.

Albert sourit d'un air embarrassé, prend Sara par les épaules. La jeune fille l'embrasse sur la joue, au coin des lèvres, tourne vers les hommes assemblés au pied du grand mât un regard triomphant, puis entraîne son amant à la proue, face à l'océan où ils restent assis pendant deux heures.

Au crépuscule, en vue du cap de Maisí, la pointe orientale de l'île de Cuba, un coup de vent venu de nulle part, sur une mer calme, s'engouffre dans les voiles. Le navire part à la gîte, des caisses et des tonneaux traversent le pont, trois passagers sont déséquilibrés et tombent en criant. Deux marins dans les vergues du mât de misaine s'accrochent aux écoutes, les pieds dans le vide, avant de se rétablir et de descendre le long des échelles de corde. En haut du mât principal, le grand cacatois qui n'était pas assez bordé part en torche, se replie sur lui-même, s'entortille autour de sa vergue.

À la barre, Mercator ordonne à pleins poumons de choquer la grand-voile et la misaine, d'amener les focs. En quelques secondes, la rafale passée, le trois-mâts se redresse.

– Monsieur Strong, monsieur Isaksen, montez régler ça. Vous pouvez carguer le cacatois, nous n'en aurons plus besoin avant la nuit.

De chaque côté du grand mât, l'Indien shinnecock et le Norvégien grimpent aux échelles de corde. Gordell Strong, qui a passé son enfance dans les arbres des forêts de Long Island avant d'embarquer à quatorze ans sur son premier baleinier, progresse avec des mouvements de chat. Anders Isaksen, avec ses bras de géant et ses jambes interminables, monte presque aussi vite. En dix minutes ils remettent le cacatois en place, le replient, l'arriment en tirant sur les cargues. Anders se laisse glisser le long des échelles, contrôlant la descente avec les pieds pour atterrir en douceur sur le pont.

En haut du mât, Gordell est monté cinq mètres plus haut dans la vigie. La bannière étoilée flottant au-dessus de sa tête, le dos calé contre le bois, la main en visière devant ses yeux, il scrute l'horizon. Lors des campagnes de chasse à la baleine, des marins, choisis pour leur bonne vue, se relaient dans ce poste d'observation, à l'affût des jets d'eau des cétacés. Mais à bord du *Freedom*, en route pour l'El Dorado, cette tâche est inutile.

Gordell s'attarde sur le perchoir, retrouve sous ses pieds, au rythme du balancement du navire, des souvenirs d'adolescent. Il observe la côte de Cuba à tribord, devine l'entrée d'un port, la tache sombre des forêts, l'embouchure d'un fleuve. Il se tourne à bâbord et les voit.

Il y en a au moins trois, un grand mâle et deux femelles, s'il en juge à la hauteur des jets qui montent sur l'horizon.

– *Thar' she blows !* Elle souffle !

– De quel côté, monsieur Strong ?

– Bâbord, à dix heures, un mille ou un peu plus !

Les marins se précipitent contre la balustrade, certains grimpent les premiers degrés des échelles de corde. Mercator déplie la longue-vue.

– Tiens, Nicholas, regarde. À la forme du jet, ça ressemble à des baleines franches. Deux adultes et un jeune. La queue qui bascule, une autre ! Oui, ce sont des franches.

Fergus lève la main et la pose sur le manche d'un des harpons rangés dans leurs logements de bois, au-dessus de sa tête.

– Non, monsieur Smalls. Pas cette fois. C'est fini. Désormais, nous regardons passer les baleines. Nous cherchons un autre trésor. Ces trois-là ont de la chance, à cette distance elles ne nous échappaient pas. En cette saison, elles nagent de la côte du Maine vers le sud des Caraïbes. Bon voyage, mesdames ! Monsieur Smalls, prenez la barre, je vais aller faire le point.

Dans sa cabine, Mercator déplie sur la table les deux cartes marines des Caraïbes. Il hésite : mettre le cap plein sud, vers la Jamaïque puis en direction de la côte du Venezuela ou passer au nord de Porto Rico et descendre, en suivant l'arc des îles Antilles, vers le Brésil. La route vers l'est semble plus directe, les vents y seront plus portants, le trafic moindre, cap sur le Brésil.

11

Océan Atlantique,
au large de Macapá (Brésil)

18 février 1849

– Merc', Strandhall me dit qu'on approche de l'équateur, qu'on va passer la ligne et que c'est une grande fête à bord, c'est vrai ?

– On n'est pas loin sans doute, Nick. J'attends midi pour sortir le sextant. D'après la carte c'est pour demain matin. La fête, on verra. Nous n'avons pas le temps…

– Mais il me dit que ceux qui franchissent l'équateur pour la première fois doivent se déguiser, passer des épreuves. Allez, Merc', s'il te plaît, ça peut être marrant !

– Marrant… Ou pas. Je n'en garde pas un très bon souvenir.

– Ah, pourquoi ?

– C'était à bord du *Connecticut*, quand j'étais mousse chez le capitaine Tandy. Il y a des navires à bord desquels c'est une fête joyeuse, à ce qu'on dit, mais sur celui-là c'était une occasion de plus de se défouler sur les plus jeunes. Ils nous ont jetés à l'eau, les deux pieds attachés à un bout, il fallait nager sous le bateau et ressortir de l'autre côté. J'ai bien cru me noyer. Après ils nous ont battus, forcés à manger… Bon, je te passe les détails. Donc si vous voulez marquer le franchissement de la ligne, je veux bien ouvrir un tonnelet de bière, mais pas plus. En tout cas pas question de ralentir l'allure. Nous sommes le 18 février. Nous avons bien navigué depuis un mois, mais tu vois la route qui nous reste à faire ?

À midi, Mercator monte sur le pont, sort le sextant de son père de sa boîte de bois précieux au couvercle décoré d'une silhouette de cachalot sculptée. Il pointe l'instrument vers l'horizon, manipule la barre d'index, aligne le soleil dans la lucarne de verre filtré, tourne lentement la molette de laiton.

– Nous franchirons l'équateur avant l'aube, demain.

Il déplie sur une caisse renversée la carte des côtes d'Amérique du Sud.

– Nous sommes là. Le prochain grand port est Belém, j'y ai fait escale il y a des années, nous y avions passé deux semaines pour des réparations. Ensuite, à partir de Natal, la pointe du Brésil, nous allons toucher les alizés du sud, il faudra les prendre par le travers pendant toute la descente vers le cap Horn, ça va nous ralentir un peu. Pour le franchissement de l'équateur, buvons un coup demain midi, si vous voulez. Rien de plus.

Le lendemain matin, Sara Magnet est assise sur un tabouret sur le gaillard d'avant, les cheveux retenus en queue-de-cheval, un carnet sur les genoux. À coups de crayon rapides, elle dessine la proue du *Freedom* escortée d'une dizaine de dauphins jouant avec sa vague d'étrave, spectacle qui a ravi l'équipage la veille. Albert, adossé au mât de misaine, s'approche en voyant Sven Strandhall se pencher vers elle.

– Mademoiselle, dit le marin, nous allons célébrer le franchissement de l'équateur tout à l'heure. Sur tous les navires, c'est une fête traditionnelle. Comme je suis celui qui l'a franchi le plus souvent, je vais jouer le rôle de Poséidon, dieu des Mers. Accepteriez-vous, avec l'aval de votre fiancé bien sûr, de jouer à mes côtés le rôle de la reine Amphitrite ? ajoute-t-il en se tournant vers Albert et lui souriant. Il n'y a pas souvent de femme à bord, je n'ai connu que des hommes qui se déguisaient, le résultat n'est pas brillant. Ce serait un honneur pour nous si…

– La reine des Mers ? Pourquoi pas, avec plaisir, dit Sara. Mais je crains de n'avoir pas apporté la tenue…

– Ce n'est pas grave. Nous allons simplement mouiller la tête des passagers, boire un verre de bière. Le capitaine ne veut pas ralentir l'allure.

En fin de matinée, Lesley Brown, Adam Smalls et Nicholas installent au pied du grand mât, sous le regard sévère de Mercator, une table sur tréteaux, un tonnelet de bière, quatre boîtes de corned-beef, deux cartons de biscuits de mer. Un tonneau de cinquante litres est passé par-dessus bord, remonté plein d'eau salée dans laquelle est plongée une louche. Devant les passagers et marins rassemblés, seul Mercator est à la barre, Fergus Smalls met ses mains en porte-voix :

– Messieurs les marins et passagers du fier vaisseau *Freedom*, en route vers les merveilles de la Californie, sa majesté Poséidon et sa reine… comment déjà… Ah oui, merci… Amphitrite !

Sous les sifflets et les applaudissements, Sven Strandhall, drapé dans une couverture, un foulard noué sur la tête, des plumes de poule dans la barbe, à la main un harpon en guise de trident, monte à pas lents les escaliers de la cambuse.

À son bras, Sara tout sourire, vêtue d'une robe improvisée dans un morceau de voile, pieds nus, ses boucles d'or au vent, salue l'assemblée de la main à la façon d'une reine d'Espagne. À force de la côtoyer dans une tenue masculine, casquette sur la tête, chemise informe sur les épaules, les hommes du bord avaient oublié sa beauté.

Ils la regardent bouche bée, foudroyés par cette apparition.

Le couple royal avance vers le centre du navire. Sven monte sur une caisse, écarte les bras, tape le pont du manche de son harpon :

– En ce 13 février de l'an de grâce 1849, moi, Poséidon, dieu des Mers, maître des flots, père des tempêtes, je vous souhaite la bienvenue, Ô fiers navigateurs, intrépides Argonautes. Mercure, mon rapide messager, m'annonce votre audacieuse intrusion aux confins de mon royaume. La fidèle Iris m'informe que vous êtes l'équipage du *Freedom*, que vous venez de Nantucket, l'île des baleiniers, chasseurs de monstres des mers au courage légendaire, à destination de l'El Dorado, où vous attend la fortune. Je vois parmi vous nombre de néophytes qui vont être, sur mon ordre, baptisés avec l'eau de l'Atlantique.

À ces mots, les passagers et quelques marins hilares, torse nu ou en chemise, s'alignent devant le tonneau et se penchent en avant. Marcus Anderson en grande tenue, coiffé de sa toque, leur verse une louche d'eau de mer sur la tête.

– Vous voilà baptisés, vous avez passé la ligne. Vous êtes désormais chevaliers des océans, je vous admets dans mon royaume. Bonne mer, que les vents et les vagues vous mènent sans encombre jusqu'à l'El Dorado !

Poséidon salue d'une tape sur l'épaule les nouveaux chevaliers, Sara s'incline en une gracieuse révérence.

Le tonnelet est percé aux cris de « À boire ! À boire ! », « Vive Poséidon ! », « Vive la reine ! », les boîtes de corned-beef sont ouvertes, les tranches posées sur des biscuits de mer.

Sara prend un gobelet de bière, un toast et les apporte à Mercator, qui a assisté à la scène sans quitter la barre.

– Capitaine, vous ne semblez guère goûter ces festivités. La tradition ne veut-elle pas que le commandant incarne Poséidon ?

– Pas du tout, mademoiselle Magnet. C'est le quartier-maître, ou même un simple marin s'il est celui à bord qui a franchi le plus souvent la ligne.

– Vous l'avez passée souvent ?

– Je navigue sur des baleiniers de Nantucket depuis l'âge de douze ans. J'ai perdu le compte… C'était surtout au large des côtes africaines, dans le golfe de Guinée. Merci pour la bière. Comment se passent les choses, mademoiselle Magnet, depuis que…

– Depuis que vous avez découvert que j'étais une femme ? Bien. Nous n'avons pas changé de couchette, Albert tend une couverture lorsque je dois me déshabiller. Nous prenons nos repas ensemble, je dois dire que les passagers se montrent des plus corrects, en tout cas pour l'instant. Ils sont si obnubilés par l'or de la Californie et la perspective de la fortune qui les y attend qu'ils semblent faire peu de cas de ma présence. Merci encore, capitaine, de m'avoir permis de rester à bord.

– Je n'avais pas vraiment le choix, en fait. Comme vous l'avez compris, je tiens à perdre le moins de temps possible. Dites-moi, pourquoi n'avez-vous pas tenté d'emprunter un navire de passagers, plus confortable, plus rapide, un clipper comme le *Rainbow,* qui était à quai non loin de nous à New York ? Vous m'avez dit que vous avez de l'argent.

– C'était bien sûr notre première idée. Mais mon père a fait surveiller tous les quais d'embarquement, les agences, il y avait des détectives partout. Nous avons d'abord essayé de monter dans un train pour le Canada, nous avons failli être arrêtés. Nous nous sommes dit qu'ils ne penseraient pas que je puisse me déguiser en garçon et décider de partir sur un baleinier. Ce fut le cas.

– Excusez-moi d'être indiscret, mademoiselle Magnet, mais pourquoi autant d'efforts pour échapper à votre père ? Il voulait vous marier de force ?

– Non, capitaine. On ne marie pas les filles contre leur gré dans mon milieu. En revanche, quand on a une fille unique, on ne peut accepter qu'elle épouse son cocher. Albert et moi nous aimons en secret depuis deux ans. Mon père l'a découvert, il voulait m'envoyer dans un pensionnat en Angleterre. J'ai pris des diamants dans la chambre de ma mère, que nous avons revendus à des Russes de Brooklyn et nous nous sommes enfuis. Vous voyez, vous n'êtes pas le seul à avoir volé quelque chose.

– Je n'ai pas volé ce bateau. Il appartient à mon père, capitaine baleinier. Nous en avons hérité.

– Alors pourquoi ?

– Une part du capital est encore entre les mains des armateurs de Nantucket. J'ai mis les voiles sans demander leur avis. Nous les rembourserons avec l'or. Donc vous n'êtes pas partis sur la côte Ouest pour y chercher fortune…

– Comme je vous l'ai dit, nous n'avions pas vraiment le choix de la destination. Mais la Californie nous convient : c'est très loin, la seule façon d'y aller est en bateau, ça prend des mois, et surtout, d'après ce que j'ai lu dans le *New York Herald,* c'est un territoire qui ne fait plus partie du Mexique et pas encore de l'Union. Je ne sais pas exactement quelle autorité s'y applique. Le train et le télégraphe ne sont pas près d'y arriver. Mon père ne pourra pas nous trouver là-bas, malgré ses millions.

– Je vois…

– Capitaine, est-ce vrai ce qu'on lit dans les romans, que vous êtes seul maître à bord après Dieu ?

– Tout à fait.

– Vous pouvez donc nous marier ?

– Je le pourrais, oui.

Elle plisse les yeux, fronce le nez, penche la tête pour faire tomber sur son épaule ses boucles blondes.

– Je vous en prie, capitaine. Je veux être sa femme. Quand mon père nous retrouvera, je ne doute pas qu'il le fasse un jour, si nous sommes mariés il fulminera mais devra s'y résoudre.

– Nous verrons. Je ne dis pas non. Mais rien ne presse : nous ne toucherons terre que dans deux mois au mieux, au Chili. Nous en reparlerons. Excusez-moi, mademoiselle Magnet, je vois là-bas des nuages qui ne me disent rien de bon. Il faut terminer la cérémonie, ranger le pont. Un coup de tabac se prépare. Je vais avoir besoin de tout l'équipage.

Sur l'horizon, un front nuageux se rassemble, gris foncé au ras de l'eau, surmonté de volutes et de grands panaches blancs. Trois éclairs frappent la surface, embrasent le ciel.

– Monsieur Smalls, tempête à tribord. Tous les hommes sur le pont, il faut diminuer la toile. Vite, elle avance vers nous. Affalez les cacatois, les perroquets et la flèche !

Les gabiers se précipitent aux échelles de corde pour une course contre le gros temps : ils n'ont que quelques minutes pour replier les voiles supérieures, les carguer sur les vergues. Ils courent dans la mâture, attrapent la toile à pleins bras, l'enroulent sur elle-même, l'attachent, passent aux suivantes.

Mercator, qui a cédé la barre à Fergus Smalls, s'est avancé sur le gaillard arrière, crie les ordres, que le quartier-maître répète pour les hommes.

– Ça va secouer ! Amarrez tout sur le pont ! Descendez les cages à poules dans la cambuse ! Tous les passagers dans l'entrepont ! Fermez les écoutilles !

Le *Freedom* ne porte plus que la grand-voile, la misaine et un foc pour rester manœuvrant. La houle se creuse, l'écume blanchit la crête des vagues. Près du timonier, la demi-sphère de la boussole roule en tous sens sur son axe. Comme les premières gouttes de pluie, de la taille d'une pièce d'un dollar, s'abattent sur le navire, Mercator se retourne :

– Monsieur Smalls, barre à bâbord toute. Nous allons naviguer au portant ! Il ne faut pas prendre les creux par le travers, ils risquent de nous coucher ! Choquez la grand-voile !

Quand la première vague de tempête déferle sur eux, le trois-mâts encore en train de virer présente le flanc à la montagne d'eau qui s'abat sur lui.

– Attention ! Accrochez-vous !

Les hommes sautent dans les échelles de corde, lèvent les jambes pour laisser passer la masse écumante qui balaie le pont. Les voiles battent en tous sens, les cordages sifflent, la grande bôme vire d'un bord à l'autre. Nicholas se jette à plat ventre pour éviter d'être assommé, est emporté par le flot, valdingue contre le bastingage, s'accroche aux cordages en hurlant. Une seconde vague couche le trois-mâts par le travers, le centre du navire est submergé. Fergus Smalls est arraché de la roue, projeté contre un coffre. Mercator se précipite pour le remplacer, pèse de tout son poids sur la barre pour terminer le virement de bord. Dans la mâture, quatre gabiers qui n'ont pas eu le temps de descendre se cramponnent de toutes leurs forces aux échelles, les yeux fermés, criant de peur.

La vague suivante, qui semble aussi haute que les mâts, prend le *Freedom* par l'arrière : le navire dévale une pente presque verticale, accélère comme un projectile sorti d'une fronde. La proue s'enfonce dans l'eau jusqu'au mât de misaine, le beaupré casse comme une allumette. Dans la cambuse, le cuisinier s'est assis par terre, les mains sur la tête pour se protéger des casseroles et des bocaux qui lui tombent dessus. Dans l'entrepont, c'est un concert de cris et de pleurs : les passagers s'accrochent à deux mains à leurs couchettes, les hamacs volent d'un mur à l'autre, font chuter leurs occupants, les malles et valises traversent la pièce, les barriques gémissent dans leurs amarres.

La vague suivante fait plonger le navire, mais Mercator l'a bien placé dans son axe. L'avant est à nouveau en partie submergé mais, presque à sec de toile, le *Freedom* remonte bien droit.

– On reste au portant. Ça va secouer encore un moment, on navigue vers l'est le temps que ça se calme. On va perdre une demi-journée mais on n'a pas le choix. Monsieur Smalls, faites-moi un rapport des dégâts. Michael, descends voir comment vont les passagers, s'il n'y a pas de blessés. Monsieur Strandhall, prenez deux gars et allez remonter le mât de beaupré avant qu'il ne se détache. Arrimez-le, nous réparerons plus tard.

Pendant trois heures le navire joue aux montagnes russes dans la tempête. Mercator et Nicholas, mouillés jusqu'aux os, se sont placés des deux côtés de la roue, qu'ils tiennent chacun à deux mains.

– C'est bien, frérot. Tu vois, après chaque vague, tu te retournes pour vérifier que la suivante est bien dans le même axe, tu rectifies s'il le faut. Ensuite tu accompagnes la descente, un petit coup de barre à la fin pour aider l'étrave à sortir de l'eau, et ainsi de suite. Si la houle baisse un peu, ça peut même devenir marrant. Monsieur Smalls, bordez le grand foc, envoyez le petit !

En fin d'après-midi, le soleil couchant apparaît à l'horizon. Les creux diminuent, la pluie cesse, le gros de la tempête est passé. Mercator ordonne la mise en panne. On allume les lampes à huile, range les caisses sur le pont, les ustensiles dans la cambuse, des têtes de passagers hagards surgissent à la passerelle centrale.

– Nous naviguerons encore plein est une heure ou deux, le temps que ça se calme, nuit de repos pour tout le monde. Demain matin, réparation du beaupré puis cap au sud, nous allons contourner ce grain et nous rapprocher des côtes brésiliennes. On s'en est bien sorti, bravo les gars.

12

Océan Atlantique,
au large de Fortaleza (Brésil)

25 février 1849

Journal du professeur Georg Altmaier, scribe au sein de la glorieuse expédition des Argonautes du *Freedom* en route vers les mines de Californie.

Dimanche 25 février 1849

Je reprends la rédaction de mon journal de bord après une semaine d'interruption, due à une terrible crise de mal de mer.

Alors que les premiers jours de notre périple s'étaient bien passés, et que je croyais m'être accoutumé au rythme de notre navire mieux que la plupart de mes compagnons, la tempête qui s'est levée le jour de notre franchissement de la ligne de l'équateur m'a mis sur le flanc. J'ai passé une journée gisant dans ma couchette, incapable de mettre un pied par terre, pendant que le *Freedom* tanguait en tous sens, menaçait d'être englouti par les flots, mais le plus étrange est que lorsque la colère de Neptune s'est apaisée, alors que les autres Argonautes reprenaient des couleurs, cet état de nausée et de faiblesse généralisée ne m'a pas quitté.

Je tenais à peine debout, souffrais de maux de ventre terribles, la simple pensée d'avaler une bouchée m'était insupportable. Au bout de trois jours, le capitaine Fleming, qui fait office de médecin à bord, est descendu me voir dans ma couchette. Il m'a donné quelques gouttes, de camphre je pense, à l'odeur, à boire diluées dans un verre d'eau et m'a dit que les choses allaient s'arranger.

Je suis resté trois jours couché, sans manger, buvant à peine, ressentant dans tout mon être les balancements du navire. Jusqu'à ce que ce matin, au réveil d'une nuit de plomb, les couleurs soient, de façon incompréhensible, revenues à mes joues. J'ai pu avaler un peu de café et deux biscuits sans vomir et me suis attablé dans l'entrepont pour reprendre mon récit. Les ressorts du mal de mer sont décidément bien mystérieux.

Voici maintenant cinq semaines que nous avons quitté New York. À part la courte tempête mentionnée ci-dessus, la navigation s'est bien passée. Le *Freedom*, comme je l'ai déjà indiqué, est un baleinier et non un navire prévu pour le transport des passagers, mais notre installation, sans pouvoir être qualifiée de confortable, est correcte. Ayant payé, grâce à l'héritage de ma chère femme trop tôt disparue – qu'elle repose en paix – le prix le plus élevé pour le passage, je dispose d'une couchette plus large que les autres, près du centre de l'entrepont, où le roulis et le tangage se font un peu moins sentir.

Quand le mal de mer ne m'empêche pas d'y toucher, les repas à bord sont convenables, sans plus, avec, pour quelques jours encore, beaucoup de pommes de terre, un peu de charcuterie. Le dimanche, des poulets sont rôtis à la broche. Le nombre de volailles à bord devrait permettre, d'après le cuisinier M. Anderson, un grand Nègre à la nature joviale, de tenir ce rythme jusqu'à l'unique escale prévue, à Valparaíso sur la côte chilienne.

Comme je l'ai écrit dans les premières pages de ce journal, notre navire est commandé par le capitaine Mercator Fleming, qui a entraîné dans cette aventure ses deux jeunes frères, Michael et Nicholas.

Le *Freedom* leur appartient, suite au décès de leur père, ancien capitaine baleinier sur l'île de Nantucket, la capitale mondiale de cette industrie fondée au siècle dernier, et largement dominée par la flotte de notre pays. Les circonstances de leur départ restent troubles, les membres de l'équipage que j'ai tenté d'interroger sur la question semblent embarrassés. Ils sont cependant déterminés à participer, avec les Argonautes, à la quête de l'or en Californie, prévoyant sans doute de vendre le navire une fois arrivés à San Francisco. Je n'ai pas entendu évoquer un voyage retour.

Le capitaine Fleming est un homme visiblement courageux mais assez sombre, souriant peu, peut-être écrasé, vu son jeune âge (j'estime qu'il ne doit pas avoir trente ans), par la responsabilité du commandement. Il passe ses soirées dans sa cabine, je pense à lire mais mes tentatives pour entamer avec lui une conversation sur ses goûts littéraires ont pour l'instant échoué.

Michael, qui m'a indiqué avoir vingt-cinq ans, est plus ouvert. Il a renoncé, pour se lancer avec ses frères dans cette aventure, à un emploi de commis aux écritures chez un marchand de Salem. Il ne semble pourtant pas enthousiaste à l'idée de débarquer en Californie, en quête de l'El Dorado. À quelques remarques que j'ai entendues, à sa façon de prendre un air circonspect devant certaines déclarations de son aîné, je présume qu'il n'était pas à l'origine de ce projet mais n'a pas voulu laisser partir ses frères et leur navire sans lui.

Le jeune Nicholas, qui va sur ses vingt ans, a l'enthousiasme et la fantaisie de son âge. Il court en tous sens sur le pont comme un chiot, pose mille questions aux marins, est toujours disponible pour parler avec les passagers, même si la discussion tourne inévitablement sur l'or qui nous attend.

Après tous ces jours en mer, et ces heures passées dans l'entrepont ou sur le pont, voici ce que je peux dire des compagnons de Jason qui m'accompagnent dans notre quête moderne de la Toison d'or :

– Il y a d'abord un père et son fils, Daniel et Richard Bailey, d'Albany (New York). M. Bailey est maréchal-ferrant, fort habile de ses mains selon ses dires. Il a décidé de tenter l'aventure californienne le jour même de la publication dans le journal local du discours du président Polk. Sa famille s'est cotisée pour leur payer passage et équipement, ils espèrent s'enrichir rapidement et rentrer à Albany où ils comptent investir leurs gains dans une fonderie.

– Noah Robinson. Vingt ou vingt et un ans. De Roxbury (Connecticut). Fils cadet d'un prospère fermier, il a saisi l'occasion de sortir de la tutelle de son frère aîné et de son père. A dû organiser son départ à l'insu de sa mère qui selon lui « ne l'aurait pas supporté ». Timide et réservé, mais d'un commerce agréable en tête à tête. Envisage, avec l'or, de rentrer dans l'Est pour acheter des terres, mais pourrait aussi s'installer à l'Ouest.

– Vernon et Joseph Kidd, de New London (Connecticut). Deux cousins qui étaient ensemble dans la milice de l'État du Connecticut. Il est probable qu'ils ont déserté pour rejoindre les Argonautes. Peu liants, à la limite de la grossièreté, semblent peu éduqués. Joseph, dont le visage est grêlé de cicatrices dues sans doute à une maladie dans l'enfance, passe des heures à nettoyer et astiquer un pistolet avec lequel il s'amuse à viser les autres passagers, heureusement sans l'avoir chargé. Vernon, un œil toujours à moitié fermé, sculpte des figurines en bois avec un coutelas, répond aux saluts et aux questions par des onomatopées. Les moins intéressants de nos compagnons d'aventure. S'en méfier.

– Paul Halligan. Mon Argonaute préféré. Arrivé il y a deux ans seulement d'Irlande, dont il a toujours la nationalité. Joueur de violon émérite, bien qu'autodidacte, il n'a jamais quitté New York, où il s'est produit selon lui dans toutes les tavernes de Brooklyn. Connaît les airs du folklore irlandais, et bien des chansons américaines. Je n'ai pas encore pensé à lui demander son âge : sa moustache rousse et ses longs favoris le vieillissent un peu, mais je dirais qu'il a une trentaine d'années. D'un caractère enjoué, voire jovial, il anime, quand le temps le permet, nos soirées sur le pont ou dans nos quartiers en chantant et jouant à ravir. A prévu de partir chercher de l'or, mais comme il le dit si bien : « Avec mon violon, je peux gagner ma vie partout. Les hommes auront toujours besoin d'un peu de joie et de musique. » N'a pour bagage que son instrument dans son étui, ne semble avoir besoin de rien d'autre.

– Giuseppe Tolomio. Italien d'une quarantaine d'années. D'un contact facile, toujours souriant, mais handicapé par une connaissance plus que sommaire de notre langue. D'après ce que j'ai compris, il a débarqué il y a quelques mois seulement de Sicile. Je regrette de ne pas avoir emporté un abécédaire qui m'aurait permis de lui enseigner quelques notions. Le jeune Richard Bailey lui a dessiné un alphabet sur une planche, je prévois de lui donner quelques cours pendant notre voyage. Je me demande comment il compte se débrouiller une fois sur place, peut-être espère-t-il rencontrer des compatriotes…

– Jacob Kalman. Ou plutôt Kalmanovich, d'après ce qu'il m'a expliqué. Lui aussi est un émigrant récent, arrivé l'an dernier, si j'ai bien compris de Vilna, dans la province russe de Lituanie. A simplifié son nom, devant les difficultés de l'officier d'état civil du port de New York à l'orthographier. Sa maîtrise de notre langue est étonnante, il m'a expliqué l'avoir apprise longtemps avant d'émigrer, avec une méthode pour écolier. Il a fui son pays dans lequel les juifs religieux comme lui sont persécutés, vivant dans des ghettos et soumis à toutes sortes de restrictions et de vexations. Il est âgé de quarante-deux ans et a laissé derrière lui une femme et deux enfants. Il compte sur notre future fortune pour payer leur voyage vers le Nouveau Monde, notamment les taxes et pots-de-vin très élevés dont les Israélites doivent s'acquitter pour quitter le pays.

– Robert Ladoucette. Canadien de trente-trois ans, venu de la province de Québec, où on parle le français. Son anglais est toutefois correct, grâce à une bonne amie américaine qu'il a fréquentée pendant plusieurs années. Il m'a raconté avoir exercé toutes sortes de métiers, au Canada puis dans notre pays : mécanicien, dentiste ambulant, mineur, bûcheron, dernièrement lanceur de couteaux dans un cirque. Excellent compagnon, force de la nature, il a été victime d'un terrible mal de mer au début de notre odyssée mais se sent beaucoup mieux depuis quelques jours.

– Ron Soltero, James Gibson et Ed. Trois jeunes gens venus du Bronx, amis d'enfance et de quartier d'après ce que j'ai compris. Ont refusé de répondre à mes questions, celui qui s'appelle Ed a même refusé de me donner son nom de famille, m'accusant d'être de la police. Semblent violents, méfiants et hostiles. Passent le plus clair de leur temps à jouer au poker mais les autres Argonautes, qui les soupçonnent de tricher, refusent désormais de partager leur table. Ils jouent entre eux, ne parlent qu'à voix basse.

– Albert Fallon et Sara Magnet. La plus romanesque des histoires du bord. Ont embarqué en se prétendant frères : Sara est en fait une ravissante jeune fille qui s'était déguisée en adolescent et se faisait appeler Andrew. Elle a été découverte dans des circonstances qui m'échappent encore. J'ai longuement conversé avec eux hier soir, à l'avant du navire, après le dîner. Ce sont des Roméo et Juliette new-yorkais : Sara est la fille d'un richissime banquier, l'une des familles les plus en vue de la ville, Albert était son cocher. Ils sont tombés amoureux pendant les trajets qu'ils faisaient entre leur demeure, dans le nord de la ville, et le lycée de Sara.

Son père menaçant de l'exiler en Europe et de licencier le jeune homme (Albert a une vingtaine d'années), ils ont pris la fuite. Le déguisement de Sara leur a permis de tromper la vigilance de dizaines de membres de l'agence Pinkerton que son père avait lancés à leurs trousses. C'est une jeune fille intelligente, douée d'un caractère et d'un charme peu communs. Elle a reçu la meilleure des éducations, je lui ai déjà prêté un livre (les merveilleuses *Confessions* de M. Rousseau). Par comparaison, Albert semble plus effacé. Il porte sur elle un regard où se lit un amour fou. Ils espèrent être mariés à bord par le capitaine Fleming avant notre arrivée en Californie.

Voici, en tant que scribe autoproclamé de notre expédition, ce que je peux dire à ce jour de mes compagnons Argonautes. Je prévois dans quelques jours de dresser le portrait des membres de l'équipage, mais je dois avouer que pour l'instant mes tentatives d'établir avec eux un contact amical et de les interroger sur leur passé n'ont pas été couronnées de succès.

13

Océan Atlantique
(dans le golfe San Jorge, au large de l'Argentine)

20 mars 1849

– Capitaine, vous avez une minute ?

– Oui, monsieur Anderson. Qu'y a-t-il ?

– Nous avons un problème grave. C'est l'eau, capitaine. J'ai fait monter ce matin un nouveau baril de la cale. Quand je l'ai ouvert, j'ai reconnu l'odeur. Elle a tourné. J'ai fait bouillir une casserole, rien à faire, pas buvable. J'ai demandé à Fergus d'apporter un autre tonneau : même chose. Alors je suis descendu, j'ai inspecté les quarante barils qui nous restent : un seul n'a pas tourné. Je ne sais pas pourquoi, peut-être la chaleur… Mais bon, voilà. On n'a plus que deux cents litres. Avec ça je tiens deux jours, en rationnant. Il va falloir faire une escale, capitaine.

– Nom de Dieu ! Vous êtes sûr, monsieur Anderson. Tous ?

– Tous. Sauf un. Je les ai fait refermer par le charpentier, mais ils sont bons à jeter.

– Merci, monsieur Anderson. Deux jours… Monsieur Smalls, prenez la barre, je vous prie. Je dois descendre. Michael, viens avec moi.

Il déplie sur la table de sa cabine la carte d'Amérique du Sud.

– Nous n'avons plus que deux jours d'eau douce. Tout a tourné dans la cale, je ne comprends pas pourquoi, c'est très tôt. Bien fermées, les barriques tiennent normalement des mois… Il faut s'arrêter quelque part.

– Où sommes-nous, exactement ?

– Environ ici, je ferai le point tout à l'heure.

– Tu connais la côte, dans cette région ?

– Pas bien, je l'ai longée une fois, il y a longtemps. Les routes baleinières n'approchent pas si près de l'Argentine, il n'y a plus de baleines dans ces eaux depuis le début du siècle, à ce qu'on dit. Il y a Puerto Deseado, ou Puerto San Julián. À moins…

– Quoi ?

– Les Falkland.

– C'est quoi ?

– Tu vois ces deux îles, là ? Je m'y suis déjà arrêté, il y a des ateliers de réparation, ils sont bien équipés pour le ravitaillement des navires, tout peut être bouclé en quelques heures. Ils sont isolés, il n'y a aucune chance que Nantucket ait pu envoyer une alerte. Alors que sur la côte argentine, on ne sait jamais… Aux Falkland il y a quelques colons anglais, des Uruguayens, ils ont des moutons, on pourra acheter des agneaux vivants, en saler d'autres. Et regarnir nos poulaillers. Ce n'est pas plus loin que le continent, au contraire. Le détour est minime.

– De toute façon nous n'avons pas le choix, non ?

– Non. Plus d'eau… Monte avec moi, je vais prévenir le timonier. Monsieur Smalls, barre au sud, sud-est, nous allons faire escale aux Falkland !

Avant le dîner de l'équipage, Mercator se rend dans le réfectoire annoncer le changement d'itinéraire. Dans l'entrepont, c'est Michael, avec la carte, qui s'adresse aux passagers.

– Et nous pourrons descendre à terre ?

– Peut-être, je vais demander à mon frère. Mais si c'est le cas ce ne sera que quelques heures, pas question de perdre du temps. Nous refaisons les provisions d'eau, viande, légumes si possible et repartons.

– Pas de dîner dans une auberge, alors ? Pas de pinte de bière ? J'ai entendu dire que c'était comme un petit morceau d'Angleterre au bout du monde…

– Non, pas de nuit à terre. Désolé, messieurs. Dame, pardon, messieurs-dame.

Au petit jour, les vents tournent, passent au nord-ouest. Toutes voiles dehors, au portant, le *Freedom* fend les flots à plus de huit nœuds.

– Monsieur Strandhall, envoyez les bonnettes. Envoyez tout !

– Hourra ! crie Nicholas. On n'est jamais allés aussi vite !

– À cette allure nous serons aux Falkland avant la nuit. Regarde bien à bâbord, petit frère. On ne va pas tarder à les voir sur l'horizon. Va chercher la longue-vue.

Les nuages qui bouchaient le ciel se dégagent, le trois-mâts file sur la houle qui le porte vers les Falkland. Nicholas ne lâche pas la lunette quand soudain…

– Là, Merc', une baleine ! Comment tu dis, déjà ? Ah oui : *She blows !* elle souffle !

– Où ça, de quel côté ? Passe-moi la longue-vue.

– Là, à bâbord. Je la vois à l'œil nu. La queue, elle est énorme !

– Nom d'un chien ! Un cachalot. Il fait… Je n'en ai jamais vu d'aussi gros. Un monstre.

– *Thar' she blows !* À bâbord ! hurle un gabier dans le mât de misaine.

– Il vient droit sur nous. Putain, regardez ce jet ! Monsieur Strong, vous avez déjà vu un jet pareil ?

– Jamais, capitaine. C'est le plus gros bestiau que j'aie jamais vu. Un grand mâle. Je descends les harpons ?

– Non, monsieur Strong. Nous ne sommes pas là pour ça. C'est dommage, mais… Il vient vers nous. Regardez son dos, il y a deux fers de harpon dessus, un morceau de cordage. Quel monstre, cinquante barils d'huile, peut-être davantage. Il sonde. Il va passer sous le bateau.

La queue de l'animal, dentelée, déchiquetée en plusieurs endroits, striée de traces blanches, décrit son arc au-dessus de l'eau, disparaît dans les flots. Les hommes courent sur le pont d'un côté, de l'autre ; des passagers montent aux premiers degrés des échelles de corde. Plus rien pendant de longues minutes, le Léviathan s'est enfoncé dans les profondeurs. Et soudain :

– Là, à tribord ! Il est passé sous la coque. Il souffle ! Il fait demi-tour, il revient !

– Comme s'il jouait avec nous. Incroyable, dit Mercator. C'est un vieux solitaire, je ne vois rien autour. Espérons qu'il ne touche pas le gouvernail.

Le cachalot plonge, dans un mouvement de queue d'une grâce aérienne, disparaît à nouveau sous le navire. Cette fois il reste longtemps hors de vue.

– Le revoilà, à l'arrière ! Il approche !

Le cétacé envoie un jet puissant et odorant dans les airs, porté par le vent jusqu'au pont du bateau, puis, au lieu de sonder encore, il se maintient juste sous la surface. À petits coups de queue, il arrive près du navire. Il bascule sur le côté, révèle sa mâchoire, l'alignement de ses dents d'ivoire et son œil, gros comme un poing d'homme, la pupille fixée sur le *Freedom*.

– Merc', il nous regarde ! crie Nicholas.

L'animal cale sa vitesse sur celle du trois-mâts, le suit comme s'il voulait prendre le temps de l'observer.

– Capitaine, c'est pas possible. On ne peut pas… Il faut… dit Gordell Strong.

– Capitaine, il demande à être tué, dit Fergus Smalls. Une prise pareille…

Mercator, bouche ouverte, les deux mains accrochées au bastingage, fixe l'œil de l'animal, la tête incrustée de coquillages, la queue, les cicatrices rondes sur les flancs, blessures de guerre lors des combats, dans les abysses, avec des calamars géants.

– À moins que… Et merde ! Choquez tout, mettez en panne ! Aux baleinières ! Monsieur Strong, les harpons, les lances. Monsieur Smalls, les lignes, les haches. À l'eau ! Maintenant !

Michael l'attrape par les épaules.

– Mercator, mais qu'est-ce que tu fais ? Qu'est-ce qu'on va faire d'un cachalot ? On n'a plus de fours. Tu ne peux pas…

– J'ai trouvé, Micky. Nous sommes pratiquement en vue des Falkland, deux ou trois heures de navigation. Nous allons tuer ce bestiau et le remorquer là-bas. La graisse, l'huile, la viande, on pourra leur vendre à un bon prix. Avec ça, même en donnant sa part à l'équipage, il nous restera largement de quoi nous installer en Californie, acheter du matériel.

– Mais on n'en a pas besoin, tu disais toi-même…

– Micky, je n'ai pas le temps de t'expliquer les détails. Il faut y aller. Notre dernier cachalot, c'est un coup du sort, un geste du destin.

Tu ne vois pas comment il nous suit, comment il reste là ? Il appelle le harpon. Je ne peux pas laisser passer ça. Tu viens ?

– Pas question, c'est n'importe quoi. Et je te préviens, Nicholas non plus.

Mercator empoigne son frère par le col.

– Tu me préviens ? Mais qui es-tu pour prévenir le capitaine de ce navire ? Un rond-de-cuir, un petit comptable va donner des ordres à mon bord ? Disparais. La vérité c'est que tu as peur de descendre dans la baleinière, c'est tout. Tu as toujours eu peur. La seule fois où tu as approché d'une baleine, tu as cassé ton aviron et passé ton temps à chialer. Père aurait honte d'un fils pareil. Tu crois qu'il aurait gâché une telle occasion ? Comment a-t-il nourri sa famille ? Payé le *Freedom* ? Tu me fais pitié. Va te cacher en fond de cale et laisse-nous faire.

« Aux rames ! Prêts à descendre les canots ? Monsieur Smalls, vous barrez le premier, monsieur Strong, à vous le harpon. Monsieur Strandhall, vous barrez ma baleinière.

– Merc', je peux venir, dis, je peux ?

– Prends cet aviron, tu viens avec moi.

Le cachalot s'est éloigné mais, comme s'il les attendait, évolue en cercles serrés à bâbord. Suspendue à ses portiques, une première baleinière est descendue de la coque, touche l'eau. Les marins glissent le long de filins, récupèrent le matériel, vérifient les cordages. Un tonnelet d'eau douce, une boîte de biscuits.

La seconde est toujours au-dessus du vide. Michael attrape le bras de son jeune frère.

– Nick, n'y va pas. Ils n'ont pas besoin de toi. C'est trop dangereux, tu n'as jamais fait ça.

– Laisse-moi, Micky. Tu as le droit d'avoir peur. Nous sommes des chasseurs de baleines, père en était un. C'est peut-être la dernière que tueront les Fleming. On va devenir tellement riches en Californie qu'on ne chassera plus jamais. Je suis avec Merc', ne t'inquiète pas. On va affronter le monstre !

– Michael, recule. Tu gênes la manœuvre. Un harpon, une lance, une hache par baleinière. Monsieur Cooper, monsieur Winterson, avec moi. Allez, on la descend. Laissez aller !

Les embarcations sont à l'eau, les marins s'installent aux bancs de rame, avirons en l'air. Sven Strandhall à la barre de l'une, Fergus Smalls à l'autre, ils repoussent le navire, partent en chasse.

– Allez, on y va, ramez, ramez les gars ! Par Jupiter, on va tuer ce monstre, le plus gros cachalot que les Falkland aient jamais vu. Souquez de toutes vos forces ! Il ne va pas nous échapper.

Les baleinières fendent les flots en direction de l'animal, qui d'un coup de queue sonde et disparaît dans les profondeurs.

Mercator, à la proue, harpon à ses pieds, met ses mains en porte-voix :

– Monsieur Smalls, vous prenez à tribord, nous partons à bâbord !

Les rameurs coupent leur effort, lèvent les avirons. Chut, plus de bruit, on va l'entendre souffler. Il va remonter. Les minutes passent. Clapotis de l'eau contre les baleinières, respiration des hommes, cris des albatros. Soudain, des bulles crèvent la surface, trente mètres devant la baleinière de Mercator.

– Attention, le voilà !

La tête de l'animal émerge des flots, presque à la verticale.

– Il saute ! En arrière ! En arrière !

Mâchoire à demi ouverte, le cétacé s'envole, la moitié de son corps aux reflets gris, bleus et marbrés se détache sur l'horizon, retombe dans un fracas de fin du monde, soulève des vagues qui secouent les chasseurs, les obligent à lâcher les rames pour s'agripper à deux mains. Il frappe l'eau avec sa queue de plusieurs tonnes puis, comme s'il l'avait repérée, s'approche de la baleinière.

– Monsieur Strandhall, par tribord, en avant, doucement. Il arrive. Passez sur le côté. Préparez la ligne.

Les deux cents brasses de filin de chanvre attachées au harpon que Mercator brandit de la main droite sont enroulées dans un baquet, au centre de l'embarcation.

– Approchez, encore…

L'animal est si près qu'ils pourraient le toucher, la tête presque hors de l'eau, une nageoire en l'air, le corps trois fois plus long que le canot.

– Encore un peu… Aaarrgggh ! Prends ça !

Le fer s'envole en arc de cercle, atteint le cachalot en plein dos, juste derrière l'évent, s'enfonce profondément dans la couche de graisse. L'animal bondit de douleur, donne des coups de queue, prend la fuite.

– Attention, ça va secouer !

La ligne file en sifflant sur le bois, dans sa rainure à la proue. La baleinière, tirée par les dizaines de tonnes de la bête en panique, accélère d'un coup, fend l'écume, saute de vague en vague, gîte de droite à gauche, embarque des paquets de mer. Mercator a coincé ses pieds à l'avant, agrippe l'amarre comme un cow-boy de rodéo.

– Accroche-toi bien, mon Nicky. Ta première partie de luge de Nantucket. Maintenant tu es un vrai baleinier ! On va l'avoir. On le tient ! Hihhaaa !

Cramponné à son aviron, Nicholas, partagé entre terreur et excitation, tente d'ouvrir la bouche pour répondre à son frère, n'y parvient pas. Les marins, ballottés en tous sens, trempés, replient les rames, poussent des cris.

La queue bascule, le cétacé disparaît dans les profondeurs. Le filin mollit, la baleinière s'arrête d'un coup.

– Il sonde !

La ligne accélère, fait trembler la structure du canot, se déroule à toute vitesse en sortant du baquet, file entre leurs jambes, fume en frottant sur le bois.

– Attention, n'y touchez pas ! Nicky, mouille-la !

Nicholas attrape un petit seau et le remplit, verse de l'eau sur le filin qui s'échappe vers les profondeurs.

– Il nous reste cent vingt brasses de ligne, capitaine ! crie Sven Strandhall.

La seconde baleinière approche à toutes rames, le filin se déroule de plus en plus vite.

– Cent brasses ! Quatre-vingts ! Soixante ! Capitaine, il va nous entraîner par le fond, crie le barreur, la hachette à la main.

– Non, monsieur Strandhall ! Pas encore ! N'y touchez pas.

Mercator se tourne vers l'autre canot.

– Monsieur Smalls, votre ligne !

Les deux embarcations se rapprochent. Sven Strandhall attrape dans le seau l'extrémité de leur filin, la jette à Fergus Smalls qui la saisit au vol.

– Attachez-les, vite !

– Quarante brasses ! Trente !

Fergus fait un nœud d'écoute. C'est bon, envoyez ! La ligne est passée par-dessus bord. Mais Nicholas, trop près du baquet, n'a pas vu qu'elle faisait une boucle dans le canot et qu'il avait le pied dedans. Quand Mercator se retourne et hurle : « Attention, Nicholas ! » Il est trop tard. Entraîné à pleine vitesse par le cachalot qui plonge de toutes ses forces, le filin se referme comme les mâchoires d'un piège à loups sur la cheville de l'adolescent qui est renversé en arrière, bascule par-dessus bord et disparaît dans les flots bouillonnants. Il n'a pas eu le temps de crier.

– Nicky ! Non ! Coupez la ligne ! Vite, Fergus !

D'un coup de hachette, Fergus Smalls tranche la corde, qui s'échappe en sifflant comme un serpent et s'enfonce dans l'abîme.

Les hommes sont pétrifiés. Plus rien à la surface, pas la moindre bulle. Rien. Mercator ne lâche pas des yeux l'endroit où son frère a été englouti.

– Souquez, nom de Dieu ! Par là, il va remonter. Le nœud va lâcher, il va remonter.

Les deux canots tournent en cercles concentriques, les marins rament doucement, scrutent la surface. Plus une trace, pas une bulle, comme si le cachalot n'avait jamais existé. Les vagues, le cri d'un cormoran. Ce pourrait être un cauchemar sans le banc de Nicholas vide, son aviron qui cogne dans son tolet.

– Monsieur Smalls, faites vingt longueurs vers l'ouest puis en cercles, nous faisons la même chose vers l'est. On reste en vue.

Les minutes passent, sans un mot, un quart d'heure, une demi-heure. À bord de la baleinière de Mercator, un marin se signe.

– Ne fais pas ça, toi. Il n'est pas mort, tu m'entends. Il va remonter, le nœud va se défaire, Nicholas est très bon nageur. Allez, ramez, ramez encore !

– Capitaine…

– Ta gueule !

Au bout d'une heure, comme le soleil baisse à l'horizon, la baleinière de Fergus Smalls se rapproche. Debout à l'avant, scrutant les flots, Gordell Strong chante du fond de la gorge une mélopée dans sa langue, chant de passage au royaume des esprits.

– Il va bientôt faire nuit, capitaine, dit le quartier-maître.

– Retournez au *Freedom.* Rapportez-nous des torches, des lampes à huile. De quoi manger, des couvertures. Nous y passerons la nuit mais nous le retrouverons. Allez !

Avec les vagues, le courant, l'endroit où Nicholas a coulé s'est dissous dans l'immensité. Ils cherchent un signe, le souffle du cachalot, une nageoire, un morceau de cordage, une trace de sang. Rien. Personne ne souffle mot. Mercator reste debout à la proue, la main en visière pour scruter la surface vers le soleil couchant. Au crépuscule, ils voient arriver la baleinière, lueurs dansantes sur les flots, devant le *Freedom* qui a remis les voiles et approche.

Michael est à l'avant, une torche grésillant d'huile à la main. Il crie quelque chose, mais avec les vagues et le vent de la nuit qui se lève, Mercator distingue mal. « 'ssin ! tué ! » Les deux canots se rapprochent, et quand ils sont bord à bord :

– Assassin ! Tu l'as tué ! C'est toi ! Fumier !

D'un bond, Michael lâche la torche, saute dans l'embarcation de Mercator, essaie de le prendre à la gorge. Les deux hommes basculent, tombent à l'eau. Michael se débat, tente de frapper son frère qui, meilleur nageur, s'éloigne de quelques mètres. L'eau à huit degrés les paralyse. Le plus jeune des frères Fleming est le premier à attraper les mains qui se tendent, il remonte à bord du canot. Mercator est hissé dans le sien.

– Tu l'as tué ! Il a été emporté, il est au fond de l'océan avec ce monstre de malheur. Maudit sois-tu, Mercator ! Tu n'as pas pu t'en empêcher, tu ne pouvais pas le laisser passer, ce cachalot ? Nous n'en avions même pas besoin. Nous ne retrouverons même pas son corps ! Tu devras vivre avec ça pour le restant de tes jours. Assassin ! Je te hais.

– Il me faut quatre hommes avec moi cette nuit. Prenez de quoi vous sécher, manger, les lampes à huile. Monsieur Smalls, retournez à bord, à vous le commandement. Deux guetteurs pour surveiller ma position. Jetez l'ancre si vous le pouvez. S'il y a trop de fond, larguez les ancres flottantes. Renvoyez-moi la baleinière avec une relève à l'aube.

Toute la nuit, deux marins se relaient pour ramer doucement et tenter, à l'aveuglette, de faire du surplace dans le courant, sans perdre de vue les feux du *Freedom*. Deux autres dorment, couchés en chien de fusil au fond du canot, sous les couvertures. Debout à l'avant, lampe à la main qui n'éclaire que son bras, Mercator scrute les ténèbres en grelottant.

Le soleil se lève sur une mer calmée, striée de reflets gris, coiffée de langues de brume. Ils entendent les rames de la baleinière avant de la voir. Changement d'équipage, Mercator ne dit pas un mot, s'assied deux minutes pour croquer dans un biscuit, boire un gobelet d'eau, reprend sa pose de vigie. Rien.

Gordell Strong fait partie de la relève de l'après-midi, comme le ciel se couvre, la houle se forme, les premières gouttes de pluie crépitent sur la surface.

– Capitaine, c'est fini, dit le harponneur indien. *Moshup* l'a emporté dans son royaume. Son esprit va voyager sans fin dans les océans, comme un dauphin. Il était trop jeune, mais c'est une mort de brave, une mort de chasseur.

– Capitaine, dit Sven Strandhall. M. Smalls vous fait dire qu'il n'y aura plus d'eau douce à bord demain matin.

Mercator pose la lampe à huile, s'effondre sur un banc de rame, la tête dans les mains. Il reste immobile, les épaules secouées de sanglots. Les hommes détournent le regard. Puis il s'essuie les yeux et, d'un mouvement de menton, désigne le *Freedom*.

14

Stanley (îles Falkland)

23 mars 1849

– Le dernier tonneau est dans la cale, capitaine. Les poules seront livrées avant midi. Saler les quartiers de porc, stocker les patates… Pour moi, c'est bon ce soir.

– OK, merci, monsieur Anderson. Monsieur Strandhall, prenez le commandement, je descends à terre.

Le *Freedom* est amarré dans le port de Stanley, entre une dizaine d'embarcations plus ou moins décrépites. À l'écart des routes maritimes, les habitants de la plus grande des îles Falkland, dont personne ne peut préciser le nombre et la nationalité, se sont spécialisés dans la récupération des navires rejetés par le cap Horn, ou en trop mauvais état pour espérer le passer. Ils les réparent, les transforment, les démontent, les recyclent, les revendent, avec la réputation de ne pas poser de questions sur leur provenance, ni sur celle de leurs cargaisons.

C'est un étrange mélange de colons et de conscrits anglais, de gauchos uruguayens en surpantalons de cuir, chapeaux plats, longs couteaux, foulards noués autour du cou, d'aventuriers européens ou américains, de marins perdus, de chasseurs de phoques, de criminels recherchés, de paysans argentins avides de terres, de matelots de passage à la recherche d'un embarquement. En dehors des maisons basses de Stanley, construites en bois de récupération taché de peinture à bateau et de traces de cordages, l'île est pratiquement déserte, à l'exception de quelques ranchs, masures jetées sur la lande, fouettées par les vents.

La taverne du port est une bâtisse de bois et pierres mal taillées, sol en terre battue, tables et bancs de planches brutes, une cheminée dans laquelle rôtit un demi-mouton, à côté d'un chaudron fumant posé sur les braises. Des quartiers de viande, des jambons, des saucisses sont accrochés aux poutres, les murs décorés de crânes de bœufs à courtes cornes, de lassos, de fouets de cuir tressés. La pièce sent la soupe au lard, l'aigre et le suint. Mercator, qui a passé un pistolet bien visible dans sa ceinture, retrouve à l'une des tables plusieurs passagers.

– Ils avaient de la bière locale jusqu'à hier, sourit Paul Halligan, mais ils n'en auront plus avant deux jours, elle fermente. Nous serons partis, capitaine ?

– Oui, nous levons l'ancre demain. Que buvez-vous ?

– Un drôle d'alcool, je n'ai pas bien compris ce que c'est. Très fort, pas mauvais après deux mois de mer.

Fergus Smalls et Gordell Strong sont attablés à l'autre bout de la pièce, à l'écart.

– Vous n'avez pas été servis ?

– Un Noir et un Indien, capitaine… Disons qu'ils ne se hâtent pas. Et c'est parce que nous sommes nombreux et armés qu'ils ne nous ont pas jetés dehors, dit Fergus.

– Michael n'est pas avec vous ?

Le quartier-maître s'écarte, montre d'un signe de tête le jeune homme assis par terre, endormi contre une caisse.

– Il avait déjà pas mal bu quand nous sommes arrivés. Nous allons le ramener à bord.

Mercator se penche vers son frère, tente de le mettre debout.

– Non, lâche-moi ! Assassiiiin. Je ne veux pas… Peux plus… Rester ici… Plus jamais… Laisse-moi.

Il essaie de le frapper, donne des coups dans le vide, tombe à quatre pattes, s'enfuit entre les bancs, s'effondre dans la sciure en sanglotant.

– Restez avec lui, ne le quittez pas des yeux. Attendez un peu et remontez-le à bord. Par la force s'il le faut. Je vais voir si je trouve de la poudre noire. Nous appareillons demain.

Dans un comptoir enfumé tenu par un Écossais en kilt, plus entrepôt que magasin, Mercator achète deux tonnelets de poudre, quatre manches de pioche noueux, une pelle et deux barres de fer.

– Vous ne vendriez pas votre pistolet, par hasard ? demande le commerçant. Il est tout récent, non ?

– Pas question de le vendre, *sorry*. Oui, c'est un nouveau modèle fabriqué par M. Colt. Il appelle ça un revolver. Acheté à New York.

– Armes, outils, vous êtes bien à bord du baleinier arrivé hier ? Vous ne seriez pas en route pour la Californie, vous aussi ?

– Nous aussi ?

– Vous êtes le quatrième à faire escale chez nous. Un clipper, trois baleiniers, tous en route pour le cap Horn. L'*Omega,* de New Bedford, était là la semaine dernière. Ils avaient perdu le mât de misaine dans une tempête. Ils semblaient bougrement pressés, ils ont payé une fortune pour être réparés en deux jours.

– Oui, nous aussi nous allons à San Francisco. Mais notre eau douce a tourné dans les tonneaux. Nous devions faire escale. Nous venons de perdre un des membres de l'équipage, pas très loin d'ici, à trois heures vers l'ouest. Il est tombé à l'eau. Avez-vous une capitainerie, une autorité portuaire à qui je pourrais laisser une description ? Si jamais les courants poussent son corps sur une plage de l'île…

– Pas de capitainerie. Mais le chef de la milice est un ami. Laissez-moi la description de votre marin, je la lui transmettrai. Surtout s'il a des tatouages. Mais vous savez, n'y comptez pas trop. Les côtes de l'île sont sauvages, découpées, désertes à part vers ici. Même si son corps échoue là, personne ne le trouvera. L'océan ne rend pas souvent ses victimes, par chez nous.

– Non, pas de tatouages. Merci quand même. Je vais vous noter ça. Vous auriez de quoi écrire ?

– Tenez. Écoutez, j'ai une proposition à vous faire : j'ai un fils de dix-huit ans, Mark. Si vous le prenez à bord, j'offre tout ce que vous avez là, et je paie en plus pour son passage. Depuis qu'il a appris la nouvelle, pour les mines d'or de Californie, il n'en dort plus. Il me tanne pour partir. J'ai d'abord refusé, mais je dois bien reconnaître que la vie n'est pas marrante pour un jeune homme sur notre île loin de tout. Si je ne le laisse pas partir, il menace d'embarquer sur la première coque de noix argentine qui passera. Je préfère le savoir à bord d'un baleinier de Nantucket, pour franchir le Horn. Vous connaissez le cap, bien sûr ?

– Je ne l'ai jamais franchi moi-même, mais j'ai un timonier qui l'a fait deux fois. Votre fils a-t-il déjà navigué ?

– Un peu autour des îles avec des pêcheurs. Mais c'est un gaillard costaud et volontaire. Il apprendra.

– OK. Si je le prends comme passager, c'est soixante dollars… Bon, disons cinquante pour un hamac. Si je le prends comme marin, le passage est gratuit, mais il faudra qu'il le gagne.

– Ne vous inquiétez pas. Je réponds de lui. Bon, j'offre votre matériel, il viendra avec le sien. Vous appareillez quand ?

– Demain matin.

– Je viens avec lui ce soir, après le dîner. Ça va ?

Mercator tend la main.

– Marché conclu. À tout à l'heure.

En fin d'après-midi les passagers regagnent le bord, chargés de paniers, de bouteilles. Ils avancent lentement, certains titubent. Fergus et Gordell ferment la marche. Le harponneur indien porte Michael inanimé sur l'épaule, comme un berger son agneau.

– Il dort, ne vous inquiétez pas, capitaine. Pas moyen de le réveiller. Je le descends dans sa couchette.

Les lampes à huile sont allumées, les marins dans le réfectoire, les passagers dans l'entrepont quand la sentinelle en poste devant l'échelle, fusil à l'épaule, crie que deux personnes souhaitent monter à bord. Mercator pose ses couverts, va à leur rencontre.

– Capitaine, voici mon fils Mark Fitzpatrick, dit le commerçant, qui a changé son kilt pour un pantalon de grosse laine.

Derrière lui un jeune homme brun au large sourire, dents écartées, fossette au menton, pose sur le pont un sac de toile, une pelle et une pioche. Il porte une casquette de tweed, des vêtements de travail, des chaussures montantes neuves, regarde autour de lui avec des yeux d'enfant émerveillé.

– Bienvenue à bord du *Freedom*, Mark. Suis Adam, il va te montrer ta couchette.

– Vous pensez rester combien de temps en Californie, capitaine ? demande son père.

– Là, monsieur Fitzpatrick, je suis bien incapable de vous répondre. Le temps de faire fortune, sans doute. Alors des mois, des années ? Qui sait ? Y a-t-il autant d'or qu'on le dit ? N'arrivons-nous pas trop tard ? Mais je suppose que Mark pourra trouver un navire de temps en temps pour vous faire parvenir des nouvelles.

– J'ai apporté une bouteille de mon meilleur whisky. Je vous la laisse, mais je trinquerais bien avec vous, au succès de cette splendide aventure. Si j'avais quelques années de moins…

– Venez dans ma cabine, j'ai des verres.

– J'ai aussi une carte du détroit. Elle, je ne peux pas vous la laisser, mais je pense que c'est la plus précise à ce jour, je l'ai reçue de Londres il y a trois mois. Si vous voulez la comparer à la vôtre, prendre des notes…

– Avec plaisir, merci.

Le lendemain matin, deux moutons vivants sont montés à bord, attachés sur le gaillard d'avant. Un sac de gros pains noirs est suspendu dans la réserve. Un fermier arrive juste avant le largage des amarres avec un mulet chargé d'œufs frais dans de la paille, de betteraves et de navets. Tous les habitants de Stanley, ou presque, sont sur le port pour saluer le départ du *Freedom.* La mère de Mark, effondrée dans les bras de son mari, agite un mouchoir blanc.

– Cap sud-sud-ouest, monsieur Smalls. Si le vent se maintient nous devrions être en vue de l'île des États demain après-midi. C'est là que les choses sérieuses vont commencer.

Après deux heures de navigation, comme les falaises des Falkland disparaissent à l'horizon, Mercator descend dans sa cabine. Il pose sur la table la carte d'Amérique du Sud, les notes qu'il a prises à partir de la carte anglaise, plus récente et détaillée.

Du dernier tiroir d'une commode en acajou, il sort trois journaux de bord. Même couverture en cuir, même mention :

US Whaleship Freedom – Nantucket. Captain Stewart Fleming, mais des dates différentes.

C'est dans le troisième, se dit-il. Vers la fin du troisième… Voilà.

Notes en prévision du passage du Horn, quand il s'avérera nécessaire d'étendre nos territoires de chasse vers l'océan Pacifique.
– Dans *Relation du voyage de la mer du Sud,* du Français Amédée-François Frézier. 1717.
(Bibliothèque de la chambre maritime de New Bedford.)
« Tout navire qui veut doubler le cap Horn doit toujours prendre la moitié plus qu'il ne croit avoir besoin ; les vents et les courants le feront assez reculer. »
« On reconnaît l'entrée du détroit de Le Maire par trois mondrains (petites collines) uniformes, nommés les Trois Frères, contigus à la partie est de la Terre de Feu, par-dessus lesquels on voit une haute montagne en pain de sucre, couverte de neige et reculée dans les terres. »

Détroit de Le Maire… Ah oui, c'est là. Il faut donc longer la côte nord de l'île des États, puis cap sud-ouest. En vue de la Terre de Feu, chercher les Trois Frères. Ils étaient mentionnés sur la carte de Fitzpatrick, je les reporte sur la mienne…

Témoignage du capitaine Porter, commandant de la frégate *Essex.* Mars 1814
(Bibliothèque de la chambre maritime de Nantucket.)
Nos souffrances, quelque courte ait été notre navigation, ont été si grandes que je dois conseiller à ceux qui doivent aller dans l'océan Pacifique de ne jamais essayer de doubler le cap Horn, lorsqu'il leur sera possible de se rendre dans cette mer par une autre route.
Mais les difficultés qui se rattachent à cette navigation peuvent disparaître en choisissant une époque convenable, qui épargnera à la fois beaucoup de temps et évitera que le vaisseau ne soit mis en pièces.
Depuis le vingt février jusqu'au premier mai, les vents dominants se tenant entre le S.O. et le N.O., et soufflant avec une grande violence, aucun navire ne peut espérer doubler le cap Horn pendant cette période, à moins qu'il ne soit parfaitement bien équipé, sous tous les rapports.

20 février au 1er mai : Nous sommes pile dedans. Mais bon, pour arriver dans ces eaux un mois plus tôt, nous aurions dû quitter Nantucket un mois plus tôt, et ça… Faudra faire avec. Bon, quoi d'autre ? Ah oui, page suivante :

Dans « Avertissement aux baleiniers en route pour le Pacifique – Cap Horn »
(Bibliothèque de la chambre maritime de Sag Harbor.)
Les eaux entourant le cap Horn forment l'une des mers les plus hostiles et difficiles à naviguer du monde. Les vents y soufflent en tempête environ deux cents jours par an. Le cap est caché par d'épais nuages plus de cent jours par an. Les vagues peuvent atteindre vingt mètres de hauteur. Un vent redoutable, appelé par les indigènes « Williwaw », peut descendre soudain des montagnes, notamment dans le détroit de Le Maire, à une vitesse telle qu'aucun navire ne peut y résister. Ses causes restent mystérieuses. Si lors de votre passage vous sentez tout à coup une soudaine hausse de la température du vent, affalez tout et recommandez votre âme à Dieu.
Il est conseillé, pour un premier voyage, d'être accompagné par un timonier l'ayant déjà franchi. Aucun pilote sérieux ne peut être trouvé sur la côte Argentine, pas plus que les îles Falkland, à l'est.

Mercator voit passer le cuisinier devant la porte de sa cabine ouverte.
– Monsieur Anderson, voulez-vous bien demander à M. Strandhall de me rejoindre, je vous prie ?
– De suite, capitaine.
Il referme le journal de bord de son père, suit avec le doigt sur la carte le détroit de Le Maire, l'entrée du canal de Beagle.
– Capitaine…
– Bonjour, monsieur Strandhall. Asseyez-vous à côté de moi. J'étudie la route du Horn. Nous devrions être en vue de l'île des États demain, il faut se préparer. Pouvez-vous me montrer exactement par où vous êtes passé ?
– C'est-à-dire, capitaine, que moi et les cartes…
– Mais vous savez lire, quand même, monsieur Strandhall ?
– Pas vraiment… Enfin, un peu.
– Regardez. Vous souvenez-vous avoir longé la côte de la Terre de Feu, là, par ce détroit, entre le continent et l'île des États, le détroit de Le Maire, ou êtes-vous passé à l'est des îles, puis directement vers le Horn, qui est là ?
– Euh… Je ne sais plus, capitaine… Je crois bien que nous avons longé la côte. Oui, le détroit, je pense bien.

– Les Trois Frères, ça vous dit quelque chose ?

– Euh, non. Désolé. Quels frères ?

– Bon. C'est tout, monsieur Strandhall. Vous reconnaîtrez sans doute quand nous approcherons du détroit, n'est-ce pas ?

– Oui, capitaine.

– Et vous avez mis combien de temps à franchir le cap, lors de vos deux passages ?

– Euh… Je ne sais plus vraiment. C'était assez long, les vents étaient forts, il y avait de grosses vagues.

– Assez long ?

– Je ne me souviens pas bien, capitaine. Désolé.

– Bon, on verra demain. Merci, monsieur Strandhall.

Mercator roule les cartes, referme le carnet de bord de son père, le range dans son tiroir. Il donne un tour de clef à la porte de sa cabine. Derrière lui, il entend Michael bouger dans sa couchette.

– Micky, c'est moi. Réveille-toi, tu as dormi plus de douze heures. Comment te sens-tu ?

Il pose la main sur l'épaule de son frère, qui rue comme sous l'effet d'une flamme.

– Ne me touche pas ! Ne me parle plus jamais. Je ne suis plus ton frère, il n'y a plus de Micky. Jamais je te pardonnerai. Nicholas n'était qu'un enfant, tu l'as tué.

– Mais…

– Ce n'est pas la peine. Je reste sur ce navire jusqu'en Californie, mais à la seconde où nous accostons, je disparais. Tu ne me verras plus. D'ici là, ne m'adresse la parole que pour les fonctions du bord. Je suis un simple marin, et encore, tu dis toi-même que je ne suis bon à rien. Traite-moi comme le dernier des membres de ton équipage, capitaine Fleming. Je prendrai mes repas dans le réfectoire, avec les hommes. D'ailleurs si je pouvais changer de couchette…

– Micky, arrête, je t'en prie. Tu crois que je vais pouvoir me pardonner moi-même ?

– Ce n'est pas mon problème. Je vous avais prévenus, Nick et toi. Et ne m'appelle plus comme ça. Michael, ou mieux monsieur Fleming. Maintenant, laisse-moi, je vais prendre mon poste sur le pont. On ne sait jamais, je pourrai peut-être apercevoir un autre cachalot.

Il se lève, bouscule Mercator, monte en courant l'échelle vers le pont central.

À la nuit tombée, les vagues se creusent, le vent tourne au sud-ouest et forcit, obligeant le *Freedom* à réduire sa toile et à remonter au près pour maintenir le cap, en direction de l'île des États. Elle apparaît à l'aube, falaises noires, cimes dentelées, crêtes couronnées de nuages gris sombre.

– Gardons ces îles à bâbord, sans trop nous approcher, le détroit que nous cherchons est au bout, dit Mercator à Fergus Smalls qui tient la barre. Le problème est que nous allons avoir vent debout, plus un fort courant contraire, il va falloir tirer des bords, monsieur Smalls.

– D'accord, capitaine. Ce qui m'inquiète, c'est la couleur des nuages, là-bas. Ça sent la tempête.

– Approchons de l'entrée du détroit, nous verrons.

Au fil des heures, le vent forcit, la mer se creuse. Quand les derniers sommets de l'île des États sont en vue, le *Freedom* est freiné d'un coup, comme s'il avait heurté un banc de sable.

– Le courant. C'est le courant du détroit Le Maire ! crie Mercator au timonier. Monsieur Smalls, remontez cinq degrés au nord. Bordez la grand-voile. Monsieur Strandhall, sur le pont !

Un mousse est envoyé chercher le marin suédois, qui arrive les yeux baissés.

– Monsieur Strandhall, j'ai besoin que vous preniez la barre. Voici l'entrée du détroit de Le Maire. À vous. Le courant est terrible, le vent debout, nous sommes près de reculer. Que faut-il faire ?

– Capitaine, je dois vous dire…

– Quoi ?

– Je n'ai jamais passé le Horn. J'ai menti. J'étais à bord d'une goélette qui a tenté pendant dix jours, mais nous n'avons pas réussi. Le capitaine a renoncé. Nous ne sommes pas allés plus loin que ce détroit.

– C'est pas vrai ! Mais pourquoi ?

– J'avais besoin de ces cinquante dollars, je devais les laisser à une femme à New York. Et je voulais partir pour San Francisco. Je suis désolé. Je vous rembourserai en or, je le jure, jusqu'au dernier dollar.

– Nom de Dieu. Vous vous rendez compte de ce que vous avez fait ?

Une bourrasque plus forte que les autres couche le navire sur le flanc, une voile se déchire dans un long craquement. Une pluie glacée, mêlée de neige, s'abat sur le pont.

– Il y a une baie, ça je m'en souviens, la baie de Bon-Succès, un peu plus à l'ouest sur la côte de la Terre de Feu. Nous nous y sommes abrités pendant quatre jours avant de rebrousser chemin, dit Sven Strandhall. En longeant la côte on ne peut pas la rater.

– Prenez la barre. Préparez-vous à virer, nous allons chercher cette baie, attendre que le vent mollisse et faire le point.

Toute la nuit, avec rien d'autre dans la mâture que les huniers et le petit foc, le *Freedom* tire des bords dans le détroit de Le Maire. Contre le vent et un courant contraire comme Mercator n'en a jamais vu, il progresse à un nœud, parfois moins, recule par moments. Le timonier, giflé au visage par les bourrasques de neige fondue, est seul sur le pont, avec pour compagne la lueur dansante de sa lampe à huile. Il est relayé toutes les heures. À la fin de son quart, il a le droit de descendre à la cambuse où Marcus Anderson, le cuisinier, lui verse un bol de *switchel,* la boisson servie à bord des baleiniers pour récompenser les hommes rentrant, frigorifiés, après des heures de chasse : un mélange chaud de mélasse, d'eau, de rhum, de miel, de vinaigre et de gingembre. Dans l'entrepont, les passagers s'accrochent à leurs couchettes, tentent de dormir, n'y parviennent pas, se lèvent pour vomir. Les occupants des hamacs se sont allongés par terre, incapables de supporter le roulis qui les projette les uns contre les autres.

Toute la journée du lendemain, le trois-mâts progresse en crabe dans le détroit, s'approchant parfois dangereusement des côtes découpées de la Terre de Feu, pour doubler au crépuscule le cap qui s'avance comme un doigt dans l'océan et marque l'entrée de la baie de Bon-Succès.

– Il y a une anse protégée, je me souviens, tout à l'ouest. C'est là que nous avons mouillé, dit Sven Strandhall, qui tient la barre depuis quatre heures, refuse d'être remplacé.

Mercator descend dans la cambuse, s'assied contre le poêle à bois, déplie sa carte, pour s'apercevoir qu'elle n'est pas assez précise et que la baie n'y figure pas.

– Capitaine ! Venez vite !

À l'ouest, un front de brouillard dense comme un mur de brique galope vers le navire. En quelques minutes, il avale le *Freedom.* Tout disparaît sur le pont, la proue devient invisible depuis le gaillard arrière, les lueurs des lampes à huile créent de petits halos.

– Affalez tout, mettez en panne, jetez l'ancre. Nous allons mouiller ici. Impossible de bouger dans une purée de pois pareille, nous risquons de nous échouer, crie Mercator. Monsieur Isaksen, la sonde, je veux savoir combien nous avons de fond.

Le navire ralentit, l'ancre racle le fond, puis l'immobilise.

Le *Freedom* va rester deux jours enveloppé de ces étranges ténèbres, qu'une gale glacée mêlée de grésil ne dissipe pas, au contraire. La neige fondue qui gifle les visages s'interrompt parfois pendant une heure ou deux, pour reprendre de plus belle.

Un soir, dans le carré, Mercator réunit Fergus Smalls, Anders Isaksen, Gordell Strong et Sven Strandhall. Michael a refusé de venir.

– Dès que ce brouillard se lève, que nous récupérons un peu de visibilité, il faut sortir d'ici, dit-il en déroulant sa carte. Je ne pense pas que le vent va tourner durablement. Les instructions marines que j'ai trouvées dans les journaux de bord de mon père indiquent qu'en cette saison le sud-ouest est dominant. Nous aurons donc les vents et les courants contre nous jusqu'au Horn, qui est là. Ensuite, si j'en crois ce que j'ai lu, le courant s'inverse et nous permettra d'en sortir et d'accéder au Pacifique. Nous allons tirer des bords jusqu'à l'entrée du canal de Beagle, là nous serons à l'abri de ces îles, Nueva puis Lennox. Je ne vais pas vous le cacher, ça pourra prendre des jours. Vous savez tous maintenant que M. Strandhall nous a menti, qu'au-delà d'ici il n'en sait pas plus que nous. Je vais envoyer une équipe à terre pour rapporter du bois, nous consommons beaucoup. Avec de bonnes réserves, même en progressant lentement, nous pouvons y arriver. Quand nous aurons doublé le cap, ce devrait être plus facile… Enfin je l'espère.

– Et ce long chenal, là, Beagle, ce ne serait pas plus protégé ? demande Anders Isaksen.

– Vous avez vu sa largeur ? Le moindre coup de vent, c'est le naufrage. Peut-être avec un pilote local, mais je ne me lance pas là-dedans tout seul. Il faut passer le Horn, messieurs. C'est notre principale épreuve sur la route de la Californie. Courage.

Le lendemain, une baleinière est mise à l'eau vers une petite grève au fond de la baie, cernée de forêts. À bord quatre marins, plus Robert Ladoucette et Joseph Kidd, qui ont supplié Mercator de les laisser toucher terre, assurant qu'ils étaient des bûcherons accomplis. Une courte scie à main, quatre haches.

– Non, mademoiselle Magnet. Vous ne pouvez pas aller à terre. Ce n'est pas une excursion. Il faut rapporter du bois pour les poêles du bord, je ne vais pas armer un second canot pour que vous alliez faire des croquis sur la plage. Vous pensez vraiment pouvoir dessiner sous une pluie pareille ? Restez au chaud.

Ils les ont entendus pendant quatre heures, sans jamais les voir à travers le voile gris et opaque qui emprisonne le bateau, couper du bois mort, le traîner jusqu'à la rive, charger l'embarcation. Ils sont revenus, fourbus mais ravis d'avoir marché sur la terre ferme, avec assez de combustible pour plusieurs semaines. À l'avant de la baleinière, le crâne réduit en bouillie à coups de hache, un lion de mer d'au moins deux cents kilos.

– Sa viande n'est pas terrible, mais la fourrure permet de faire les vêtements les plus chauds que vous puissiez imaginer, dit Anders Isaksen, qui commandait la petite équipe. Je veux bien l'écorcher. J'ai beaucoup chassé en Suède.

À l'aube du troisième jour, une lueur blafarde perce les nuages. Le vent est remonté à l'est, il souffle encore en bourrasques glacées mais la pluie a cessé.

– Nous allons lever l'ancre, dit Mercator. En tirant un long bord vers l'entrée du canal de Beagle, nous pourrons passer entre l'île Picton et les îles Nueva et Lennox. Puis on descendra vers le Horn.

Avec le minimum de toile pour rester manœuvrant, le *Freedom* suit d'abord, à bonne distance, les côtes de la Terre de Feu, dans une mer violente mais navigable. Deux vigies, l'un à la proue et l'autre sur le mât de misaine, se relaient toutes les heures pour repérer les récifs, quittent leurs postes tremblants, le visage bleu de froid, les ongles à vif. Ils longent des forêts sombres et trempées, des falaises noires et luisantes, des rochers menaçants, des montagnes découpées sur l'horizon, couronnées de neige. Des algues immenses, certaines aussi longues que le navire, larges comme des arbres, épaisses comme des branches, forment des champs qu'il faut contourner sous peine d'être pris dans leurs serres. À marée descendante elles reposent sur les récifs, chevelures maléfiques de sorcières noyées là avant l'aube des temps.

À l'entrée du canal de Beagle, le courant est si fort qu'il divise par deux la vitesse du bateau.

– Tenez bien le cap sud-ouest, monsieur Smalls.

Les vents tombent en passant derrière les îles, les gabiers montent dans les vergues pour envoyer un peu de toile quand l'un d'eux se met à crier, en pointant le sud :

– Là ! Par saint Georges ! Regardez ce qui arrive !

En direction du cap Horn, fonçant droit sur eux, un front furieux de nuages roule sur l'horizon. Il pousse devant lui une barrière d'écume jaunâtre, levée comme une émulsion par le vent. Une rafale chargée d'une lourde pluie s'abat sur le *Freedom*, fait hurler les cordages, menace de déchirer les voiles.

– Choquez les huniers, amenez la brigantine ! hurle Mercator, dans un vacarme de fin du monde.

Ce ne sont pas des lames qui courent vers le *Freedom* mais une muraille glacée, un bouillonnement vertical presque aussi haut que les mâts, haché de crêtes d'écume, précédé par un grondement de fauve.

– La voilà ! La vague du Horn, la rencontre des deux océans, crie le capitaine. Il faut mettre à la cape, la laisser passer ou elle va nous chavirer. Bordez la grand-voile à plat, le foc à contre, affalez tout le reste ! Vite !

Les quatre hommes dans les vergues s'agrippent aux mâts en fermant les yeux quand l'un d'entre eux, jeune marin de Boston, lâche une main pour tenter d'attraper l'échelle de corde. Le navire plonge dans une lame, une bourrasque plus violente encore…

– Un homme à la mer !

Personne ne l'a vu tomber, il est avalé par l'obscurité, les flots en furie, les ténèbres liquides qui montent à l'assaut du trois-mâts pour le dévorer.

– Capitaine ?

– Paix à son âme. Pas question de mettre une chaloupe à l'eau, tous y passeraient. On ne peut même pas la faire descendre, elle serait emportée. Impossible de le retrouver dans des creux pareils. Il est perdu. Vous savez qui c'était, monsieur Smalls ?

– Non, capitaine. Ils nous le diront quand ils reviendront sur le pont. Pour l'instant il vaut mieux qu'ils continuent à s'accrocher là-haut.

– Fermez les écoutilles, on reste à la cape pour la nuit. Nous sommes assez loin de la côte. On verra au matin. Si ça ne se calme pas il faudra trouver un abri.

Les hurlements des vents, le fracas des lames contre la coque, les paquets de mer qui passent par-dessus le pont central, le crépitement des rafales de grésil dans les voiles, les grincements de la structure du navire, les sifflements des cordages privent l'équipage et les passagers de sommeil. Dans l'entrepont, Sara a rejoint Albert dans sa couchette. Elle se blottit contre lui, enfouit sa tête dans le coussin de crin, tremble de tous ses membres.

– Tu crois que le bateau va résister ?

Ce n'est pas le jour qui se lève mais une grisaille blême dans laquelle se fondent l'horizon, le ciel, les montagnes de la côte, les rochers.

– On ne peut pas rester là, dit Mercator. J'ai étudié la carte. Si nous traversons cette baie, Nassau, il y a une grande île avec des fjords dans lesquels nous pourrons nous abriter. Je prends la barre. Monsieur Strandhall vous me relevez dans deux heures.

Les marins terrorisés, transpercés par une grêle fine qui pique comme des aiguilles, le visage et les mains brûlés de froid, tirent sur les écoutes recouvertes d'une croûte de glace pour hisser la voile de misaine. Les gerbes d'écume soulevées par l'étrave gèlent en l'air, crépitent sur le pont.

Après des heures de bataille, le *Freedom* parvient dans la baie de Tekenika. Les vents et la houle s'apaisent, la neige se change en pluie, l'entrée d'un défilé étroit, mouillage idéal, apparaît dans la longue-vue de Mercator.

– Bâbord toute, nous allons nous abriter là.

Les voiles carguées, le navire ancré dans des rochers, les écoutilles fermées, les poêles chargés jusqu'à la gueule, le navire sombre dans une torpeur réparatrice. Un seul homme de quart sur le pont, serré contre un brasero, emmitouflé dans la peau du lion de mer, encore puante mais tellement chaude. Concerts de ronflements dans les quartiers des marins, l'entrepont des passagers. Avant de se glisser sous les couvertures, Mercator ouvre le livre de bord.

> Jeudi 29 mars 1849 – Après avoir passé le détroit de Le Maire, vents et courants hostiles ont forcé deux fois à chercher un mouillage sûr. Un marin, John Cooper, est mort hier, tombé dans une mer en furie depuis la vergue de grand-voile. Impossible de mettre en panne ou de descendre un canot pour le retrouver. Qu'il repose en paix. À l'abri ce jour dans la baie de Tekenika. Provisions de bois, d'eau douce et de nourriture suffisantes. Attendons une accalmie pour descendre plein sud vers le Horn.

Il pleut, neige ou grêle pendant deux jours sur le navire en hibernation. Un matin, la rumeur du vent dans le gréement s'apaise, le bruit des gouttes se fait plus léger. Sara Magnet descend de la couchette sans réveiller son compagnon, enfile tous ses vêtements, le long ciré de coton enduit prêté par le cuisinier, sa casquette de tweed et monte sur le pont. Elle salue d'un signe l'homme de quart et avance, à petits pas sur le bois glissant, vers son poste d'observation préféré, devant le mât de misaine.

La crique est longue et étroite, ses eaux sont d'un gris acier strié de langues de brume. De chaque côté des falaises, des montagnes couvertes d'une forêt sombre et dense, impénétrable. Des hêtres noirs courbés par les tempêtes, cyprès mangés de lichens, arbres morts envahis de mousse, aux silhouettes de spectres. Pas de plage, pas de grève en vue ; des rochers luisants, déchiquetés, menaçants, sur lesquels s'accrochent des colonies de phoques.

Elle entend le canoë avant de le voir. Le rythme régulier d'une pagaie. Son étrave de bois et d'écorce fend la brume, à trente mètres. Un chien efflanqué à l'avant, sur trois pattes, qui lève la tête et jappe en voyant le navire. Au centre du canot, une hutte en peau de lion de mer plantée sur un piquet, d'où s'élèvent des volutes de fumée. Debout à l'arrière, un petit homme, nu sous une courte cape de loutre, cesse de ramer en apercevant le trois-mâts.

Ses bras musclés semblent ne pas appartenir au même corps que ses jambes d'enfant. Il porte un casque de cheveux noirs hirsutes qui tombent en paquets sur ses épaules. Sa peau est cuivrée, ses yeux disparaissent presque sous la fente étroite de ses paupières. Un large nez plat surmonte de grosses lèvres qui s'animent pour lancer des paroles gutturales, que Sara prend pour des onomatopées.

Un pan de la hutte s'ouvre, laissant apparaître une femme nue, décharnée, luisante de graisse, les seins pendant sur la poitrine, le crâne en partie rasé, qui pose sa main sur l'épaule d'un garçonnet maigre à pleurer, la peau couverte de crasse et de croûtes.

D'un coup de pagaie, l'homme oblique vers le navire. Alerté par les aboiements, Mercator se rend sur le pont, rejoint Sara à l'avant. Par la Miséricorde… Le canoë approche de la proue.

– *Alakalouf ! Alakalouf !*

– Capitaine, peut-on les faire monter à bord ? Regardez cet enfant…

– Pas question. Allez voir Anderson aux cuisines, dites-lui de préparer un panier. Du pain, du porc séché.

Pour montrer son dénuement, la femme, qui a passé sur ses épaules une cape de loutre, écarte les pans de la hutte. Au centre, des braises rougeoient sur un lit d'argile et de gravier. Un fagot, une aile de mouette, des coquilles de moules vides, certaines plus grosses qu'une main, un morceau de graisse rance, du phoque ou du chien de mer. Un petit filet en lanières de cuir, une massue de pierre.

Elle s'agenouille pour attraper une boîte de conserve rouillée, qu'elle tend vers les étrangers en implorant. Elle montre le ventre de son fils, fait avec la main le geste de manger.

– Mademoiselle Magnet, dites à Anderson d'ajouter un briquet à pierre et des biscuits.

Le panier d'osier descend le long de la coque. L'homme l'attrape, le pose à ses pieds, empoigne le bout à deux mains, tire de toutes ses forces en grognant.

– Capitaine ! crie le marin penché sur la lisse.

– Lâchez, laissez filer. Donnez-le-lui.

L'homme enroule le cordage tombé à l'eau, le jette dans le canoë sur ses deux harpons d'os. La femme se précipite sur le panier, l'ouvre, prend le pain, en coupe un morceau qu'elle donne à son enfant. L'homme s'empare du travers de porc fumé, le mord à pleines dents, fait la grimace, le tend à sa compagne. Il fait un signe vers le pont du navire, où marins et passagers sont assemblés. La main contre sa poitrine, ce que chacun à bord prendra pour un merci. Puis, poussant avec la pagaie contre la coque, il s'écarte du *Freedom,* tourne en quelques coups l'embarcation vers le fond du fjord. Ils approchent d'une langue de brume. Sur le pont, en larmes, Sara fait au revoir de la main. La femme l'aperçoit, lui répond en levant le bras à hauteur de sa tête, se retourne, disparaît dans la hutte. Le brouillard les avale.

Pour le déjeuner, Mercator convie à tour de rôle des passagers à sa table. Aujourd'hui, Sara, qui a pour l'occasion rassemblé ses cheveux en chignon, Andrew et Georg Altmaier sont aux côtés de Fergus Smalls et Gordell Strong.

– Comment ces pauvres gens peuvent-ils survivre dans un dénuement pareil ? Comment résistent-ils au froid ? demande la jeune femme. Sait-on à quel peuple ils appartiennent ?

– Aucune idée, dit Mercator. Je n'aurais pas cru que des parages aussi inhospitaliers puissent être habités.

– Dans des récits de voyage du siècle dernier, sont mentionnés des Indiens vivant à moitié nus dans les glaces du Grand Sud, dit le professeur. Je crois avoir un de ces livres avec moi, je vais chercher.

– Si vous le trouvez, je serais intéressé, monsieur…

– Altmaier, professeur Georg Altmaier, pour vous servir, capitaine. Avec plaisir, je vais fouiller ma malle sur-le-champ.

– Quand j'étais enfant, dit Gordell Strong, le harponneur shinnecock, le chaman racontait l'histoire d'une tribu maudite, bien avant l'arrivée des hommes blancs. Elle était faible et peu nombreuse, mal armée, perdait tous ses combats et ses territoires de chasse face à de multiples ennemis plus féroces. À force de se faire massacrer et de fuir vers le sud, de pères en fils sur des générations, ils sont arrivés au bout de la terre, dans une région si froide, si désolée, si inhospitalière que leurs poursuivants les y ont abandonnés, persuadés qu'ils mourraient. Le chaman parlait d'une terre glacée, de pluie, de malheurs et de tempêtes. Certains ont apparemment survécu. Je n'aurais jamais cru les voir un jour.

– Cette tribu avait un nom ?

– Je ne sais pas. Il disait seulement la tribu maudite.

– Nous avons fait notre devoir, dit Mercator. Il ne fallait pas les faire monter à bord : ils auraient pu nous contaminer, ou l'inverse. Et leur place est ici, c'est leur terre, même si ça semble incroyable. Notre mission est de passer ce cap. Si la tempête se calme, nous ferons une nouvelle tentative demain. Dormez tous cet après-midi, il faut prendre des forces.

Au lever du jour, dans une clarté cendrée, le *Freedom* appareille et sort avec un minimum de toile la proue de son abri. L'océan est formé et ses vagues hostiles montent du sud avec la force accumulée dans les immensités glacées. Toutes les voiles sont carguées, à part le petit foc et la voile de cape. En milieu de journée la mer se creuse encore. Ce ne sont plus des vagues mais des montagnes d'eau qui déferlent sur le trois-mâts, submergent le pont, soulèvent l'ancre qui pèse pourtant plus de trois tonnes, font craquer les coursives, vaciller les mâts.

Le timonier, seul homme sur le pont, relayé toutes les demi-heures, s'est arrimé à la barre pour ne pas être emporté. Toutes les écoutilles verrouillées, le navire fait eau de toutes parts. Recroquevillés dans les couchettes, les passagers enfouissent la tête dans leurs oreillers pour ne plus entendre le vacarme des paquets d'eau qui menacent d'engloutir le navire, les crissements lugubres des bois à la limite de la rupture, les cris des marins face à la sauvagerie des éléments.

– Cap sud-ouest, maintenez le cap ! hurle Mercator à l'homme de barre. Il faut passer aujourd'hui !

Soudain, vers le milieu de l'après-midi, l'horizon se dégage vers l'ouest. Les vents restent forts mais se stabilisent, la pluie cesse.

– Hissez les huniers, envoyez le grand foc ! Tous les hommes à la manœuvre !

Comme si une main céleste les avait écartés, les nuages se déchirent, révèlent les rayons du soleil couchant. Plein nord, à une dizaine de milles, apparaît un rocher noir, abrupt, pelé, dentelé comme la muraille d'un château fort. La lumière rasante révèle ses pentes à vif, les colonies d'oiseaux, l'écume des vagues qui brisent à ses pieds.

Mercator se précipite à sa table à cartes, fait les calculs, remonte sur le pont :

– Le Horn ! Là, c'est le cap Horn ! Venez tous ! Nous avons réussi !

L'équipage s'assemble à tribord, crie de joie, certains jettent leurs bonnets dans les airs, d'autres s'embrassent. Des passagers, le pas hésitant, montent sur le pont, où ils n'avaient pas mis les pieds depuis des jours.

– Oui, c'est bien le cap Horn, professeur. Si le vent se maintient dans cette direction et qu'une nouvelle tempête ne se lève pas, nous entrons demain dans le Pacifique.

Au cœur de la nuit, les vagues ne tapent plus de la même manière contre l'étrave, les vents se calment, le navire prend de la vitesse.

Au lever du jour, l'océan a changé de couleur, son bleu est plus intense, le *Freedom* vogue dans le courant, l'air n'a plus le même goût, même les oiseaux qui jouent avec les mâts semblent différents. L'horizon vers l'est s'est dégagé, révélant une cordillère de monts enneigés, plongeant dans d'immenses fjords.

– Monsieur Smalls, c'est la côte chilienne. Nous sommes passés, bienvenue dans le Pacifique. Dans deux semaines à Valparaíso !

15

Océan Pacifique,
aux abords de l'île de Mocha (Chili)

12 avril 1849

– Merci pour le livre, professeur Altmaier, j'ai terminé le récit du voyage de James Colnett. Sacrée aventure ! Il date de quelle année, déjà ? Ah oui, 1798… Passionnant, surtout son expérience au cap Horn. Si j'avais su que vous aviez ça dans vos bagages, je vous l'aurais demandé plus tôt. Et qu'allez-vous nous faire découvrir, ce soir ?

– Ah ce soir, cher capitaine, j'ai une surprise pour vous, enfin, pour tout le monde. Vous avez bien dit que nous approchions de l'île chilienne de Mocha ?

– Nous devrions la voir demain matin, si le ciel reste clair. Nous allons passer tout près.

– Eh bien je vais vous raconter l'histoire, ou la légende je ne sais pas, de Mocha Dick, le terrible cachalot albinos qui a semé la terreur dans ces eaux au début du siècle. Vous qui avez grandi à Nantucket, ce nom vous dit quelque chose, non ?

– Rien du tout, professeur. Et ne m'en voulez pas mais je vais rester à la barre ce soir. Je ne veux plus jamais entendre parler de baleines, de cachalots, de cétacés ou de leur chasse. Pour moi, c'est terminé. Je suis capitaine de ce vaisseau, en route pour la Californie, et bientôt chercheur d'or.

– Ah mais oui, je suis le dernier des idiots. Excusez-moi, capitaine…

– Ce n'est rien. Ne privez pas nos passagers. Je vous demanderai seulement de vous abstenir si Michael est dans la pièce, mais ça m'étonnerait. Comme vous l'avez remarqué, il ne quitte plus les quartiers de l'équipage.

– Bien entendu. Encore pardon.

Depuis qu'ils naviguent au large du Chili dans des eaux plus clémentes et par des températures qui ne cessent de s'élever, des membres de l'équipage et certains passagers du *Freedom* ont pris l'habitude, après le dîner, de se rassembler dans le grand carré pour écouter Georg Altmaier.

Là où les autres ont rempli leurs bagages d'outils et de provisions, le professeur d'allemand a chargé une malle de livres, au point où certains se demandent s'il va en Californie pour chercher de l'or ou ouvrir une bibliothèque.

Ce soir ils sont une dizaine, dont Albert et Sara, les plus assidus, assis à la table, debout contre les hublots. Quand il n'est pas de quart, Gordell Strong est là aussi. Ces veillées lui rappellent celles de son enfance, en été autour des feux de camp de sa tribu sur les plages de Long Island. Il a baptisé le professeur à l'accent germanique « le chaman du bord ». M. Anderson, le cuisinier noir, et son commis Lesley Brown profitent des tournées de café ou de thé qu'ils apportent aux convives pour écouter par bribes ces récits extraordinaires.

– Quand j'ai décidé de joindre les Argonautes en route pour la Californie, et que j'ai opté pour la route maritime au détriment de la traversée, à mon avis trop dangereuse, de notre pays-continent par les pistes, j'ai pensé à quelque chose, dit Georg Altmaier en s'installant à la meilleure place, au centre près du poêle. Une histoire captivante que j'avais lue il y a quelques années dans un magazine new-yorkais auquel j'étais abonné, le *Knickerbocker*. Et quand j'ai su que mon passage allait se faire à bord d'un baleinier de Nantucket, j'ai glissé cet exemplaire dans ma malle : le voici.

Il montre le numéro treize de ce *New York Monthly Magazine – Clark and Edson, proprietors – May 1839,* l'ouvre à la page 377 et lit à haute voix :

– Mocha Dick, ou la baleine blanche du Pacifique, par Jeremiah N. Reynolds.

« Je ne vais pas vous lire l'intégralité de ce texte, qui est à mon avis trop long et manque un peu de qualités littéraires, mais voici de quoi il retourne. Ce M. Reynolds, natif de Pennsylvanie, avait pris place à bord d'un navire, l'*Annawan*, censé partir explorer les mers du Grand Sud, mais en rade à Valparaíso (où nous allons accoster dans quelques jours, vous le savez), il fut victime d'une mutinerie de l'équipage qui le débarqua, ainsi que le commandant, et vola le bateau. C'est dans ce port chilien qu'il a entendu conter, par des baleiniers dans les tavernes, l'histoire de Mocha Dick, le démon blanc des profondeurs. Voici ce qu'il en dit, je cite :

« Ce fut sans conteste, à son époque et pour sa génération, le Vaillant Gentleman du peuple des mers sous ces latitudes. Ce monstre célèbre, qui était sorti victorieux d'une centaine de combats contre ses poursuivants, était un vieux mâle d'une taille et d'une force prodigieuse. À cause de son âge, et plus probablement d'une curiosité de la nature comme celle que l'on trouve chez les albinos d'Éthiopie, il était blanc comme neige. Au lieu de projeter son jet vers l'avant, de façon oblique, et de souffler en un effort bref et convulsif, accompagné par une sorte de grognement comme le font les autres cachalots, il recrachait l'eau par son nez en une haute gerbe perpendiculaire, à intervalles réguliers. »

« Bon, là je coupe un peu… Ah oui :

« De loin, seul l'œil d'un marin expérimenté pouvait discerner si la masse en mouvement de cet énorme animal n'était pas un nuage blanc passant à l'horizon. D'ordinaire on ne trouve pas de bernacles sur les cachalots, mais la tête de cette curiosité de la nature en était couverte, lui donnant un aspect rugueux et effrayant. Bref, c'était un poisson des plus extraordinaires.

« Voilà où ça devient intéressant pour nous, messieurs-dame :

« Il est établi qu'avant l'an 1810 il avait été vu et chassé près de l'île chilienne de Mocha. De nombreux bateaux furent détruits sous les claques de ses monstrueuses nageoires ou broyés par ses puissantes mâchoires. On dit qu'il sortit victorieux d'un combat homérique avec les équipages de trois baleinières anglaises. Il aurait même frappé, d'un magistral coup de queue, la dernière d'entre elles au moment où, terrorisée et battant en retraite, elle était hissée à bord de son navire.

« Bien que naturellement féroce, Dick n'était pas spécialement agressif, si on ne lui cherchait noise. Au contraire, il faisait parfois calmement le tour d'un vaisseau et nageait, nonchalant et paisible, entre les baleinières portant tout l'équipement requis pour la mise à mort de sa race. Mais ce qui est certain, c'est que son indifférence disparaissait à la première piqûre de harpon. Ses assaillants n'avaient alors d'autre solution pour échapper à la destruction que de couper la ligne et de regagner en panique leur vaisseau.

« Il ne faut pas supposer, toutefois, que notre Léviathan s'est tiré de ces affrontements implacables sans une égratignure. Un dos hérissé de fers et cinquante yards de ligne dans son sillage attestent que, bien qu'invaincu, notre monstre n'était pas invulnérable.

« Dès sa première apparition, sa réputation n'a fait que croître, au point que les chasseurs se croisant dans ce coin du Pacifique ne pouvaient s'empêcher de terminer leurs phrases par : "Des nouvelles de Mocha Dick ?" Tout capitaine baleinier qui passait le cap Horn, s'il était un minimum ambitieux ou s'estimait capable de vaincre ce souverain des mers, remontait le long de cette côte dans l'espoir de pouvoir affronter ce magnifique champion, connu pour ne jamais fuir le combat.

– Votre auteur dit-il s'il a fini par être tué ? Avons-nous une chance de l'apercevoir dans les parages ? demande Gordell Strong, les yeux brillants.

– D'après M. Reynolds il aurait été enfin vaincu, par des baleiniers de Nantucket comme il se doit, en 1838, alors qu'il tentait de secourir une femelle dont on avait harponné le petit.

– Oui, c'est une tactique qui a fait ses preuves : vous commencez par le baleineau, vous êtes sûr que la mère va venir le défendre, et les femelles sont des proies faciles, dit le harponneur indien, sous le regard horrifié de Sara.

– Au final, il faisait plus de trente mètres de long et a rapporté une centaine de barils, avec en prime de l'ambre, ajoute le professeur. Et savez-vous combien de fers de harpon ont été trouvés dans son corps ? Dix-neuf ! Voilà l'histoire de Mocha Dick, mes chers compagnons Argonautes. Pour apercevoir cette merveille de la nature, le grand cachalot albinos, nous passons donc dans ces parages dix ans trop tard. Pour demain, je vais chercher dans mes livres une histoire de Valparaíso, c'est bien le diable si je n'en trouve pas une. Bonne nuit, mes amis.

Au lieu de rejoindre l'entrepont et les couchettes, Georg Altmaier monte sur le gaillard arrière. Il s'approche du poste de pilotage où Mercator tient la barre, par une brise de sud bien établie, sous un ciel piqué de milliards d'étoiles.

– Je voulais vous dire, capitaine, j'ai repris les récits de voyage d'explorateurs français qui ont doublé le cap Horn au siècle dernier. Je crois avoir trouvé le nom de la tribu à laquelle appartiennent les pauvres diables que nous avons secourus : il s'agissait certainement de Yagans. C'est l'un des groupes qui hantent ces lieux impitoyables, ces nomades de la mer aussi appelés « Indiens de canot ». Ils se déplacent sans cesse d'île en île au sud de la Patagonie. Les hommes chassent, les femmes ramassent les coquillages mais ils sont, d'après ce que je comprends, de moins en moins nombreux à vivre ainsi. Des missions protestantes se sont installées dans la région depuis le début du siècle pour les sédentariser. Les Yagans s'y établissent, et en meurent de chagrin et de mélancolie.

– Pourriez-vous me prêter ce livre, professeur ?

– Je crains qu'il ne soit en français, capitaine. Vous lisez le français ?

– Non, bien sûr. Avez-vous compris ce qu'ils disaient, quelque chose comme *calouf* ?

– J'ai trouvé mention d'un terme : *Alakalouf.* C'est le cri qu'ils lancent aux bateaux de passage, sans doute pour mendier, demander de la nourriture. Du coup, une tribu voisine, certainement cousine des Yagans, a été nommée ainsi. Eux vivent un peu plus au nord, dans les dédales d'îles et de canaux sur la côte Pacifique de la Terre de Feu. À ce sujet, j'ai trouvé aussi l'explication de ce terme, qui m'avait toujours intrigué : savez-vous pourquoi les premiers explorateurs, des Portugais au temps des grandes découvertes, ont baptisé ainsi la pointe du continent ?

– Vous allez me le dire…

– Parce que les Indiens se prévenaient du passage des *Pektchévés*, comme ils disaient, les étrangers dans leurs monstrueux canots à voiles, par des signaux de fumée, en allumant des feux de loin en loin, sur les crêtes. Vu des galions, c'est devenu la Terre des Feux.

– Merci, une fois de plus, professeur. Que ferions-nous sans vous ? Donc je présume que vous avez toute une littérature sur Valparaíso ?

– C'est ce que je viens de dire à mes compagnons Argonautes, je recherche ça de suite. Je dois bien avoir quelque chose.

– Dépêchez-vous, mon cher. Le port sera en vue dans deux ou trois jours.

16

Océan Pacifique,
face à Valparaíso (Chili)

15 avril 1849

Si arriver au large de Valparaíso fut facile, soixante-douze heures d'une navigation sans encombre, entrer dans le port le fut beaucoup moins. À peine passé le cap de Playa Ancha, qui ferme la baie à l'ouest, Mercator aperçoit, à l'ancre au large de la ville, une trentaine de navires, dont de nombreux trois-mâts.

– Les quais doivent être pleins, dit-il. Manœuvrez pour vous placer derrière cette goélette hollandaise, monsieur Smalls. Nous allons jeter l'ancre et attendre le canot du port. À cette heure, il n'arrivera pas avant demain matin. Regardez, il y a des pavillons du monde entier.

Les passagers, impatients de pouvoir descendre à terre, trois mois jour pour jour après leur départ de New York, sont déçus, boudent le plat de porc salé de M. Anderson.

– Moi qui rêvais d'un bon restaurant. Il paraît qu'on peut goûter à la cuisine du monde entier, dans cette ville…

À la mi-journée du lendemain, aucun envoyé du port ne s'étant montré, Mercator ordonne la mise à l'eau de la baleinière et, avec quatre hommes aux avirons, se fait conduire près du clipper yankee *Ann McKim* où le second le reçoit avec courtoisie sur le pont central.

– Un envoyé du port ? dit-il en s'esclaffant. C'est votre première escale à Valparaíso. En temps normal il n'y en a pas, mais là, avec la fièvre de l'or qui s'est emparée de toute la côte, il faut encore moins y compter. Le seul moyen pour accélérer les choses est d'y aller vous-même et de glisser un billet dans les bonnes mains. C'est ce que fait notre capitaine, il est à terre depuis deux jours. Nous poireautons, avec des passagers qui ont payé une fortune pour rallier

San Francisco le plus tôt possible. Je vous conseille de vous rendre à l'Hôtel Anglais, près du port, et de demander M. Wheelwright. C'est un armateur du Massachusetts installé ici de longue date. Il connaît toute la ville et vous fera gagner du temps. Vous allez en Californie ou vous chassez la baleine ?

– Nous venons de Nantucket mais nous avons abandonné la chasse. Nous allons à San Francisco, nous aussi. Nous avons pris des passagers à New York. Il y a tant de monde que ça, en route pour le pays de l'or ?

– Vous voulez rire ? Toute la planète. Il paraît qu'on ne peut plus approcher de la rive à San Francisco depuis des mois. Celui-ci, là-bas, c'est un trois-mâts australien. Devant, une gabare française. Il y a même des jonques chinoises. Le plus difficile sera d'empêcher notre équipage de déserter à l'arrivée. Nous sommes attendus à New York pour un second voyage. Les armateurs ont prévu un système de primes, mais je ne suis pas sûr que ça suffise. Je crois que le plus prudent sera de rester au large et de débarquer les passagers dans des chaloupes, en consignant l'équipage à bord. On risque la mutinerie. L'or rend fou, vous savez…

– Merci mille fois, en tout cas. Je vais me faire conduire à terre. L'Hôtel Anglais, vous avez dit ?

– Oui, demandez Bill Wheelwright. Il a ses bureaux dans une suite au premier étage. Dites-lui que c'est le second du *Ann McKim* qui vous envoie.

En une demi-heure de rame, la baleinière atteint le port. Il est si encombré, avec des navires de tous tonnages et de toutes nationalités à l'ancre côte à côte, qu'il faut manœuvrer à la godille, en levant les avirons, pour se glisser jusqu'à un ponton.

– Monsieur Winterson, regagnez le bord. Prévenez monsieur Smalls et mon frère que je suis allé voir comment accélérer les formalités, revenez me chercher dans trois heures. Rendez-vous ici.

– Bien, capitaine.

L'appontement, les quais, les docks grouillent d'hommes, de femmes et d'enfants semblant pris d'une étrange frénésie. Mercator se fraie un passage pour gagner la rue principale, qui suit le port et en épouse la courbe avec ses entrepôts aux couleurs vives, ses tavernes et ses maisons de commerce aux enseignes peintes en plusieurs langues. Il croise des charrettes débordant de charbon, des calèches, des vaches tenues par la bride, des ballots de laine et d'alpaga, des ânes et des chevaux de trait. Les dockers disparaissent sous le poids d'énormes sacs de jute ou de piles de peaux tannées. Les cris, les ordres et les jurons sont lancés en espagnol mais aussi en français, en allemand et dans des langues que Mercator ne connaît pas.

– Tu viens me voir, joli marin américain ? l'interpelle, dans un anglais sans accent, une fille en longue jupe, les seins débordant d'un corsage rose, les cheveux nattés, trois dents seulement sur le devant, assise sur une barrique au coin du bar Cabo de Hornos.

Le port est cerné de collines pentues couvertes de constructions de bois, de la cabane brinquebalante à la maison de maître peinte en rose ou jaune, en passant par les logis de planches et de pisé dans lesquels s'entassent des enfants rieurs accrochés aux fenêtres, jouant avec le linge qui sèche au vent du sud.

Des escaliers, parfois à peine plus larges que des échelles, font office de ruelles dans une anarchie architecturale où chacun a bâti son petit coin de ville sans se soucier du voisin. Certaines montées reviennent sur leurs pas, dédales et labyrinthes où les chats borgnes sont rois ; d'autres ouvrent sur des places, des squares fleuris ou des parvis d'églises comme en Espagne ou en Italie. Un orchestre complet, avec guitares et harpe, joue une *cueca* en hommage à une belle en mantille qui rosit d'émoi à sa fenêtre.

Par endroits, la pauvreté des habitants prend à la gorge, avec des odeurs d'égouts et des mendiants presque nus gisant dans les ordures ; ailleurs, des charpentiers terminent des maisons de deux étages en cèdre rouge aux balcons festonnés. Près du port, les cabanes en bois flotté disparaissent sous les filets de pêche qui sèchent au soleil, plus haut des murs cachent des vergers d'orangers et des eucalyptus d'où dépassent des toits de tuiles.

Sur un trottoir, des Indiennes aux pieds nus, châles rouge et blanc brodés, proposent des paniers de citrons, de pommes de terre violettes et de légumes inconnus. Mercator doit s'abriter dans une porte cochère pour laisser passer un troupeau de moutons, poussés par deux garçons hilares, qui dévalent la ruelle en trébuchant.

– L'Hôtel Anglais ? Prenez cet escalier, tout de suite à gauche, la prochaine place.

Un chasseur en livrée élimée, casquette à galons dorés, ouvre la porte à deux battants :

– *Welcome to Hôtel Anglais, Captain.*

– Les bureaux de M. Wheelwright ?

– La Pacific Steam Navigation Company, premier étage à droite, monsieur. L'escalier est au bout du salon.

Mercator passe entre les fauteuils club et un bar londonien, monte deux volées de marches couvertes d'un épais tapis, arrive devant une porte vitrée. Le panneau de droite est décoré d'une illustration peinte à la main, un perroquet rouge et bleu sur fond de montagnes luxuriantes plongeant dans l'océan, enseigne de la Compania Inglesa de Vapores (PSNC), l'autre du sigle de la compagnie : les lettres PSNC sur un fanion à croix bleue, une couronne en son centre, avec la mention « Liverpool ».

– Je suis le capitaine du baleinier *Freedom*, de Nantucket. Nous venons de jeter l'ancre, j'aimerais m'entretenir avec M. Wheelwright, s'il vous plaît.

– Je vais voir s'il est disponible. Prenez place, je vous prie.

Enfoncé dans un fauteuil de velours, Mercator voit sur la table basse les quatre pages d'un hebdomadaire en anglais, *The Pacific Republican*, édité à Valparaíso, daté de janvier 1849.

À la Une, le dessin d'une anse couverte de navires avec ce titre : « Forêt de mâts dans la baie de San Francisco ».

En page deux :

> Comme la nouvelle de la découverte de mines d'or d'une richesse exceptionnelle au pied de la Sierra Nevada en Californie s'est, au cours de l'année écoulée, répandue de par le monde, des navires venus des quatre coins du globe ont commencé, dès le printemps, à cingler vers la baie de San Francisco. C'est ainsi qu'a été rebaptisé, en janvier de 1847, le petit village de Yerba Buena par le lieutenant Washington Allon Bartlett, envoyé de l'US Navy.
>
> Si le mouillage présente des qualités naturelles exceptionnelles, au fond d'une baie qui semble avoir été pensée par le Créateur pour accueillir des navires, l'absence de tout équipement portuaire s'est

vite fait sentir. Il n'y a pas de quais pour faire accoster les bateaux et descendre les candidats à la fortune, les transbordements s'effectuent à bord de petites embarcations. Mais le principal problème, rapporte notre correspondant Bob Mitchell qui revient d'un voyage de plusieurs jours dans la région, tient au fait qu'à peine débarqués la plupart des marins désertent leurs bords et s'enfoncent dans l'intérieur des terres, remontant le fleuve Sacramento, afin de se joindre à ce que nous pouvons sans conteste appeler une ruée vers l'or. Et même la plus incroyable ruée vers l'or de l'histoire de l'Humanité. Les chiffres précis manquent encore, mais les estimations font état de milliers de chercheurs d'or accourus au cours des derniers mois dans ce village qui comptait il y a un an moins de huit cents habitants.
Le résultat est qu'il ne reste pratiquement plus à San Francisco un homme valide pour effectuer les travaux urgents, au premier rang desquels figure la construction de jetées et d'équipements dignes de ce nom pour accueillir un trafic maritime qui ne semble pas en voie de diminuer. Et si par miracle des charpentiers n'étaient pas tombés victimes de la fièvre de l'or, les matériaux les plus basiques font défaut, notamment les planches de bois, les clous, vis, sans parler des outils. Au point que des navires, abandonnés par leurs équipages, sont actuellement désossés pour bâtir des maisons ou volontairement échoués pour servir d'hôtels ou d'entrepôts. C'est ainsi qu'une « forêt de mâts » domine désormais la baie de Yerba Buena, dans un entre-deux où on ne sait plus où s'achève la terre ferme et où commencent les eaux du port. Faute de volontaires pour assurer le service d'ordre, et en l'absence de forces de police dont tous les membres ont déserté pour gagner les montagnes, pelles et pioches à la main, la plus grande anarchie règne dans le port et la ville de San Francisco, avec la constitution de redoutables gangs qui écument la ville à la nuit tombée. Avertissement à nos lecteurs : si vos pas, votre désir d'aventure ou votre soif d'or vous mènent dans cette baie, n'oubliez pas vos armes.

– M. Wheelwright vous attend, monsieur, dernière pièce au fond du couloir.

Mercator pénètre dans un bureau d'angle aux fenêtres ouvertes sur la baie. Aux murs, des cartes, marines et terrestres, des gravures de navires à voile et à vapeur. Dans une vitrine, le modèle réduit d'une locomotive, des pistolets croisés. Une mappemonde de un mètre de diamètre, inscriptions en allemand, occupe un coin de la pièce.

L'armateur, géant à l'énorme tour de taille, les joues garnies de favoris broussailleux, redingote trop serrée et nœud papillon noir, se lève de son bureau en chêne foncé, tend une main large comme une assiette, écrase les phalanges de Mercator.

– Jeune homme, bienvenue à Valparaíso. Je suis toujours ravi de m'entretenir avec un compatriote de passage. Mon secrétaire me dit que vous venez d'arriver, à la barre d'un baleinier de notre glorieuse île de Nantucket. Je suis né à Newburyport, juste au-dessus de Gloucester dans le Massachusetts, et je me souviens très bien d'une excursion sur l'un des bateaux de mon père à Nantucket, je devais avoir dix ans… Donc, vous aussi, vous venez chercher fortune dans les grands bancs de baleines du Pacifique ? Vous avez bien raison…

– Bonjour, monsieur. Merci de me recevoir. Effectivement, nous cherchons fortune, mais ce sera plutôt dans les collines de Californie. Nous venons nous joindre à ce qu'on appelle, d'après ce que je viens de lire dans un magazine, la Ruée vers l'or.

– Ah, vous aussi… J'espère que vous ne courez pas derrière une chimère, cher ami. Depuis cet été, le démon de l'or s'est emparé de cette ville, je dirais même du pays et de la région. Les Chiliens ont la mine dans le sang, les premiers sont partis quelques jours après l'arrivée dans le port d'un navire venant de San Francisco, avec des passagers exhibant des bouteilles de poudre d'or et payant les filles en pépites. C'était il y a huit mois, je n'en ai vu aucun revenir, donc je ne sais que vous dire, mais je ne suis pas sûr qu'il ne soit pas déjà trop tard.

– Vous croyez ? Mais les rapports, le président des États-Unis…

– Je ne sais pas, cher ami. Mais cette maladie de l'or ne me dit rien de bon. J'ai pour l'instant refusé de mettre mes deux vapeurs, le *Perù* et le *Chile,* à la disposition de ces fous. Je pourrais demander n'importe quel prix pour le passage, mais je crains qu'ils ne soient abandonnés par les équipages dans la baie de San Francisco. Nous les avons fait construire à grand prix en Angleterre il y a huit ans seulement, mon but est d'établir une ligne régulière avec l'Europe, je ne veux pas risquer de les perdre. Bien… Que puis-je pour vous, jeune homme ?

– Nous avons fait escale pour faire le plein d'eau, de bois et de vivres, mais il semble que l'attente soit longue pour entrer dans le port.

– Ça, vous pouvez le dire. Actuellement, au moins trois ou quatre jours, voire cinq.

– On me dit que vous pouvez peut-être intervenir…

– Je pourrais, effectivement, mais si c'est une simple escale de ravitaillement, j'ai mieux et plus rapide à vous proposer. Je peux vous faire livrer à bord tout ce dont vous avez besoin, inutile d'accoster. Quel est le nom de votre navire, déjà ?

– Le *Freedom.*

– Quel joli nom ! *Freedom, Freedom*, c'est bizarre, ça me dit quelque chose. Vous êtes sûr que c'est son premier arrêt à Valparaíso ?

– Certain, monsieur. Mon père, Stewart Fleming, le commandait et il n'a jamais doublé le cap Horn pour chasser dans le Pacifique.

– Il me semble pourtant avoir lu ce nom quelque part. Peut-être dans le courrier que j'ai reçu la semaine dernière, par le vapeur de Boston… Je vais chercher. Donc, voilà ce que nous allons faire : je vous envoie demain matin un de mes employés à bord, à moins que vous ne préfériez vous rendre dans mes entrepôts, vous nous faites une liste, vous êtes livrés le lendemain. Je vous garantis que nos tarifs sont restés raisonnables, malgré la folie de l'or. Mes actionnaires à Liverpool me le reprochent, d'ailleurs. Et dans deux jours, vous hissez les voiles pour la Californie. Qu'en dites-vous ?

– C'est parfait. Merci beaucoup, monsieur Wheelwright, je ne veux pas abuser de votre temps. J'irai moi-même passer commande.

– Nos bureaux sont à l'entrée du port, sur la droite, vous verrez le panneau. Au revoir, donc, jeune homme. Si nous ne nous revoyons pas avant votre départ, bon vent ! Et je vous en prie, si vous ne laissez pas vous aussi votre baleinier pourrir dans le port de San Francisco et que vous repassez par Valparaíso sur le chemin du retour, fortune faite, venez me voir. J'ai hâte d'entendre comment ça se passe.

– Je n'y manquerai pas. Merci encore et à bientôt, donc.

Sur le seuil de l'hôtel, Mercator sort la montre de son gousset : le canot ne sera pas de retour avant une heure. Il descend à pas rapides les escaliers en direction du port. J'ai le temps de boire quelque chose. Ont-ils de la bière ?

Une fois à l'intérieur de la taverne à la façade rouge, deux lampes allumées encadrant la porte, il s'aperçoit que c'est un bordel. Des marins, certains en uniformes, se pressent vers le fond de la pièce, où les filles ont à peine le temps d'apparaître qu'elles sont prises par le bras, entraînées vers les arrière-salles. Mercator joue des coudes pour atteindre le comptoir.

– Nous avons de la bière locale, mais aussi de la bière irlandaise, notre dernière livraison, qui vient juste d'arriver de Dublin.

– Je peux vous payer en dollars ?

– En dollars, en francs suisses ou en poudre d'or si vous voulez, l'ami. Vous êtes à Valparaíso.

Son voisin, un petit marin roux aux yeux brillants d'alcool, se tourne vers lui, lève son verre.

– Ça, c'est un bel accent yankee ! Santé, mon gars. Tu viens d'où ?

– Boston.

– Toi aussi tu es en route pour San Francisco ?

– Oui. Toi aussi ?

– Bien sûr ! Tous les bateaux dans la baie vont en Californie. Nous venons de Floride, attendons depuis trois jours d'être ravitaillés, le capitaine devient fou, et les passagers c'est pire. Certains veulent louer des chevaux et y aller par la terre. Il faudrait leur montrer la carte…

– Excuse-moi, mais il faut que j'y aille. Bon voyage, dit Mercator en posant une pièce d'un demi-dollar sur le comptoir et en tournant les talons.

Sur le ponton, il aperçoit la baleinière et ses quatre rameurs entrer dans le bassin. Il leur fait signe, saute dedans avant qu'elle ait touché terre.

– Ramez ferme, les gars. Ramenez-moi à bord, il faut appareiller.

– Mais capitaine, la nuit tombe…

– Ramez, je vous expliquerai tout à l'heure.

Il grimpe à toute allure l'échelle du baleinier. Sur le pont, Michael attend, son sac plein à ses pieds.

– Qu'est-ce que tu fais ?

– Tu vois, je débarque.

– Pas question.

– Comment, pas question ?

– Personne ne débarque. Nous levons l'ancre immédiatement. Tous les hommes sur le pont ! Monsieur Smalls, rassemblez l'équipage. Monsieur Isaksen, remontez le canot.

– Non !

– Monsieur Isaksen, c'est un ordre. Remontez cette baleinière !

Quatre marins tirent sur les poulies, la petite embarcation est soulevée, calée sur sa poterne de bois.

– Voilà, dit Mercator en élevant la voix. Ce que je craignais est arrivé : un vapeur a accosté la semaine dernière de Boston, avec une alerte envoyée de Nantucket contre nous. Nous avons de la chance, l'armateur que j'ai vu ne s'en est pas souvenu exactement, mais il ne va pas tarder. Il va prévenir les autorités. Nous repartons. Nous ferons le ravitaillement plus au nord, il y a d'autres ports sur la côte. Si nous restons ici, demain nous pouvons voir arriver des policiers, et c'en est fini de la Californie.

– Ah non, pas ça ! crie Daniel Bailey. Le capitaine a raison, partons vite.

– Oui !

– Il ne faut pas rester ici !

– Mais capitaine, pourquoi y a-t-il une alerte contre nous ? Vous êtes recherchés ? demande un passager.

– Une sombre histoire de contentieux commercial. Rien de sérieux, j'ai tous les documents, mais on m'a confirmé à terre qu'une ruée vers l'or a commencé en Californie depuis des mois. Nous ne pouvons pas nous permettre de perdre du temps, il faut partir immédiatement.

Michael met son sac sur l'épaule, approche de son frère.

– Valparaíso ou San Francisco, ça m'est égal. Tu ne pourras pas toujours m'empêcher de débarquer et de ne plus voir ta gueule.

– Comme tu voudras. Mais pour l'instant, pose ce sac, à la manœuvre avec les autres.

Pour sortir de la baie au crépuscule, se faufiler entre les navires à l'ancre, ils font appel à une barque de pêcheurs et ses rameurs qui prennent le *Freedom* en remorque et pointent la proue vers le large. Les gabiers larguent les voiles, gonflées par le vent du soir descendu des montagnes. En moins d'une heure, les lumières de la baie disparaissent à l'horizon.

Dans sa cabine, Mercator sort les cartes. Le dernier port chilien, c'est Arica. Il calcule au compas. Si nous maintenons un bon rythme, c'est six jours de mer, peut-être sept. Les réserves d'eau tiendront jusque-là.

Un vent de sud favorable pousse le *Freedom* à ses meilleures allures toute la semaine. Il fait doux, les passagers sont sur le pont toute la journée. Le professeur Altmaier donne lectures et conférences, Sara remplit ses cahiers de dessins.

Lesley Brown, quand il n'est pas en cuisine, laisse traîner à l'arrière des lignes avec lesquelles il remonte des poissons, dorades coryphènes et thons rouges, que M. Anderson grille à l'avant ou sert crus, découpés en filets.

– Capitaine, dans deux jours nous n'aurons plus de bois, dit-il.

– Je sais, cuistot. Ne vous inquiétez pas, nous arrivons demain à Arica.

Devant le port chilien, ils attendent une journée au large avant d'accoster sur l'unique jetée datant des conquistadores, qui exportaient vers l'Espagne les lingots d'argent arrachés par les Indiens réduits à l'esclavage à la montagne sacrée de Potosí.

Là aussi, des navires aux couleurs du monde entier sont bord à bord, sous la fameuse colline en forme de bosse de dromadaire, le Morro de Arica.

La veille au soir, Michael a une nouvelle fois préparé son sac pour quitter le bord, mais quand il a vu la taille du village, les pauvres maisons perdues sur la côte aride, le grand désert de l'intérieur, il l'a rangé et a décidé de continuer jusqu'à San Francisco.

– Pour l'eau douce et le bois, pas de problème, mais pour le reste, surtout la viande ou le bétail vivant, nous n'avons plus rien, dit à Mercator, dans un anglais appris au contact des baleiniers américains, le shipchandler du magasin du port. Depuis six mois, avec cette folie de l'or dans le Nord, le trafic a été multiplié par quatre. J'ai vendu mes derniers sacs de haricots voilà une semaine. Il n'y a pas beaucoup de fermes dans les environs, il fait trop chaud. Vous devriez faire comme les autres : un arrêt aux îles Galápagos, c'est à dix ou douze jours de mer, cap nord-ouest, et prenez des tortues.

– Des tortues ?

– Oui, vous savez, les tortues géantes. Vous venez de Nantucket, ne me dites pas que vous n'avez jamais entendu cette histoire : elles peuvent peser jusqu'à deux cents kilos, leur viande est aussi tendre et bonne que du veau, et surtout vous les gardez sur le pont ou en soute pendant des mois, certains disent un an, sans manger et sans boire. Des provisions sur pattes, et gratuites, avec ça.

– Mais elles appartiennent…

– À personne, dit-il en riant. Enfin, en théorie à l'Équateur, mais sur la quarantaine d'îles, une seule est habitée et il n'y a pas un soldat. Non, le problème est que les baleiniers ont tellement capturé de tortues qu'elles sont devenues rares. Certains navires les embarquent par centaines ! Un chasseur anglais qui est passé il y a quelques mois m'a dit qu'il fallait éviter la plus grande île, Isabela, mais que sur Floreana ou sur San Cristóbal, les plus au sud, en cherchant un peu on trouvait encore de belles bêtes. Et puis il y a des chèvres sauvages un peu partout. J'ai une carte détaillée à vendre, si vous voulez.

– Je veux bien. Et comme outils, qu'est-ce qu'il vous reste ?

– Plus un. C'est ce qui est parti en premier. Si j'avais eu du stock, je serais un homme riche…

– Bon, je vous prends la carte, un tonnelet de goudron, ces deux grosses poulies, une petite. Et pour l'eau ?

– Apportez vos barriques. Allez derrière, dans la cour. Mon fils va vous les remplir.

Le soir, tous les passagers et l'équipage, à part trois hommes qui ont perdu à la courte paille et restent de garde à bord, se retrouvent dans le restaurant du port, bâtisse en pisé, toit de roseaux, ouverte sur une terrasse donnant sur le bassin. Albert et Sara ont acheté un porc entier qui rôtit sur des braises.

– Monsieur Altmaier, puis-je vous emprunter à nouveau le récit de voyage de James Colnett ? Il a fait escale aux Galápagos, si je me souviens bien, mais j'ai sauté ce passage pour me concentrer sur le cap Horn. Nous allons nous y arrêter, c'est sur notre route.

– Bien entendu, capitaine. Les Galápagos, c'est formidable ! Mais ça ne va pas nous faire perdre trop de temps ?

– Pas du tout. Je vous montrerai la carte : en mettant cap au nord-ouest quand nous serons au large de Lima et en tirant droit sur ces îles, nous coupons le golfe de Panamá et gagnons plusieurs jours. Et nous n'avons pas le choix : encore quatre à six semaines avant San Francisco. Il nous faut de la viande, nous ne pourrons pas toujours compter sur la pêche miraculeuse de M. Brown. À nous les tortues géantes !

Ils lèvent l'ancre le lendemain, cap sur l'archipel des Galápagos.

Dans l'exemplaire, relié de cuir noir, du *Voyage dans l'Atlantique Sud et autour du cap Horn dans l'océan Pacifique*, par le capitaine James Colnett, de la Royal Navy – 1798, Mercator trouve une carte sommaire. Sur l'île de Floreana, la mention « Post Office Bay ».

– Ah oui, c'est une histoire que tout le monde connaît à Nantucket, je ne savais pas que ça venait de lui, dit-il au professeur. C'est une de ces îles du Pacifique dans lesquelles il y a des boîtes aux lettres mortes : les baleiniers de passage y déposent des missives à leurs familles, ceux qui sont sur le chemin du retour les récupèrent et les rapportent au pays. D'après ce qu'écrit Colnett, il y a des tortues sur les plages de Floreana, il n'y a qu'à se baisser.

Onze jours plus tard, après avoir laissé les côtes d'Amérique du Sud et mis cap au nord-ouest, porté par un vent stable et favorable, le *Freedom* arrive en vue des Galápagos. Mercator déplie sa carte, sort la longue-vue.

– Monsieur Smalls, la première terre à tribord doit être Española. Nous visons celle qui est un peu plus loin, avec la montagne couverte de forêt au centre, c'est Floreana. Nous la contournons par tribord, le mouillage est dans une baie, au nord, après la pointe du Cormoran.

L'ancre est jetée dans une anse abritée, entre deux collines à la végétation basse. Deux baleinières sont mises à l'eau, si transparente qu'elles semblent flotter en l'air, portées par magie sur le turquoise clair.

– Ne vous disputez pas, nous ferons plusieurs voyages. Je vous promets que vous pourrez tous descendre à terre, dit Mercator en confiant deux fusils à Sven Strandhall. Nous allons voir ce que nous pouvons trouver, il est déjà tard. Nous y retournerons demain matin.

Ils sont accueillis sur la plage de sable gris, entre des jetées naturelles de rochers volcaniques, par des chèvres sauvages qui les regardent de loin, intriguées, à l'abri de buissons épineux. Lâchées sur l'île par des marins anglais qui n'ont pu les récupérer, elles se sont multipliées.

– Au moins, si on ne trouve pas de tortue, on aura de la viande de chèvre, dit le Suédois. Reste à les attraper. Quelqu'un sait se servir d'un lasso ?

– Pas moi, dit Mercator. Vous partez par là, nous par là. Le premier qui voit une tortue siffle.

– Regardez, la boîte aux lettres !

En lisière de plage, sur un poteau, recouverte d'un toit de bois goudronné, une caisse avec en son centre une petite porte marquée « Post Office Box ». Des prénoms, des dates, des initiales, des plumes de mouettes, des statuettes en bois, des noms de navires gravés au couteau. À l'intérieur, une enveloppe brune cachetée à la cire.

> De la part de l'équipage du baleinier *Globe,* de Nantucket, George Philby capitaine. 12 janvier 1849. Partons plein ouest, cent quatre-vingts barils d'huile dans les cales. Merci aux marins qui voudront bien emporter ces messages à Boston, Salem ou Nantucket. Bon vent, bonne mer et bonne chasse. Que Dieu vous garde.

– Philby… Je l'ai vu partir, c'était l'été dernier, dit Fergus Smalls. Ils rêvent tous de cet endroit magique, les *offshore grounds*, en plein centre du Pacifique, où ils pensent que sont allés se réfugier tous les cachalots de la Création pour échapper aux chasseurs. C'est à mille milles d'ici, plein ouest le long de l'équateur, à ce qu'on dit. Eux aussi, ils cherchent leur trésor. On dépose un message ?

– Pas question. Rien avant d'être arrivés en Californie. Remettez l'enveloppe à sa place. Venez, cherchons ces fameuses tortues.

Ils trouvent des traces sur la plage, longues traînées dans le sable qui pourraient avoir été laissées par des tortues, mais aucun animal.

– La nuit va tomber, retournons au canot, dit Mercator en chargeant son fusil. Pour ce soir, je propose un méchoui.

Deux chèvres et un chevreau, qui ne s'étaient pas éloignés des baleinières et broutaient les buissons, sont tués en quatre coups de feu.

– Monsieur Brown, commencez à les vider et les dépecer. Nous allons les faire cuire sur la plage. Je retourne à bord chercher les autres, ça fera du bien à tout le monde de passer la soirée à terre. Vous, vous et vous, monsieur Winterson, allez ramasser du bois, préparez un gros foyer.

Quand les chaloupes reviennent avec le reste de l'équipage et les passagers, Sara Magnet pousse un cri en voyant, près du feu qui crépite dans l'air du soir, un iguane marin de deux mètres de long, rouge et noir, un couteau planté au sommet de la tête.

– Qu'est-ce que c'est que cette horreur ? Un dragon ? Un serpent ?

– Je ne sais pas, mademoiselle, dit Steve Winterson, ravi de son effet. Quelque chose entre les deux. On est tombés là-dessus dans les fourrés, en ramassant le bois. On s'est dit que ça se mangeait peut-être…

– Pour moi, ce sera plutôt de la chèvre, dit Michael. Vous aviez vraiment besoin de tuer cette chose ?

– Il ouvrait la bouche comme pour nous attaquer, monsieur Fleming, en crachant et sifflant, on n'a pas pris de risque. Je vais demander à M. Anderson s'il a déjà vu quelque chose comme ça.

Le cuisinier refuse de toucher à l'iguane, qui est tiré par la queue vers les buissons et abandonné. Ils découpent des morceaux de chèvre rôtie qu'ils mangent avec les doigts, accompagnés d'un tonnelet de bière.

La nuit noire de l'équateur est tombée depuis deux heures, marins et passagers assemblés autour du feu écoutent des histoires de chasse au cachalot quand un bruit d'eau brassée, comme si un grand poisson se débattait, attire l'attention d'Adam, qui s'était écarté dans un fourré.

– Apportez de la lumière ! Il y a quelque chose, ici !

Fergus Smalls accourt, lampe à huile à la main, et trébuche presque sur une tortue géante, un monstre d'au moins deux cents kilos, qui sort de l'eau et tente, à grands coups de nageoires, de remonter sur la plage, de s'éloigner du bruit et de la lumière.

– En voici une, elle est énorme ! Venez voir !

Ils s'assemblent autour de l'animal, qui rentre la tête dans sa carapace et ressemble à un rocher poli posé sur le sable.

– Je sais comment faire, capitaine, dit Marcus, le cuisinier. Il faut creuser un trou à sa taille et la basculer dedans, à l'envers. Elle ne pourra plus bouger et on reviendra la chercher demain matin.

– Non, dit Fergus. Elle va mourir d'épuisement. Le but est de la prendre vivante, n'est-ce pas ?

– Oui, dit Mercator. Rapportez un bout d'une des baleinières. On va l'attacher par les pattes à cet arbre, là. On la montera à bord demain. Elle est si grosse que de nuit elle ferait chavirer le canot. Encore deux ou trois comme celle-là et nous serons tranquilles jusqu'en Californie.

La tortue à la carapace noir et ocre est toujours là quand ils débarquent le lendemain matin. Liée par les pattes arrière, elle a creusé un trou dans le sable pour tenter de s'y cacher.

Il faut quatre hommes pour la porter, la mettre à l'avant de la baleinière qu'elle menace de faire couler. Elle est montée à bord par une poulie, comme un morceau de baleine, un enclos a été prévu sur le gaillard d'avant.

En battant les fourrés, les marins en trouvent deux autres, plus petites, et une dizaine d'œufs qu'Adam rapporte, triomphant, dans un panier. Les tentatives d'attraper les chèvres sauvages échouent, six sont abattues, dépecées sur place, découpées et plongées dans des tonneaux de sel.

– Une corvée de bois mort, deux tonneaux d'eau douce à la source au pied de la colline et nous pourrons y aller. Monsieur Smalls, prenez le premier quart. Je vais dormir, dit Mercator, départ demain matin à l'aube. Dans trente jours, quarante au maximum, la porte d'or de San Francisco.

17

Océan Pacifique (au large du Mexique)

6 mai 1849

Journal du professeur Georg Altmaier, scribe de la glorieuse expédition des Argonautes du *Freedom* en route vers les champs aurifères de Californie – Suite

Dimanche 6 mai 1849.
Je reprends la rédaction de mon journal assis à une table pliante sur le pont du *Freedom,* dans le Pacifique, au large de l'Amérique centrale (Costa Rica, Nicaragua ? Je vais demander notre position exacte au capitaine).
Devant moi, dans un enclos de bois et de filets, deux tortues géantes. Ces monstres sortis du fond des âges, que nous avons capturés sur une île de l'archipel des Galápagos, nous servent de réserve de viande. Des garde-manger sur pattes ! Il faut quitter les parages de l'Europe, de l'est de l'Amérique et du monde civilisé pour découvrir de tels animaux, contemporains des dinosaures et autres bêtes légendaires. Je me souviens avoir vu une gravure les représentant, dans un bestiaire illustré, mais je n'aurais jamais cru qu'elles pouvaient atteindre une taille pareille. Leur chair est blanche et goûteuse (nous avons dévoré la première le lendemain de sa capture), mais je dois avouer que le spectacle de sa mise à mort, quand le cuisinier du bord a coupé sa tête avec un long sabre à baleine, m'a quelque peu ébranlé.
Ce sont des animaux lents, pacifiques et doux, qui ne vont pas subsister longtemps sur notre planète s'ils sont mangés à un tel rythme. J'ai eu l'impression que les deux tortues survivantes ont eu un mouvement d'horreur, rentrant leurs têtes – aussi larges que des têtes d'homme – dans leurs carapaces, quand la première a été décapitée, poussant un cri aigu à fendre l'âme, comme le hurlement d'un nourrisson.

Mais l'heure n'est pas aux sentiments : nous avons entamé la dernière partie de notre périple vers l'El Dorado, que nous devrions atteindre dans environ un mois si les vents favorables se maintiennent, et nous devions renouveler nos provisions. Je dois avouer que la seule vue du ragoût de porc salé de M. Anderson, servi jour après jour, me soulève le cœur. Cette viande de tortue est, ma foi, un délice.

Les conditions de navigation se sont grandement améliorées depuis que nous avons passé le cap Horn et que nous voguons dans les eaux du Pacifique. Nous n'avons pas subi de tempête, un vent régulier, de plus en plus chaud, nous pousse par l'arrière ou le travers. Les vagues, qui peuvent être hautes, semblent plus larges et espacées que dans l'Atlantique et malmènent moins le vaisseau. Plus personne ne souffre du mal de mer, à part une petite crise de temps en temps. L'équipage maîtrise à merveille le réglage des voiles, c'est un plaisir de les voir évoluer avec une agilité de chats entre les mâts, pour moi qui ai le vertige en montant sur un tabouret.

La perspective d'une arrivée prochaine à San Francisco a mis en sourdine les tensions entre Argonautes. Les trois « jeunes voyous du Bronx », comme nous les appelons dans leur dos, semblent avoir compris qu'une fois là-bas ils feraient bien de disparaître et de partir chercher fortune à l'écart de notre groupe. Plus personne ne leur adresse la parole depuis des semaines, nous n'acceptons plus de jouer avec eux au poker, où ils trichent maladroitement et sans vergogne. Ils mènent leurs conciliabules toujours à voix basse. Après une dispute qui a failli tourner à l'affrontement avec Vernon et Joseph Kidd, au cours de laquelle des pistolets ont été sortis (même si à mon avis ils n'étaient pas chargés), le capitaine Fleming a décrété la confiscation des armes à feu. Quatre marins, dont deux portaient des fusils à l'épaule, ont fouillé les quartiers des passagers et rempli un coffre d'armes de poing. Seuls les couteaux sont autorisés. Sage décision, saluée par tous les membres de notre expédition, ou presque.

La recherche de l'or est, bien entendu, au centre des conversations. Des associations naissent, par affinités, entre Argonautes, afin de mettre nos ressources et notre force de travail en commun dans les champs aurifères. Le plus courtisé est Daniel Bailey. Accompagné de son fils Richard, ce maréchal-ferrant semble être le mieux préparé et équipé pour réussir dans cette aventure. Il raconte que son père, qui travaillait le métal comme lui, a participé, à la fin du siècle dernier, à une ruée vers l'or dans le massif des Appalaches, en Caroline du

Nord. En plus d'une petite fortune, le grand-père de Richard a rapporté des techniques de recherche décrites en détail dans une série de croquis consignés dans un cahier à couverture de cuir, dont Daniel Bailey ne se sépare jamais et qu'il ne montre à personne. Il assure de plus disposer d'un capital conséquent, confié par des parents, qui se souviennent que son père était revenu des Appalaches avec assez d'or pour payer comptant leur maison et l'installation de la forge qui fait, encore aujourd'hui, vivre toute la famille. Comme son père, mort il y a longtemps, Daniel Bailey espère rentrer de Californie dans quelques mois avec de quoi transformer son atelier en usine moderne, pour fondre et fabriquer des pièces mécaniques de qualité, en particulier pour les machines à vapeur. D'après ce que j'ai compris (certaines conversations sont menées discrètement, à l'avant du bateau), le jeune Noah Robinson et Jacob Kalman ont accepté de travailler pour lui, en échange d'un pourcentage sur l'or découvert chaque semaine.

Une association plus large des Argonautes du *Freedom,* dont seraient exclus les voyous du Bronx et les cousins Kidd (qui font peur à tout le monde), est en discussion. Nous pourrions par exemple décider de nous rendre ensemble dans la région minière et nous installer non loin les uns des autres, pour nous entraider, partager nos ressources et nos expériences. Cela dépendra toutefois des conditions (où faut-il aller ? faut-il enregistrer sa concession ? auprès de qui ? reste-t-il beaucoup de place sur les rives des rivières ? comment choisir ?) que nous ne pourrons connaître qu'une fois arrivés. Certains pensent que ces informations sont disponibles à San Francisco, j'en doute.

Pour avoir regardé une carte de Californie, je sais que les régions minières ne sont pas près de la côte mais au pied des montagnes, à plusieurs jours de route, au nord d'un village nommé Sacramento. Comment s'y rendre sera la première question à laquelle nous aurons à répondre. L'article du *Pacific Republican* qu'a lu le capitaine Mercator à Valparaíso fait état d'un afflux massif d'aventuriers atteints de la fièvre de l'or. Les premiers sont sur place depuis plus d'un an maintenant. Je n'en fais pas part à mes compagnons, pour ne pas jouer les oiseaux de mauvais augure, mais je crains que nous n'arrivions trop tard, ou que nous ne soyons obligés de chercher des emplacements dans des lieux reculés, montagneux, où les conditions de vie risquent d'être difficiles. Ma foi, nous verrons bien…

Une autre personne très courtisée, si je puis me permettre cette expression, est la charmante Sara Magnet. Nous savons maintenant que, fille d'un grand banquier new-yorkais, elle a beaucoup d'argent. J'ai surpris une conversation entre un marin et le quartier-maître qui lui expliquait que le capitaine lui avait demandé, pour éviter les tentations, de lui confier cette petite fortune, qu'il a mise à l'abri dans le coffre de sa cabine.

Dans les régions minières où, d'après les informations dont nous disposons, le prix des biens de base a terriblement augmenté en raison de l'afflux de chercheurs d'or, une forte capacité d'investissement est gage de réussite. Si nous parvenons, dans les jours qui viennent, à monter une association d'Argonautes du *Freedom,* il serait avantageux de proposer à Sara de la financer d'une façon ou d'une autre. J'ai d'ailleurs des doutes sur sa volonté réelle de partir dans les montagnes manier la pelle, la pioche et la batée : une éducation de velours, dans les beaux quartiers de Manhattan, n'est pas la meilleure préparation à la rude vie de chercheuse d'or.

D'après ce que j'ai compris, son but était d'échapper à sa famille et d'épouser l'homme qu'elle aime, pas forcément de chercher fortune dans une contrée inconnue à l'autre bout du continent.

Je vais tenter d'aborder le sujet avec elle, nos relations sont excellentes en raison de nos goûts littéraires et des livres que j'ai eu la bonne idée d'emporter, qu'elle dévore au rythme de deux ou trois par semaine.

J'ai renoncé, je pense définitivement, à tenter de mieux connaître les membres de notre équipage : mes efforts pour engager la conversation tombent à plat, j'ai l'impression que certains marins ne comprennent pas mon vocabulaire ou n'ont aucune envie de raconter leur vie.

Par ailleurs, le terrible drame que nous avons connu près des îles Falkland, avec la mort par noyade, emporté au fond des abîmes par un cachalot, de Nicholas Fleming, le plus jeune frère du capitaine, a ouvert des blessures que rien ne semble pouvoir guérir.

Michael, le frère cadet, tient le capitaine pour responsable de la mort de Nicholas qui, d'après ce qu'on m'a raconté, paraît pourtant accidentelle. Toujours est-il que les deux frères ne s'adressent plus la parole. Michael, qui a quitté sa cabine d'officier pour s'installer dans un hamac avec les marins, jette sur Mercator des regards chargés de ressentiment, parfois même de haine. Le capitaine, qui n'était pas d'un naturel liant au début du voyage, est devenu encore plus sombre. Depuis ce jour funeste, je ne l'ai pas vu adresser la parole à quiconque en dehors des ordres passés pour la bonne marche du navire. Quand il n'est pas sur le pont, il reste reclus dans sa cabine. Nous ne savons pas s'il compte partir dans les régions minières après notre arrivée à San Francisco ou s'il a prévu de rester à bord. Mes compagnons m'ont demandé de sonder ses intentions, je le ferai dans les jours qui viennent, dès que l'occasion se présentera.

18

Océan Pacifique,
baie de Monterey (Californie)

21 juin 1849

Des maisons de pisé aux murs jaunes et bruns, serrées autour d'un fortin de brique dans une pinède à flanc de montagne : au matin du 21 juin 1849, plus de cinq mois après avoir quitté New York, le *Freedom* est en vue de Monterey. La capitale de la Californie mexicaine, petit bourg assoupi autour de sa mission jésuite, est à une journée de navigation de la *Golden Gate,* la Porte d'Or, l'entrée de la baie de San Francisco. La brise côtière porte des odeurs de terre, de bétail et de résine, l'écho des cloches de l'église, l'écume au goût d'algue des rouleaux brisant sur les récifs.

– Monsieur Isaksen, nous sommes trop près, dit Mercator. Virez à bâbord, regardez ces rochers. Inutile de faire escale à Monterey, nous devrions arriver demain dans la journée… Mais, qu'est-ce que c'est que ça ?

Droit devant l'océan, la côte, les montagnes au loin sont avalées par un épais rideau de brume, un manteau de coton gris, qui glisse et roule vers le navire avec des ondulations de monstre marin. En une demi-heure il a tout effacé, le soleil brûlant de juin n'est plus qu'une vague clarté vers l'est, le timonier aperçoit à peine le grand mât, les voiles pendent dans le nuage opaque, la température chute d'un coup.

– Affalez tout, on ne peut pas continuer, c'est trop dangereux, ordonne Mercator. Monsieur Isaksen, ne lâchez pas la boussole des yeux, cap nord-nord-ouest.

– Il y a un fort courant dans cette direction, capitaine.

– Lancez la sonde, voyons si nous pouvons jeter l'ancre.

Le cordage lesté de plomb file dans l'eau jusqu'à sa butée.

– Trop de fond. Larguez les ancres flottantes, laissons dériver. Prions pour que ça ne nous mène pas droit sur des récifs. Deux hommes en vigie à la proue !

La brume, dont personne ne comprend l'origine au premier jour de l'été, a englouti le *Freedom*. Le vent est tombé, le pont est mouillé comme après un orage, le navire remonte lentement le long de la côte, ballotté entre de longues vagues. La lueur du jour s'assombrit puis disparaît. Dans les ténèbres ouatées, le timonier se contente de suivre, à petits coups de barre, les méandres du courant qu'il sent sous ses pieds. Tous à bord tendent l'oreille, à l'affût du bruit de lames cassant sur un haut-fond.

– Je vais dormir un peu, dit Mercator. Gardez le cap, espérons que nous allons sortir de cette purée avant la fin de la nuit.

Au réveil, il devine l'aube à la clarté diffuse qui enveloppe le navire. Sur le pont, passagers et marins grelottent, malgré les chandails et les vestes d'hiver. Le trois-mâts, presque à sec de toile, dérive au fil de l'eau, bercé par la houle.

– On dirait que ça s'éclaire droit devant, capitaine, dit l'homme de barre.

Soudain, comme un comédien écarte le rideau rouge, la proue déchire la brume. En une minute, le navire est en pleine lumière, sur un océan apaisé teinté de vert, frappé par les rayons du soleil printanier qui vient de passer au-dessus d'une chaîne côtière. Les passagers montent sur le pont, les marins grimpent aux échelles de corde à tribord.

– Regardez ces montagnes couvertes de forêts… Mais vous voyez la taille des arbres ? demande à voix haute le professeur Altmaier. Des géants ! Deux fois plus hauts que les plus grands chênes du Connecticut. Quelle splendeur !

– Monsieur Smalls, barre à tribord. Approchons de la côte. La Porte d'Or ne devrait pas être loin. Deux hommes en vigie pour surveiller les récifs.

Ils longent pendant quatre heures la côte déserte et découpée, surplombée de falaises herbeuses, de massifs forestiers majestueux et de pics dont les sommets de pierres blanches se détachent sur le ciel. À midi, Mercator vise l'horizon puis le soleil de son sextant.

– Trop au nord. Nous avons raté l'entrée de la baie, cette nuit dans la brume. Il déplie la longue-vue. Il y a un village de pêcheurs là-bas, près d'une lagune ou de l'embouchure d'un fleuve. Monsieur Smalls, visez ce petit cap. Jetons l'ancre dès que possible. Je vais prendre un canot et leur demander où nous sommes. Il n'y a rien sur la carte.

Les rameurs lèvent les avirons en riant, la baleinière surfe sur un rouleau qui les dépose sur une étroite plage de sable gris surmontée d'une falaise. Couchés sur des rochers, des phoques et des lions de mer observent les intrus, deux loutres plongent et disparaissent dans un champ de kelp. Les matelots tirent l'embarcation au sec quand une silhouette apparaît au sommet d'une dune.

Mercator salue de la main, fait signe d'approcher. L'inconnu s'engage à petits pas sur un sentier. Il est coiffé d'un bonnet de marin orné d'une plume de mouette, vêtu d'un poncho de laine brute, son pantalon déchiré s'arrête au genou à gauche, à mi-mollet à droite, il n'a pas de chaussures.

Il s'appuie sur un bâton sculpté. Un mousquet à silex vieux d'au moins un siècle est retenu à son épaule par une bretelle de lianes tressées. Une machette bat sur sa cuisse, dans un étui de cuir orné de coquillages. Un cochon gris et un chat tigré roux lui ouvrent la route, s'arrêtent, tournent leurs têtes puis repartent en trottinant, comme pour vérifier qu'il suit bien.

– Bonjour l'ami, lance Mercator. Je suis le capitaine du baleinier *Freedom* que vous voyez là. Pouvez-vous nous dire comment s'appelle ce village ?

L'homme le dévisage. Une barbe noire, rousse et blanche descend jusqu'à sa poitrine. Sa main droite est bandée d'un morceau de tissu taché de sang. Il inspire longuement, plisse ses yeux clairs et sourit, dévoilant une mâchoire édentée.

– Bonjour, tueurs de baleines. Ici, c'est Bolinas. Pas vraiment un village, quatre maisons de bois et quelques cabanes. Bientôt une auberge, quand ils auront fini de la construire. Quelque chose me dit que vous cherchez la Golden Gate…

– Oui. Comment avez-vous deviné ?

Il montre derrière lui, entre deux rochers tombés de la falaise, une cabane en planches disjointes et bois flotté d'où monte un filet de fumée.

– Dix ans que je vis sur cette plage. Vous croyez que vous êtes les premiers à vous perdre dans la brume ? Les vieux Indiens miwoks racontent que les conquistadores espagnols sont passés dix fois devant l'entrée de la baie sans la trouver, surtout en été. Ici, on vit au rythme du nuage de mer. C'est le souverain des lieux, le gardien de nos forêts, le père des séquoias.

Le goret frotte son groin contre sa jambe, comme un chien. D'un bond, le matou lui saute sur le dos : sa tête est à hauteur de la main de l'homme, qui le caresse et le gratte entre les oreilles sans le regarder.

– Des séquoias ? Ce sont ces grands arbres ?

– Ce sont plus que des arbres. Ce sont des dieux, des divinités figées sur les montagnes de la région depuis des millénaires. Pour les Miwoks, ces forêts sont des sanctuaires. Il suffit d'y pénétrer pour comprendre pourquoi.

– Donc, la Porte d'Or ?

– Quatre heures plein sud, avec un bateau comme le vôtre. Donc vous chassez la baleine… Vous allez vous ravitailler ?

– Non, le *Freedom* est un baleinier mais nous transportons des passagers, à destination de San Francisco.

– Ah, des chercheurs d'or, encore. Il y avait pas loin d'une centaine d'habitants à Bolinas, l'an dernier. Aujourd'hui, si vous trouvez vingt hommes valides… Sur les dix femmes du village, six sont des veuves de l'or depuis au moins six mois.

– Et vous accepteriez…

– De vous conduire à San Francisco ? Certainement pas. J'ai passé trois ans sur un rafiot dans votre genre, les pires de ma vie, je me suis juré de ne plus y mettre un pied. J'ai un radeau dans la lagune, de l'autre côté de la falaise, c'est la seule embarcation sur laquelle j'accepte de monter, pour pêcher et ramasser les huîtres. Mais je peux vous emmener au village, je suis sûr que vous trouverez quelqu'un, surtout si vous dites *gold*.

– Ce n'est pas trop loin ?

– Une demi-heure en remontant sur la falaise et coupant par la forêt. Par la plage, il y a une passe trop profonde à cette heure.

– D'accord, merci. Mon nom est Mercator Fleming. Et vous êtes ?

– Le Forgeron. Ici, on m'appelle le Forgeron.

– Les gars, vous pouvez retourner au bateau. Je ferai signe depuis la plage.

Derrière le chat et le cochon, ils gravissent le sentier, qui débouche sur un plateau. Le chemin serpente entre buissons et taillis de chênes-lièges jusqu'à une clairière. De l'autre côté commence la forêt de séquoias.

– Grand Dieu…

– Je parie que vous n'avez jamais vu d'arbres pareils, d'où vous venez. Moi aussi je suis né sur la côte Est, je me souviens la première fois…

Pour un enfant des dunes de Nantucket où ne poussent, entre deux tempêtes, que buissons et chênes rabougris, c'est une vision irréelle. Une forêt de géants trois fois plus grands que le plus grand des mâts de navire, si grands que leurs faîtes semblent toucher le ciel. Des troncs à l'écorce rouge, souvent creusés de cavités, si larges que quatre hommes se donnant la main n'en feraient pas le tour.

Soldats des montagnes au garde-à-vous, ils montent, droits comme des cierges, imposants comme des monuments, puissants comme des titans mythologiques, vers des hauteurs inconnues. Trente mètres, quarante ? Au premier regard, Mercator revoit ce qu'il imaginait, les yeux fermés dans son lit de petit garçon les soirs d'hiver, quand sa mère lui racontait l'histoire de Jack et le haricot magique. Des colosses de bois qui accrochent les nuages…

Autour d'une souche sur laquelle tiendrait une charrette, de nouvelles pousses s'élancent vers le ciel, encerclant l'ancêtre mort de vieillesse ou déraciné par une tempête. Une muraille végétale, forteresse d'ocre-rouge et de vert, cathédrale naturelle percée par les rayons d'un soleil blanc à l'aube du monde. Le sentier tapissé d'aiguilles serpente entre les fougères, seules capables de pousser à l'ombre des géants. Mercator avance vers l'un d'eux, pose la main sur l'écorce. Elle est douce, fibreuse, odorante. Une sensation de force, de masse, d'éternité.

– Deux suffiraient pour construire un navire. Le nombre de planches, de poutres, de madriers… À qui appartiennent-ils ?

– Appartiennent ? Je ne sais pas. À tout le monde, aux Miwoks, aux montagnes… Ici, près de la côte, ce sont les petits.

– Petits ?

– Oui, plus vous montez vers les sommets, plus ils sont vieux et grands. Je suis passé il y a des années de l'autre côté de la grande crête, là-haut. Les séquoias s'étendent à perte de vue, vers l'est. Des chaînes et des chaînes de montagnes, à l'infini. La Northern Coast Ranges. Seuls les Miwoks s'y aventurent pour échanger leurs coquillages avec des tribus que je ne connais pas. C'est dangereux, il y a des grizzlis, des Indiens hostiles.

– Mais les habitants du village… Comment vous l'appelez, déjà ?

– Bolinas.

– Les habitants de Bolinas ne s'en servent pas pour construire des maisons, des jetées ?

– Je crois qu'ils en ont coupé un ou deux, près de la lagune. Ils sont tellement grands… Et il y a des chênes et des cyprès plus petits, pas loin, c'est plus facile.

Ils avancent en file indienne, les animaux en éclaireurs, sur un sentier qui court entre les séquoias, obstrué par endroits d'un arbre en décomposition, tombé il y a des décennies. Les troncs sont lisses et verticaux sur une vingtaine de mètres. Au-dessus, les frondaisons se rejoignent, jetant une ombre fraîche et mortelle sur la forêt. Deux piverts frappent le bois en cadence, se répondent. Au loin, une biche et son daim coupent la piste, disparaissent en trois bonds.

Ils entendent les coups de marteau avant de voir le hameau. Cinq maisons, en partie sur pilotis, au bord d'un lagon aux rives mangées de roseaux. Des cabanes. Trois barques à fond plat et voiles carrées arrimées à des poteaux. Deux hommes travaillent à la charpente d'une bâtisse de deux étages, posent les outils en les voyant approcher. Une femme en coiffe peint une enseigne de bois en forme de coque de navire, calée sur deux tonneaux, Smiley's Schooner Saloon.

– Salut, Forgeron ! dit l'un des charpentiers. Alors, tu nous as trouvé de l'aide ?

– Non, Eddie. Monsieur est le capitaine d'un baleinier au mouillage devant ma plage. Il cherche quelqu'un à embarquer pour le conduire jusqu'à San Francisco. Ils ont raté la Porte d'Or cette nuit, dans la brume.

– Bonjour messieurs, dit Mercator. Ça intéresserait quelqu'un de nous guider jusqu'à la baie ? Je peux payer.

– Possible, répond le plus âgé des deux hommes en descendant le long de l'échafaudage. Je m'appelle Eddie Ross. J'ai besoin de clous, je croyais en avoir assez. Et par la piste j'en ai pour deux jours. Vous partiriez quand ?

– Le plus tôt possible… Tout de suite ?

– Ah non. Il faut qu'on termine cette partie, je ne peux pas laisser Joe tout seul. Nous faisons déjà à deux le travail de six. Vous avez un charpentier à bord ?

– Bien sûr.

– Alors voilà ce que je propose : vous nous l'envoyez cet après-midi, avec un marin pas trop manchot, ils nous donnent un coup de main pour monter le chapiteau de la façade, et demain matin je pars avec vous pour Yerba Buena.

– Yerba Buena ?

– Enfin, San Francisco. Le nom a changé il n'y a pas longtemps. Les courants sont forts au passage de la Golden Gate, croyez-moi il vaut mieux avoir quelqu'un du coin. Je connais cette baie comme ma poche.

– Et vous n'êtes que deux…

– À cause de l'or, bien sûr. Si vous saviez ce que je dois payer Joe pour qu'il ne rejoigne pas les autres dans la sierra ! Mais j'ai mis tout ce que j'ai dans cet hôtel, alors…

– Marché conclu. Je reviens dans une heure avec deux hommes. Forgeron, vous repartez avec moi ?

– Non, je vais ramasser des huîtres dans la baie. Vous saurez retrouver le chemin ? Je peux vous prêter Piggy, si vous promettez de ne pas laisser le cuistot du bord l'approcher. Il vous guidera mieux qu'un chien.

– Ça ira, merci, je reconnaîtrai le sentier, je prends plein ouest, je me fierai au bruit des vagues. On se voit tout à l'heure. Je vous achèterais bien deux ou trois paniers d'huîtres, si vous en avez assez.

– Ce n'est pas ce qui manque, elles sont grosses comme la main.

Mercator repart à grandes enjambées, ralentit puis s'arrête dans la forêt de séquoias, pose ses doigts sur les troncs, inspire cette odeur, forte et douce, de sève rouge et d'humidité, lève la tête vers les faîtes, écoute le souffle de l'océan se mêler aux murmures des branches.

Comment abattre des monstres pareils ? Je n'ai jamais vu de scie assez longue… À la hache ? Deux ou trois hommes, deux ou trois jours, et encore… Il faudrait monter à trois ou quatre mètres au-dessus du sol pour éviter les membrures de la souche. Fixer des planches dans des trous creusés dans le tronc, comme un escalier. Qu'est-ce qu'il se passe quand un mastodonte pareil s'abat ? Il faut qu'il ait la place de tomber au sol ; s'il est arrêté et coincé par les autres, dans une forêt aussi dense, c'est inutilisable. Donc commencer par ceux qui sont en lisière, contrôler la chute. Et une fois par terre, comment bouger ces centaines de tonnes ? Élaguer, découper… Puis des bœufs, des attelages de gros bœufs. Je ne sais pas s'il y en a, en Californie. Il doit y avoir des fermes, tout de même… Ensuite, comment débiter des troncs pareils pour en faire des poutres, des planches ? Dans la scierie du cousin d'Henry Markey, à Salem, il y avait une scie verticale reliée à une roue à aubes, sur la rivière. Il parlait de la remplacer par une machine à vapeur…

Mercator traverse la forêt en cherchant des yeux le plus gros séquoia, comme s'il avait découvert, dans les *offshore grounds* du Pacifique, l'antre secret des cachalots et n'avait plus qu'à mettre la main sur le grand mâle albinos, le chef de meute plus long que son navire qui rendrait sa centaine de barrils et ferait de lui un homme riche.

Sur la plage, il siffle entre ses doigts pour avertir le matelot de quart de sa présence. Une baleinière est mise à l'eau.

– Monsieur Strandhall, monsieur Isaksen, veuillez venir avec moi, dit-il en montant sur le pont. Nous allons aider deux hommes de ce village à poser un élément de charpente, en échange, l'un d'eux nous guidera demain jusqu'à San Francisco.

Les passagers se sont assemblés au pied du grand mât.

– Quand débarquons-nous, capitaine ? demande Sara Magnet. Je n'en peux plus d'attendre, ce bateau…

Elle reste habillée en homme mais elle a noué sur son nombril les pans d'une chemise blanche qui, entrouverte, laisse deviner l'amorce de sa poitrine. Ses boucles blondes s'échappent d'une casquette de tweed et tombent sur ses épaules.

– Demain dans la journée, mademoiselle Magnet. Nous allons chercher un pilote, partirons à l'aube. Pour ceux qui le veulent, cet après-midi, deux chaloupes seront disponibles pour vous conduire à terre. Il y a juste au-dessus de cette falaise une forêt d'arbres géants, des séquoias, une forêt comme vous n'en avez jamais vu. La seule chose que je vous demande, c'est d'être de retour sur la plage avant le crépuscule. Un feu sera allumé au point d'embarquement. Ceux qui ne seront pas là au coucher du soleil devront se débrouiller pour rallier San Francisco par la terre. Le canot ne reviendra pas. À ce qu'on dit, c'est deux jours de marche, à travers des montagnes pleines de grizzlis, à vous de voir.

Mercator repart vers Bolinas avec les deux Scandinaves. Émigrants venus de pays de forêts, ils n'en croient pas leurs yeux, ralentissent entre les séquoias, bouche ouverte.

– À Boston, un Suédois m'avait parlé d'arbres rouges de cette taille, sur la côte du Pacifique, mais je pensais que c'était une légende, dit Sven Strandhall. Ils doivent avoir plus de mille ans…

– Si vous deviez les couper ?

– Pas facile, mais faisable. Il faut éviter les plus gros, qu'on ne pourrait pas bouger, choisir les bons emplacements. Trois bûcherons expérimentés, de bonnes haches. Le problème n'est pas tant de les faire tomber que de les débiter et transporter. Vous imaginez le poids de ces monstres ? Il faudrait de longues scies. Je connais un fabricant, un Irlandais près de Chicopee, au Massachusetts… Nous en avons une, à bord ?

– Non, bien sûr. Deux haches, trop petites.

En trois heures, quatre femmes et deux adolescents aux cordes des poulies, les deux charpentiers et les trois marins en équilibre sur les poutres, le fronton du saloon est monté, cloué, chevillé en place.

– Merci, sans vous j'aurais dû aller jusqu'à Woodville proposer leur poids en or à deux bons à rien, dit Eddie. J'ai de la bière dans un seau de glace, c'est ma tournée.

– D'où sortez-vous de la glace en cette saison ?

– Des Russes la descendent d'Alaska à la fin du printemps, dans les cales de leurs bateaux de chasse au phoque. On la stocke sur des lits de paille, dans une grotte près d'ici. L'an dernier, elle a tenu jusqu'à fin août.

Le lendemain, au point du jour, Eddie est sur la plage, faisant des signaux en direction du *Freedom* avec une torche allumée dans le feu qui a couvé toute la nuit devant la cabane du forgeron.

– Allez, Forgeron, tu viens avec moi faire un tour à Frisco ? Ça fait combien de temps que tu n'as pas vu la ville ? Tu ne reconnaîtrais rien, je t'assure ! C'était un hameau quand tu y es passé…

– San Francisco ? Pas question ! marmonne le vieil homme, seulement vêtu d'un pagne crasseux malgré le froid de l'aube. Celui qui me fera quitter ma plage, ma lagune et mes forêts n'est pas encore né. Tous ces mabouls venus de Dieu sait d'où pour la chimère de l'or…

Quand Eddie Ross monte à bord du *Freedom,* le ciel est assez clair pour lever l'ancre.

– Cap plein sud, capitaine. Il faut nous éloigner un peu de la côte, à cause des récifs. Vous voyez la grande colline ronde, là-bas ? La Porte d'Or est derrière, deux ou trois heures si le vent reste stable et si la brume ne se lève pas trop tôt.

– Il y a de la brume tous les jours ?

– À partir de la mi-juin, tous les jours ou presque pendant deux mois. À Bolinas, il fait plus froid en été qu'en hiver. On dit que c'est dû à la différence de température entre l'océan, qui reste toujours frais, et la chaleur des terres de l'intérieur. Mais aujourd'hui on a le vent avec nous, ça devrait aller.

Les hommes grimpent dans la mâture pour libérer les voiles, qui se gonflent et font tourner le navire vers l'entrée de la baie, la fin de son voyage.

– Et ce Forgeron ?

– Drôle d'oiseau, n'est-ce pas ? Il était déjà là quand je suis arrivé à Bolinas, il y a cinq ans. Personne ne connaît son nom. Ce qui est sûr, c'est que c'est un ancien marin, qui a sans doute déserté son navire dans le coin. Vous avez vu l'ancre tatouée sur son bras ? Ou un chasseur de phoques. Il est très habile pour les tuer et les dépecer, c'est avec les fourrures qu'il gagne de quoi acheter son whisky. Certains pensent qu'il a quelque chose à cacher… Pour ça il a choisi le bon coin, le premier poste de l'armée est le fort qui garde l'entrée de la Golden Gate, on va passer devant. Quant à la police, je ne sais même pas s'il y en a une à Monterey. En tout cas, moi je l'aime bien, avec sa pétoire de la guerre d'Indépendance, son chat et son cochon apprivoisés. Je passe le voir de temps en temps. Et il connaît les Indiens miwoks, parle leur langue, c'est utile.

Le navire longe, au large des récifs, de hautes falaises vertes et des criques fermées, des plages de sable bronze et des rochers couverts d'algues et d'écume.

– Donc, vous venez de New York, capitaine ?

– Oui, enfin plutôt de Boston, mais nous avons fait une halte à New York.

– Avez-vous pensé à apporter de l'outillage ? C'est plus précieux que l'or, là où vous allez.

– Je voulais, mais nous n'avons pas trouvé grand-chose. Nous n'étions pas les premiers à partir pour la Californie, il n'y avait plus une pioche à vendre dans toute la ville. En revanche, j'ai du bois de construction, du chêne.

– Du chêne ! Débité ?

– Oui, des poutres et des planches.

– Alors là, bravo, votre fortune est faite !

– À ce point-là ?

– Quand je suis allé à San Francisco, il y a deux mois, les charpentiers et les marchands auraient vendu père et mère pour un madrier coupé au carré. La ville n'est qu'un vaste chantier. Certains jours, une dizaine de bateaux accostent, du monde entier. L'an dernier, quand c'était encore Yerba Buena, il n'y avait pas mille habitants. Aujourd'hui, personne ne sait, les gens couchent dehors, sous des tentes, dans des remises, il n'y a nulle part où se loger. Il n'y a qu'un quai, ils voudraient en construire d'autres, mais il leur faut du bois.

– Mais pour votre hôtel ?

– Je l'ai commandé à Woodville, un village de bûcherons au nord de Bolinas, au fond du lagon. J'ai attendu trois mois. Dès que le saloon sera terminé, il faudra que je trouve un bateau, et je monterai une affaire pour approvisionner San Francisco. On pourra en parler, si vous voulez. En tout cas, un conseil : ne vendez pas votre cargaison au premier venu. Organisez des enchères, c'est comme ça que ça se passe. Vous ne le regretterez pas.

– Merci du tuyau.

– Bon, vous voyez la pointe, là ? La Golden Gate est derrière.

– *Golden*, c'est à cause de la découverte des mines d'or ?

– Je ne crois pas, ça s'appelait déjà comme ça quand je suis arrivé dans la région, j'étais fermier en Oregon, il y a six ans. On parlait à peine d'or dans la Sierra…

Le chef de quart sonne la cloche pour prévenir les passagers et l'équipage : tout le monde sur le pont pour l'entrée dans le détroit. Albert Fallon a pris Sara par la taille, Daniel Bailey a entouré de son bras l'épaule de son fils, certains essuient une larme, tous sourient aux anges, même les trois voyous du Bronx, quand s'ouvre devant la proue du *Freedom* le passage de deux kilomètres de large entre les collines pelées, la Porte d'Or de Californie, la terre promise et ses richesses à portée de main. Un courant fait tournoyer les eaux profondes de la passe et les entraîne vers l'intérieur.

Sur la pointe sud, la Punta de los Lobos, le drapeau américain flotte sur un fortin de pisé datant de la colonisation mexicaine, en cours d'agrandissement. Mercator fait hisser la bannière étoilée à l'arrière. Sur le rempart, un soldat en tunique bleue salue en brandissant son fusil au-dessus de sa tête.

– Vous voyez ces îles, à bâbord, dit Eddie Ross. Ce sont les Farallon, elles sont couvertes de phoques… Enfin étaient, parce que les chasseurs russes sont en train de les exterminer. Il paraît qu'ils y sont en permanence, dans un village qu'ils ont construit. Ils venaient souvent, à Bolinas, mais plus depuis un an. Eux aussi ont dû changer les fusils contre des pioches. D'ici il faut viser plein est, en passant au sud de cette île, là, Alcatraz. Nous verrons l'île de Yerba Buena, San Francisco est juste devant. Début avril, il y avait tellement de bateaux, la plupart abandonnés par leurs équipages, qu'approcher de la rive posait problème. Je suis sûr que ça va être pire. Il faudra sans doute s'ancrer à bonne distance et aller voir en chaloupe, négocier un endroit où accoster.

Certains passagers descendent dans l'entrepont préparer les bagages, d'autres restent collés au bastingage. Les collines de Californie, puis les montagnes de la sierra Nevada, l'El Dorado à trois jours de marche.

À bâbord, dans une petite baie, le vapeur de l'US Navy *Massachusetts* est à l'ancre entouré, comme un coq dans une basse-cour, d'une dizaine de barques et de petits voiliers. Puis de loin, passé le rocher d'Alcatraz, on dirait une forêt. Mais une forêt de mâts : deux cents, peut-être davantage, navires à l'ancre, bord à bord, haubans emmêlés, certains échoués dans la boue, d'autres couchés sur le flanc. À la longue-vue ils semblent déserts, ne portent ni voiles ni pavillons, pas âme qui vive sur les ponts.

– Nom de Dieu, il y en a deux fois plus qu'en avril, dit Eddie Ross. Continuons plein est, la baie est plus profonde. Vous voyez les premiers, là ? Ils sont tous ensablés.

Debout à la proue, Michael Fleming se tourne vers Gordell Strong :

– Mon frère pensait gagner de l'argent en vendant le baleinier à l'arrivée. On dirait que ça va bien marcher… Je ne sais pas vous, monsieur Strong, mais à la minute où je pose le pied à terre, je cherche un moyen de rejoindre les régions minières. D'après ce que j'ai compris, ce sont des vapeurs qui remontent des rivières.

– Moi, il faudra d'abord que je trouve un moyen de gagner de quoi payer le passage et acheter l'équipement. Je suis monté à bord sans un sou.

Suivant les consignes du charpentier, le *Freedom* contourne, à bonne distance, les navires amarrés ou échoués. La seule jetée du port, une vingtaine de mètres de long quand il en faudrait le double, est encombrée de deux, trois ou par endroits quatre rangs d'embarcations. Le quai grouille de monde, de caisses, de charrettes à bras ou à cheval.

– Préparez-vous à jeter l'ancre. Nous sommes assez près, et c'est marée haute. Je vais aller demander où nous pouvons mouiller pour débarquer. Monsieur Ross, vous voudrez bien m'accompagner à la capitainerie ?

– La quoi ? Il y a deux mois il n'y avait rien de tel sur ce port. Une association des marchands, d'après ce que j'ai compris, établissait une liste d'attente pour l'accès à la jetée, qu'ils ont financée. Bienvenue à San Francisco, jeune homme, le paradis de la liberté. Ici, la règle c'est chacun pour soi.

19

San Francisco (Californie)

27 juin 1849

– Alors, dernier appel ! Pour deux poutres de chêne du Massachusetts, quarante-neuf pieds de long, vingt pouces de large, arrivées directement de New York, j'ai là un acheteur à sept cent quatre-vingts dollars ! Sept cent quatre-vingts dollars, qui dit mieux ? Qui dit huit cents ? Messieurs, je n'ai pas besoin de vous rappeler que des poutres de cette taille et de cette qualité sont introuvables à l'ouest du Mississippi. Huit cents à droite, merci monsieur au chapeau noir, qui me dit huit cent cinquante ? Huit cent cinquante à gauche ! Bravo !

– Mille ! Mille dollars et qu'on n'en parle plus !

– Mille dollars, pour M. Brannan devant moi ! Qui dit mieux ? Mille dollars, une fois… Mille dollars deux fois… Mille dollars trois fois ! Adjugé ! Mille dollars ces deux splendides poutres en chêne de la côte Est, à l'honorable Samuel Brannan. Félicitations, monsieur Brannan. Lot suivant, deux autres poutres en chêne, même taille, même provenance. Mise à prix : six cents dollars !

En moins d'une heure, sous une voile de navire jetée sur quatre mâts récupérés sur une épave et plantés dans le sable, la vente de la cargaison de bois de construction sortie des cales du *Freedom* a rapporté aux frères Fleming deux mille cinq cents dollars : vingt fois le prix d'achat à Manhattan.

– Et ce baril de clous, jeune homme, vous êtes sûr de ne pas vouloir le vendre ? Votre prix sera le mien.

– Certain, monsieur… Brannan, c'est ça ? C'est vous qui avez acheté les poutres ?

– Oui, je compte bâtir les bureaux de ma compagnie de commerce et un hôtel, vous comprenez pourquoi en voyant ces villages de tentes. Je ne pouvais rien entamer sans les poutres maîtresses, vous êtes une bénédiction, monsieur…

– Fleming, Mercator Fleming. Nous sommes arrivés il y a cinq jours de Nantucket. Désolé, monsieur Brannan, mais je vais garder les clous.

– Je le comprends et le regrette. Au plaisir de vous revoir, jeune homme.

Mercator regarde s'éloigner son acheteur, vêtu comme un banquier de Wall Street, tweed anglais malgré la chaleur, encadré de deux gardes du corps. Le commissaire-priseur lui met la main sur l'épaule.

– Félicitations, capitaine, vous ne pouviez pas tomber sur meilleur client. L'homme le plus riche de la ville, et sans doute de l'État. La Ruée vers l'or, c'est lui.

– C'est lui ?

– Il a tout déclenché. Un génie des affaires.

– Comment ?

– Il est arrivé ici en 46, à la tête d'une expédition de mormons venus de l'Est par le cap Horn. Il a d'abord ouvert un General Store, puis une école et le *California Star*, le premier journal de San Francisco. Il avait apporté une presse à imprimer. Au début de l'année dernière, des employés d'un propriétaire terrien de Sacramento, un Suisse appelé John Sutter, ont commencé à payer dans sa boutique avec des pépites. Ils ont vite craché le morceau : ils les avaient trouvées dans l'American River, où Sutter les avaient envoyés construire une scierie. Alors savez-vous ce qu'a fait Sam Brannan ? Il a acheté en douce toutes les pelles, les pioches et les batées de la région. Et un jour du printemps dernier, il a mis dans un bocal l'or qu'il avait reçu en paiement, s'est posté sur Montgomery Street, tout près d'ici, et a crié à pleins poumons : « *Gold ! Gold ! From the American River !* »

– Ça me dit quelque chose, je crois avoir lu ça dans un journal de Boston…

– À tous ceux qui l'interrogeaient, il révélait où était le gisement : Coloma, au nord-est de Sacramento. La fièvre de l'or s'est répandue dans la ville, le comté, la région comme la peste. Les prospecteurs ont accouru de tous les coins de l'État, puis des États voisins. Il a revendu quinze dollars les batées qu'il avait payées vingt cents, trente dollars les pioches. En deux mois, il a amassé une fortune.

– Joli coup !

– Attendez la suite : il a fait imprimer, et ça je peux vous l'affirmer parce que je les ai vus, deux mille exemplaires d'une édition spéciale *Gold Rush* de son journal. Il les a envoyés par caravanes de mules vers l'est jusqu'à Saint-Louis, quatre mois de voyage. Dans la ville où s'assemblent les convois de chariots bâchés pour l'Ouest, les gens en sont venus aux poings pour en avoir un. Des colonnes de fous furieux se sont mises en marche. Puis ceux de l'Oregon, avant les Mexicains, les Péruviens, les Chiliens. Cet homme, Sam Brannan, à lui seul, a déclenché tout ce que vous voyez autour de vous.

– À lui seul, peut-être pas… Il y a eu aussi le président Polk. J'étais à Washington quand il a officialisé la découverte, dans son discours annuel.

– Tout à fait exact, c'est là que la côte Est puis le reste du monde se sont réveillés. Mais je peux vous assurer qu'ici, et quand je dis ici je parle d'un territoire qui va du Chili à l'Alaska, c'est M. Brannan qui a donné le signal du rush vers les régions minières. Je parie que personne n'en a pour l'instant tiré davantage de profit. Sans parler des terrains : près du rivage, le prix des lots à construire double tous les trois mois. Et Brannan est depuis la première vente l'un des plus gros acheteurs. Un génie des affaires, je vous dis…

– Merci pour le tuyau. Comment fait-on pour la livraison des poutres ?

– Ne vous inquiétez pas, Brannan va envoyer ses hommes les chercher. Le *Freedom,* tout le monde sait où vous trouver.

Après avoir patienté deux jours, au cours desquels les passagers ont débarqué avec armes et bagages sur de petits canots, payant des porteurs mexicains dix fois le tarif new-yorkais, le *Freedom* s'amarre en troisième rang à l'unique jetée.

Mercator a dû promettre une prime aux membres de l'équipage pour les persuader d'attendre la fin du déchargement et la vente de la cargaison avant de quitter le bord.

Certains passagers, dont le professeur Altmaier, Jacob Kalman et Robert Ladoucette, ont demandé l'autorisation de revenir dormir au sec dans leurs couchettes, après deux jours misérables, sous la pluie et dans la brume, à errer dans les rues de sable et de boue, sans le moindre hébergement.

– Il n'y a que deux hôtels, et encore, appeler ça hôtels… Des étables ! dit le professeur d'allemand. Mlle Magnet est parvenue, je ne sais comment, à trouver une chambre dans l'un d'eux, mais tous mes chers Argonautes sont pour l'instant fort dépités, dans des tentes sordides ou sous des porches de remises. Personne ne s'attendait à un accueil pareil. San Francisco, quand même… Des bars, des tripots, des saloons, ah ça oui. Mais des hôtels, ou même de simples pensions, rien ou presque. Si on m'avait dit…

– Professeur, vous pouvez rester sur le *Freedom* aussi longtemps que vous voudrez. Il n'est pas près de bouger, dit Mercator.

Deux heures plus tard il est assis à son bureau, dans sa cabine. Devant lui des liasses de billets, le carnet de bord, son livre de comptes. On frappe à la porte.

– Entre, Michael. Je t'attendais.

– Je viens chercher ma part. Je pars demain pour les mines.

– J'ai fait les calculs : tu as droit à la moitié, mille six cents dollars. Ils sont là, dans cette enveloppe. Mais avant je voudrais que nous parlions.

– Non. Je t'ai dit ce que j'avais à te dire. Tu as tué Nick, aussi sûrement que si tu l'avais harponné ou jeté à l'eau. Je ne veux plus jamais te voir. Donne-moi l'argent et laisse-moi partir.

– Micky…

– Il n'y a plus de Micky. Je m'appelle Michael Fleming et je ne veux plus rien avoir à faire avec toi jusqu'à la fin de mes jours. Tu vas chercher de l'or, tu retournes à Nantucket, tu pars en Chine, ça m'est égal.

– Je reste à San Francisco. Tu as vu ce que nous avons gagné en vendant ce bois de New York ? Tout est à construire. C'est ici qu'on peut faire fortune, plus vite et plus sûrement qu'en se cassant le dos à soulever des rochers ou creuser les berges des rivières. Reste avec moi, tu es mon frère. Ma seule famille.

– Tu n'as rien compris. Nous n'avons plus de famille. Nos parents sont morts, tu as tué notre petit frère. Ta cupidité et ton entêtement l'ont tué. Alors reste ici, fais ce que tu veux. Je m'en fiche. Donne-moi ces dollars, demain je suis sur le vapeur pour Sacramento. Tu ne me reverras pas.

– Je suis désolé, Michael. Si seulement je pouvais…

– Mais tu ne peux pas. Désolé ? C'est ça, seulement… Désolé ? Nicky a été emporté par ce monstre au fond de l'océan. Il n'y a pas une nuit où je ne rêve de son corps, dévoré par les crabes, en commençant par les yeux. Je t'avais dit qu'il était trop jeune, qu'il ne saurait pas se tenir sur une baleinière, que c'était de la folie, mais tu n'as rien voulu savoir. Moi, je ne suis que le cadet. Je n'ai jamais été un vrai baleinier, le fils préféré du grand capitaine Fleming, l'héritier du navire, le marin, le harponneur, la fierté de son père. Tu n'as jamais entendu comme il parlait de toi quand tu étais en mer…

– Tu veux savoir ce que ça m'a coûté d'être l'aîné, de partir à douze ans faire le mousse pour ce salopard de Tandy, pendant que tu restais bien au chaud à la maison ? Tu veux le savoir ?

– Non, et je m'en fous. C'est trop tard. Tu m'as toujours considéré comme un terrien, un minable, un scribouillard. Eh bien le scribouillard, il t'emmerde. Donne-moi ma part et va au diable !

Michael se penche sur la table, saisit l'enveloppe. Son frère tente de lui attraper le bras, il se dégage et sort de la cabine, monte les escaliers deux à deux, empoigne son sac de toile, dévale la passerelle.

Les coudes sur le bureau, Mercator se prend la tête dans les mains, ferme les yeux, inspire profondément. Lui courir après ? Inutile. Il va dans le pays minier, ce n'est pas loin. Il devra bien revenir un jour, ne serait-ce que pour vendre son or, s'il en trouve. Attendons.

Il se lève, prend une autre enveloppe, son livre de comptes.

Sur le pont, que la brume commence à envahir, l'équipage est rassemblé autour du grand mât.

– Messieurs, merci d'avoir tenu parole. Je sais que vous êtes impatients de partir pour la Sierra. Mais vous conviendrez qu'il vaut mieux tenter l'aventure bien équipés, avec de quoi tenir quelques semaines avant d'avoir trouvé le bon filon. Vous avez vu les prix pratiqués dans cette ville, où les intrépides et les trompe-la-mort du monde entier se sont donné rendez-vous ? Dans les régions minières, c'est pire encore. Donc, si vous voulez toujours aller dans les montagnes, voici les vingt dollars promis, en plus de votre paie. Je vous les remets contre une signature.

Les hommes passent un à un devant lui, empochent les billets, signent le registre, lui serrent la main.

Mercator demande à Fergus Smalls, son neveu Adam, Anders Isaksen, Sven Strandhall, Gordell Strong et le cuisinier Marcus Anderson de rester un moment, après le départ des autres.

– Allons dans ma cabine. Voilà, j'ai une proposition à vous faire. J'ai revendu le bois acheté à New York vingt fois ce que je l'avais payé. Vingt fois !

Sifflements admiratifs dans l'assistance.

– Vous êtes descendus à terre, vous avez vu la frénésie de construction. Le baril de clous que nous avons en cale vaut aussi cher que s'ils étaient en or pur, ou pas loin. Au diable les mines, le travail épuisant des prospecteurs : le vrai gisement est ici, sous nos pieds. Des quais, des jetées, des entrepôts, des hôtels, des commerces, des maisons : tout est à bâtir. Il n'y aura jamais assez de bois dans cette ville. Ceux qui s'organiseront pour le trouver, le couper et le livrer feront plus d'argent que tous les mineurs de Californie. Je reste ici, sur le *Freedom*. J'ai près de deux mille dollars pour les premiers investissements. J'ai besoin de vous : Fergus, il me faut un second. Vous avez compris que ce ne sera pas Michael. Ici, la couleur de la peau a moins d'importance que dans l'Est. Il y a des Chinois et des Kanaks, des Australiens, des Allemands, des Français, des Américains de tous les coins du pays. Personne ne leur demande d'où ils viennent, qui ils sont, qui sont leurs parents. Seulement combien ils ont de pépites ou de poudre d'or dans leurs poches. Monsieur Isaksen, monsieur Strandhall, vous avez été bûcherons et charpentiers avant d'être marins. J'ai besoin de vous. Monsieur Strong, les

Shinnecocks travaillent le bois comme personne sur Long Island. J'ai besoin de vous. Monsieur Anderson, vous avez vu la nourriture infecte qu'ils vendent à des prix de palaces new-yorkais dans ce qu'ils osent appeler des « restaurants » : je vous propose de continuer à cuisiner pour nous, à bord pour commencer, à terre ensuite. Vous serez tous mes associés, pas mes employés. Nous pouvons discuter salaires, part des bénéfices… J'ai besoin de savoir qui est partant. Je monte sur le pont dix minutes, restez ici, je veux une réponse quand je redescends.

– Capitaine, demande Anders Isaksen, je suppose que vous pensez aux arbres géants que nous avons vus…

– Bien sûr. Les séquoias.

– Mais les outils ? Les haches, les scies ? Vous avez une idée du travail que c'est de couper et débiter des monstres pareils ?

– Je sais, les outils posent problème. C'est à ça que vont servir mes deux mille dollars. Il faut en trouver. Vers le nord, en Oregon. Vers le sud, les faire venir du Mexique, du Pérou, du Chili… De Saint-Louis, par les pistes des convois de colons. Ou de la côte Est, par le cap Horn, s'il le faut. Je les trouverai.

– Et en attendant ? demande Sven Strendhall.

– J'ai gardé assez de madriers, de planches et de clous pour commencer à construire un entrepôt, le plus près possible du port. Ne vous inquiétez pas, ce n'est pas le travail qui va manquer. Des questions ? OK, dix minutes.

Quand il redescend, Gordell Strong s'est écarté du groupe formé par les cinq autres.

– Désolé, capitaine. Je veux aller tenter ma chance dans la montagne. J'ai donné ma parole. À Michael. Votre idée est bonne, je vous souhaite de réussir.

– Monsieur Strong, vous savez où me trouver. Le *Freedom* va nous servir de base, vous serez toujours le bienvenu. Bonne chance.

Il tend à l'Indien dix billets de cinq dollars, lui serre la main.

Les deux marins scandinaves, l'ancien esclave affranchi, son neveu et le cuisinier noir lui disent au revoir, lui tapent dans le dos.

– Nous sommes d'accord pour tenter le coup, capitaine, dit Sven Strandhall. Pendant deux ou trois mois. Si comme vous le dites, c'est mieux qu'une mine d'or, on continue. Sinon, nous rejoindrons les autres. Combien proposez-vous ?

– Vingt-cinq dollars de salaire par semaine pendant au moins trois mois, plus vingt pour cent de tous les bénéfices que nous pourrons faire dans le commerce du bois, à partager entre vous cinq.

– Trente.

– Monsieur Strandhall, vous m'avez déjà soutiré cinquante dollars en mentant sur le cap Horn. N'en faites pas trop…

– Vous les déduirez de ma part, je vous l'ai dit. Trente pour cent.

– Vingt-cinq.

Les cinq marins se regardent, Fergus Smalls acquiesce de la tête.

– Marché conclu, capitaine. Vingt-cinq pour cent des bénéfices.

– Bien. Quartier libre pour la journée, messieurs. Je vais tenter de comprendre qui gère ce capharnaüm, trouver à qui s'adresser pour acheter ou louer un terrain.

Mercator passe, de bord en bord, sur les ponts des deux navires amarrés devant eux, pas âme qui vive, et saute sur la jetée. Les marchandises sont stockées des deux côtés, formant des murs de caisses et de barriques de plusieurs mètres entre lesquelles il est difficile de circuler. À terre, ce n'est pas un quai mais une plage, mélange puant d'ordures, de sable et de boue dans lequel, en dehors de passages de planches disjointes, on patauge jusqu'aux genoux. C'est ce qu'il lui arrive quand, bousculé par un mulet chargé de paniers, il pose la botte dans une flaque d'eau huileuse.

Voilà San Francisco, la cité d'or dont rêve le monde entier : une dizaine de maisons de bois et une trentaine de bâtisses, la plupart inachevées, des voiles ou des branchages en guise de toits, jetés comme au hasard sur une grève marécageuse. Des centaines de navires enlisés jusqu'à mi-coque dans la boue, certains éventrés, d'autres démâtés, transformés en dortoirs ou en entrepôts. Des épaves désossées pour leurs planches, leurs mâts, leurs voiles. Les rues sont des chemins défoncés, des sentiers où les roues des brouettes s'enfoncent. Des collines sableuses parsemées de roseaux, de cabanes, de tentes, d'abris de fortune faits de troncs mal équarris et de morceaux de navires, bidonville émergeant de la brume et de la fumée des feux de camp, sur lequel flotte un drapeau américain en charpie et ses trente étoiles. Odeurs de vase, de crasse, d'ordures et de viande grillée, cloaque du bout du monde où les rats trottent en file indienne. Des dormeurs hirsutes gisent aux côtés de chiens faméliques dans des tonneaux renversés, des barques tirées sur le sable, des lits de foin sous des lambeaux de focs taillés au couteau, des charrettes sans roues, des abris de branchages.

Mercator passe devant l'atelier d'un forgeron : quatre piquets, un carré de toile.

– Dis donc, marin, je ne t'ai jamais vu par ici. Tu viens d'arriver ?

– Il y a quelques jours.

– De la côte Est ?

– Boston.

– Tu n'aurais pas du fer à bord, n'importe quoi en fer dont tu n'aurais pas l'usage ? Je paie bien.

– Peut-être… J'ai des harpons et des lances.

– Des harpons forgés pour chasser la baleine ?

– Oui.

– Et tu veux t'en débarrasser ? C'est précieux, non ? Enfin, je veux dire, pour un baleinier…

– Je ne suis plus baleinier. Je n'en aurai plus besoin. Vous achetez au poids ?

– Oui, au poids.

– Je vous les apporte. Attendez, j'ai une idée. Si je vous fournis assez de fer, vous pourriez me fabriquer une scie ? Il me faudrait une grande scie, longue, pour couper de gros arbres.

– Une scie de bûcheron, à deux poignées ?

– Oui, c'est ça. Au moins dix pieds de long.

– Dix pieds… Pourquoi pas ? Si vous avez le fer, je vous dirai combien ça vous coûtera.

– Et une hache ? Une grosse hache à deux faces ? Ou même deux ?

– Vous savez moi, si j'ai le fer, je peux tout faire. C'est le fer qui manque, ici. J'ai envoyé une commande par clipper à Philadelphie il y a six mois, aucune nouvelle.

– Je viens avec tout ce que j'ai demain matin. Dites-moi, il y a un maire, dans cette ville ? Une autorité locale ?

– Il y a l'*alcalde,* M. Leavenworth. Il n'a pas de bureaux, ils parlent de construire une mairie, mais moi, quand j'ai besoin de quelque chose, je le trouve dans la salle à manger de l'hôtel Fremont. C'est tout droit, par là, au pied de cette colline. Vous ne pouvez pas le rater, c'est le seul bâtiment à deux étages, de ce côté du port.

Après des terrains vagues, dunes surmontées de détritus et champ de roseaux à demi comblé de gravats, Mercator passe devant une série de cabanes basses.

De la première, marquée *Cantina,* monte une odeur de grillades : brochettes de viande, mouton ou chèvre, alignées sur un gril à charbon de bois. La seconde est un General Store qui ne propose, sur des étagères en branches d'arbre, que des boîtes de conserve, corned-beef ou pêches au sirop ou des paquets de thé. Deux dollars pièce, le prix d'un dîner dans un restaurant de Salem. Des chants, des rires et des accords de piano mécanique sortent de la troisième, qui n'a ni porte ni fenêtres, sur laquelle est inscrit, en lettres rouges à la main, Saloon. À l'intérieur, des barbus entourent des tables sur lesquelles des hommes, chapeau rabattu sur les yeux, jouent aux cartes ou aux dominos.

Des gémissements de femmes sortent d'un appentis voisin, mal calfeutré par des morceaux de voiles : elles sont deux, à quatre pattes, les jupons remontés jusqu'aux épaules, prises en levrette par des prospecteurs en bottes, pantalon sur les genoux, chapeau sur la tête, sous le regard d'une dizaine d'hommes qui attendent leur tour en les encourageant de jurons et de cris obscènes.

Mercator passe devant une autre cahute, qui sert d'atelier à un menuisier, quand il entend :

– Capitaine ! Capitaine Fleming !

Sur le seuil se tient Daniel Bailey, le maréchal-ferrant, qui lui tend la main.

– Capitaine ! Je m'apprêtais à venir vous voir sur le *Freedom* pour vous dire au revoir. Nous embarquons demain sur le vapeur *Senator* pour Sacramento. Je ne suis pas mécontent de quitter ce cloaque. Vous vous rendez compte que nous avons passé notre première nuit à terre dehors, sous quatre planches comme des sauvages, couchés sur nos sacs, dévorés par les puces et les punaises ! Mon fils a été mordu par un rat. Par chance j'ai rencontré un menuisier, M. Reynolds. Je connais ses cousins, à Albany, il nous a hébergés dans un coin de son atelier, le temps d'organiser les choses.

– C'est un long voyage, pour Sacramento ?

– Pas du tout, une journée seulement. Trente dollars le passage. Le seul problème est de trouver de la place. Les vapeurs sont pleins des jours à l'avance.

– Avez-vous des nouvelles des autres passagers ? Nous avons récupéré le professeur, Ladoucette et Kalman qui ne savaient où loger.

– Oui, ils partent avec nous demain. Noah Robinson, Jo Tolomio et Paul Halligan aussi. Nous avons monté une association, pour travailler ensemble dans les mines. Les autres, plus aucune nouvelle, et c'est tant mieux.

– Vous avez vu mon frère ?

– Il y a deux jours, mais je crois qu'il est parti hier, avec Gordell, l'Indien. Il m'a dit qu'il avait pris des parts dans une société minière montée par des Irlandais près d'une ville nommée… Hangtown, quelque chose comme ça. Une mine déjà en exploitation, qui rapporte des fortunes à ce qu'on dit. Il a rencontré un gars de Dublin dans un saloon, il m'a même montré le plan avec l'itinéraire, c'est au nord de Sacramento, sur un affluent de l'American River. Et vous, capitaine, quels sont vos projets ? Avez-vous trouvé un acheteur pour le bateau ?

– Non, et je n'en cherche pas. De toute façon, vous avez vu le nombre de coques dans la baie ? Je ne suis pas sûr que quelqu'un l'aurait pris si je l'avais donné. Je reste ici. Je vais me lancer dans le commerce du bois.

– Le bois ? C'est malin… C'est sans doute vous qui avez raison, capitaine. À ce qu'on dit, ils manquent de tout dans les mines, surtout d'outils. Avec mon fils, si nous ne trouvons pas un bon filon, je pourrai toujours monter une forge.

– Les vapeurs de la Sacramento River ont organisé un système de courrier. Donnez-moi des nouvelles, quand vous serez installés. À l'adresse du *Freedom*, nous allons rester à bord, au moins pendant quelques semaines. Bonne chance.

– À vous aussi, capitaine. Nous nous reverrons, j'en suis sûr.

En direction de l'hôtel, dont il aperçoit le toit au-dessus des cabanes, Mercator passe devant une épicerie d'où montent des effluves d'opium, tenue par deux Chinois en habits traditionnels et chapeaux de paille, debout devant la façade recouverte de sinogrammes, qui s'inclinent en même temps pour le saluer ; une échoppe de barbier avec l'inscription, en français, « Serviettes Chaudes » ; une boutique débordant de pièces de tissus sous une enseigne « Achetons toutes voiles, cordages, vêtements, bottes même très usagées, armes, meilleurs prix » ; une gargote fumante avec, écrit à la craie sur un morceau d'ardoise, *« Potatoes today »* ; un enclos de branchages circulaire dans lequel s'affrontent, dans un nuage de plumes, deux coqs de combat aux crêtes dressées, encouragés par les cris et les sifflets d'une dizaine de Latinos, billets mexicains, chiliens ou péruviens en main. Devant la charrette à bras sur laquelle une Mexicaine en robe colorée et son fils vendent des tortillas, la file de clients s'allonge jusqu'à l'autre bout de la rue. Mercator l'observe, visage rond, longues nattes, regard éteint, réalise que c'est la première femme qu'il voit en ville depuis leur arrivée, à part les prostituées.

L'enseigne du Fremont Family Hotel surmonte la façade d'une bâtisse aux soubassements de brique, cinq fenêtres à l'étage, lucarnes en chien-assis sur le toit. Deux moustachus immenses, fusils à canon scié dans le creux du bras, montent la garde devant la porte d'entrée.

– Bonjour, marin. Si vous cherchez une chambre, c'est complet. Si vous voulez jouer ou boire un verre, laissez-nous votre arme, montrez-nous au moins cinq dollars ou une once d'or.

– Je ne suis pas armé dit Mercator.

Il écarte les pans de son caban, sort de sa poche une dizaine de billets pliés.

– Je cherche M. Leavenworth.

– L'*alcalde* n'est pas là aujourd'hui, il est parti pour Monterey, il reviendra peut-être demain, ou le jour d'après.

– Alors je vais juste boire un verre.

La grande salle, plancher de bois brut, comptoir en bordés de chêne démontés d'un navire, mobilier en rondins et bois de caisse, ressemblerait à une grange sans le chandelier en cristal de Bohême, brillant de mille bougies, suspendu en son centre. Contre le mur, un homme aux bras de lutteur, doigts de dentellière, tape une mazurka sur le clavier édenté d'un piano droit. Un serveur aux cheveux gominés passe entre les tables, son plateau de bières et de petits verres d'alcool sur l'épaule. La clientèle est un mélange de chercheurs d'or en tenue de travail (salopettes de grosse toile, bottes boueuses, barbes de trois mois), d'hommes d'affaires en redingote, de joueurs professionnels en bras de chemise, de marins en vareuse, de cow-boys, de débardeurs et de dockers. Ils battent des cartes, jettent des dés, rient et jurent en anglais, espagnol ou français, déplient des croquis sur lesquels les rivières sont des traits noirs, les pistes des pointillés, les concessions minières des X entourés d'un cercle.

Mercator s'accoude au bar, commande une bière – la première depuis New York, pense-t-il –, avale avec délice la mousse du faux col.

– Cette pointe de harpon en ivoire sur ton col, marin… Baleinier ? lui demande son voisin, petit homme à la barbe blanche, casquette à galon bleu, vareuse déchirée, pipe en écume au coin de la bouche en forme de phare.

– Baleinier, de Nantucket. Viens de toucher terre. Vous êtes ?

– Francis Lusam, de New Bedford. Quartier-maître à bord du baleinier *America.* J'ai quitté le Massachusetts il y a presque trois ans. Nous étions en route vers les *offshore grounds,* au large de l'équateur, quand l'équipage s'est mutiné. Nous venions de faire escale au Pérou, tout le port de Lima ne parlait que de l'El Dorado en Californie. Une nuit, après deux jours de mer, ces salauds de marins se sont révoltés, ont pris le contrôle du navire, abandonné le capitaine et le second sur une chaloupe et mis le cap sur San Francisco. J'avais le choix entre la chaloupe et la Californie, j'ai choisi. Ils m'ont gardé à bord parce qu'à mon âge je ne les menaçais guère…

– Vous êtes arrivés quand ?

– Il y a trois mois, à peu près. J'ai tenté d'alerter la capitainerie, il n'y en a pas ; la police, il n'y en a plus, tous partis pour les mines. J'ai donné à un soldat un message pour la garnison de l'armée à Monterey, jamais reçu de réponse. De toute façon, dès le lendemain, les gars ont pris les baleinières et ont filé à toutes rames sur la Sacramento River. Depuis je suis seul à bord, le bateau s'envase, en attendant un embarquement pour rentrer à la maison. Vous n'allez pas retourner à Nantucket, je suppose ?

– Ah non, ou alors fortune faite, dans quelques années. Six mois pour arriver ici, le cap Horn…

– Je comprends… C'était mon troisième passage du Horn. Le premier, ce fichu cap nous a gardés prisonniers quatre mois, un enfer. Si vous entendez parler d'un navire qui repart, prévenez-moi, demandez l'*America,* tout le monde sait où il est dans le port. Il y a bien ces nouveaux vapeurs, mais je n'ai pas de quoi payer les fortunes qu'ils exigent pour un passage vers l'est. Il faut que j'attende un trois-mâts ou un clipper, quitte à embarquer comme simple matelot. J'ai envoyé une lettre à ma femme, aucune idée si elle l'a reçue. Je fais la queue des heures tous les trois jours devant le bureau de poste, rien…

– Je n'y manquerai pas, l'ami. Mais vous connaissez le port bien mieux que moi, vous serez sans doute averti.

– Certainement, mais on ne sait jamais. À la prochaine, capitaine.

Le soleil s'est couché sur l'océan quand Mercator sort du Fremont. M. Anderson a dû préparer le dîner à bord, nous allons nous installer sur le pont, la température est idéale, si cette étrange brume ne se lève pas. Il regagne le port, mi-entrepôt à ciel ouvert, mi-décharge, par une rue mieux entretenue, avec des passages de planches pour franchir les mares de boue, des cabanes plus solides et même deux maisons neuves, avec étage et balcon de bois mais pas encore de toit.

Il remonte le ponton, enjambe un premier bastingage, traverse le pont d'une goélette déserte, passe sur une jonque en saluant de la main un marin chinois qui le reconnaît et s'incline. Les lampes à huile extérieures du *Freedom* ne sont pas allumées. Bizarre, à cette heure. C'est toujours par là que commence la soirée du cuistot. Une seule lueur, aux fenêtres du carré d'avant. Mercator monte sur le pont – Ohé ! –, descend l'escalier principal, ouvre la porte du carré.

Il voit d'abord le cuisinier, à plat ventre sur le sol, la tête dans une mare de sang. Ses hommes, Fergus, Adam, Sven et Anders, à genoux contre le mur, de l'autre côté de la pièce, bâillonnés et entravés. Un homme en vêtements de mineur, tête nue, un bandeau sur l'œil gauche, est assis dans un fauteuil face à eux, un revolver dans chaque main, large sourire édenté. Un autre, petit, râblé, une balafre du front à la joue droite, tourne vers Mercator un lourd fusil d'abordage. À côté de lui, un grand rouquin fait des moulinets avec un sabre à découper les baleines.

– Ah, le voilà ! entend Mercator dans son dos.

Au moment où il va se retourner, il reçoit un formidable coup sur la tête, s'effondre.

20

Théâtre du Vaudeville,
place de la Bourse, Paris

1er juillet 1849

– Mesdames, messieurs, je vous prie, un peu de silence ! S'il vous plaît, la séance va commencer !

Au centre de la scène, entre les pans du rideau rouge, deux hommes en redingote de velours, pantalons taille haute à rayures, chapeaux haut-de-forme, cannes à pommeau d'ivoire, s'adressent à quatre cents personnes, des hommes pour la plupart, inscrits à la réunion d'information de La Californienne, Compagnie universelle des mines d'or de la Californie.

– Pour commencer, le distingué Honoré Lacoste, chef ingénieur géologue de notre société, va vous dire quelques mots sur les extraordinaires richesses aurifères de la Californie.

Les conversations cessent, les têtes se tournent. L'ingénieur Lacoste, barbe en pointe sous des moustaches en guidon de vélo, frappe les planches de sa canne ferrée.

– Mesdames, messieurs, écoutez-moi bien. Vous avez fait, en venant ici aujourd'hui, le premier pas vers la fortune, ce dont je vous félicite. Quand M. Lesieur, le directeur de notre compagnie à mes côtés, m'a dit son intention de réunir à Paris le public intéressé par l'aventure californienne, je me suis demandé : mais où diantre va-t-il trouver une salle assez grande ? Je m'attendais à des milliers de candidats au voyage, tant les perspectives d'enrichissement rapide dans ces terres bénies du Nouveau Monde sont incroyables. Eh bien, je vois que vous êtes plusieurs centaines, avant-garde aventureuse promise à un destin exceptionnel, à être venus vous inscrire, ou au moins vous renseigner. Je dois commencer par vous dire que les informations que je vais vous révéler cet après-midi ont été puisées à la meilleure des sources : M. Douglas Cooper, ingénieur géologue américain, membre, comme moi, de la Société internationale des ingénieurs géologues, avec lequel je suis en contact épistolaire régulier. M. Cooper est depuis six mois en mission dans les terres aurifères de la Haute Californie, et m'envoie en anglais, langue que je maîtrise pour avoir fait une partie de mes études à Londres, des rapports précis et circonstanciés. Et ce qu'il m'écrit est stupéfiant : il est désormais prouvé, de la façon la plus scientifique qui soit, que les gisements d'or des montagnes californiennes surpassent, par leur abondance, leur qualité et leur facilité d'accès, tout ce qui a pu être découvert sur terre en matière de métal précieux depuis l'origine des temps !

Murmures et exclamations dans la salle.

– S'il vous plaît… Le montant, en dollars ou en francs, des richesses arrachées au cours de l'année 48 à la terre et aux rivières de Californie n'est pas connu avec précision, mais mon correspondant m'affirme que c'est en millions qu'il faut compter ! Oui, messieurs-dames, en millions ! Et pour la première fois de l'histoire de l'humanité, l'or de Californie appartient aux audacieux, aux courageux, aux clairvoyants, aux travailleurs – aux héros, en un mot, qui se donneront la peine d'aller le chercher. Pas de roi, pas de souverain, pas de seigneur féodal, pas de percepteur, pas de pouvoir tyrannique pour venir ravir des mains des braves chercheurs d'or le fruit de leur travail ! Une terre vierge, des fortunes à portée de main, voilà ce qui attend certains d'entre vous.

Antonin Lesieur, directeur de La Californienne, utilise sa canne pour ramener le silence.

– Pour vous donner un exemple simple, dit-il, on nous rapporte qu'un chercheur d'or italien a mis au point, en Californie, un costume enduit d'un produit secret avec lequel il roule sur lui-même depuis le sommet de certaines collines puis l'époussette une fois arrivé en bas, pour en récolter de petites fortunes en poudre d'or.

– Oh !

– Cher directeur, dit l'ingénieur en souriant, je ne doute pas de l'efficacité de cette méthode italienne, disons… originale, mais permettez-moi de lui préférer notre technique d'avant-garde :

l'amalgamation. Car oui, mesdames et messieurs, non seulement La Californienne s'engage à vous transporter de France jusqu'en Terre Promise dans des conditions de confort optimum, sur un navire de première classe spécialement affrété, mais elle a fait l'acquisition de dix machines équipées du système révolutionnaire (et breveté) de l'amalgamation. Ces petites merveilles de la technologie moderne sont bien supérieures à celles utilisées dans les mines de Sibérie ou d'Amérique méridionale. Elles recueillent en même temps, par la combinaison d'un double lavage et de l'emploi du mercure, tous les grains d'or, pépites et paillettes contenus dans les terrains aurifères, sans en laisser échapper la plus petite parcelle. Ces dix machines, mues par cent hommes même inexpérimentés, donneront plus de résultats que quinze cents habiles laveurs d'or avec leurs traditionnelles batées ! Nous ne vous proposons rien moins que la révolution industrielle mise au service du chercheur d'or.

– Chers candidats à la fortune, poursuit Antonin Lesieur en levant son chapeau, notre compagnie offre un engagement de deux ans, au cours desquels nous assurons l'existence, le ravitaillement et la fourniture de tous les objets nécessaires à l'accumulation rapide, pour chacun d'entre vous, d'un capital honorable. Je vous rappelle que La Californienne est la seule de toutes les compagnies anglaises ou françaises à être, en son nom exclusif, propriétaire de terrains aurifères en Californie, dont elle peut, sans entrave, exploiter les mines d'or. Nous vous proposons donc une association mutuelliste dont voici les bases : le passage jusqu'en Californie est gratuit – murmures dans la salle. Oui, vous avez bien entendu, gratuit. Seulement chaque associé-travailleur doit souscrire et acquitter neuf actions de cent francs, dont les titres définitifs ne lui seront remis qu'à l'expiration de son engagement. En échange de cette somme, nous nous chargeons de vous transporter, vous nourrir, vous équiper, vous guider jusqu'aux richesses infinies du Nouveau Monde et vous garantissons qu'en deux ans, et certainement beaucoup moins, vous aurez doublé, triplé, et pourquoi pas pour les plus chanceux quadruplé votre mise de départ ! Je vous précise aussi qu'un médecin, un pharmacien et un aumônier, désigné par monseigneur l'archevêque de Paris, accompagneront l'expédition. Elle sera placée… Approchez, je vous prie, commandant… sous la direction du capitaine de vaisseau Jules Gaillard, qui nous rejoint sur la scène de ce magnifique théâtre, navigateur expérimenté, qui a doublé plusieurs fois le cap Horn, a séjourné en Inde et dans les deux Amériques.

Par la droite entre un homme de haute stature, sanglé dans un uniforme bleu flambant neuf, galons dorés sur chaque manche, casquette ornée d'une ancre rouge, qui sourit et salue la salle, qui lui répond par une salve d'applaudissements.

– Enfin, j'ai l'honneur de vous présenter M. Serge Dubois, approchez monsieur Dubois, représentant de la Banque des émigrants en Californie, un établissement extraordinaire qui propose aux candidats à la fortune de leur faire l'avance de tout ou partie des neuf cents francs, gagés sur tous types de biens : fermes, commerces, maisons, terres, forêts, bijoux, valeurs. Si vous rêvez des trésors du Nouveau Monde mais ne disposez pas des neuf cents francs nécessaires au départ, M. Dubois sera à une table, dans le hall d'entrée, pour examiner avec vous comment et en échange de quoi sa compagnie pourra vous les prêter.

Profitant d'une pause de l'orateur, un jeune homme au deuxième rang, casquette, moustache blonde, large ceinture de flanelle de menuisier autour de la taille, lève le bras :

– Tout ça est bel et bon, messieurs, mais s'il est si facile de faire fortune en Californie, pourquoi êtes-vous encore là, place de la Bourse, à nous refiler vos bons tuyaux et pas au Nouveau Monde à vous remplir les poches ?

Rires dans la salle.

– Mais c'est là une excellente question, jeune homme, répond l'ingénieur Lacoste, en posant la main sur le bras d'Antonin Lesieur. J'ai donc le plaisir de vous annoncer que c'est moi, Honoré Lacoste, ingénieur diplômé des facultés de Lyon et de Londres, spécialiste en extraction minière, qui dirigerai la partie terrestre de notre expédition, après avoir sans encombre passé le cap Horn. M. Lesieur, en tant que directeur de La Californienne, restera à Paris pour organiser une autre expédition, que nous prévoyons de monter dans trois ou quatre mois. Mais ce n'est pas à vous, votre présence ici aujourd'hui le prouve, que je vais apprendre l'adage : premiers arrivés, premiers servis !

– Eh bien maintenant, chers amis, enchaîne le directeur, nous allons descendre de cette scène, prendre place chacun à une des tables installées dans l'entrée et répondre individuellement à vos questions, si vous en avez. Merci de vous aligner devant chaque bureau, en fonction de l'interlocuteur que vous désirez. Les plus déterminés, et j'ajoute les plus avertis, pourront se préinscrire auprès de nos secrétaires. Comme je présume qu'aucun d'entre vous n'est venu ce soir avec neuf cents francs dans sa poche, je vous rappelle que nos bureaux du 44, rue de Trévise, seront ouverts à partir de demain, jeudi, pour recevoir le public. Enfin, n'oubliez pas cette date, la date cruciale du départ de notre navire, le *Gréty*, du port du Havre pour New York puis San Francisco : le 22 août. Cela vous laisse quelques semaines pour vous préparer, mais pour vous décider, je vous rappelle que nous ne proposons, pour ce premier voyage, que cent vingt places. Ceux qui hésiteront trop longtemps devront attendre plusieurs mois pour retrouver pareille opportunité.

Les quatre hommes descendent de scène, fendent la foule médusée, sortent de la grande salle et, dans le hall, s'installent chacun à une table nappée de blanc. Sur celle du capitaine Gaillard, un globe terrestre, sur celle de l'ingénieur, un fascicule imprimé avec le schéma de la machine à amalgamer l'or, sur celle du directeur, une carte de Haute Californie et sur celle du banquier, des classeurs reliés de cuir.

– Viens, Vivianne, tu vois bien que ce n'est pas pour nous. Neuf cents francs, où veux-tu que nous trouvions neuf cents francs ? Tu vois le nombre de clients que ça fait, neuf cents francs ?

La jeune femme au chignon blond, rouge à lèvres carmin, les yeux à demi dissimulés derrière une voilette, la robe rose échancrée et fendue, prend son amie par le bras et l'entraîne vers la sortie.

Vivianne a la même coiffure, version brune. Plus grande, plus souriante, beaucoup plus jolie, la taille prise dans un corset qui la laisse à peine respirer, elle dit à Amélie :

– Attends, on ne sait pas. Je voudrais parler à cet ingénieur aux belles moustaches. Il nous regardait avec un drôle d'air, tout à l'heure. Il y a peut-être un arrangement à trouver. File, si tu veux, je te retrouve au cabaret.

– Non, c'est bon, je reste avec toi.

C'est la cohue dans le hall : les curieux s'attroupent autour des tables, jouent des coudes, se marchent sur les pieds, se bousculent.

Deux pages découpées dans *L'Illustration* passent de main en main. Les dessins au crayon montrent une rivière dévalant une cascade en forme d'escaliers naturels, si pratique pour tendre sa batée et récolter sans effort des pépites grosses comme des cerises. Dans une autre scène, un Blanc appuyé sur un bâton, protégé par un large chapeau, regarde des esclaves noirs bêcher le lit d'une rivière bordée de palmiers.

– Certes, par l'isthme de Panamá c'est plus court, mais les fièvres sont redoutables, dans cette jungle qu'il faut traverser à pied, avec tout l'équipement. Et de l'autre côté, sur la côte Pacifique, qui vous dit que vous trouverez un embarquement ? Je vous assure que le passage par le cap Horn est plus sûr. Un peu plus long, mais beaucoup plus sûr.

– Ces machines sont fabriquées en Allemagne, vous connaissez la qualité de leur industrie. Je vous garantis que leur rendement, dans les rivières de Californie, sera exceptionnel. Tous les essais le prouvent.

– Oui, oui, bien sûr. La nourriture est comprise pendant la traversée, mais aussi pour les premières semaines dans le pays minier, où on manque de tout. Nous sommes en train de nous fournir auprès de la maison Appert, les meilleures conserves du monde. Et le vin viendra de Bordeaux.

– Notre banque accepte les hypothèques sur toutes catégories de biens, garanties devant notaire. Combien vous manque-t-il ? Mais ce n'est rien, trois cents francs. Et vous avez une cordonnerie ? Passez me voir demain rue de Trévise avec les documents, je vous arrange ça en moins d'une heure.

– Mais non, ne vous inquiétez nullement. Je n'ignore pas cette histoire d'un bateau anglais qui a mis trois mois à doubler le cap Horn, mais je vous assure que la faute en incombe entièrement au capitaine, qui était un bon à rien, et à un équipage de second ordre. Nos marins sont des as, et je connais ces parages comme ma poche. Nous allons le passer comme une lettre à la poste, je m'y engage. Vous aurez à peine le temps de contempler le paysage.

– Bien entendu, nous embaucherons des gardes armés, pour protéger notre campement et surtout les kilos d'or que nous allons trouver. Leur chef est un ancien officier des gardes républicains. N'ayez aucune crainte, même si nous recommandons aux travailleurs, étant donné qu'il s'agit d'une contrée encore sauvage dans laquelle rôdent des Indiens et des ours, de prévoir un fusil ou une arme de poing.

21

Cabaret des Vrais Amis, rue de la Gaîté, Paris

4 juillet 1849

– Bonjour, mère Cadet. Ils sont là ?

– Bonjour petit. Oui, ils sont arrivés dans la nuit, ils ont dormi dans la remise. Personne ne les a vus. La salle du fond. Frappe un coup, puis deux.

La porte s'ouvre. Dans la pièce enfumée, autour d'une table carrée, blague à tabac, miche de pain, verres de vin, jambon, couteau de Laguiole, pistolet, Paul Buchez retrouve ses camarades de barricades, vétérans des journées de révolte et de sang, à Paris, en février et juin de l'année précédente.

– Paulo, mon Paulo ! C'est bon de te revoir ! Quand on a envoyé le gamin chez ta mère, on se demandait si tu serais encore là.

– Je n'y étais pas, mais elle savait où me trouver. Salut, les gars.

Le premier à se lever pour le saluer, colosse à moustache de chef gaulois, cicatrice sur la joue, nez en bec d'aigle, casquette noire sur l'œil, est Jean Bréhat, dit Jeannot le Grand. Chef de leur bande de charbonniers, leur « vente » dans le jargon de la confrérie, recherché par les policiers du préfet Delessert bien avant les émeutes de juin 48, il a été le premier condamné à la déportation en Algérie après l'écrasement dans le sang de la révolte parisienne. Les trois autres, Henri, Pierre et Marco, l'ont rejoint deux mois plus tard, fers aux pieds, dans le fort de l'Est à Mostaganem.

– Moi aussi, le Grand, je suis content de vous voir. J'avais peur que d'Algérie ils ne vous envoient à Cayenne, il paraît qu'ils le font. Je n'avais plus de nouvelles. Ceux qu'ils déportent en Guyane, on n'en entend plus jamais parler…

– Et toi, ils t'ont gardé longtemps en prison, mon Paulo ?

– Pas trop, quatre mois, à Vincennes. J'avais jeté mon pistolet dans un égout juste avant qu'ils ne m'attrapent. Des traces de sang sur le pantalon, mais sans arme, la peine a été plus légère.

– Tu parles ! « Tout individu pris les armes à la main sera immédiatement déporté outre-mer », on l'a assez entendu. Nous aussi on avait peur de Cayenne, c'était la menace si on ne se tenait pas à carreau. Mais on a été sages comme des images et après trois mois dans le fort, ils nous ont envoyés bosser pour un colon, dans une ferme avec des orangers pas loin de la mer. Là, on s'est fait oublier un moment puis on a organisé notre évasion, c'était facile.

– Évadés ? Merde ! Quand le môme m'a apporté le message disant que vous étiez de retour à Paris, j'ai cru à une grâce.

– Grâce, mon cul, ouais ! Leur but, c'est que les révolutionnaires de 48, les insurgés du pavé de Paris, les ouvriers en armes qu'ils ont déportés ne refoutent jamais les pieds à Paname. Et s'ils peuvent crever des fièvres, de malaria ou d'autre chose dans les colonies, tant mieux.

Ils se lèvent pour prendre Paul dans leurs bras, lui taper dans le dos. Sur les vingt membres de leur vente, leur société de « bons cousins charbonniers » comme ils aiment s'appeler, ils sont les seuls survivants des journées d'insurrection qui ont embrasé Paris, en février 48, puis en juin et ont mis fin à la monarchie de Juillet, imposé la Deuxième République. Les quinze autres ont été tués, pendant les batailles contre l'armée et les gardes nationaux ou sommairement exécutés après la chute de la dernière barricade, sur le faubourg Saint-Antoine, le 26 juin. Les combats ont été brefs et intenses : quatre mille ouvriers et mille six cents gardes et soldats sont morts. Le ministre de la Guerre, Eugène Cavaignac, qui a envoyé la troupe et donné l'ordre de tirer sans merci, y a gagné son surnom de « Prince du sang ».

Assise à l'écart, dos contre le mur, une jeune femme ne s'est pas levée à l'arrivée de Paul Buchez. Elle porte des habits d'homme et des brodequins, avec de lourds pendants d'oreilles d'or ciselé et un foulard couleur de miel dans le col de sa vareuse. Elle a la peau cuivrée, de grands yeux en amande, des boucles de cheveux noirs dépassent d'une casquette de marin élimée.

– Paulo, je te présente Mounia, dit Pierre Léani, le plus jeune de la bande, un petit Corse élevé par ses parents dans le culte de l'Empereur, agile comme un chat, bagarreur comme un dogue, les yeux brillants d'amour en regardant sa belle. Elle était domestique dans la ferme où nous étions prisonniers. Quand je lui ai dit qu'on avait un bateau pour la France et que je l'enlevais, elle a dit oui.

Paul lui tend la main, elle se lève, lui sourit.

– Bonjour Paul, dit-elle avec un léger accent. Ils ont passé la traversée à me parler de vous, à calculer comment vous retrouver, à espérer que vous soyez sorti de prison. Ravie de vous rencontrer.

– Moi de même, mademoiselle. Bienvenue à Paris. Vous êtes née en Algérie ?

– Non, au Maroc. Ma mère est marocaine, mon père était algérien. Il m'a emmenée à Tlemcen quand il est rentré dans son pays, mais est mort peu après. Mes oncles m'ont placée comme servante dans une ferme de Français.

– Prends une chaise, mon Paulo, dit Jean Bréhat. Et ce verre. Tu veux une tranche de jambon ? Tu te souviens, il vient de la ferme de la mère Cadet, dans le Cantal. Oh, putain si j'en ai rêvé, de ce jambon…

– Bon, dites-moi. Comment avez-vous fait pour vous faire la malle ?

Les charbonniers racontent la ferme du colon, vaguement gardée par deux gardes champêtres, un sourd et un pas malin, le bureau de poste de la ville voisine dans lequel arrive, tous les mois, la paie des garnisons de la région, le cambriolage en pleine nuit, les doigts de fée de Marco pour ouvrir le coffre, les trois jours à marcher dans la montagne, dormant dans les fossés le jour, cavalant sous les étoiles, pour atteindre le port d'Oran.

– Là, on a payé un pêcheur pour passer en Espagne, planqués sous des filets, dit Jeannot le Grand. On a débarqué sur une plage, quelque part en Andalousie, puis un mois pour remonter jusqu'à Barcelone, dans des charrettes de paysans, mais beaucoup à pied, pour éviter les contrôles.

– À Barcelone, je connaissais un *carbonario,* un bon cousin catalan, qui nous a cachés et s'est occupé des faux papiers, dit Marco Pujol, ouvrier typographe perpignanais. Quand on les a eus, on a pris le premier bateau pour Collioure, tout s'est bien passé. Le douanier a un peu tiqué sur le passeport italien de Mounia, mais j'ai glissé un billet, elle a fait un sourire, et on était dehors. On est remonté doucement vers Paris, un peu en chemin de fer, un peu en malle-poste, pas mal à pied par les forêts pour éviter les grandes villes.

– La paie de plusieurs garnisons… Chapeau les gars ! Donc, si je comprends bien, vous êtes des évadés, à la fois politiques et de droit commun. Ils doivent vous chercher partout. Vous en êtes sûrs, de vos faffes ?

– Ils sont bien, mais jusqu'à un certain point, tu sais ce que c'est. En province, ça va, mais ici, si on se fait coffrer à l'hôtel de police, ils tiennent dix minutes. On ne va pas pouvoir rester longtemps à Paname, trop risqué. Faut qu'on prenne le large.

– C'est ce que je me disais aussi, la répression est terrible sur les quarante-huitards. Je déménage toutes les deux semaines, pas moyen de trouver du boulot. J'ai une idée, mais il faut de l'argent. Il vous en reste ?

– Tu veux rire ? Il y avait une fortune dans ce coffre, huit mille francs. Il nous en reste plus de cinq mille, on n'a jamais été aussi riches. Bandit, ça rapporte plus qu'ouvrier, mon camarade ! C'est à vous donner la vocation…

– Alors regardez ce que j'ai dans la poche depuis une semaine.

Paul déplie une page du journal *La Presse*. Dans un encadré illustré du dessin d'un trois-mâts à vapeur :

> Départ pour les mines d'or de la Californie, de cent travailleurs chacun, qui vont avoir lieu, l'un d'Anvers et l'autre du Havre, sur le navire *Gréty*, du port de 600 tonneaux, affrété par la compagnie La Californienne, rue de Trévise, 44, Paris. Vaste et magnifique entrepont pour des passagers, qui seront parfaitement traités.

22

Amiens (France)

8 juillet 1849

Quand il entra dans la salle à manger du château et vit ses deux oncles et son père assis en cercle, dos à la cheminée, verre de cognac à la main, Étienne de Saint-Aubert se dit que, cette fois, il risquait gros. De quoi s'agit-il ? La dette de jeu au cabaret de Lille ? Je l'ai réglée en gageant la bague de grand-mère, ils ne peuvent pas savoir. La danseuse du bal Mabille ? J'ai payé pour qu'elle se débarrasse du bébé, ce n'est pas ça. Les chevaux ? Oh foutre, si ce sont les chevaux de Guyencourt, ça va chauffer…

– Entre, mon fils. Viens t'asseoir avec nous. Nous venons de terminer un conseil de famille et avons des choses à te dire.

– Bonjour père, bonjour Raoul, bonjour Philippe. Avec plaisir. Comment allez-vous ? Je ne savais pas que vous étiez en ville.

– Nous allons tous très bien, Étienne, dit son père en désignant un fauteuil. Assieds-toi. Voilà. Je ne te l'avais pas dit, à dessein, mais au cours des derniers mois tu as été placé en observation.

– En observation ?

– Oui, c'est-à-dire que Philippe, Raoul et moi, ainsi que ta mère bien entendu, nous nous sommes intéressés de près à tes activités, tes fréquentations, tes dépenses. Étienne, tu as vingt-neuf ans, trente dans quelques mois. Il est temps de faire le point. Tu as fait des études… disons, convenables, qui nous ont coûté fort cher, à Lille, à Paris, à Londres. Nous t'avons ouvert des portes, aidé à trouver des emplois. Tu te souviens bien sûr de maître Dutertre, de la banque Tarneaud, de la compagnie des chemins de fer du Nord, dont Raoul est administrateur, de la filature Prouvost, et même des tramways de Bruxelles.

Chaque fois, tu n'y es resté que quelques mois, voire semaines, en choisissant de démissionner ou en étant… disons encouragé à prendre la porte.

– Mais…

– Laisse-moi terminer, je te prie Étienne. Cela fait, si je calcule bien, plus de six mois que tu prépares, en théorie, un projet de création d'un champ de courses hippiques dans la région. En fait, si j'en juge par les notes d'hôtel que tu envoies à ta mère, je suppose que tu pensais qu'elle les réglait sans m'en informer, ce qui n'est bien sûr pas le cas, tu passes le plus clair de ton temps, et j'ajouterais de tes nuits, à Paris et sur la Riviera. J'ai entendu parler d'une escapade à Cannes qui nous a coûté fort cher. Bref, mon cher fils, tu as démontré ton incapacité à t'engager dans une voie professionnelle sérieuse.

– Mais, père, cet hippodrome…

– Arrête, je te prie, avec l'hippodrome. J'en ai parlé la semaine dernière à maître Dubois, il n'a aucune chance de voir le jour, les terrains ne sont pas disponibles, les financements non plus, et nous pensons tous que tu le sais très bien. Alors voilà, nous avons pris une décision. Assez radicale, je le concède, mais nécessaire. Tu as entendu parler, comme nous, des extraordinaires champs aurifères qui viennent d'être découverts en Californie, je suppose ?

– En Californie ?

– Oui, la côte ouest de l'Amérique. Les journaux ne parlent que de ça. Notre famille a décidé d'investir dans la société minière qui vient d'être fondée à Lille par nos bons amis, le chevalier de Wavrin et M. Lalaing. Le but est de monter une expédition de deux ou trois ans en Californie qui devrait permettre, si on en croit les rendements annoncés de ces mines fabuleuses, de doubler voire tripler le capital investi. Le frère de Robert Lalaing est un ingénieur minier qui a développé de façon remarquable le bassin de Lens. C'est lui qui dirigera les travaux, en compagnie de trois contremaîtres qui ont l'expérience des métaux précieux.

– Fort bien, père, mais en quoi cela me concerne-t-il ?

– Eh bien, mon cher Étienne, cela te concerne d'assez près parce que nous t'avons choisi pour représenter notre famille dans cette aventure et te donner l'occasion, sur ces terres du Nouveau Monde, de te montrer digne de la confiance que nous plaçons en toi. Nous investissons une somme rondelette dans cette entreprise et il sera bon qu'un Saint-Aubert soit présent là-bas pour veiller à nos intérêts.

– Moi ? En Californie ? Mais je n'y connais rien, et c'est…

– C'est quoi ?

– C'est très loin.

– Certes, mais les voyages forment la jeunesse. Et nous avons estimé, tes oncles, ta mère et moi, qu'un an ou deux, ou même trois, à côtoyer des chercheurs d'or dans les montagnes de Californie, au contact d'une nature rude, dans une ambiance d'aventure et de dépassement de soi, te ferait le plus grand bien. À ton retour, fortune faite n'en doutons pas, tu seras prêt à fonder une famille et à t'engager du bon pied dans la vie adulte et ses responsabilités. Pas la peine de discuter, notre décision est prise. Départ le 22 août, du Havre. Ta place est réservée sur le bateau, cabine de première classe, tu peux remercier ta mère. Tu as six semaines pour te préparer, rassembler l'équipement et lire tout ce que tu pourras trouver sur les techniques aurifères. Nous avons parlé du projet à Auguste Dereins, tu sais, le fils du ferronnier qui entretient nos calèches. Il est d'accord pour partir avec toi. Il est très habile de ses mains et c'est un très bon chasseur. Il fera, j'en suis sûr, un compagnon d'aventures idéal.

– Si j'ai bien compris, je n'ai pas mon mot à dire ?

– Tu as bien compris. Tu peux disposer, maintenant, Étienne.

23

San Francisco (Californie)

30 juin 1849

Mercator effondré à ses pieds, Shane Flanagan accroche la matraque à sa ceinture, à côté d'un fouet en cuir de kangourou, et retourne le corps d'un coup de botte.

– Si la clef n'est pas autour de son cou, un de vous va rejoindre le cuistot dans les pâturages du ciel, mes jolis.

Il se penche, trouve la chaîne en argent, la passe par la tête.

– Une médaille avec silhouette de cachalot, une petite clef. Bon, on dirait que c'est ça. Je suppose que ce doit être là…

L'homme s'assied au bureau du capitaine, fait tourner la clef dans la serrure du premier tiroir, aux cornières renforcées de fer. À l'intérieur, le journal de bord, quatre pièces d'or, une dent de morse sculptée et dans une enveloppe brune deux mille deux cent vingt dollars, en billets de la banque des États de New York et du Connecticut.

– Bingo, les amis. United States National Bank of New York, *as good as gold* ! Dan, coup de bol que tu aies assisté à cette vente aux enchères. Ce fumier de Brannan est trop bien protégé, mais ces marins d'eau douce n'ont pas eu le temps de comprendre où ils ont mis les pieds. *Welcome to Frisco,* les ploucs ! Allez, on fouille tout, on prend les armes, les bijoux si on en trouve. Attachez bien ces crétins.

– Ce sont des baleiniers de Nantucket, Slim, des tueurs de cachalots, pas des marins d'eau douce. On ferait bien de leur trancher la gorge.

– Attends, calme-toi. J'ai buté le négro, ça va leur servir de leçon. J'ai déjà un mandat d'arrêt au cul pour le shérif d'Auburn, pas la peine de les collectionner. Ligotez aussi le capitaine avant qu'il émerge. Ils feront comme les autres, ils ne moufteront pas.

Ils fouillent les cabines, jettent le butin dans des sacs.

– On fout le feu, Slim ?

– Non. Pas question de cramer tous les bateaux du port, ils sont à touche-touche. J'ai une autre idée, pour l'incendie, mais il faut attendre que les vents soient favorables. Allez, on se tire.

Les quatre hommes, sacs de toile sur une épaule, fusils sur une autre, remontent leurs foulards jusqu'aux nez, baissent les chapeaux sur leurs yeux, passent sur le pont de la jonque, menacent le marin chinois et lui font signe de tenir sa langue faute de quoi ils reviendront l'égorger, sautent sur le ponton, s'éloignent sans se presser.

Fergus Smalls est le premier à se relever et à trancher ses liens, sur un angle de métal dans la cuisine. Il détache les autres, s'agenouille auprès de Mercator, lui tapote les joues. Anders Isaksen apporte un gobelet d'eau, lui en verse sur le front.

– Capitaine, dit Fergus. Vous m'entendez ?

Mercator grogne, porte la main à l'arrière de sa tête, s'appuie sur son coude, se relève à moitié.

– C'était quoi ? C'étaient qui ?

– Je ne sais pas, capitaine. Ils sont arrivés à deux, sans armes visibles, ont demandé de traverser pour aller vers le clipper derrière et une fois à bord nous ont attaqués par surprise. Les autres ont suivi, on n'a rien pu faire. Leur chef a poignardé Marcus sans une hésitation, sous le menton. Ils savaient, pour l'argent de la vente. Ils ont tenté en vain d'ouvrir votre tiroir-fort et ont décidé de vous attendre. Désolé, capitaine.

– Vous avez une idée de qui ils sont ? Vous les avez déjà vus ?

– Jamais, dit Sven Strandhall. Ils avaient un drôle d'accent. Pas anglais, pas américain.

– Celui qui s'appelle Dan a appelé le chef Slim.

– Bon. Il faut s'occuper du corps de Marcus. Voyons ce qu'ils ont pris, je ne crois pas qu'ils auront découvert la cachette de mon Colt. On range tout ça, on fera le point demain matin. Je sais à qui demander des tuyaux.

Ils enveloppent le corps du cuisinier dans un morceau de voile, le déposent sur le pont, à l'avant. Mercator redescend dans sa cabine, démonte sous sa couchette une planchette amovible, passe la main dans le compartiment secret : le Colt Texas Paterson, calibre.36 est toujours là, dans sa toile huilée. Il le sort, vérifie le chargement, le barillet de rechange, le glisse à sa ceinture. Pendant le reste de la soirée, ils remettent de l'ordre dans la cabine, se couchent tard, sans manger.

Au matin, Mercator part voir Reynolds, le menuisier qui héberge Bailey et son fils, pendant que les autres se mettent en quête d'un croque-mort qui pourrait prendre en charge la dépouille de Marcus Anderson.

– Vous avez vu un cimetière, ici, capitaine ? Non. Rien qui y ressemble. Mais il doit bien y avoir des morts, trouvez une solution.

Le menuisier lui confirme qu'il y avait bien en ville, il y a encore six mois, un poste de police, un shérif et ses deux adjoints, mais qu'à la fonte des neiges dans la sierra ils ont tous répondu à l'appel de l'or.

– À force de voir des gars descendre des montagnes avec des sacs pleins de pépites, forcément, ça donne des idées. Moi-même…

– OK, merci. Vous avez vu les Bailey ?

– Ils sont partis tôt, avec leur équipement, pour l'embarcadère des vapeurs.

Sur le seuil du Fremont Family Hotel, Mercator confie son Colt aux deux gorilles moustachus de l'entrée.

– J'ai besoin de parler à Sara Magnet. Je sais qu'elle réside à l'hôtel. C'est urgent.

– Besoin de parler, voyez-vous ça… Mlle Sara est copropriétaire de cet hôtel désormais, vous croyez que le premier crétin venu peut la faire descendre comme une domestique, ou pire encore ? Tu te prends pour qui, marin ?

– Pour le capitaine du *Freedom*, le vaisseau baleinier qui l'a transportée de New York jusqu'à ce trou à rats. Alors je vais aller au bar et vous envoyez quelqu'un la chercher. J'attends.

Il commande un café et un verre de cognac français, verse l'un dans l'autre, ajoute un morceau de sucre brun. Peu à peu les conversations cessent, le pianiste ralentit le rythme puis lève les doigts du clavier, le serveur se fige dans sa course, un silence d'église s'abat dans la pièce, les têtes se tournent vers le haut de l'escalier, les bouches s'ouvrent.

Dans une robe rouge décolletée, collier de perles noires, pendants d'oreilles en diamants, chignon vaporeux, bottines en poulain lacées, Sara Magnet descend trois marches, s'arrête, sourit.

– Capitaine Fleming ! Quel plaisir. Je m'apprêtais à venir vous voir, on me dit que vous n'avez pas encore quitté notre cher *Freedom*.

Maquillée, souriante, elle descend les marches à petits pas, fend les groupes de joueurs et de chercheurs d'or pétrifiés comme par une apparition, qui s'écartent sur son passage, sourires niais, coups de coude, chapeaux bas, mains dans les cheveux. Elle prend Mercator par le bras et l'entraîne vers une table que trois hommes en veste de chasse, sur un signe du maître d'hôtel, libèrent en faisant tomber une chaise. Albert Fallon, en costume noir et lavallière blanche, descend à son tour l'escalier, les rejoint.

– Bonjour capitaine, dit-il. Je me disais que vous finiriez par venir nous rendre visite. Il n'y a pas beaucoup d'établissements où la nourriture est correcte dans cette ville. Quel bon vent vous amène ?

– Un vent mauvais, j'en ai peur. Nous avons été attaqués hier soir, sur le bateau. Quatre hommes, des bandits. Des tueurs : leur chef a assassiné M. Anderson d'un coup de couteau dans le cou.

– Mon Dieu, quelle horreur !

– Ils ont tout pris, l'argent que j'avais à bord, des pièces d'or, nos fusils. Ce sont des gars d'ici, avec un drôle d'accent. Je dois les retrouver.

– Vous les avez vus ?

– Moi très peu, ils m'ont assommé. Mais Fergus, Sven et Anders les ont bien vus. Savez-vous à qui je pourrais demander de l'aide pour les identifier ? J'ai compris qu'il ne fallait pas compter sur un shérif.

Albert réfléchit.

– Attendez une seconde.

Il va vers la porte, revient avec l'un des deux gardes de l'entrée.

– Capitaine, je vous présente Gog, l'autre c'est Magog, ils sont arrivés en 48 et connaissent tout le monde en ville. Qu'est-ce que vous pouvez nous dire sur ces gangsters ?

– Ils parlent anglais avec un accent… Ah oui, un s'appelle Dan et s'est adressé au chef en lui disant Slim.

– Slim ? *Irish Slim ?* demande le videur.

– Slim tout court, je crois. Je ne l'ai pas vu, il m'a assommé par-derrière.

– Un fouet à la ceinture ?

– Je crois bien.

– Putain ! Flanagan. Les *Ducks* !

– Les quoi ?

– Les Sydney Ducks. Les Australiens. Un gang d'anciens prisonniers évadés ou libérés des bagnes anglais en Australie, des Irlandais. Ils sont arrivés il y a plus d'un an, au début de la Ruée vers l'or, la pire bande de la ville. Ils ne sont jamais partis dans les montagnes, préfèrent voler les chercheurs d'or et les commerçants. Les flics, quand il y en avait encore à San Francisco, n'osaient pas approcher de Sydney Town, leur quartier. C'est au pied de Telegraph Hill. Irish Slim s'appelle Shane Flanagan, c'est l'un des chefs, le grand copain du boss, James Stuart. Et Dan, c'est son âme damnée, Daniel Cowen. La chambre de commerce demande depuis des mois à Monterey d'envoyer la troupe contre eux, on attend toujours. Oubliez votre fric, estimez-vous heureux qu'ils n'aient pas tué tout le monde. D'habitude, ils ne laissent pas de témoins.

– Pas question. Où les trouve-t-on ? Sydney Town, vous dites ?

– Leur saloon préféré, c'est l'Uncle Sam. Mais il faut la cavalerie pour vous en approcher.

– Merci…

– Gog, appelez-moi Gog, je m'y suis fait, à la longue.

– Gog, pourriez-vous me prêter un de vos fusils à canon scié ?

– Désolé, capitaine. Ce sont nos outils de travail. Je ne prête pas mon fusil.

Sara pose sa main gantée sur l'avant-bras du garde et dit d'une voix douce :

– Gog, mon ami Mercator Fleming a besoin de cette arme. Nous allons trouver une solution, n'est-ce pas ?

– Je ne peux pas prêter la mienne, mais je connais quelqu'un qui peut louer la sienne. C'est à la journée, avec une garantie.

– Il vous la faut pour quand, capitaine ? demande Albert.

– Demain.

– Nous payons la location, et le dépôt de garantie, dit Albert. Vous pouvez vous en occuper et la tenir à la disposition du capitaine Fleming demain matin ?

– Oui, monsieur Albert. Comme ça c'est sans problème. Demain, avant midi.

Il se lève et regagne la porte.

– Ces Sydney Ducks font régner la terreur ici, capitaine. Vous êtes sûr ?

– Je n'ai pas le choix, Albert. Ils nous ont tout pris, et même le fusil de mon père. J'ai prévu d'ouvrir une scierie. Je n'ai pas de quoi acheter une pioche ou une pelle, un sac de patates.

– Nous pouvons vous prêter de l'argent, dit Sara.

– Merci, Sara. Je vais me débrouiller. Je sais où les trouver maintenant. Parlez-moi de vous : le vigile m'a dit que vous êtes copropriétaire du Fremont ?

– Pas vraiment… Disons que j'ai signé un accord d'association avec les propriétaires : en échange de mon entrée au capital de l'entreprise, le Fremont est désormais notre résidence, en attendant mieux. Vous allez rire, mais le contrat stipule que je dois, au moins deux fois par soirée, descendre l'escalier en grande tenue, pour le plaisir de ces pauvres garçons dont certains, quand ils quittent leurs mines, n'ont pas vu un froufrou depuis des lustres. Nous avons obtenu un assez joli rabais en échange de ce que mon père qualifierait, j'en suis sûre, de premier pas vers la prostitution. Je dois dire que cette pensée m'amuse assez…

– Et il est bien précisé qu'elle doit le descendre seule, et pas à mon bras, sourit Albert. Cela dit, une fois dans la salle je ne la lâche pas des yeux. Cela se passe bien la plupart du temps, mais il faut parfois faire appel à Gog et Magog. Leur apparition calme les esprits et les mains baladeuses.

– Eh bien, je vois que vous vous êtes adaptés à la vie californienne. Et la recherche d'or ?

Sara baisse la tête, son sourire révèle deux ravissantes fossettes au creux des joues.

– Capitaine, vous me voyez, dans cette tenue, manier la pelle et la pioche dans ces montagnes pleines d'Indiens sauvages et de grizzlis ?

J'ai compris le soir de notre arrivée, nous avons dîné à la table près de la caisse du bar, que les vrais gisements sont ici. *Mining the miners*, comme ils disent. Ces messieurs paient en dollars, en pesos, en poudre d'or ou en pépites, seize dollars l'once, sans regarder les prix, du moment que c'est de l'alcool ou une table de jeu. Et si en plus il y a un jupon, il n'y a pas de limite. Il y a trois jours, un petit gars qui louchait avec une barbe de six mois, des vêtements pleins de boue, a perdu aux dés mille onces en quelques heures. M. Wolff, le directeur, a commandé deux tables de roulette à Philadelphie, elles devraient arriver dans le prochain clipper, il les attend comme le Messie.

– Dites donc, pour une jeune fille de la bonne société new-yorkaise…

– Monsieur Fleming, à votre avis comment mon grand-père a-t-il fait fortune à New York ? Il est arrivé sans le sou d'Angleterre, a travaillé tout en bas de l'échelle, commis aux écritures à Wall Street, le temps d'apprendre les règles du jeu qui s'y jouait, puis s'est lancé à son tour. Ce doit être de famille…

– Et votre père ?

– Aucune nouvelle. Mais ça ne durera pas. J'ai entendu dire que l'agence Pinkerton allait ouvrir une succursale à San Francisco, pour sécuriser les banques et les transports d'or. Alan Pinkerton est un ami de mon père, ses hommes ont failli nous attraper à New York. Vous connaissez la devise de l'agence, *We never sleep*… Nous avons quelques semaines, peut-être quelques mois. Mais ce n'est pas grave. Le maire, l'*alcalde* comme on dit ici, a accepté de nous marier la semaine prochaine, puisque vous n'avez pas voulu le faire à bord du *Freedom*. À ce propos, vous êtes invité à la noce, bien sûr. Quand ce sera fait, et que nous aurons lancé nos affaires, ce sera trop tard. Nous n'allons pas nous cacher toute notre vie. Je pense souvent à ma mère. Cet automne, je vais lui envoyer un courrier pour lui dire que je suis ici et que je vais faire ma vie, au moins pour quelques années, dans la cité d'or.

– C'est une bonne idée, Sara. Bon, excusez-moi. Je dois retourner au bateau, nous devons enterrer M. Anderson et faire des préparatifs. Je passe demain en fin de matinée. Albert, merci pour le fusil. Je vous rembourserai.

– Soyez prudent, capitaine.

Il y a deux médecins à San Francisco, dont un Chilien parlant trois mots d'anglais, pas d'hôpital mais, confronté à un grand nombre de morts le plus souvent violentes, le maire a désigné le versant d'une colline, délimité par des piquets, comme cimetière. La morgue est une cabane de planches disjointes, dans laquelle Mercator rejoint Fergus, Adam, Sven et Anders. La dépouille du cuisinier est au sol, dans son morceau de voile.

– Le gars veut trente dollars pour un cercueil, dit Fergus.

– Combien pour creuser la tombe ?

– Dix.

– On l'enterre dans sa voile. C'était un marin.

Mercator sort des billets de sa poche, les agresseurs n'ont pas pensé à le fouiller, paie le Mexicain qui fait un signe de tête à deux ouvriers qui partent, pioche à l'épaule.

– Nous revenons dans une heure. Venez.

Les cinq hommes se retrouvent sur le pont du *Freedom*.

– Je sais qui ils sont et où ils sont. Des Australiens, une bande appelée les Sydney Ducks. Ils fréquentent un saloon, au pied de Telegraph Hill. Ils se croient sans doute intouchables, dans une ville sans police. Je vais aller jeter un coup d'œil ce soir. Je récupère un fusil à canon court demain. Avec mon Colt, nous aurons deux armes à feu et les harpons. Demain soir. Adam, tu resteras ici pour garder le bateau. Vous êtes d'accord ?

– Ces fumiers ont saigné Marcus comme un goret. Ils vont le payer, dit Fergus Smalls.

– Il faut récupérer le fric, capitaine.

– Et les armes. Nous sommes des baleiniers de Nantucket. Pas question de se laisser plumer par des canards.

24

Hangtown (Californie)

20 juillet 1849

– Gold Hill ? Facile. Passez le prochain pont, longez la rivière sur deux ou trois miles et vous verrez une piste partir vers l'ouest, le long d'un torrent qui n'a pas encore de nom, juste après un grand saule. Avec des chevaux comme les vôtres, c'est à deux heures. Vous cherchez le camp O'Leary ?

– Comment avez-vous deviné ?

– Oh, vous n'êtes pas les premiers. Je ne sais pas trop ce qui se passe là-bas, mais soyez prudents. Les gars qui en reviennent n'ont jamais l'air contents. Mais vous savez, par ici… Bon, il faut que je file. Salut.

– Attendez…

Michael Fleming et Gordell Strong ont acheté à prix d'or, à l'entrée de Hangtown, deux chevaux et leurs selles, un mulet et un âne pour le matériel, un fusil et un revolver. C'est Michael qui avance l'argent, note les dépenses dans un carnet de cuir. Il a ouvert la liste avec huit cents dollars versés, à San Francisco, à Tim O'Leary en échange du quart de la concession de Gold Hill, la bien nommée, qui a rapporté depuis le début de l'année, selon l'Irlandais, des dizaines de milliers de dollars.

Gordell Strong n'a pas bien compris pourquoi, si la mine était si rentable, il avait besoin d'associés pour financer de nouveaux équipements, mais Michael semblait convaincu. Il avait passé la soirée avec lui au Bella Union, le plus grand saloon de San Francisco, avait examiné la carte, la poudre d'or dans une flasque, les pépites dans un morceau de papier plié. Ils avaient signé le contrat, s'étaient serré la main.

Michael et Gordell traversent le pont de bois vert sur l'American River, remontent la berge. La rivière aux eaux cristallines de neige fondue court sur un lit de cailloux clairs. Elle est large, une trentaine de mètres, peu profonde. Par endroits, des rapides filent entre des rochers de granit ronds, ailleurs elle s'apaise et forme de vastes criques dans lesquelles des pêcheurs, avec des lignes sommaires ou à la main, tentent d'attraper des truites.

Sur les deux berges les *placers*, concessions de chercheurs d'or, se succèdent, marquées de piquets, de palissades, de cabanes, de terrasses renforcées de bois, de coffrages dans lesquels dévale à gros bouillons de l'eau détournée de la rivière, utilisée pour laver la terre et les rochers, transportés dans des paniers, des seaux, des brouettes artisanales. En aval de Coloma, le lieu-dit où dix-huit mois plus tôt les premières pépites entre les pierres ont attiré l'œil du charpentier James Marshall, les rives de l'American River à Hangtown ont été creusées, piochées, éventrées, ravinées par des centaines de bras qui ont parfois découvert des fortunes et parfois, quelques mètres plus loin, se sont épuisés en vain. Chaussés de bottes de cuir à peine tanné montant jusqu'aux genoux, les hommes pataugent dans la boue. Ils portent des pantalons de grosse toile, des chemises rouges ou brunes aux manches retroussées, des barbes touffues jusqu'à la poitrine, des sombreros mexicains repliés sur l'avant, de larges ceintures et des revolvers dans des holsters fixés très haut, pour que l'arme ne gêne pas les mouvements de la pelle.

Certains sont accroupis sur la rive et font tourner en cadence les batées de métal, pour séparer l'or du sable et des graviers, mais dans cette région où la prospection a commencé au printemps précédent, les emplacements ont été terrassés, creusés, organisés comme nulle part ailleurs en Californie. Les *placers* sont équipés de *long toms*, ces rampes de lavage inclinées de toutes tailles, coffrages de bois en escaliers garnis de tasseaux que les prospecteurs remplissent de terre, de sable et de cailloux qu'ils lavent à grande eau. Les pépites et paillettes d'or, plus lourdes, restent au fond et s'amoncellent contre les tasseaux. Il y a aussi des *rockers*, berceaux de bois au fond grillagé qui oscillent et permettent de tamiser, laver la terre, et récupérer les pépites dans un tiroir en dessous.

Michael et Gordell longent des concessions vides, où les outils sont en place, bien visibles, d'autres où s'affairent des dizaines de prospecteurs dans des concerts de pelles, de pioches et de jurons. Des odeurs de feux de camp et de viande grillée leur parviennent mais ils remarquent que les rares cabanes ressemblent davantage à des cahutes à outils qu'à des dortoirs.

– Ici ils sont assez près de Hangtown pour y passer la nuit, je pense, dit Michael. Je ne sais pas ce qui nous attend à Gold Hill. Deux heures de cheval, nous ne ferons pas l'aller-retour tous les jours.

– Monsieur Fleming…

– Gordell, s'il te plaît. Je le répète, nous ne sommes plus en mer. Nous sommes arrivés en Californie. Je ne suis plus le fils du capitaine Fleming, et tu n'es plus harponneur. Alors arrête avec le monsieur. Nous sommes chercheurs d'or, associés, tu vas me rembourser tout ce que j'avance avec notre premier or, alors tu me dis tu et tu m'appelles Michael. Micky, même, si tu veux…

– OK, je vais m'y habituer. Cet Irlandais, O' quelque chose…

– O'Leary.

– O'Leary, il ne vous a pas dit à quoi ressemble le campement à Gold Hill ?

– Pas vraiment, à vrai dire je n'ai pas demandé. Nous verrons bien. Il avait des pépites de la taille de l'ongle de ton pouce. Nous avons dix jours de vivres, après on avisera.

Un saule dont les branches trempent dans un bras de la rivière marque la bifurcation d'une piste qui serpente sur le versant doré d'une colline entre pins, chênes verts et oliviers sauvages.

Le poitrail des chevaux écarte les fourrés, lève des odeurs de genêts, d'immortelles et de bruyères. Un hennissement alerte deux perdrix qui s'envolent à leur approche, planent au ras des taillis vers l'abri d'un vallon. Le sentier disparaît presque par endroits, ailleurs s'élargit, révélant des traces de roues de charrettes. Clouée sur le tronc d'un sycomore, une pancarte : Gold Hill, écrit par un doigt trempé dans du goudron, et une flèche vers la gauche.

– Tu vois l'herbe sur le chemin ? demande Gordell. Personne n'est passé là depuis plusieurs jours.

– Nous ne sommes plus loin, dit Michael. C'est certainement de l'autre côté de la crête.

Ils montent à travers une prairie fleurie puis descendent entre les buissons. Les sabots des chevaux font rouler les pierres, derrière eux l'âne trébuche, brait de douleur, se relève. Deux aigles à tête blanche tournoient au-dessus de la vallée, semant la terreur chez les rongeurs et les reptiles qui se hâtent vers leurs terriers. Le cri d'un martin-pêcheur crépite au loin ; des coups réguliers, sans doute une hache contre un tronc, résonnent vers l'est.

Ils aperçoivent une rampe de lavage quasiment effondrée, sur la berge d'un torrent où coule un filet d'eau. Puis une tente déchirée par le vent, des rondins agencés en carré, fondations d'une cabane, des pins abattus au feuillage déjà sec, des planches retenant un éboulement de rochers, des pierres à demi taillées disposées en quinconce. Une pioche au pic cassé, une pelle rouillée, sans manche, trois caisses éventrées. Dans un trou, des boîtes de conserve vides, des bouteilles, des sacs de jute élimés. Ils descendent de cheval, avancent à pied, passent devant une barrique à moitié remplie d'eau croupie sentant la charogne.

– Ce camp est abandonné depuis longtemps, Michael.

– Oui. O'Leary disait qu'ils étaient six Irlandais et une dizaine d'Indiens à exploiter ce gisement. Gold Hill tu as vu le panneau. C'est bien ici. Il n'y a jamais eu seize chercheurs d'or, ici. Je me suis fait rouler.

– Regarde les traces dans le sable. Trois, quatre hommes, pas plus. Et il y a plusieurs semaines.

– *Fuck !* Huit cents dollars ! Je suis le roi des cons. Qu'est-ce qui m'a pris ? Bon, il est trop tard pour retourner à Hangtown. Nous allons bivouaquer sous ces arbres, je vais attacher les mules. Tu veux bien aller chercher du bois ? Nous irons demain en ville demander des nouvelles de cet Irlandais. C'est peut-être un malentendu.

Pendant que l'Indien allume un feu, Michael desselle les chevaux, vide les bâts de l'âne et du mulet. La batée et une courte pelle en main, il descend dans le lit du torrent. Il a été creusé par endroits, formant des retenues d'eau. Il remplit la grosse assiette métallique de sable, de boue et de gravier et, comme il a vu faire les prospecteurs le long de l'American River, lave le mélange dans un mouvement circulaire. Il penche d'abord trop la batée, qui se vide presque dans l'eau. La remplit à nouveau, affine son geste. En dix minutes, il ne reste dans le fond de l'instrument qu'un lit de sable sombre qu'il fouille avec les doigts. Quelque chose brille : un morceau de pierre argenté, du quartz sans doute. Pas assez jaune pour être de l'or. Il recommence. Une demi-heure plus tard, elle apparaît : une paillette dorée, de la taille d'une fourmi, entre les grains de sable. Il l'attrape entre ses ongles, la pose sur celui de son pouce, la montre à Gordell.

– On dirait que c'en est. Une heure les pieds dans l'eau pour trouver ça. Trop léger pour faire bouger une balance. Mon premier or de Californie.

Il plie en huit une feuille de son carnet, met la paillette dedans, referme, la glisse dans la poche de son gilet.

Ils ouvrent une boîte de porc fumé pour le dîner, avec des biscuits de mer du *Freedom.* Gordell coupe en deux, avec son coutelas de chasseur de baleine à manche en ivoire de morse, une pomme verte. Ils installent les couvertures, les selles en guise d'oreillers, s'allongent sous les branches d'un sycomore, regardent sans mot dire les escarbilles du feu monter vers les étoiles, s'endorment.

Le lendemain, ils arrivent en milieu de matinée à Hangtown, passent les camps de toile, attachent chevaux et mules devant le premier saloon.

– Tim O'Leary ? dit le barman. Ce brigand était là il y a trois jours, mais je crois qu'il est reparti pour San Francisco.

– Qui le demande ? lance un géant roux, chapeau et barbe de pirate, cartouchière en travers de la poitrine, attablé dans le fond de la salle avec un adolescent au teint pâle, cheveux graissés et tirés en arrière, deux Colts à la ceinture.

Michael s'approche, Gordell reste près du comptoir, enlève le fusil Hawken de son épaule, l'appuie contre le bar.

– Je m'appelle Michael Fleming, de Nantucket. Vous connaissez Tim O'Leary ?

– Ça se pourrait.

– Vous savez où je peux le trouver ?
– Pourquoi ?
– Je suis en affaires avec lui.
– Quel genre d'affaires ?
– Du genre qui ne vous regarde pas.

L'homme se lève. Il fait près de deux mètres, des épaules de lutteur de foire, des mains à étrangler les chats, dents gâtées, sourire mauvais, une cicatrice sous l'œil gauche, une machette à la ceinture, des bottes de prospecteur repliées sous les genoux.

– Mon gars, si tu es encore un de ces pleurnichards qui viennent dans notre ville prétendre que mon frère leur a vendu les parts d'une mine imaginaire, tu ferais bien de ficher le camp avant que je ne sorte mon canif et te coupe les oreilles en pointe.

– Mine imaginaire ?

– Tu n'as pas entendu ? Dégage ! Si je te revois à Hangtown après la tombée de la nuit, il y aura un autre pendu au grand chêne.

Michael met la main dans sa veste, en sort une feuille de papier pliée.

– Ce n'est pas imaginaire. J'ai là la preuve…

Avec une rapidité surprenante pour son gabarit, le géant saisit de la main gauche le poignet de Michael, le serre et le tord pour lui faire lâcher le reçu signé par Tim O'Leary en échange des huit cents dollars.

De la main droite, il sort la machette de son fourreau, la pose sur l'oreille de Michael.

– Bon, tu n'as pas bien entendu. Tu entendras sans doute mieux comme ça…

Le sang commence à couler le long du cou quand le géant marque un sursaut, ouvre la bouche, aucun son n'en sort, baisse des yeux exorbités sur sa poitrine. Lancé par Gordell, le couteau à manche d'ivoire a traversé la pièce, s'est fiché jusqu'à la garde dans sa cage thoracique, sous la cartouchière, en plein cœur. L'homme lâche la machette en râlant, emporte la table, les chaises. Un sursaut, il est mort.

L'adolescent qui assistait à la scène en souriant se fige, se lève, fait un pas en arrière, se cogne contre la paroi, dégaine ses deux revolvers, fait tomber celui de la main gauche, se tourne vers l'Indien.

La bouche du canon du fusil, une arme de chasse à l'ours, est pointée sur lui. Le regard de l'enfant passe de l'orifice noir, de la taille d'une pièce de cinq dollars, au visage impassible du harponneur.

– Petit, tu vas gentiment lâcher ton flingue et sortir sans te retourner. Je compte jusqu'à trois. Ne m'oblige pas à tirer. À cette distance, le Hawken te ferait un trou dans le ventre assez grand pour voir à travers. Tu es trop jeune. Un, deux…

L'adolescent baisse son revolver, fait deux pas sur la gauche, le pose sur une table, lève les mains au-dessus de sa tête, marche lentement vers la porte, suivi par le canon du fusil.

– C'est bien, petit.

Gordell se penche sur le cadavre, retire le couteau d'un coup sec, essuie la lame sur le pantalon de l'Irlandais sans regarder son visage, glisse le poignard dans le fourreau de cuir orné de perles rouges qu'il ne quitte jamais.

– Ça va, Michael ?

– Oui. Merci Gordell.

Le tenancier pose le fusil à canon scié qu'il avait sorti de sous le bar.

– Cette brute allait encore couper une oreille chez moi ! Bon débarras. Joli lancer, l'ami. C'était l'aîné des O'Leary, il y en a deux autres, en plus de Tim que vous connaissez. Pas aussi grands que celui-là, mais aussi méchants. Si j'étais vous, je ne traînerais pas dans la région. Partez vers les mines du Sud, sur la rivière Merced. C'est le coin des Chiliens, des Mexicains et des Français. Ils n'iront pas vous chercher là-bas. Entre ici et le lac Tahoe, vous ne pourrez jamais dormir tranquilles.

– Mais le shérif ?

– Il n'y a pas de shérif à Hangtown. Pas encore. Ils parlent d'une assemblée pour en désigner un la semaine prochaine. À votre place, je n'attendrais pas. Un Indien qui bute un Irlandais, même si je témoigne, c'est la corde. Ils ont le nœud coulant facile, par ici…

25

Hangtown (Californie)

18 juillet 1849

Journal du professeur Georg Altmaier, scribe de la glorieuse expédition des Argonautes du *Freedom* dans les champs aurifères de Californie – Suite.

Mercredi 18 juillet 1849.

Je m'aperçois qu'il y a plus de deux mois que je n'ai pas pris le temps de consigner nos aventures dans ce journal et il s'est passé, depuis mon dernier récit, tant de choses !

La dernière fois que j'ai écrit (je viens de relire), j'étais sur le pont de notre cher *Freedom,* qui est désormais à l'ancre, Dieu sait pour combien de temps, dans le port de San Francisco. Depuis, les journées ont été si remplies que je n'ai pas eu le temps de poursuivre. Et je suis même passé tout près de la catastrophe quand, lors de notre remontée du fleuve Sacramento en direction du pays minier, mon sac de cuir contenant ce journal est tombé à l'eau. Je n'ai dû son salut qu'aux réflexes admirables d'un marin du bord qui s'est prestement emparé d'une épuisette et l'a sauvé des eaux avant qu'il ne coule. Qu'il en soit éternellement remercié.

J'écris ce soir depuis le camp de toile à l'entrée de la ville de Hangtown (la ville des pendaisons, joli programme…) où nous sommes installés depuis deux jours, et où nous allons sans doute résider quelque temps. Mais reprenons le cours du récit : l'arrivée à San Francisco. Le terme de notre odyssée de près de six mois autour du continent américain a été à la hauteur de nos espérances : entourée de montagnes majestueuses, de forêts de séquoias géants offrant un spectacle défiant l'imagination, la baie de San Francisco est immense, parsemée d'îles, de criques, d'embouchures de rivières. Un mouillage naturel à nul autre pareil. Nous avons aperçu de loin le but de notre voyage : non pas un port mais une forêt de mâts, serrés les uns contre les autres près d'un îlot nommé Yerba Buena.

Mais là, en dépit de ce site enchanteur, nous avons commencé à déchanter. Nous avons été précédés, dans notre quête de l'El Dorado, par des milliers de candidats à l'aventure et à la fortune qui, venus de moins loin ou s'étant mis en route plus tôt, sont arrivés bien avant nous. Trouver un morceau de ponton où amarrer le *Freedom* a été toute une histoire, puis nous avons patienté près de deux jours pour pouvoir débarquer.

Je ne savais pas à quoi m'attendre, certainement pas à une ville comme celles que nous connaissons dans l'Est, mais je dois dire que jamais je n'aurais imaginé San Francisco ainsi : un mélange de bidonville, de campement provisoire, une cité de tentes et de cabanes montées de bric et de broc, essentiellement en pillant et démontant les navires, dont certains, les premiers arrivés sans doute, à demi ensevelis dans une vase noirâtre, ne navigueront plus jamais. Je rêvais, naïvement, d'un bain, d'un bon repas et d'un cigare dans une chambre d'hôtel : il n'y en a que deux, pour des milliers de voyageurs, et encore, le terme hôtel ne convient guère pour ces grandes cabanes sur deux niveaux, dont les habitants de Boston ou Philadelphie ne voudraient pas comme écurie. Nous y avons été éconduits de façon grossière et avons dû payer trois dollars (trois dollars !) le droit de poser nos couvertures dans un coin de remise ouverte à tous les vents. Nous sommes retournés le lendemain à bord du *Freedom,* bien plus confortable ! Voilà ce que personne ne dit aux candidats à la fortune : San Francisco était il y a moins d'un an un petit village endormi, peuplé de Californios, plus mexicains et pas encore américains, vers lequel ont convergé des milliers d'Argonautes de tous les coins du monde. Il y avait, à l'ancre près du *Freedom,* une jonque chinoise, appartenant d'après la rumeur du port à un célèbre pirate des mers de Chine. Cette bourgade du bout du monde a vu accoster des navires venus de tous les océans, remplis de candidats à la fortune, d'aventuriers, de marins en rupture de ban, de prospecteurs aguerris et d'amateurs n'ayant jamais manié une pelle, de bandits, d'escrocs, de bourgeois en vêtements de prix et de va-nu-pieds en haillons.

Rien n'était prévu pour accueillir, loger, nourrir autant d'hommes (il n'y a quasiment aucune femme) débarquant en même temps sur ces rives inexplorées. Les voiles des navires ont été découpées pour faire des tentes, la ville résonne de coups de marteau, mais les chercheurs de fortune arrivent en si grand nombre chaque jour que les possibilités d'hébergement restent insuffisantes. La moindre gargote qu'un New-Yorkais prendrait pour une mangeoire à animaux est prise d'assaut et sert, à des tarifs de palace, une nourriture infâme. Un Californio, l'un des rares qui a consenti à nous adresser la parole, m'a expliqué que les quelques fermes et ranchs alentour étaient spécialisés dans l'élevage mais que la production de légumes, par exemple, ne suffisait pas pour nourrir une population estimée à vingt mille âmes, là où il n'y en avait pas mille un an plus tôt.

Il nous a conté l'histoire d'une Chilienne, entreprenante habitante de Valparaíso, en train de faire fortune en important, sur des lits de glace de Patagonie dans les soutes d'un vapeur, des victuailles que l'on s'arrache aux enchères sur le port, avant même qu'elles soient déchargées.

Bref, nous avons décidé de nous attarder le moins possible à San Francisco. Mais là encore, le départ vers les régions minières fait l'objet d'une concurrence féroce entre futurs mineurs. La seule voie d'accès est le fleuve Sacramento qui, depuis la baie, remonte en une journée vers la ville du même nom, au pied de la sierra Nevada, porte d'entrée de l'El Dorado. Nous nous sommes inscrits sur la liste d'attente des passagers d'un vapeur flambant neuf, le *Senator,* arrivé depuis peu de la côte Est via, comme nous mais sans doute avec beaucoup moins de difficultés, le cap Horn. Ah oui, il faut le mentionner : quand j'écris « nous », il s'agit de MM. Ladoucette, Kalman, Robinson, Halligan, Tolomio et moi-même, qui avons formé une association pour mettre en commun nos ressources et nos moyens dans les régions minières. M. Bailey et son fils, que nous avons retrouvés sur le débarcadère à Sacramento, se sont joints à nous, ce qui me réjouit, étant donné les compétences de M. Bailey pour le travail du métal.

Contre trente dollars par personne et après une agréable journée à remonter le fleuve, qui serpente dans une plaine rappelant le jardin d'Éden, avec à l'horizon les sommets enneigés de la sierra Nevada, nous avons accosté au Sutter Landing, bâti non loin d'un fort portant lui aussi le nom de ce M. Sutter, un riche propriétaire terrien de la région, venu de Suisse je crois. L'appontement est situé près du confluent de la Sacramento et de l'American River. C'est sur celle-ci, le lendemain, après une nuit dans une tente collective qui nous a été facturée quatre dollars ! que nous avons poursuivi notre route. Pas (sans doute pas encore) de vapeur à partir de là sur l'American River, mais des radeaux tirés par des chevaux grâce auxquels nous avons sans encombre abouti aux rives du lac Folsom.

À la sortie du lac, la rivière n'est plus, du moins en cette saison, navigable. C'est donc à pied, en une journée de marche, que nous avons atteint Hangtown. Un service de muletiers, la plupart mexicains ne parlant pas anglais, s'est monté entre le lac et Hangtown pour transporter le matériel des chercheurs d'or et ravitailler les campements de prospecteurs. Ils ont chargé notre équipement, là encore pour un tarif prohibitif, mais nous n'avions guère le choix.

La piste, à travers des forêts de pins immenses, longe des cours d'eau sur les rives desquels on peut apercevoir des hommes au travail, pelles et pioches en main, dans l'eau jusqu'aux genoux.

Hangtown, ainsi nommé à cause de l'exécution par pendaison, voilà un peu moins d'un an, de quatre voleurs d'or qui terrorisaient la région, compte exactement six bâtiments en dur, dont quatre saloons.

La première histoire que l'on vous conte à votre arrivée est comment les bâtisseurs du premier entrepôt ont trouvé, en creusant ses fondations, assez d'or pour rembourser le prix de tout le chantier, travail et matériaux. Depuis, où que vous vous tourniez vous voyez davantage d'hommes occupés à creuser qu'à bâtir.

Le reste de la ville n'est que campements de toile et baraquements sommaires, dans lesquels nous avons loué pour une semaine, le temps de choisir où nous allons commencer à prospecter. Faute d'autorité locale, de quelque ordre que ce soit, les concessions peuvent être enregistrées auprès de comités de mineurs qui se sont formés dans chaque vallée. Étant donné sa position centrale, Hangtown en compte plusieurs, organisés autour de cartes tracées à la main mais étonnamment précises. Nous avons rendez-vous demain matin avec un certain Fulger, qui tient le registre de la Big Canyon Creek, au nord-ouest de la ville, où d'après la rumeur il reste des concessions non occupées. Un Français rencontré hier soir au saloon Hangman's Tree (lugubre, cette obsession pour la pendaison…) m'a expliqué les règles en vigueur dans la région : tout prospecteur peut faire enregistrer à son nom une concession de dix pieds carrés dans un secteur très productif, plus grande dans un secteur où personne n'a encore trouvé d'or, et la conservera à condition d'y travailler au moins un jour par semaine, faute de quoi elle pourra lui être retirée et sera réattribuée. Il est libre de délimiter son *claim* par des piquets, mais l'important est de le matérialiser en laissant sur place, bien en vue, ses outils ou son équipement, que personne n'a le droit de toucher sous peine d'un châtiment terrible (je ne sais pas encore lequel). La vente ou l'échange de concession sont autorisés, mais un mineur ne peut en posséder plus de deux. Les autorités les plus proches étant à Monterey, à une semaine de voyage, les associations de mineurs font, si nécessaire, office de police, tribunal, prison et bourreaux, d'où la propension à pendre haut et court les contrevenants. J'ai entendu parler également de découpage d'oreilles, pour les délits moins graves.

Voilà où nous en sommes ce soir, je vais devoir m'interrompre car j'arrive au terme de ma dernière bougie de spermaceti. Mon voisin de tente a proposé de me la racheter quinze dollars ! Que n'ai-je pensé à faire provision de quelques boîtes… Si tout va bien, nous partirons dès demain vers notre concession, les prochaines pages de ce journal pourraient bien contenir le récit de la découverte de notre première pépite.

26

San Francisco (Californie)

1er juillet 1849

Ils descendent Broadway, en file indienne, par une nuit sans lune. Ils ont fourbi les armes, attendu deux heures du matin. Mercator devant, fusil à la bretelle, harpon dans la main gauche. Gog et Magog lui ont indiqué où trouver l'Uncle Sam, la tanière des Australiens dans le quartier des bouges et des bordels. Fergus Smalls, Anders Isaksen et Sven Strandhall suivent en silence. Lances à achever les cachalots, couteaux à dépecer les baleines, revolvers à la ceinture.

Ils passent devant le bar des Ténèbres d'où monte le crincrin d'un violon, ignorent les injonctions d'un poivrot édenté, les gestes obscènes d'une putain famélique. Clark's Point, l'entrée de Sydney Town, le quartier où règne English Jim, le chef des Sydney Ducks.

Alignement de cabanes crasseuses, cahutes en partie effondrées, tentes déchirées par les vents de la baie, caveaux creusés dans le sable. Odeurs de poisson pourri, d'algues, de viande en décomposition. Une ourse galeuse est enchaînée par le cou devant l'entrée du Fierce Grizzli, qu'une femme en pantalon de cuir, ses énormes seins nus pendant jusqu'à la taille, fouette d'un geste las pour la dresser sur ses pattes. Deux gaillards vêtus comme des pirates des Caraïbes sortent des sabres d'abordage de leurs fourreaux à leur approche, les rengainent en voyant les armes et les harpons, rentrent à l'intérieur du Pacific Club. Un bordel de planches et de toiles, sur deux étages, a orné sa façade de lampes à huile de baleine sous des abat-jour rouges. Les tarifs sont écrits à la craie au-dessus de la porte, gardée par un cerbère tahitien aux bras comme des poutres. Mercator a le temps de lire : « Caresses de seins : dix cents l'un, quinze les deux. Lavage des mains obligatoire. » Une jeune Chinoise qui ne doit pas avoir treize ans est tenue par le cou, sur le seuil d'un gourbi éclairé de torches, par un Kanak au visage tatoué, qui écarte les pans de sa tunique de soie et révèle un corps d'enfant, marqué de bleus et de brûlures. Plus loin, une trentaine d'hommes se bousculent, se disputent les places aux fenêtres du Voodoo Queen pour apercevoir les danses obscènes des filles de Dora Wooster. Entrée : deux dollars. Un Noir à la carrure d'ours ouvre d'un coup de pied la porte à deux battants, sort sur le palier, fait claquer son fouet au-dessus des têtes des curieux. Bande de vicieux ! Pour mater, c'est deux dollars ! Deux dollars ou vous vous tirez, minables, *loosers* ! Quatre ou cinq hommes lui tendent des billets, des pièces mexicaines, les autres font mine de s'éloigner, reviennent dès qu'il a tourné le dos.

Mercator et ses compagnons changent de trottoir, pataugent dans la boue jusqu'aux chevilles, longent une arène pour combats de chiens, de coyotes et de loups, vide à cette heure. Sous la masse grouillante de dizaines de rats, ils devinent les cadavres d'animaux jetés dans un coin. De l'Aguila de Oro, avec sa façade décorée de candélabres et d'images pieuses où la vierge a les seins nus, montent des applaudissements, puis des chœurs de Nègres ou de Blancs au visage passé au noir de charbon qui entonnent des gospels adaptés à la mode californienne, avec des paroles louant le courage des chercheurs d'or et leur quête du *Mother Lode*, le filon originel. L'affiche, dessinée à la main, vante le spectacle des San Francisco Ethiopians.

Aguila de Oro, l'Uncle Sam est juste à côté.

– Fergus, chuchote Mercator, prenez ce fusil, faites le tour parderrière, trouvez l'entrée de service. Sven, Anders, avec moi. Ils entrent.

Le harpon lancé de toutes ses forces depuis le seuil du saloon transperce Daniel Cowen de part en part. Cloué à la paroi comme un papillon. Le borgne était le plus facile à identifier, à l'intérieur du bouge presque vide. Colt dans la main droite, long couteau dans la gauche, Mercator vise Shane Flanagan, qui s'est levé d'un bond et cherche une arme à sa portée. Sven et Anders encadrent le capitaine et brandissent l'un un harpon, l'autre une lance à achever les cachalots. Ils ont pénétré dans le repaire des Sydney Ducks comme ils auraient attaqué un cétacé, comme des pirates sautent à l'abordage, sans laisser aux gangsters australiens le temps de comprendre ce qui leur tombait dessus.

– Personne ne bouge, regardez là-haut !

Du balcon du premier étage, Fergus, qui a escaladé par l'arrière et est entré par une fenêtre, braque un fusil à canon scié sur les deux tables où étaient assis les Australiens, tous debout. Leurs regards vont du borgne qui râle de douleur, agrippé au manche du harpon qui lui traverse l'estomac, aux trois intrus brandissant la foudre. Qui peut bien oser ?...

– Barman, pose tes mains sur le comptoir. Nous n'avons rien contre toi. Anders, son arme.

Le géant norvégien fait signe, de la pointe du harpon, au tenancier de s'éloigner, passe la main derrière le bar, récupère un fusil à canon et crosse sciés qu'il braque sur les cinq Australiens pétrifiés.

L'un d'eux pose la main sur le revolver à sa ceinture, n'a pas le temps de le soulever : Mercator tire, le touche en pleine poitrine, il s'effondre entre les chaises. Irish Slim profite du bruit et de la fumée pour tenter de se précipiter vers la porte du fond : les chevrotines de Fergus Smalls l'atteignent aux jambes, il s'écroule en hurlant.

– Ça suffit ! Mains en l'air tout le monde. Le premier qui bouge est embroché comme un marsouin ! crie Mercator. Sven, leurs armes.

Le Suédois pose la lance contre la cloison, approche des Australiens, récupère un revolver, un fusil de chasse à l'ours, deux couteaux.

– Il faut faire vite, dit Mercator en attrapant par le col Shane Flanagan, qui râle, allongé entre les tables, les mains sur sa jambe blessée. Tu me reconnais, foutu Australien ?

– Putain de marins... Vous êtes morts, morts !

– Pour l'instant tu es plus mort que moi, *Aussie*. Où est mon fric ? Le fric que tu nous as volé ?

– Va te faire... Aaahhh !

Mercator pose sa botte sur la blessure, appuie de toutes ses forces, sort son couteau à dépecer les baleines, le lui met sous la gorge.

– Tu as deux secondes ou je t'égorge comme un phoque. Si tu ne parles pas, un de tes hommes parlera.

– OK, dans la chambre, au premier... Le fric est dans ma chambre !

– On y va.

Il soulève l'Australien, qui s'appuie à une table pour se relever, le traîne en boitant jusqu'à l'escalier.

– Fergus, descendez. Vous trois, là, vous n'avez rien à faire ici. Filez et bouclez-la.

Mercator pousse, tire son prisonnier dans les marches. La première porte sur le palier est ouverte, Irish Slim entre, s'effondre sur le lit, le sang coule le long de sa jambe droite.

– Là, le sac. Tout est là. Prends-le et fichez le camp.

Mercator pose la besace de cuir sur la table. Il reconnaît dedans son enveloppe, au milieu de pièces d'or et d'argent, de liasses de pesos mexicains, de bourses pleines de poudre d'or, de sachets de pépites. Il referme le sac, l'empoigne d'une main et de l'autre attrape l'Australien par le col.

– Tu viens avec moi.

Il le fait sortir de la chambre, le traîne jusqu'au palier, couteau sous le cou. Il ne reste dans le saloon que trois Sydney Ducks à genoux, mains sur la tête, gardés par les baleiniers.

– Capitaine, il faut y aller. C'est leur quartier, n'attendons pas les renforts, dit Fergus Smalls.

– On y va.

Mercator saisit son prisonnier par les cheveux et, d'un coup sec, lui tranche la gorge. Il le jette dans l'escalier qu'il dégringole comme un paquet, mort en touchant le sol. Le sang jaillit à gros bouillons, se répand dans la sciure.

– Trouvez une corde, attachez ces trois-là ensemble, sur des chaises. Dites à votre chef qu'on ne s'attaque pas aux baleiniers de Nantucket. Nous tuons les plus gros animaux de la création, au harpon. Si des canards australiens ont pensé qu'ils pouvaient nous dépouiller comme des pieds-tendres, voilà la réponse.

Ils ligotent les survivants et quittent l'Uncle Sam par la porte de derrière, laissant trois morts dans la pièce. Ils traversent Broadway en courant, débouchent sur le port qu'ils longent au pas de course pour regagner le *Freedom*.

– Faisons un tour de garde, je prends le premier quart, dit Mercator. Fergus, relayez-moi dans deux heures. Ils ne peuvent approcher sans passer par le ponton. N'enlevez pas vos bottes, on fait le point demain matin.

La journée du lendemain se passe en faction sur le trois-mâts, personne ne descend à terre, fusils à portée de main. Le port bruisse d'activité. Un vaisseau français jette l'ancre dans la baie, vite entouré d'une dizaine de barques, commerçants, patrons de restaurants et de saloons qui font la course pour être les premiers à mettre la main sur les caisses de champagne, les barriques de vin et de cognac.

Le matin suivant, peu après l'aube, l'équipage est réuni dans la cambuse autour de la cafetière quand Anders Isaksen, en faction, crie :

– Capitaine, des hommes armés. Ils approchent.

Ils se ruent sur le pont, s'accroupissent derrière le bastingage, fusils pointés vers les six inconnus qui traversent la jonque chinoise. Ils portent des revolvers dans leurs holsters, des carabines à l'épaule, entourent un homme en costume et chapeau rond.

– Ohé, du *Freedom* ! Baissez vos armes. Nous venons en amis. Je suis Samuel Brannan. Je viens voir le capitaine Fleming.

– Monsieur Brannan. Montez.

Le baleinier et le commerçant s'installent à la table du carré, les marins et les gardes du corps en faction sur le pont.

– Jeune homme, on m'a raconté ce qu'il s'est passé à l'Uncle Sam. Bravo. J'attendais depuis des mois que quelqu'un comme vous arrive à San Francisco. Ces australiens sont la lie de cette ville, ils m'ont volé des fortunes en marchandises, tué deux de mes hommes. Ils avaient acheté le shérif, quand il y en avait encore un. Je suis allé trois fois à Monterey demander une intervention de la troupe, deux colonels différents m'ont dit qu'ils avaient mieux à faire, pas assez de soldats. Je peux réunir une assemblée locale et vous faire élire shérif. Autant d'adjoints que vous voulez. Fixez vous-même votre salaire.

– Moi, shérif ?

– Oui, vous. L'histoire du coup de harpon est en train de faire le tour de la ville, dans trois jours elle sera connue au fin fond de l'État, dans quelques semaines elle sera imprimée dans les gazettes de l'Est. Ce sont elles qui font la légende de l'Ouest, vous le savez.

– Merci de votre offre, monsieur Brannan. Très honoré. Mais je ne suis pas venu en Californie, je n'ai pas fait six mois de mer pour devenir shérif. J'avais un compte à régler avec cet Irish Slim, qui a attaqué mon bateau, assassiné un de mes hommes. C'est fait. Je ne tue pas pour de l'argent.

– Vous voulez partir dans les montagnes chasser des chimères, comme ces milliers d'abrutis ? Il n'y en a pas un sur cent qui en reviendra riche. Les vraies mines d'or sont ici, sous nos pieds, dans ce port, dans cette baie.

– Je le sais. C'est pour ça que mon but n'est pas d'accrocher une étoile à ma veste mais d'ouvrir une scierie. C'est d'ailleurs vous qui m'en avez soufflé l'idée, souvenez-vous. Ces Ducks m'avaient volé jusqu'au dernier dollar, je devais les récupérer. Maintenant, je veux qu'on me foute la paix.

– Ce n'est pas une mauvaise idée, au contraire. Mais vous n'avez peut-être pas bien compris à qui vous vous êtes attaqués. Cet Irish Slim était le lieutenant et le meilleur ami du chef des Ducks, un certain James Stuart, dit English Jim. Évadé d'un bagne anglais en Australie, un tueur. Aucune chance qu'il vous foute un jour la paix. Je ne sais pas combien il y a de Ducks, mais ils se comptent en dizaines. Ils sont arrivés parmi les premiers, l'an dernier, quand la rumeur de l'or a franchi les océans. Vous ne pouvez pas rester à quatre sur ce bateau, vous êtes trop vulnérables. Laissez-moi réfléchir…

– Le *Freedom* est tout ce que je possède, pour l'instant.

– Votre réaction à l'Uncle Sam va me servir. J'essaie depuis des semaines de monter un comité de vigilance américain, rassemblant les honnêtes citoyens de cette ville. Si nous sommes assez nombreux, et assez armés, les Sydney Ducks ne feront pas le poids. Vous les avez affrontés à quatre, avec des harpons. Ça va donner confiance aux commerçants et aux marins qui pensaient qu'ils étaient intouchables. Mais si vous ne voulez pas de l'étoile de shérif, il va falloir vous mettre au vert pendant quelques jours, peut-être quelques semaines. Voilà mon idée : je viens d'acheter une goélette, la *Sunset Star*, pour transporter du bois et des marchandises dans la baie. Elle est prête à prendre la mer, de l'autre côté du port. Elle peut être manœuvrée par quatre hommes, trois même. Votre *Freedom* est trop lourd, et il faudrait deux jours pour le dégager de là. Si je vous confie ma *Star*, avez-vous une idée d'un endroit où vous pourriez vous replier, le temps que les choses se calment et que je monte ce comité de vigilance ?

– Il faut que j'en parle à mes hommes. Vous pensez qu'il faut vraiment quitter la ville ?

– Vous avez tué trois Ducks, dont Irish Slim. Ils vont vous pourchasser, soyez-en sûr.

– Il y a Bolinas, sur la côte, au nord. C'est là que j'envisageais d'installer une scierie. Je pourrais y aller en reconnaissance.

– Je vois où c'est, sur la carte du moins. Il y a une lagune. C'est à quelle distance ?

– Moins d'une journée de mer. Je connais quelqu'un là-haut.

– Très bien. Pour la scierie, comme je vous l'ai dit, ça m'intéresse. J'ai besoin de pieux de bois qui résistent à l'eau de mer. C'est le plus urgent, pour construire une ou même deux jetées. Regardez autour de vous : le port est submergé de navires. Des quais de déchargement, voilà la clef de la fortune. Vous pensez pouvoir me trouver ça ?

– J'ai vu pas mal de cyprès, autour de Bolinas. C'est avec ça qu'on construit les pontons à Nantucket.

– Partez, restons en contact. Envoyez-moi un message si vous trouvez. J'achète tous les pieux que vous pourrez fournir, à vous de fixer le prix, tant qu'il est raisonnable. Si vous voulez consulter vos hommes, j'attends ici. Il n'y a pas de temps à perdre, croyez-moi.

Mercator va sur le pont parler quelques minutes à Fergus, Adam, Sven et Anders, redescend dans le carré.

– Pouvez-vous trouver deux hommes pour rester à bord du *Freedom* et monter la garde ? Je paie leur salaire.

– Sans problème.

– Nous pouvons lever l'ancre dans une heure.

27

Snelling (Californie)

16 septembre 1849

– Monsieur Bailey ? C'est bien vous ? Daniel Bailey ?

Michael Fleming est descendu de cheval devant la forge, à l'entrée du campement de chercheurs d'or de Snelling, dans un méandre de la Merced River. Sa monture a perdu un fer sur un sabot arrière et boite depuis le matin. En approchant du maréchal-ferrant il reconnaît, malgré la suie qui recouvre son visage et ses bras, le forgeron d'Albany, le passager du *Freedom*. Et voilà son fils Richard, dans le fond de l'établi, un sac de charbon de bois sur l'épaule.

– Michael Fleming. Vous me remettez ? Regardez, je suis avec M. Strong. Nous arrivons du nord. Ça alors ! Mais qu'est-ce que vous faites là ? Je croyais que vous étiez vers Hangtown.

– Michael ! Bonjour. Venez, entrez. Attachez vos chevaux là. Excusez-moi deux minutes, il faut que je termine cette charnière de porte pendant que le fer est rouge. J'ai presque fini.

Il se tourne vers l'enclume, donne cinq coups de masse sur le métal incandescent, l'attrape avec des pinces, porte la pièce à hauteur de ses yeux, deux coups supplémentaires, la trempe dans un seau d'eau. Elle grésille, redevient morceau de fer inerte.

– Voilà. Quelle surprise ! Nous aussi, nous pensions que vous étiez plus au nord, vers Coloma. C'est le professeur qui va être content de vous voir.

– Il est ici ?

– Oui, notre association continue, malgré les déboires des premières semaines. Nous ne sommes pas restés à Hangtown, il y avait trop de monde sur les concessions, les meilleures places étaient prises, plus un *placer* de libre sur le cours d'un ruisseau. On a essayé dans un coin nommé Big Canyon Creek, mais la rivière était à sec. Déjà quand il y a de l'eau ce n'est pas facile, mais sans… Pas la moindre pépite. En plus, nous sommes tombés sur un sacré margoulin. Alors nous avons entendu dire qu'il y avait moins de monde sur la Merced, nous sommes là depuis six semaines. C'est beaucoup mieux. Par ici, c'est le coin des Latinos, Mexicains, Chiliens, Péruviens surtout. Ils ont moins tendance à sortir les fusils à tout bout de champ. Et il y a aussi un camp de Français, pas loin, je ne sais pas comment ils font mais leur ravitaillement est extraordinaire. Ah, bonjour monsieur Strong !

L'Indien est descendu de cheval, serre la main du forgeron, de son fils.

– Et vous, qu'est-ce qui vous amène dans le sud ?

– Vous parliez de margoulin…

– Ah, vous aussi ?

– J'ai acheté des parts dans une mine abandonnée qui n'a jamais rien rapporté, dit Michael. C'est de la folie de conclure un marché dans un saloon, après trois whiskys. J'ai compris la leçon. Mais elle a failli me coûter une oreille. Sans le couteau de M. Strong, qui a harponné un cachalot irlandais de belle taille, j'aurais du mal à vous entendre. La Sacramento River est devenue trop dangereuse pour nous, le cachalot a des frères rancuniers, on nous a conseillé de descendre vers la Merced. Comment ça se passe ici ?

– Nous avons une jolie concession, sur la rive nord de la rivière. Nous venons de terminer l'installation d'un deuxième *long tom*, nous avons trois *rockers*… Il ne manque plus que les pépites !

– Vous n'avez rien trouvé ?

– Pas vraiment rien, des paillettes, quelques cailloux, mais rarement plus gros qu'une tête de clou. En tout cas nous sommes loin de rentrer dans nos frais, et encore plus loin de la fortune. C'est pour ça que j'ai racheté cette forge. Le gars qui l'a construite, un Canadien de Calgary, est arrivé au tout début de la prospection et voulait repartir chez lui. Je l'ai eue à bon prix, étant donné qu'il avait une enclume importée de la côte Est. Dès la première semaine j'ai fait deux fois plus d'argent que mes amis Argonautes. Tout manque, par ici. Le moindre outil, la moindre pièce doit venir de San Francisco, à condition qu'elle y soit disponible. Une tête de pioche se vend quarante dollars. Alors je fonds, je coule, je martèle. Et à n'importe quel prix, les mineurs paient ce que je demande. En pépites, la plupart du temps. La forge la plus proche est à trente miles. Richard prospecte avec nos amis le matin, bosse ici avec moi l'après-midi. J'avais ça dans l'idée depuis le bateau, vous vous souvenez ?

– Oui, vous parliez de monter une forge.

– Le problème, avec l'or, c'est que par endroits il y en a beaucoup, des recoins de rochers ou de rivières, des plis de montagnes dans lesquels il s'est accumulé pendant des siècles, et que juste à côté il n'y a rien, ou presque. Vous pouvez creuser pendant des mois en vain. Un gars s'installe sur la rive en face et sort une fortune de l'eau en quelques jours, c'est à vous rendre fou. Il n'y a aucune règle, malgré tout ce qu'on dit sur les *placers*. J'en ai entendu raconter des conneries, depuis notre arrivée… Et les rivières dorées de la Californie, l'El Dorado pour tous, c'est la plus belle de toutes !

– Oui, je crois que c'est avant tout une question de chance, ou de tomber sur un filon avant les autres. Et pour ça nous sommes peut-être arrivés trop tard.

– Pas vers ici, la Merced n'est prospectée que depuis quelques mois. Je suis sûr qu'il reste des gisements fabuleux à découvrir. Excusez-moi de vous demander ça, je sais que vos rapports n'étaient pas très bons, mais… Quelles sont les nouvelles de votre frère, le capitaine ? Vous savez où il est ?

– Resté à San Francisco. La vente des poutres que nous avons apportées de New York l'a persuadé de monter une scierie, ou un transport de bois pour les travaux de construction de la ville. Quand je suis parti, un peu avant vous, il cherchait du monde, je n'en sais pas plus. Je n'ai pas l'intention de le revoir un jour. Comment ça se passe ici, vous avez un campement ? Vous pensez que nous pouvons rester avec vous quelques jours ?

– Mieux qu'un campement, dit le forgeron. Nous venons de terminer une cabane, il y a deux lits vides. Avec plaisir, bien sûr. Nous nous retrouvons tous les soirs pour dîner. Vous pouvez laisser vos chevaux, je vais m'occuper de ce fer, allez faire un tour à la rivière.

C'est un sacré spectacle, tous ces gars au travail. Revenez dans deux heures, nous irons ensemble à notre maison, c'est à la sortie de la ville. Je ne vous dis pas de rejoindre les autres sur le *placer*, vous ne trouveriez pas. Nous pourrons y aller demain, si vous voulez, je ferme la forge pour prospecter.

Michael et Gordell dessellent leurs montures, posent sacoches et armes dans un coin de l'atelier et partent vers la Merced River. C'est une large rivière qui coule, entre des berges boisées de hêtres et de sycomores, sur des lits de galets gris et blancs. En arrivant dans la plaine, ses eaux se teintent de vert, son cours s'apaise, ses rapides qui dévalent des montagnes du Yosemite se changent en clapotis. Pendant quelques semaines au printemps, elle entre en crue, gronde et charrie des troncs de sapins bleus, des rochers, des aiguilles de séquoias que capturent, comme des doigts de fée, les branches basses des saules pleureurs.

À la sortie de Snelling, des centaines de chercheurs d'or, côte à côte, dans l'eau jusqu'aux genoux, font tourner dans leurs mains des batées de bois ou de métal. Ils lèvent la tête et jettent des regards sombres sur les nouveaux venus, reprennent leurs mouvements circulaires. Par endroits, ils sont deux ou trois, pelles et pioches en main, à remplir de sable et de cailloux arrachés à la berge des *rockers* de la taille de berceaux d'enfants. Un autre le balance du pied et verse à l'intérieur des seaux d'eau, remue avec un bâton. Puis il s'agenouille, fait glisser le tiroir qui recueille le mélange tamisé. À l'intérieur, du sable sombre et fin, que l'homme fouille du doigt.

Michael et Gordell approchent.

– Bonjour, l'ami, dit Michael. Vous trouvez des pépites, comme ça ?

– Pas souvent, répond l'homme, regard soupçonneux, vêtements luisants de crasse, barbe maculée de boue. Il faut passer tout ça à la batée, mais on gagne pas mal de temps. Vous êtes nouveaux par ici ?

– Oui, nous venons d'arriver.

– Si vous voulez enregistrer une concession, il faut aller voir le Gros Bill, il est plus bas sur l'autre rive. Il reste de la place, en remontant. Ça passe à gué, au niveau du grand arbre qui avance au-dessus de l'eau, là-bas.

– Merci, peut-être pas tout de suite. Nous venons rejoindre des amis avec lesquels nous sommes venus de l'Est. Nous allons rester quelques jours avec eux, voir si ça vaut le coup par ici.

– La Merced est une bonne rivière, les premiers arrivés ramassaient l'or à la pelle, à ce qu'on dit. Depuis c'est plus dur. Moi je suis là depuis trois mois, j'en ai trouvé un peu, de quoi continuer. Ce n'est pas ce qu'on m'avait dit à Saint-Paul, quand je suis parti, des pépites plein les rivières, y a qu'à se baisser, mais je suis sûr que ça finira par payer… Bon courage, les gars.

– À vous aussi, l'ami.

Plus haut ils observent un groupe au travail : une dizaine d'Indiens à demi nus, vêtus de pagnes de peau, des péons mexicains en pantalons et chemises de coton, de chaque côté d'un *long tom* qu'ils emplissent de terre à la pelle, sous la surveillance d'un contremaître latino en sombrero et longues moustaches, assis sur son cheval, fusil en travers de la selle.

Au méandre suivant ils sont une trentaine à défoncer la berge à coups de pioche, concert de han ! et de jurons, pour détourner en partie le cours de la rivière et former un torrent artificiel qui alimentera une cascade de planches et de coffrages que des charpentiers construisent à coups de scie et de marteau.

Plus loin, des chercheurs d'or utilisent deux ânes attelés pour faire bouger de gros rochers ronds, sous lesquels ils espèrent trouver des concentrations de pépites. C'est sous les cailloux les plus ronds, charriés par les flots lors des crues, que s'accumulent les fortunes qui peuplent leurs rêves, racontent les prospecteurs.

– Venez, il est temps de fermer boutique, allons voir les Argonautes, dit Daniel Bailey comme ils reviennent à la forge.

Il passe une barre de fer dans les montants des volets de bois, se lave les mains et le visage dans l'auge des chevaux. Son fils est allé à la seule épicerie de la région, à l'entrée sud de Snelling, et rapporte du bacon, de la farine et deux bouteilles de whisky.

– Nous allons fêter nos retrouvailles. Ce General Store est une bénédiction, un Californio de Monterey l'a ouvert au début du mois. Les tarifs sont ahurissants, mais quand nous sommes arrivés il fallait deux jours de piste pour trouver de quoi manger, on y allait à tour de rôle. Résultat : steaks et côtelettes de grizzlis à tous les repas ou presque. Il y avait des ours partout dans ces montagnes, ils commencent à se faire rares. Des mineurs avec de bons fusils ont abandonné la rivière pour devenir chasseurs professionnels, il paraît que ça rapporte autant que l'or.

La première chose qu'ils aperçoivent, en approchant de la grande cabane sur la berge, à vingt minutes de marche de la forge, c'est l'inscription « Livres en anglais à louer – Échanger. Point de Poste » au-dessus d'une fenêtre en forme de comptoir, sur le côté.

– C'est le professeur ? demande Michael.

– Bien sûr. Je me moquais de lui avec sa malle de livres qu'il n'a jamais voulu abandonner, qui pesait un âne mort, mais vous verriez la file d'attente dès qu'il ouvre boutique. Des gars marchent des heures pour louer un bouquin, déposent des pépites en gage. Il n'y a rien à faire à part chasser et chercher de l'or dans ces montagnes, et quand vous avez fini de pelleter de la terre, ou alors le dimanche quand le travail s'arrête, c'est bien d'avoir autre chose que des cartes à jouer. Moi qui n'ouvrais jamais un livre à la maison, eh bien je m'y suis mis…

Robert Ladoucette, le Québécois, est le premier à les voir. Il fendait des bûches devant l'entrée, plante la hachette dans le billot, approche en tendant les bras, grand sourire.

– Tabarnouche ! Ça alors, monsieur Fleming, monsieur Strong ! Qu'est-ce que vous faites sur la Merced ? Vous saviez que nous étions là ?

– Bonjour, monsieur Ladoucette. Pas le moins du monde. Nous avons eu de petits soucis dans le nord, avons changé d'air vers le sud. Nous sommes tombés sur M. Bailey par hasard, en cherchant le maréchal-ferrant à l'entrée de Snelling.

– Hé, vous autres ! Venez voir qui est là.

Jacob Kalman, Noah Robinson, Paul Halligan et le professeur Altmaier sortent sur le seuil, entourent les visiteurs. Richard Bailey prend les brides des chevaux, les attache à l'arrière. Ils s'attablent devant la cabane, autour d'un grand plateau de rondins mal équarris, des souches en guise de sièges. Michael résume leur mésaventure à Gold Hill, Gordell Strong sourit sans dire un mot, Jacob Kalman va chercher une bourse de cuir contenant une pépite de la taille d'un noyau de cerise, Paul Halligan une flasque à demi remplie de poudre d'or, Noah Robinson montre les ongles de ses deux pouces qui ont sauté, à force de manier la batée et de charrier les cailloux de la rivière.

– Et vous, professeur ? demande Michael.

– Moi ? Une matinée les pieds dans cette eau glacée m'a dégoûté de ce travail éreintant. Je n'ai pas trouvé le moindre gramme d'or et n'ai pas l'intention d'en chercher. Venez voir.

Dans l'entrée de la cabane, il désigne un mur d'étagères de planches grossières, certaines remplies de livres, d'autres divisées en petits casiers sur lesquels des noms ont été gravés au couteau.

– Je savais qu'ils étaient précieux, mes bouquins. Au début, je les prêtais à qui voulait, on ne me les rapportait pas, j'en ai perdu la moitié. Alors j'ai commencé à les louer, cinquante cents la semaine, et une demi-once d'or de caution pour être sûr de les revoir. Pour l'instant, et je dis bien pour l'instant, je leur souhaite bien sûr de tomber sur le bon filon, je gagne davantage que n'importe lequel de nos Argonautes.

– Location de livres, je n'aurais jamais cru…

– Attendez, ce n'est pas tout. Pour remplacer ceux que j'avais perdus, je suis parti le mois dernier pour Monterey : en bateau sur la Merced, puis la San Joaquin River, à partir de Turlock il y a une liaison par diligence. J'ai trouvé quelques bouquins à acheter sur le port, certains en espagnol, passé des commandes. Et ça m'a donné une idée : j'ai dit au chef de la poste que j'avais installé un dépôt de livres à Snelling, au cœur des mines du Sud, et que je pouvais me charger de recevoir et distribuer le courrier s'il me l'envoyait par le chemin que je venais de parcourir. J'ai cru qu'il allait m'embrasser. Le pauvre homme m'a montré les sacs de lettres expédiées du Chili, du Pérou, du Mexique et de tout un tas d'autres pays au sud qui s'entassaient dans ses réserves. La Merced est la rivière des Latinos, qui sont de plus en plus chassés des mines du Nord par les Yankees. Les familles écrivent avec de ces adresses… Tenez, regardez celle-là. Il sort une enveloppe brune d'un casier. « Luis Gonzalez. Minas de oro de California. En el Rio Merced. Monterey. » La poste américaine est en train de mettre en place un réseau de correspondants dans le pays minier, avec des diligences et des coursiers, mais ils n'avaient personne dans la région. Je suis revenu avec deux sacs, les autres ont suivi quelques jours plus tard. Le bruit s'est répandu dans la vallée comme une traînée de poudre. Vous auriez vu ça, les gars étaient comme des fous, ils ont fait la queue pendant deux jours sans interruption. Maintenant, quand je sonne la cloche pour annoncer l'arrivée du courrier, ils lâchent les pelles et les pioches sur les miles à la ronde et rappliquent en courant !

– Et combien vous touchez, pour ça ?

– Cinq cents par lettre, je pourrais en demander cinquante, ce serait pareil. Certains me donnent de la poudre d'or, d'autres des pépites, alors je leur ouvre un compte, une espèce d'abonnement. Je rédige les courriers en anglais, aussi, pour ceux qui ne connaissent pas la langue. Je vais bientôt recevoir les journaux de San Francisco.

Soudain, des cris venus de la rivière leur font tourner la tête : *Madre mia ! Look, look ! Guarda cosa ho trovato ! Guarda questo pepita ! Porca Madona !*

Jo Tolomio, le seul Argonaute de la bande à être resté sur la berge à la tombée du jour, arrive en courant, une pelle brandie dans la main gauche, le poing droit serré. Il pose la main sur la table, l'ouvre : une pépite d'or pur, la taille d'une grosse cerise, boursouflée comme une truffe.

28

Bolinas (Californie)

2 juillet 1849

La Porte d'Or est ourlée de lambeaux de brume que le souffle de l'océan, le détroit passé, chasse vers le sud. La *Sunset Star* longe, entre îlots et hauts-fonds sur lesquels casse la houle du Pacifique, des plages peuplées de colonies de phoques et de lions de mer, des champs de kelp dans lequel jouent des loutres, des dunes plantées de roseaux, des falaises nimbées d'embruns d'où tombent des cascades, des estuaires entre des bancs de sable, brillant au soleil comme des miroirs brisés, des forêts de cyprès accrochés aux rochers, couchés par les vents, des montagnes couvertes de séquoias centenaires que survolent des aigles.

L'ancre est jetée en fin d'après-midi devant l'entrée de la lagune de Bolinas, premier signe de présence humaine depuis la sortie de la baie. Le village de pêcheurs est blotti au pied d'une colline boisée, à l'endroit où les eaux vertes de l'étang se mêlent aux rouleaux du Pacifique, entre des langues de sable couvertes de colonies d'oiseaux de mer. Trois hommes, dans l'eau jusqu'aux épaules, clouent les planches d'un ponton, saluent la goélette de Mercator. Sur de minuscules radeaux, deux jeunes garçons glissent d'un piquet à l'autre, tendent dans la passe des filets à anguilles, bars et mulets.

Depuis leur escale, le mois dernier, la charpente que les marins du *Freedom* ont aidé à monter est devenue le Smiley's Schooner Saloon, premier bâtiment neuf entre les cabanes de pêcheurs.

L'enseigne en forme de coque de navire, lettres bleues, étoiles dorées, orne le balcon du premier étage. Deux hommes sur un échafaudage peignent les murs en blanc. Dans la salle du rez-de-chaussée, un menuisier pose les chevrons du comptoir. Un miroir de six mètres de long repose contre le mur, sur des tasseaux. Le patron, Eddie Ross, qui leur avait servi de guide pour entrer dans la baie, glisse un marteau à sa ceinture, vient à leur rencontre.

– Bonjour, capitaine Fleming, je ne m'attendais pas à vous revoir si tôt. Comment s'est passée l'installation à San Francisco ?

– Bonjour, monsieur Ross. Assez mouvementée, je dois dire. Je vous avais promis que nous reviendrions. Installation est un grand mot : nous n'avons pas encore quitté le bateau faute de chambre à louer. Après six mois sur une couchette, je rêve d'un vrai lit, mais il va me falloir attendre. Ou plutôt construire. Merci, en tout cas, du tuyau pour la vente aux enchères : mes poutres en chêne se sont vendues à un prix que je n'aurais jamais espéré. Elles vont servir à la construction d'un nouvel hôtel, m'a dit leur acheteur.

– Je le savais ! Le bois. C'est le vrai gisement. Ces hordes de crétins qui se précipitent dans les montagnes et se brisent le dos pour trois malheureuses pépites n'ont rien compris. Pour un chanceux, combien ont à peine de quoi manger ? J'ai reçu des nouvelles de trois gars d'ici partis depuis six mois, c'est pitoyable. Ils auraient gagné plus d'argent en pêchant des huîtres pour le marché de San Francisco. Ce sont des gens comme vous, capitaine, et moi, qui allons bâtir ce pays. Le bois, je vous dis…

– Monsieur Ross, les chambres sont-elles terminées, au premier ?

– Pourquoi, ça vous intéresse ?

– Peut-être…

– Presque, dans un jour ou deux. J'attends les matelas pour les lits, des Indiens me les fabriquent, je devrais les avoir demain.

– Combien pour deux chambres doubles ? Nous allons rester quelque temps ici.

– Je n'y ai pas encore réfléchi… Deux dollars la nuit ? Allez, disons trois pour les deux si vous les gardez au moins deux semaines.

– Affaire conclue. Nous pouvons rester à bord en attendant.

– Vous avez échangé votre trois-mâts pour cette goélette ?

– Non, le *Freedom* est dans le port, mais coincé par d'autres navires, vous voyez ce que je veux dire. Un négociant m'a confié la

Sunset Star, je suis chargé de trouver des cyprès et de fabriquer des pieux pour construire une nouvelle jetée dans le port.

– Bonne idée. Un ou deux quais supplémentaires seraient bien utiles pour dégager tous ces bateaux. Pour les cyprès, ce n'est pas ce qui manque par ici. Il y a la forêt qui longe la lagune, au nord.

– Ils appartiennent à qui, ces arbres ?

– À qui ? Je ne sais pas. À personne. À tout le monde. Il n'y a rien par là-haut… Un ranch de Californios, les Garcia, plus loin. Je connais Rafael Garcia, je peux le prévenir si vous voulez, pour qu'il ne soit pas étonné. Mais ce ne sont pas ses terres. Les seuls… Ah oui, les seuls qui pourraient peut-être y trouver à redire, ce sont les Miwoks, les Indiens. Ils avaient un campement près d'ici mais quand les premiers Blancs ont commencé à construire Bolinas, il y a une dizaine d'années, ils ont bougé vers le nord, une clairière dans la forêt, près de la côte. Ils pêchent et ramassent des coquillages dans toute la lagune. Ils sont pacifiques, enfin presque tous. On rencontre parfois des jeunes un peu énervés au contact des Blancs.

– Peuvent-ils se montrer dangereux ?

– Je ne sais pas. Au début ils nous ont fait plutôt bon accueil, nous avons échangé pas mal de choses, mais depuis quelques mois… Il y a eu des disputes, des lances brandies dans notre direction, de jeunes gars descendus de la montagne, à ce qu'on dit. Ils ont très peu de fusils, ou alors des vieux machins qui ne tirent pas droit. Ils étaient plus nombreux au siècle dernier, mais les premiers colons, les Espagnols des missions, ont apporté des maladies. Ils mouraient comme des mouches. J'ai une idée… Le mieux serait de demander au Forgeron de servir d'intermédiaire. Il les connaît, il a vécu avec une femme de la tribu pendant un moment, même si on ne la voit plus depuis deux ou trois ans. Il pourra aller voir le chef. Il faudrait des cadeaux. Ils aiment les haches, les couteaux et surtout le whisky. Vous en avez ?

– Des couteaux, quelques-uns. Du whisky, pas à bord, mais je peux en faire venir de San Francisco.

– Le Forgeron est en train de pêcher des huîtres dans la lagune, je l'ai vu partir sur son radeau ce matin. Il ne va pas tarder à remonter, je lui ai passé commande. Venez boire un coup en attendant, j'ai de la bière fraîche.

Une heure plus tard, ils aperçoivent le Forgeron, chat et cochon en figures de proue, accoster à l'appontement, décharger trois paniers de coquillages. Il a troqué son bonnet de marin pour une casquette, avec ancre dorée et plume de goéland, son poncho pour une chemise. Il marche toujours pieds nus, les paniers enfilés sur le long bâton posé sur son épaule, met quelques secondes à reconnaître Mercator.

– Ah oui, le baleinier de Nantucket. Comment allez-vous, capitaine ? Alors, San Francisco ?

– Bonjour, Forgeron. San Francisco ? Un chantier géant, je n'ai jamais vu une ville pousser aussi vite, il y a des constructions nouvelles tous les jours, les chercheurs d'or débarquent par centaines, de tous les pays du monde. Nous vivons toujours sur le bateau, faute de place à terre.

– Oui, j'ai entendu dire que certains trois-mâts étaient dans la vase jusqu'à mi-pont, démâtés et servaient d'hôtels ou d'entrepôts.

– Tout juste. Les mâts sont revendus et deviennent des poutres. Certains navires ont été entièrement démontés, pour le bois.

– Que faites-vous à Bolinas, capitaine ? Vous n'êtes pas parti vers les mines d'or de la Sierra ?

– Non, et je n'irai pas. Il y a de quoi s'occuper sur la côte. C'est d'ailleurs pour ça que nous sommes ici. J'aurais besoin de couper des cyprès pour en faire des pieux. M. Ross me dit que les Indiens pourraient mal le prendre.

– Des cyprès ? Ceux de la lagune ?

– Oui, dit Eddie Ross. Tu sais, la forêt entre ici et Woodville.

– Mais je croyais que c'étaient les séquoias qui vous intéressaient ?

– Oui, les séquoias aussi, mais je dois commencer par du bois de cyprès, pour bâtir une jetée.

– C'est vrai qu'il résiste bien à l'eau, le cyprès. J'en ai coupé pas mal, pour ma cabane. Les Miwoks ? Non… Les cyprès ils s'en foutent, il y en a tellement. Parfois ils utilisent de jeunes arbres pour tailler des canoës, mais je ne crois pas qu'ils posent problème. Pour les séquoias, en revanche…

– Quoi, les séquoias ?

– D'après ce que je comprends, ça dépend lesquels. Ils considèrent certains arbres rouges comme des sortes de divinités… Des genres de monuments sacrés, pour des cérémonies, des initiations, des choses que je n'ai jamais vues, qu'on cache aux Blancs. Je ne sais pas exactement où ils sont. Pour les cyprès, si vous commencez par ceux qui sont à la sortie de Bolinas, le long de la lagune, vous pouvez vous servir. Je dois voir le chef de la tribu demain, une histoire de troc. Je lui en parlerai.

– Merci, Forgeron. Je vais envoyer un de mes hommes chercher un couteau à bord du *Freedom,* vous le lui donnerez de ma part.

– Si vous en aviez un pour moi, *made in Massachusetts*, je ne dirais pas non. Regardez avec quoi je travaille.

Il sort une lame édentée, manche de bois flotté.

– Pas de problème. Vous en aurez un demain matin, je vous le choisis dans la cuisine du bord. Vous voulez bien nous guider jusqu'au bois de cyprès ?

Ils descendent sur la berge de la lagune, qu'ils longent un moment.

Le cochon et le chat, en territoire inconnu, jettent des coups d'œil inquiets, sans quitter l'ombre de leur maître. Mercator suit, accompagné de Sven Strandhall ; les autres sont restés à Bolinas.

Le vent d'été qui arrive des montagnes mêle le parfum des fougères et des séquoias aux odeurs de vase, d'algues et de poissons morts. Le Forgeron raconte la lagune, les gisements d'huîtres et de palourdes, les grappes de moules entre les rochers, la remontée des saumons au printemps, quand la rivière se teinte d'argent, les grizzlis si occupés à les chasser à coups de dents et de pattes qu'on peut les approcher sans risques à quelques mètres ; la migration des oiseaux à l'automne, quand l'étang disparaît par endroits sous les plumes brunes, blanches et roses ; les dauphins qui s'égarent parfois dans ces eaux d'émeraude et mettent des semaines à retrouver le chemin de la passe pour regagner l'océan ; l'orque adulte qui s'est perdue et envasée, il y a trois ou quatre ans, dans ce cul-de-sac et a été percée de coups de lance par les guerriers miwoks puis dévorée par la tribu lors d'une fête qui dura quatre jours.

Ils quittent le rivage par un sentier qui serpente sur une dune herbeuse et débouche dans la forêt de cyprès. Certains arbres, vieux de plusieurs siècles, sont aussi larges que des séquoias. D'autres se sont enchevêtrés en buissons, centaines de troncs noueux, gris pâle, surmontés de frondaisons d'un vert sombre.

– Pour des pieux, ceux-ci seront bien, dit le Forgeron. De ce côté de la lagune, ils poussent à peu près droit, à l'abri des vents de l'océan. Il y en a d'autres sur la côte, au-dessus de chez moi, torturés par les tempêtes, tordus comme des doigts de sorcières, rien à en tirer.

– Il nous faut des pieux de vingt-cinq à trente pieds, pas moins de douze pouces de diamètre. Ce sera bien. Merci, Forgeron, nous reviendrons demain commencer le travail.

Ils passent la soirée au saloon, mangent des tranches de cuisse d'ours, regagnent la goélette au clair de lune. Le lendemain, ils coupent dans la journée une dizaine de petits troncs, taillent la pointe à la hachette. Ils les chargent sur le radeau du Forgeron, et en poussant sur les perches ils rallient la jetée de Bolinas.

– Embaucher des bûcherons ? Certainement pas ici, dit Eddie Ross. Je n'arrive pas à trouver assez de bras pour achever l'hôtel avant la fin de l'été. Tentez votre chance à Woodville : c'est à trois miles, je vous prêterai un cheval. Mais il faudra y mettre le prix. Un Allemand a monté une scierie sur la rivière, il a toutes les peines du monde à retenir ses gars, qui filent vers les mines d'or dès qu'ils ont gagné de quoi payer le voyage.

Le lendemain, Mercator retrouve le Forgeron sur le ponton, loue deux autres radeaux.

– Nous retournons aux cyprès, prenez chacun un gabarit comme modèle de pieu. Fergus, vous dirigez les opérations pendant que je vais à Woodville voir si je peux embaucher du monde.

Eddie Ross lui a prêté un étalon bai plein de fougue, ravi de quitter son enclos. Mercator, meilleur marin que cavalier, tire sur les rênes, serre la bête de toutes ses forces avec les genoux pour l'empêcher de partir au galop entre les arbres. Le sentier est par endroits envahi de broussailles, puis il descend sur la grève, traverse marais et champs de roseaux dans lesquels sa monture patauge jusqu'aux genoux. Tout droit jusqu'au fond de la lagune, a dit l'hôtelier, quand vous cheminez entre des souches de séquoias et de chênes, c'est l'entrée de Woodville.

La « ville du bois », qui n'existait pas il y a un an, est un campement de bûcherons, cabanes et tentes. Une piste défoncée, des centaines de troncs empilés, des feux de branchages, une dizaine de cahutes, un gibet, un réservoir, barrique géante sur pilotis, un saloon à ciel ouvert, bar sur tréteaux, fûts de bière en perce sur des perches, rondins en guise de siège.

– Des hommes à embaucher pour couper du bois ? dit le tenancier, seul à cette heure de la matinée. Il n'y en a pas. Tous partis dans la Sierra, l'appel de l'or. Il reste trois ou quatre gars chez l'Allemand, à la sortie de la ville. Vous pouvez toujours demander, mais n'y comptez pas trop.

Sur la berge, Mercator aperçoit d'abord la roue à aubes qui tourne dans la rivière. Une scie verticale de six pieds, attachée sur une des pales de la roue par un bras articulé servant de manivelle, monte et descend au rythme du courant. Deux hommes armés de crochets font rouler un tronc, le fixent avec des cales, puis, poussant de toutes leurs forces avec des grognements d'ours, présentent le bois à la scie, qui mord dedans et, peu à peu, découpe une planche.

– Bonjour, il vous faut quelque chose ? demande avec un accent allemand un grand blond à barbe de druide, chapeau de feutre, bretelles vertes, poignard à manche de corne sur le ventre.

– Bonjour. Je suis en train de tailler des pieux de cyprès, plus bas, vers Bolinas. Serait-il possible de remonter la rivière avec des radeaux, pour vous les apporter et les couper à la même longueur avec votre scie ? Ça nous ferait gagner du temps.

– Vous en avez beaucoup ?

– Pas encore, mais il m'en faut pas mal. C'est pour construire une jetée, dans la baie de San Francisco.

– Si votre radeau n'est pas trop large, ça passe. Il y a un chemin de halage, je peux vous louer mes bœufs. La coupe vous coûtera un ou deux cents par pieu, en fonction de l'épaisseur. Mais pas avant demain, là j'ai trop de travail, des séquoias à débiter.

– C'était ma deuxième question : vous pouvez découper des séquoias ?

– Certains, les petits. En cette saison le courant n'est pas assez fort pour tailler dans les gros, la scie n'a pas assez de puissance. Et encore, quand je dis les gros, pas les plus gros. Les géants, au-delà de six-huit pieds de diamètre, ça ne sert à rien de les abattre, une fois au sol on ne peut plus les bouger, et si on pouvait on ne saurait pas comment les débiter.

– Oui, je m'en doute. Des bœufs, vous en avez beaucoup ?

– Et non, hélas. C'est le problème, seulement quatre. Un éleveur de l'Oregon m'en a vendu six il y a trois mois, je les attends. J'ai peur de m'être fait rouler, il va falloir que je monte tirer ça au clair, mais c'est deux ou trois semaines de voyage par la terre, sans compter le risque de se faire attaquer avec six bœufs sur cette piste. En Californie, un animal de trait en bonne santé, c'est une fortune sur pattes.

– Et par la mer ?

– C'est plus rapide, la ferme est juste au-dessus de l'embouchure de la Pistol River. Mais il faut descendre à San Francisco ou à Monterey, louer un bateau, remonter…

Mercator enlève son chapeau, se gratte la tête, regarde à gauche, à droite.

– Écoutez, voilà ce que je vous propose : j'ai une goélette ancrée devant Bolinas. Quand j'ai terminé de couper les cyprès et organisé la livraison à San Francisco, je vous emmène dans l'Oregon chercher vos bêtes de trait. En échange du transport, vous débitez mon bois.

– Ça peut marcher. Revenez demain matin, je vous prêterai deux bêtes pour remonter la rivière.

Mercator retrouve ses hommes dans une clairière de la forêt de cyprès, assis sur des souches pour la pause du déjeuner. Saucisses fumées, miches de pain et bière de Bolinas. Une vingtaine de troncs, de même taille et diamètre, sont alignés, prêts à être descendus dans les radeaux.

– Messieurs, nous allons gagner du temps. Il y a une scierie au fond de la lagune, à Woodville, avec une scie sur roue à aubes. Nous leur apportons les cyprès demain, ils les couperont à la bonne longueur. Donc plus la peine de mesurer, faites ça au coup d'œil, seul compte le diamètre.

Trois jours plus tard, cent cinquante pieux de cyprès attendent près de la jetée de Bolinas.

– Encore une quarantaine et ce sera bon, dit Mercator. Sven, vous pouvez venir avec moi ? Je voudrais essayer d'abattre ce séquoia, le petit qu'on voit sur la crête. C'est bizarre qu'il soit tout seul comme ça, non ? De là où il est il roulera facilement jusqu'ici, en le tirant avec deux chevaux. Je voudrais le transformer en planches, voir comment il passe sous la scie à aubes. Combien de temps pour l'abattre, d'après vous ?

– À nous deux, je dirais deux, trois heures. Peut-être plus, ça dépend de vous, capitaine.

– OK, commençons. Fergus ! Nous montons sur la crête abattre le séquoia, sur la droite. Terminez les piquets.

Dix minutes de marche et ils découvrent du haut de la colline un paysage de début du monde : la lagune et ses eaux passant du vert au gris acier, des champs de fleurs qui, même en milieu d'été, gardent un vert printanier, les bois de cyprès, les montagnes couvertes à perte de vue de séquoias, des torrents, au loin les falaises rocheuses assiégées de brume de mer et des embruns du Pacifique, tout là-haut, les sommets blancs (de la neige ? des roches blanches ?) des sierras qui se détachent sur le ciel bleu dur.

– Certains coins de la région où je suis né, en Suède, ressemblent un peu à ça, dit Sven Strandhall, mais sans l'immensité, la force… Et la mer là-bas n'a rien à voir avec le Pacifique.

– C'est celui-ci. Le tronc est régulier, il a peu de branches. Il fera de bonnes planches. Tiens, il a été sculpté de ce côté, les Indiens sans doute. Vous avez vu ces signes… Et ces plumes en arcs de cercle ? Allons-y.

– Pour qu'il tombe vers la pente, il faut l'attaquer par là. Je commence ici.

Les haches neuves entaillent l'écorce rouge, font sauter de gros copeaux. Les deux hommes coordonnent leurs frappes, en rythme l'un après l'autre, l'un gémit, l'autre éructe. Ils s'interrompent après cinq minutes, hors d'haleine, les bras en feu, les épaules douloureuses, reprennent plus lentement. Mercator tente de copier le tour de main du Suédois qui, d'un coup de poignet à la dernière seconde, dégage des morceaux deux fois plus gros que les siens, toujours au bon endroit. L'encoche s'élargit. Sven touche le séquoia.

– Maintenant il faut l'affaiblir par ici, dit-il.

Soudain, le bûcheron suédois pousse un hurlement. Une flèche, pointe en métal, empennage en plume d'aigle, lui a transpercé la main et s'est fichée dans le tronc. Une autre frôle la tête de Mercator, se plante dans l'arbre. Il tourne la tête. Une vingtaine d'Indiens sortis des buissons, fronts ceints de foulards, les tiennent en joue avec des fusils, des arcs, des lances.

29

Snelling (Californie)

17 septembre 1849

Réveillés avant l'aube, les Argonautes n'allument pas le feu, avalent dans l'obscurité une galette de maïs, pas de café, et partent en file indienne aux premières lueurs du jour vers la rivière et leur *placer*. Gordell Strong et Michael Fleming, aussi curieux et impatients que s'ils avaient des parts dans l'affaire, les accompagnent.

Jo Tolomio marche en tête, court presque, sourire aux lèvres. Il touche dans sa poche la pépite de la taille d'une noix. Combien pèse-t-elle ? Trois onces ? Cinq ? À seize dollars l'once… Je le sentais, *porca Madona*, je le savais que c'était un bon emplacement. Et aujourd'hui, nous allons en trouver d'autres, peut-être plus grosses. Ça y est, la fortune est là, à portée de main. Quelques jours de travail, deux ou trois semaines et je vais pouvoir payer le passage de Maria, la faire venir de Trapani, la marier. Oh, *madre mia*, pourvu qu'elle ait tenu sa promesse, résisté à son père, refusé d'épouser ce sale type d'Antonio. Pourvu qu'il ne soit pas trop tard. J'aurais dû écrire, surtout depuis qu'*il professore* a trouvé le moyen d'expédier le courrier jusqu'à la côte. *Cretino,* tu ne pouvais pas envoyer une lettre ? Une toute petite ? Attends-moi, *amore*, je suis arrivé en Californie, le pays de l'or et de la liberté, avec de bons compagnons, nous avons trouvé un filon formidable, je vais t'envoyer l'argent pour le bateau, je serai sur le quai à San Francisco, je vais t'épouser, nous allons acheter une ferme ou un bateau de pêche au Nouveau Monde, avoir des enfants, deux ou trois fils, plus jamais la faim, la misère, l'humiliation ! Fini le ménage chez ce vieux cochon de Don Notarbartolo, fini les lessives dans la rivière, les robes taillées dans de vieux draps, la polenta à tous les repas… Combien de temps pour une lettre jusqu'en Sicile ? Si je l'écris ce soir ? Et si sa mère la lui vole, en voyant les timbres d'Amérique ? Si son père l'enferme ?

– Jo, tu es sûr de n'avoir rien dit à personne, hier soir ? Que personne ne t'a vu ?

– Oui, oui, Daniel. Je n'ai rien dit. J'étais tout seul, vous étiez tous rentrés à la cabane. Enfin…

– Enfin, quoi ?

– J'ai peut-être un peu crié quand je l'ai vue, cette grosse pépite. Un tout petit peu. Mais je ne l'ai pas montrée.

Ils sont encore dans la forêt qu'ils entendent le bruit. Une rumeur de jurons, de coups de pioche dans la terre, de haches sur les troncs de pins, de rochers roulant sur les pentes, d'exclamations en espagnol et en anglais.

– Merde ! Putain, Jo ! On avait dit…

Ils sont une cinquantaine, dans l'eau jusqu'aux genoux, la boue jusqu'aux mollets, à retourner terre et rochers dans la concession des Argonautes, en amont, en aval, comme pris de frénésie. Ils arrivent de partout, courent dans les sentiers, se bousculent, se ruent vers les berges. Les piquets délimitant l'emplacement ont été piétinés. L'endroit où Jo Tolomio a trouvé la pépite est un trou boueux de six pieds de large dans lequel trois barbus aux cheveux longs luisants de crasse piochent comme des démons, chassent les concurrents en grognant comme des dogues. Deux hommes ont attelé leurs ânes à un pin dont les racines trempent dans la rivière et les fouettent pour qu'ils tentent de l'abattre. L'arbre résiste. La légende du trésor prisonnier des racines est l'une des plus répandues parmi les chercheurs d'or, prêts à croire toutes les rumeurs, toutes les fables, tous les fantasmes pour alimenter leur fièvre, nourrir leurs rêves et continuer à sillonner la sierra, creuser la terre, détourner les torrents, les pieds dans l'eau glacée, le dos brisé, la faim au ventre.

Demain, demain ou le mois prochain je tomberai sur le *mother lode,* le filon originel et ils verront bien, tous ceux qui rigolaient quand je faisais mon sac, quand je vendais tout pour payer le bateau jusqu'en Californie. Ils rigoleront moins en me voyant descendre de ma cabine de première classe, dans le port du Havre, avec deux domestiques portant des malles de cuir…

Jo Tolomio attrape le bras de l'un des trois barbus.

– Vous n'avez pas le droit, c'est notre *placer,* ici. C'est à nous !

L'homme dégaine son Colt de la main gauche, sans un mot lui place le canon sous le menton. Les armes sortent des holsters, on pose les pioches, saisit les fusils. Michael Fleming, les jambes écartées, vise de son revolver tenu à deux mains la tête du barbu qui menace l'Italien. Gordell Strong arme le chien de son fusil Hawken.

– Ho ! Du calme là-dedans ! crie Daniel Bailey. Vous êtes sur notre *placer,* il a été enregistré il y a plus d'un mois. Quelqu'un sait où est le Gros Bill ?

– Pas loin, il arrive.

– Baissez les flingues. Il y a assez d'or pour tout le monde, dans cette rivière. Pas la peine de s'énerver. Le comité a une carte des *claims,* nous pouvons prouver que ce coin est à nous. Ah, le voilà… Hé ! Bill, viens voir s'il te plaît. C'est bien toi qui as la carte des concessions ?

– Oui, dans ma tente. Qu'est-ce qui se passe ici ?

– Un petit souci, rien de grave. Ces messieurs ont empiété par erreur sur notre *placer,* les piquets ont été arrachés.

– OK. Alors on va faire comme d'habitude. En tant que président du comité des mineurs de Snelling, j'ordonne l'arrêt immédiat de la prospection. Le comité va se réunir ici, dans deux heures, pour trancher la question. Qu'on aille prévenir tous les membres, à part le vieux Perkins qui est parti hier pour San Francisco. Qu'est-ce qui vous a pris, bande d'abrutis, de vous jeter comme ça sur ce coin de rivière ? La Merced n'est pas assez longue ?

– C'est le Rital, là, crie une voix dans la foule. Il a trouvé une pépite grosse comme le poing. Toute la vallée va débouler avant la nuit. Laissez-nous creuser !

– C'est vrai, Daniel, cette histoire ?

– Comme le poing, tu parles ! Jo, montre-la.

Le Sicilien sort la pépite de sa poche, la brandit entre deux doigts au niveau de son front.

– Ce n'est pas le poing, mais quand même…

– Pas mal…

– Ah ouais…

– Et c'était où, exactement ?

– Bon, calmez-vous tous, dit Gros Bill. C'est une jolie pépite, mais nous en avons tous vu de plus grosses.

– Pas moi !

– Moi non plus !

– Toi, ta gueule. Tu es nouveau ici, alors tu la fermes et tu fais ce qu'on te dit. Ici, dans les mines du Sud, on a des règles. On s'entraide et agit en civilisés. Vous voulez que ça dégénère en batailles rangées, comme dans le Nord ? Ce ne sera bon pour personne. On est tous là pour amasser un petit magot et rentrer chez nous le plus vite possible, pas vrai ? Alors tout le monde sort de l'eau, pose les armes et les outils. On allume un feu, allez chercher de quoi faire du café. Le comité se réunit à neuf heures, sa décision sera juste et sans appel. Que ceux qui ne sont pas contents prennent leurs affaires et changent de vallée. Montez dans la Sierra, il y a encore des tas de coins à découvrir, sans doute plus riches qu'ici. Ceux qui restent sur la Merced acceptent nos règles. Vous vous souvenez des deux brigands australiens le mois dernier ?

– Que leur est-il arrivé ?

– Trente coups de fouet, outils et couteaux confisqués, interdits de séjour dans la région. Chacun a sa chance. En Californie, l'or appartient à celui qui le trouve, mais on sait comment traiter les voleurs et les tricheurs. Si ce *claim* a été enregistré dans les règles, la question sera vite tranchée.

Une heure plus tard, une table est dressée entre deux tréteaux sur la berge, caisses et souches en guise de chaises. Gros Bill préside, au centre, cinq chercheurs d'or autour de lui. Trois Américains, un Mexicain, un Français. Des anciens, arrivés depuis plus de six mois, élus par les autres.

– Bon, les débats du comité ont comme toujours lieu en anglais. Traduisez pour ceux qui ne comprennent pas.

Il déplie une grande feuille pliée en huit, récupérée sur un emballage de caisse qui porte encore, au verso, des inscriptions en allemand.

– J'ai là la carte des concessions, la seule qui existe pour l'instant, en attendant la venue d'un géomètre de l'État de Californie, que Monterey nous promet pour la semaine prochaine depuis trois mois. Alors… Le méandre, au nord, est là, ici ce sont les petits rapides, voilà le grand figuier. Donc nous sommes exactement là : concession 13 B, enregistrée au nom… des Argonautes du *Freedom*. Représentant : Daniel Bailey.

– Merci, Gros Bill. Vous voyez ? C'est bien notre *placer*.

– La concession Freedom s'étend donc du tronc de ce pin à ce rocher rouge. Vous avez le droit de replanter vos piquets. Personne d'autre que les membres de cette association n'a le droit d'exploiter ce morceau de rivière. Le comité s'en porte garant, ne nous obligez pas à reformer la milice. Les concessions 12, A et B, sont aussi inscrites ici, ainsi que les 14 et 15. En revanche il y a de la place plus loin, en amont. Ceux qui veulent peuvent donner leurs noms, nous allons procéder par tirage au sort, comme de coutume. Tout l'or qui a pu être trouvé ce matin sur ce *claim* doit être remis à Daniel Bailey, qui en reversera un quart de sa valeur à titre de dédommagement pour le travail fourni. Quelqu'un a une question ? Bon. Qu'il en soit ainsi. Serrez-vous la main, le café et les pancakes sont offerts par la caisse du comité. Les travaux peuvent reprendre dans une heure.

– Ah non !

– OK, dans trente minutes. Ne vous inquiétez pas, l'or dort dans cette rivière depuis des siècles, il vous attendra bien encore le temps de manger un morceau. Prenez des forces !

Les trois barbus tapent dans le dos de Jo Tolomio, lui font signe en s'inclinant, chapeau bas, qu'ils lui cèdent la place. Des piquets et des cordes sont plantés sur la rive, les concessions délimitées, la file d'attente s'allonge pour prendre part à l'attribution, par tirage au sort, des *placers* disponibles.

Les Argonautes installent sur la berge, là où a été extraite la pépite de Jo, leurs deux *rockers*. Quatre hommes pour les remplir de terre, de boue et de cailloux, deux pour les secouer en cadence et faire passer le mélange à travers les tamis, deux autres pour en retirer à tour de rôle le tiroir inférieur qui recueille l'or qui va peut-être tomber. Daniel et Robert Ladoucette, qui ont l'expérience et le meilleur tour de main, transfèrent ensuite ce mélange fin, que tout le monde appelle *pay-dirt*, dans leurs batées, à la recherche des pépites, des flocons ou de la poudre d'or.

– Jo, tu es certain que c'était bien ici ? demande Robert Ladoucette après trois heures d'efforts et seulement deux paillettes dorées dans le pot de confiture qu'il rêvait de remplir en quelques minutes.

– *Si*, Bob. Ici, *exactamente*. Juste en face de ce tronc d'arbre, je l'ai pris comme repère en partant. *Porca miseria*, il doit y en avoir d'autres. Elle ne peut pas être toute seule, cette pépite, non ?

– Si, elle peut être toute seule, dit Daniel Bailey. Elle peut s'être détachée il y a très longtemps d'un filon formidable, quelque part en amont, loin dans la montagne, et avoir été roulée par la rivière jusqu'ici. Ou alors il y a un filon de tous les diables juste là, sous nos pieds, à quelques mètres. La seule façon de le savoir, c'est de creuser. Allez, les gars, on creuse !

30

Tocaloma (Californie)

6 juillet 1849

– S'il vous plaît, détachez-le. Vous voyez bien qu'il saigne. Vous lui avez transpercé la main, bande de sauvages. Il faut un docteur, un médecin… Mais vous comprenez, au moins, ce que je dis ?

Mercator et Sven Strandhall sont assis par terre, entravés dans le dos, devant l'une des huttes de troncs de pin en forme de cônes, campement miwok dans une clairière, à deux heures de marche de Bolinas, sous la garde de deux adolescents armés de pieux passés à la flamme. Le reste de la bande a filé, sacs de cuir à l'épaule, armes en bandoulière, en direction de l'est et de la Sierra. Mercator fait signe de boire. Un des garçons s'éloigne, revient avec une gourde de peau qu'il pose sur les lèvres du Suédois.

Les aboiements de deux chiens jaunes précèdent l'entrée dans la clairière d'une jeune femme svelte en robe de daim brodée, au niveau des épaules, de quatre coquillages d'un côté, trois de l'autre. Elle porte une ceinture ornée de perles rouges dans laquelle est passé un poignard dans son fourreau d'écorce. Un bandeau de cuir tressé retient ses cheveux longs. Ses yeux pâles, entre vert et doré, éclairent un visage aux traits réguliers, long nez fin, peau cuivrée sur laquelle ressort, au coin d'une paupière, un tatouage en forme d'oiseau.

– Pas la peine de crier, ils ne comprennent pas l'anglais, dit-elle. Moi, oui.

Elle sort son couteau, se penche vers les prisonniers, tranche leurs liens. Le plus âgé des deux garçons fait un pas vers elle, semble protester, elle lui lance un ordre bref, il recule.

– Je m'appelle Jalama Telles. Mon père, Huicmuse, est le chef des Miwoks de la côte, mon village est un peu plus haut, après les grandes falaises. Un coursier est venu me prévenir que des bûcherons américains avaient été capturés. J'ai vécu à Monterey, j'étais l'interprète de l'*alcalde* puis du gouverneur. Je connais vos lois, et la brutalité de vos hommes armés. J'ai coupé vos liens, pouvez-vous me promettre de ne pas chercher à fuir ? Je veux comprendre ce qu'il s'est passé, pour éviter des représailles. Mon père a déjà été emprisonné, le gouverneur a menacé de le déporter vers l'Est la prochaine fois qu'il y a un problème avec vous les Blancs. Les chercheurs d'or envahissent nos terres, tuent nos guerriers, violent nos femmes, volent nos richesses, mais si nous tentons de nous défendre ou de protester, c'est la prison ou la mort.

– Mon ami est blessé, ils lui ont tiré une flèche dans la main. Il faut le soigner, éviter l'infection. Si vous le soignez, nous promettons de ne pas chercher à fuir. Vous avez pris nos armes…

Jalama lance un ordre bref, le plus jeune des deux garçons va dans l'une des huttes, revient avec une cruche d'eau, un morceau d'étoffe.

– Ouvrez votre main… Comment ont-ils enlevé la flèche ?

– Ils l'ont coupée et ont fait passer la pointe au travers, dit Mercator.

– Bande de sauvages ! Attention ! Doucement, gémit Sven.

– Ne bougez pas, je vais nettoyer, poser un emplâtre de miel et de plantes, ça ne me semble pas grave. Pouvez-vous remuer vos doigts ? Que s'est-il passé, exactement ?

– Ils ont tiré sans prévenir, sans un mot, dans notre dos comme des lâches.

– Ils avaient tendu une embuscade ? Vous étiez à pied ou à cheval ?

– Nous étions simplement en train d'abattre un arbre… dit Mercator.

– Un arbre, quel arbre ?

– Un séquoia. Isolé sur une crête.

– Sur une colline au-dessus de la lagune, surplombant ce qu'ils appellent Woodville ?

– Oui.

– Avec des signes indiens sur le tronc, à hauteur d'homme ?

– Et une sorte de couronne de plumes.

Elle soupire.

– *Old Man Coyote*. C'est un totem, le plus important au nord de la grande baie. C'est un repère visible de tous les sommets de la Sierra. Il porte le nom du Créateur, dans notre religion. Certains disent qu'il renferme son âme, et que sa disparition annoncerait la nôtre. Je ne comprends pas comment vous avez pu en approcher. Deux jeunes sont chargés de le surveiller jour et nuit. Tout le monde sait ça, dans la région.

– Nous venons de San Francisco. Personne ne nous a prévenus.

– Et ceux de Woodville ? L'Allemand ? Nous avons un accord avec lui, pour les arbres…

– Il n'était pas avec nous. Je voulais seulement abattre un séquoia pour voir quel genre de bois de construction ça peut donner.

– Vous ne pouviez pas plus mal choisir. Il est très abîmé ?

– Un peu… Environ le tiers du tronc. Une grosse entaille.

– Hé ! J'en ai rien à foutre, moi, de votre arbre sacré de mes couilles ! Et ma main, elle n'est pas abîmée ? Allez chercher de quoi la soigner, ou je vous jure que je reviens avec assez d'hommes pour mettre le feu à votre village de pouilleux ! Vous avez peur des représailles ? Vous avez raison d'avoir peur. Vous croyez qu'on peut tirer des flèches sur les gens comme ça, pour rigoler, parce qu'ils coupent un putain d'arbre ? C'est l'Amérique, ici ! Il y a des lois, des soldats et des fusils pour les faire appliquer.

– Ici, c'est la terre des Miwoks. Mon peuple a toujours vécu ici. Nous avons un traité avec le gouverneur de Californie. Il est dans les archives, à Monterey. Je le sais, c'est moi qui l'ai traduit. Je suis désolée pour votre main. Vous bougez tous vos doigts, ce n'est pas très grave. Disons que c'est un malentendu, que vous ne connaissiez pas l'importance de ce séquoia pour mon peuple. Je vais en parler à mon père. Si *Old Man Coyote* ne risque pas de tomber, s'il peut survivre à vos coups de hache, vous pourrez repartir.

– S'il peut… Non mais vous l'entendez ? Qu'est-ce qu'elle croit, la squaw ? Qu'on va lui demander son autorisation ? Si nous ne sommes pas à Bolinas ce soir, nos amis vont venir nous chercher, et ce ne sont pas vos deux gamins avec leurs bâtons…

– C'est vrai, dit Mercator. Mes hommes sont près de Woodville, ils vont s'inquiéter et partir à notre recherche. Voilà ce que je propose :

quand vous avez fini de bander la main de Sven, vous venez avec nous voir cet arbre. Si, comme je le pense, il ne risque pas de tomber, vous nous libérez.

– Vous ne chercherez pas à vous venger ?

– S'il retrouve l'usage de sa main, on dira que c'était un accident. Pas vrai, Sven ?

– Ouais, ça on verra…

– Sven ?

– Ouais, ouais, un accident.

– Je dois en parler à mon père. Je reviens dans deux heures. Deux guerriers vont venir vous surveiller, ne tentez pas de fuir. Vous ne connaissez pas la forêt, vous ne pourriez leur échapper. Il faut que nous réglions cette affaire sans dommages.

– Deux heures. Vous avez ma parole.

Jalama se relève, siffle deux fois dans ses doigts. Un jeune homme vêtu d'un pagne de peau et d'une chemise rouge de chercheur d'or, fusil en bandoulière dans le dos, sort de la forêt sur un cheval blanc, pattes et croupe noire. Il saute à bas devant la jeune femme, lui tend les rênes. Elle remonte sa robe, bondit sur le pur-sang. Deux heures, tout va s'arranger. Elle lance à l'homme et aux deux adolescents une courte phrase, donne un coup de talon et dirige sa monture vers l'entrée d'un sentier, vers le nord. L'homme au fusil s'assied sur une souche d'arbre, charge ostensiblement son arme qu'il pose sur ses genoux, pendant que les garçons rassemblent du bois et allument un feu, devant une hutte d'où sortent deux femmes et quatre enfants, qui n'avaient jusqu'alors pas fait le moindre bruit.

– Elle n'a qu'un coup sa pétoire, se charge par le canon… Si nous partons en courant chacun dans une direction…

– Sven, non. Si nous voulons exploiter les forêts ici, nous n'allons pas commencer par une guerre avec les Indiens.

– Mais ce sont des sauvages ! Ma main ! Faut tous les buter, ou les chasser dans leurs montagnes où ils crèveront de faim.

– J'ai dit non. L'Allemand de Woodville a un accord avec eux pour le bois, nous allons en passer un aussi. Ils vont nous relâcher, vous irez à San Francisco montrer votre main à un docteur, à mes frais.

L'après-midi touche à sa fin quand Jalama pénètre dans la clairière. Elle monte le même cheval, un garçon d'une quinzaine d'années, arc et carquois en bandoulière, l'accompagne sur une monture à laquelle sont attachés deux grands mulets dont un porte, bien visible, la marque au fer rouge de l'US Army.

– Allons voir *Old Man Coyote*. Le conseil de la tribu est d'accord pour vous laisser partir s'il n'est pas menacé, contre vingt-cinq dollars et la promesse de ne plus jamais tenter de l'abattre.

– Une amende ? Ces putains de Peaux-Rouges nous imposent une amende ! Mais capitaine…

– Sven, vous me laissez parler. C'est mon opération, mon argent. C'est moi qui décide. C'est d'accord, mademoiselle. Vous allez voir, nous n'avons pas eu le temps de porter assez de coups de hache pour qu'il risque de tomber. Il peut cicatriser.

– Nous savons soigner les *tcobe*s, vous les appelez séquoias, l'homme médecine fera un emplâtre. Mais il ne faut pas que le cœur soit touché.

– Je ne le crois pas. Allons-y. Nous devons être de retour à Bolinas avant la nuit, ou mes amis vont lancer les recherches.

Un homme les attend sur la crête, au pied du cèdre, dans les lueurs du soleil couchant sur l'océan. Casquette de marin, long fusil à l'épaule, Mercator reconnaît de loin la silhouette du Forgeron. Il pose son arme contre le tronc, lève le bras en signe de bienvenue.

– J'ai trouvé vos haches, dit-il. Je me suis douté que si vous vous étiez attaqués au vieux Coyote vous alliez avoir de sacrés problèmes avec les Miwoks. J'aurais dû vous prévenir. Ça va ?

– Pas vraiment ! crie le Suédois. Ils m'ont transpercé…

– Ça va aller, dit Mercator. Un petit malentendu, nous ne connaissons pas encore les coutumes de la région. Mais tout est arrangé.

– Bonjour, princesse Jalama, dit le Forgeron en enlevant sa casquette. Ce sont des amis, c'est de ma faute, j'aurais dû leur expliquer que le vieux Coyote est comme un membre de la tribu.

– Il est bien plus que l'un d'entre nous, Forgeron. Il était là avant nous, sera là bien après s'il parvient à échapper à l'appétit de l'homme blanc, qui ne sait que voler, tuer et détruire. Vos amis ont bien failli périr, et je sais que dans ce cas plusieurs Miwoks l'auraient payé de leur vie, mon père aurait été déporté. Nous aurions dû quitter la côte et nous enfoncer encore un peu plus loin dans la Sierra, où vivent nos ennemis.

Elle saute de cheval, approche du séquoia blessé, passe la main sur les entailles, ramasse des copeaux qu'elle glisse dans son sac de daim en bandoulière. Elle fait le tour du tronc, lève la tête vers les branches qui portent en deux endroits les stigmates de la foudre.

– Il vivra. Il a résisté à d'autres épreuves, ce n'est pas un *tcobe* ordinaire. Avez-vous l'argent ?

– Vingt-cinq dollars ? Pas du tout. Mais je peux vous les apporter demain… Ou le Forgeron le fera, si vous préférez. Vous avez ma parole, il viendra seul. Je m'appelle Mercator Fleming, je suis le capitaine du navire qui mouille devant Bolinas.

– Oui, je l'ai vu, depuis la forêt.

– Nous avons taillé des cyprès, près de la lagune, pour construire des jetées dans le port de San Francisco. Je voudrais aussi abattre des séquoias, la ville s'agrandit chaque jour, il y a un besoin immense de bois pour bâtir des maisons. Pensez-vous que nous pourrions passer un accord avec votre tribu, comme celui que vous avez passé avec l'Allemand de Woodville ? Vous pourrez nous dire quels arbres couper, lesquels laisser en place. Nous pouvons nous mettre d'accord sur un prix, je peux même faire travailler vos hommes, ils seraient payés en dollars…

– Je vais en parler au conseil. Nous ne comprenons pas bien votre faim de bois et de terre, mais je sais que des hommes viennent dans la grande baie de la Porte d'Or chaque jour plus nombreux. Nous sommes un petit peuple. Il y a longtemps, nos ancêtres n'ont pas pu empêcher l'arrivée des premiers Blancs. Certains disent que si nous les avions massacrés, ça aurait fait peur aux autres, mais je ne le crois pas. Le résultat est que nous avons été asservis sur les terres des missions, décimés par des maladies étranges. Ceux qui comme les miens avaient trouvé refuge dans les montagnes voient arriver des chercheurs d'or prêts à tout pour voler nos terres et leurs richesses. Je plaiderai en faveur d'un accord avec vous, pour épargner nos séquoias sacrés. Le conseil de la tribu décidera. Le Forgeron vous dira quand et où nous nous reverrons. Vous pouvez y aller, maintenant. Mais à pied.

Nous gardons les mulets. Rendez-leur leurs fusils. Ils sont déchargés, nous gardons les balles.

Mercator et Sven remettent leurs armes à la bretelle, rejoignent le Forgeron au pied du séquoia, regardent les Indiens tourner bride et partir au trot vers le nord.

– Capitaine, vous n'êtes pas sérieux ? Un accord avec ces sauvages ? Les payer pour des arbres qui n'appartiennent à personne ? Les embaucher avec nous ? Mais…

– Monsieur Strandhall. Vous avez été blessé et j'en suis désolé. Vous allez être soigné. Mais c'est moi qui fixe les conditions de cette opération. Je ne veux pas travailler avec le risque de prendre une flèche dans le dos dès que j'entre dans une forêt, ou de dépenser des fortunes en gardes armés. Ça ne coûtera pas très cher de mettre les Miwoks de notre côté, et une guerre contre eux pourrait tout compromettre. Alors vous allez faire ce que je vous dis ou vous partez à San Francisco et n'en revenez pas. La Californie est un État libre, dans un pays libre. Si ça ne vous convient pas, faites ce que vous voulez.

31

Professeur Georg Altmaier
Post Office
Snelling, Californie

Au capitaine Mercator Fleming
À bord du *Freedom*
Port de San Francisco, Californie

Le 13 novembre 1849

Cher capitaine Fleming,

J'attendais pour vous écrire de pouvoir accoler à mon nom le suffixe prestigieux de « Post Office – Snelling » ; c'est désormais chose faite, vous êtes mon premier correspondant.

Après avoir pendant trois mois acheminé, avec force improvisation, le courrier à destination des chercheurs d'or de la région des mines du Sud, je viens d'être nommé par Monterey directeur du nouveau bureau de poste pour notre région. D'après mes estimations, entre trois et quatre mille aventuriers de l'or comptent sur moi pour recevoir des nouvelles de leurs familles des quatre coins du monde et leur en envoyer, qui pourrait rêver plus noble mission ?

Je suis relié une fois par semaine, par un système de porteurs en mules puis de bateaux sur les rivières Merced et San Joaquin, à Monterey et San Francisco. Ma cloche qui signale l'arrivée du courrier est le son le plus attendu dans la vallée de la Merced et dans les sierras des environs. Ma collection de livres, dans la malle dont vous vous souvenez, est devenue une bibliothèque de prêt, que j'étoffe régulièrement et qui me rapporte, en plus de mes tâches de postier, un revenu fort conséquent.

D'autant que j'ai entamé récemment, à la demande de nombreux prospecteurs, une activité de prêteur, dépositaire d'or et, je dois le dire même si cela m'étonne moi-même, de quasi-banquier. J'ai passé commande d'un coffre-fort qui devrait m'être livré dans deux ou trois mois et me permettra de racheter à ces hommes des collines, qui souvent répugnent à descendre jusqu'à la côte de peur de se faire voler leurs concessions les plus riches, de transformer leurs pépites en dollars américains, qu'un correspondant à Monterey s'est engagé à m'envoyer dès que les lignes de communication seront jugées assez sûres.
Les problèmes de santé étant fréquents dans la région minière, à cause de la mauvaise alimentation dans bien des camps, des conditions de travail pénibles dans les *placers* et des nombreux accidents, j'ai également commencé à faire venir de Monterey des remèdes et médicaments, au point que certains chercheurs d'or m'appellent « Doc », ce dont je tente de les dissuader, sans grand succès. Je lis et applique les notices médicales contenues dans les boîtes, et ces gaillards étant en général de bonne constitution, ils s'en sortent et m'en accordent le crédit, le plus souvent usurpé.
Il ne faut pas plus de quelques jours à ceux dont l'état de santé laisse à désirer pour comprendre que le maniement de la pelle et de la pioche à longueur de journée, les pieds dans la rivière glacée et la tête au soleil, est au-dessus de leurs forces. Ils repartent comme ils sont venus, à destination des villes de la côte où ils savent que l'embauche ne manque pas.
Mon courrier, cher capitaine Fleming, vise également à vous faire une proposition.
Je me souviens de votre projet de vous installer dans le commerce du bois dans ce qui est en train de devenir le grand port de la région. J'espère que vous avez poursuivi ce dessein et n'avez pas cédé aux sirènes de l'or et de la Sierra. Je suis bien placé pour vous confirmer, si vous en avez besoin – ce dont je doute –, que le commerce et les échanges sont dans cette Californie qui naît sous nos yeux des sources de richesses bien plus sûres et stables que l'aléatoire recherche du bon filon. Si, comme je l'espère et comme vous en aviez l'intention, vous vous êtes installé dans le port de San Francisco pour y développer un négoce de bois, je souhaiterais évoquer avec vous la possibilité de me fournir un certain nombre de marchandises, essentiellement des outils et des aliments non périssables, pour le General Store que j'envisage d'ouvrir à côté de mon bureau de poste. Si vous pouviez également

contacter à San Francisco un véritable médecin, américain, européen ou de quelque autre nationalité, qui serait prêt à effectuer une tournée (que je peux garantir à l'avance très lucrative) dans notre région, ne serait-ce que quelques jours, ce serait formidable.
Des caravanes ambulantes ont récemment entamé des tournées dans le pays minier, mais elles sont pour l'instant constituées de charlatans et d'escrocs, de marchands d'alcool et de femmes aux mœurs légères, qui laissent dans leur sillage les problèmes de santé que vous pouvez imaginer. Ces jeunes hommes pleins de rêves et d'énergie souffrent tellement de la quasi-absence de présence féminine dans la Sierra que certains acceptent de payer en poudre d'or le droit de REGARDER, sans y toucher, des femmes en petite tenue exhibées dans des chariots bâchés. Les dimanches après-midi, des bals sont organisés près de certains *placers,* au cours desquels les mineurs dansent entre eux. Certains nouent autour de leur taille des couvertures en guise de jupons. Nos mines du Sud rassemblent de nombreux Latinos qui chérissent leurs guitares et leurs violons plus que leurs pelles et leurs pioches ! Ce pays minier que je commence à connaître et aimer, qui compte dans ses vallées et sur les berges de ses rivières des aventuriers et des audacieux venus du monde entier, est une terre d'opportunités comme il s'en est trouvé rarement dans l'histoire. Écrivez-moi pour m'indiquer si une collaboration avec mes entreprises vous intéresse.

J'ai adressé, comme vous me l'aviez suggéré, cette lettre au *Freedom,* dans le port. Vous avez peut-être – sans doute – transféré vos affaires dans un entrepôt, mais je suis certain que les postiers de San Francisco sauront vous la faire suivre. D'après les récits des nouveaux arrivants dans la Sierra, le port improvisé, de bâches et de planches dans lequel nous avons accosté au printemps se transforme à vue d'œil en ville prospère et centre de commerce pour toute la région, et je suis sûr que vos qualités d'entrepreneur et de meneur d'hommes vous permettent d'y prendre toute votre part.
Je profite, bien sûr, de ce courrier pour vous donner des nouvelles de nos amis. Tout d'abord votre frère Michael. Il a passé quelques jours parmi nous à la mi-septembre, en compagnie de M. Strong, après s'être arrêté par hasard à Snelling, pour faire changer un fer à son cheval. Il a reconnu M. Bailey derrière sa forge : eh oui, comme il l'avait évoqué lors de notre odyssée, Daniel a vite abandonné la prospection pour racheter une échoppe de forgeron, dont il a fait le point

de ralliement de tous les chercheurs d'or de la région. C'est d'ailleurs en association avec lui que j'envisage de monter le General Store et magasin d'outillage. Michael et Gordell sont arrivés chez nous le jour de la découverte, par M. Tolomio, d'une pépite de fort belle taille sur notre concession : quatre onces ! Nos Argonautes ont creusé la terre comme des damnés pendant dix jours, avec le renfort de nos visiteurs, pour hélas ne trouver que quelques paillettes. Tels sont les mystères de la prospection : la répartition des filons dans ces montagnes n'obéit à aucune loi, l'or semble avoir été saupoudré dans ces rivières par un géant facétieux aux yeux bandés. Deux jours après notre découverte, des Français prospectant moins d'un mile en amont ont sorti du lit de la Merced près de quatre cents onces en deux jours, faisant se lever dans la vallée un nouveau vent de folie…

Michael et son compagnon indien ont participé au tirage au sort pour l'attribution de *placers* sur la Merced, mais n'ont pas eu de chance. Ils ont obtenu des emplacements trop éloignés de la rive, qu'ils ont revendus sans entamer la prospection. Après une dizaine de jours en notre compagnie, votre frère a pris la décision de poursuivre vers le sud, la Bear Valley où il devrait se trouver encore.

Pour le reste, les Argonautes du *Freedom* continuent et étendent leurs recherches. Je dois admettre que le fait que M. Bailey, avec sa forge, et votre serviteur avec son bureau de poste/bibliothèque gagnent chaque semaine plus d'argent que ceux qui passent leurs journées les pieds dans l'eau, les mains dans la terre, commence à peser sur notre association. Certains de ses membres souhaitent changer de vallée, ce dont M. Bailey et moi ne voulons entendre parler, bien entendu. D'autres envisagent de revenir sur la côte pour y trouver un emploi (vous pourriez en voir arriver certains dans les semaines qui viennent), surtout avec l'hiver qui s'annonce. Snelling est, à ce qu'on nous dit, épargné par les neiges de la Sierra, mais le froid et la montée des eaux de la Merced font redouter une impossibilité de poursuivre la prospection au cours des mois à venir.

Voilà, cher capitaine Fleming, ma chronique du pays de l'or.

J'attends impatiemment votre réponse à ma proposition de partenariat commercial. Je dois avouer qu'entamer une collaboration avec quelqu'un dont je connais la rectitude et le sens des affaires me rassurerait, dans cette Californie où règne la loi du plus fort ou du moins honnête. Pas un visiteur n'arrive à Snelling sans une histoire de spoliation, de

violence ou de malhonnêteté. J'entends dire que le port de San Francisco est devenu le lieu de tous les trafics, de toutes les aventures commerciales, avec des cargaisons débarquées de tous les coins du globe et des prix pour certaines denrées ou matériaux pouvant grimper en flèche ou s'effondrer en quelques heures. Je vous fais confiance pour tirer dans ces circonstances votre épingle du jeu et vous assure de mes meilleurs sentiments.
Votre ami.

Pr Georg Altmaier.

32

À bord du navire français Gréty,
au large de Monterey (Californie)

16 février 1850

– Et moi je te dis que tu ne peux pas refuser, ma poulette. Nous avons un marché.

– Le marché était que je passais le voyage dans votre cabine et que vous me baisiez à volonté. Je l'ai respecté, non ? Comme Vivianne avec l'ingénieur Lacoste. Puis toutes les deux avec vous, ou avec lui, ah pour ça, vous n'avez pas manqué d'imagination… Alors le jeune Saint-Aubert ou le gentleman anglais, de temps en temps pourquoi pas, mais le charpentier, non ! Il est sale, il pue, il est violent. Capitaine, vous ne pouvez pas me faire ça. Ce qu'il m'a fait la semaine dernière, c'est du viol ! J'en ai eu mal au cul pendant trois jours.

– Oh la la, tout de suite les grands mots. Rappelle-moi ce que tu faisais à Paris, ma petite Amélie… Ce n'était pas écarter les cuisses devant le premier venu, au premier étage d'un cabaret pouilleux sur les Boulevards ? Et ils passaient tous à la douche, tes clients ? Alors ne m'emmerde pas. J'ai promis ton cul au charpentier, il l'aura. Ce sont mes affaires. Allez, notre petite croisière est presque terminée. Demain, après-demain au plus tard, nous entrons dans la baie de San Francisco. C'est le bout du voyage, poupée. Les rues pavées d'or de Californie. Alors ne fais pas d'histoire, ce n'est pas un petit coup de bite de plus qui va t'effrayer. Je lui dis d'y aller doucement, si tu veux. Fais pas ta sauvage. Nous débarquons dans un pays vierge. Tu pourras t'y faire passer pour une baronne, si tu veux. C'est le Nouveau Monde.

– Une baronne, c'est ça… Et vous croyez qu'on va faire quoi, Vivianne et moi, dans votre Nouveau Monde ? Creuser la terre avec nos ongles ? On va faire ce qu'on a toujours fait, louer nos fesses. Mais cette fois ce sera pour nous. Pas le charpentier, capitaine, je vous en supplie…

– Amélie, tu m'emmerdes. J'ai autre chose à faire qu'écouter tes jérémiades. Il faut préparer l'arrivée. Rentre là-dedans et fais ton boulot. Tu sais combien il coûte, le passage pour la Californie ? Alors tu le gagnes et tu la fermes.

Le capitaine Gaillard pousse la jeune femme vêtue d'un simple corset d'où débordent ses seins vers l'intérieur de sa cabine, tourne la clef, la glisse dans la poche de son gilet.

Il se dirige vers le pont, passe devant la porte de l'ingénieur Honoré Lacoste, chef de l'expédition de la société La Californienne, sourit en écoutant les râles de plaisir, entièrement simulés, poussés par Vivianne Bonpain, l'autre prostituée embarquée au Havre six mois plus tôt. Pour les filles, l'armateur finira par le savoir, un de ces abrutis de marins va bien parler, mais ce n'est pas grave. Il ne faut pas que ça vienne aux oreilles de ma femme, mais bon… Je ne vois pas comment ça pourrait arriver jusqu'à Vernouillet. Et quand je rentrerai à la maison les poches pleines d'or, que nous irons faire les courses place Vendôme, acheter cette villa à Honfleur, tout sera oublié depuis longtemps. Ces deux morues vont rester en Amérique, c'est sûr. Dans une semaine, je n'en entends plus parler.

En traversant le pont des premières, le capitaine croise Étienne de Saint-Aubert, à la porte de sa cabine.

– Mon cher Étienne, montez avec moi au gouvernail, voulez-vous ? Nous sommes en vue de Monterey, capitale de la Californie, le dernier port avant la Porte d'Or, l'entrée dans la baie de San Francisco. Nous accostons demain, il est temps de faire vos malles. Vous voyez, mes calculs étaient justes, avant la fin de février.

– Oui, capitaine. Mais je dois dire que la tempête au cap Horn restera l'un des plus terribles souvenirs de ma vie.

– Elle était belle, hein ? Vous voilà cap-hornier, mon jeune ami. Et c'est un titre de noblesse qui en vaut bien d'autres, croyez-moi.

Près du gaillard d'avant, le commandant aperçoit le groupe des quarante-huitards. Où ont-ils trouvé des jumelles, ceux-là ? Ils ont dû les voler… J'avais dit au quartier-maître de les tenir à l'œil. Le grand, j'ai surpris les autres à l'appeler Jeannot. Sur le rôle des passagers, il est inscrit comme Ernest. Je ne les sens pas, ces cinq-là. Toujours à marmonner dans leur coin, à jeter des coups d'œil sournois, sans un contact avec les autres voyageurs depuis le départ. Et la fille, qui tente de se faire passer pour un garçon avec sa casquette et ses cheveux courts. Italienne, tu parles ! C'est une Arabe, non ? Il paraît qu'elle est muette, je n'y crois pas. M'étonnerait pas qu'ils aient trempé dans quelque mauvais coup, ou dans des activités subversives. J'aurais dû alerter le commissaire du port, au Havre, rien qu'à leur façon de monter à bord ils m'ont paru louches, mais ça nous aurait fait perdre une journée. D'un autre côté, ils n'ont pas bronché, à peine entendu le son de leur voix, alors demain ils débarquent et qu'ils aillent se faire pendre ailleurs. Je les signalerai quand même au consul de France en Californie, j'ai son nom quelque part dans mes papiers.

Le lendemain matin, moins de six mois après son appareillage du Havre, au son d'une fanfare saluant le départ d'un des premiers bateaux de chercheurs d'or français en route pour l'El Dorado californien, le *Gréty* franchit, équipage et passagers en liesse sur le pont, la passe de la Golden Gate. Une escorte de dauphins jouant avec la vague de proue semble avoir été postée pour leur souhaiter la bienvenue.

Pierre Léani, le petit Corse, prend Mounia par les épaules, l'embrasse dans le cou.

– Voilà, ma chérie. La porte du Nouveau Monde. Regarde ces falaises, ces forêts. Jamais ils ne viendront nous chercher ici. Ici, nous serons libres. Ne t'inquiète pas pour les faux papiers italiens, ils seront bien assez bons. Je ne suis même pas sûr qu'ils contrôlent les nouveaux arrivants, en Californie, tellement il doit y en avoir, venus du monde entier. Reste à côté de moi, ne dis pas un mot, tu es encore muette pour quelques jours et ensuite, à nous l'Amérique.

Sur les remparts du fort de Point Lobos, un soldat, comme de coutume, hisse le drapeau américain, pendant qu'un autre charge à blanc le petit canon et tire un coup en signal de bienvenue.

– Joe, réveille-toi. Le canon. Monte vite, n'oublie pas les jumelles.

Au rez-de-chaussée de la tour du télégraphe, au sommet d'une des collines qui surplombent le port de San Francisco, les deux hommes de garde connaissent la procédure : dans deux minutes, le télégraphiste de l'armée à l'entrée de la baie va commencer à épeler, en actionnant les bras de bois de sa machine en forme de sentinelle géante, le nom du navire pénétrant dans la baie et son port d'attache. Ah, voilà : *G-R-E-T-Y. Le Havre.*

– Un autre de ces putains de Français. Ça va encore être la course à la rame dans le port. Bon, à nous. Tu es prêt, Joe ? Je tire.

L'homme tire deux autres coups vers le ciel. Toute la ville connaît le signal : les bras articulés du télégraphe, visibles de tous les coins de San Francisco et surtout du quartier du port, vont donner le nom d'un grand vaisseau qui, quatre à cinq heures plus tard, en fonction des vents, va jeter l'ancre.

– Albert, les coups de canon, le télégraphe ! Vite, viens voir, viens noter le nom du bateau !

Dans son bureau, la plus belle pièce d'angle au premier étage de l'hôtel-cabaret Diamond Star qu'ils ont fait construire après quelques mois au Fremont, puis rebâtir après le terrible incendie de la nuit de Noël, Sara Magnet tend la longue-vue à son mari Albert, qui se précipite au balcon.

– *G-R-E-T-Y, Gréty...*

– Il vient d'où, il vient d'où ?

– Attends, chérie. Le gars répète le nom... Voilà : *L-E-H-A-V-R-E,* Le Havre. Un français !

– Enfin ! Je sors la liste.

Du tiroir de son bureau, Sara tire quatre pages de papier jauni, grand format : *Manifeste des navires en route pour la Californie. Chambres de commerce du Havre-Nantes-Rouen.* Tenues à jour régulièrement, ces listes de passagers et de cargaisons sont vendues à prix d'or, sur abonnement. Expédiées via l'isthme de Panamá, qu'elles franchissent avec le courrier express, elles arrivent à San Francisco deux à trois mois avant les navires qui doublent le cap Horn.

– Albert, fonce ! Prends Gog et Magog avec toi, et loue deux autres rameurs. Les plus costauds, les meilleurs du port. On ne peut pas se permettre d'être devancés comme le mois dernier. Si tu ne mets pas la main sur une cargaison de vin, et surtout du cognac et du whisky, on ferme boutique dans trois jours. Le cuisinier aussi.

Fais une offre pour le cuisinier, surtout s'il est français ou italien. Tu peux aller jusqu'à quarante dollars par semaine. Et n'oublie pas les filles… Regarde la liste des passagers : *« Mesdemoiselles Vivianne et Amélie, du Grand Bal du Moulin-Rouge »,* et ces deux autres : *« Mademoiselle Zaza, de l'Alcazar de Marseille ; la Grande Juliette, du Casino du Tonkin ».*

– Tu es sûre, chérie, pour les filles ?

– Albert, ne recommence pas. Nous en avons assez parlé, non ? Tu sais combien a coûté la reconstruction de l'hôtel ? Tu sais combien je dois à Mercator, seulement pour le bois ? Tu vas arrêter avec tes pudeurs de garçon de la côte Est. C'est San Francisco, ici. Alors on s'adapte aux mœurs de la ville ou on rentre à New York. C'est ça que tu veux, rentrer à New York ? Reprendre ton boulot de chauffeur, la livrée, faire le larbin ?

– Mais non, chérie, tu sais bien…

– Alors assez discuté. Fonce au port. Je vous regarde à la jumelle. Promets une prime à Gog et Magog si vous abordez ce… Comment s'appelle-t-il, déjà ?

– *Gréty*.

– Ce *Gréty* les premiers. Tu grimpes, tu cherches le capitaine ou le propriétaire de la cargaison. Et pour les filles, le plus important est de savoir si elles sont venues en indépendantes, comme cette Josy du Bella Union dont ils sont tous fous, ou si elles ont un « parrain ». Il nous les faut à tout prix, Albert, surtout les deux premières, du Moulin-Rouge. Promets-leur la lune s'il le faut, on verra après. Je te rappelle qu'on a fait construire les chambres à l'arrière, alors c'est un peu tard pour les scrupules, non ?

– OK, Sara. J'y vais.

Contre cinq dollars, Gog et Magog, les « chefs de la sécurité » du Diamond Star, louent sa barque à un pêcheur italien.

– Je l'ai repérée celle-là, patron. La dernière fois, c'est avec ça que le cuisinier du Niantic nous a devancés. Mais là, on est bons. Regardez, on est les premiers. On va se poster devant l'île de Yerba Buena et les attendre. Pas la peine de s'épuiser, ils ne mouilleront pas avant.

À bord du *Gréty*, qui longe l'île d'Alcatraz, les gabiers montent dans la mâture pour se préparer à affaler la grand-voile. Les cent vingt passagers sont massés à tribord, valises aux pieds. Ils crient, chantent, saluent avec leurs chapeaux l'équipage de deux goélettes qui font voile vers l'océan. « El Dorado ! »

Vivianne Bonpain et Amélie Duprés ont revêtu leurs plus belles robes, qu'elles gardaient pliées au fond de leurs malles, leurs chapeaux à voilette. Amélie a enfilé ses mitaines en dentelle blanche, si fines qu'elles semblent avoir été tissées par une araignée.

– Salaud de charpentier, murmure Amélie en voyant passer le marin, qui lui fait un sourire et un clin d'œil. C'est bien la dernière fois que je me fais enculer gratuitement. Tu vas voir, Vivi, ici tout va changer. Ici, personne ne nous obligera à faire ce qu'on ne veut pas faire.

– Tu crois ? Je te rappelle qu'on n'a pas un rond. Comment on va payer l'hôtel, autrement que comme d'habitude ?

– Tu verras. Ils manquent de femmes dans ce pays, tout le monde le dit. Alors nous n'accepterons plus n'importe quoi.

En vue de l'île de Yerba Buena, qui marque l'entrée du port, le capitaine ordonne la mise en panne. Le *Gréty* glisse lentement vers la forêt de mâts, les centaines de coques à touche-touche autour des deux jetées.

– Mouillez les ancres, monsieur Dumas ! lance l'officier dans son porte-voix. Je vais aller voir où nous pouvons trouver un appontement.

Le bruit des chaînes retentit à peine que quatre chaloupes et deux barques de pêche quittent une plage de l'île en direction du trois-mâts.

– Ils semblent bien pressés de venir à notre rencontre… Regardez ça, ils font la course ! Baissez l'échelle de coupée à tribord, je vais pouvoir leur demander de m'expliquer la procédure de mouillage. Quel port ! Vous avez déjà vu un capharnaüm pareil ? C'est pire que ce qu'on m'avait décrit. Et ça c'est quoi ? On dirait une jonque chinoise, ou japonaise…

Les deux gorilles à l'avant rament comme des damnés, la barque d'Albert Fallon approche de l'échelle de bois descendue jusqu'au ras des flots quand une chaloupe plus légère, avec six rameurs et le patron du casino Bella Union à la barre, tente de lui couper la route et d'attraper, avec un crochet au bout d'une perche, la passerelle mobile.

Magog se lève, attend d'être à portée et lance un coup de pied au premier rameur. En même temps, Gog fait passer sous son bras le fusil à deux coups qu'il avait dans le dos et braque l'embarcation.

– Pas cette fois, mes seigneurs. Cette fois vous allez attendre que M. Fallon ait parlé avec le patron de ce navire. Chacun son tour, non ? Ça pose un problème à quelqu'un ?

Le patron du saloon concurrent, d'un signe de tête, donne l'ordre à son barreur de s'éloigner.

– Ah c'est comme ça ? La prochaine fois, moi aussi je sors les fusils.

Albert avance jusqu'à la proue de la barque, empoigne les cordes de la passerelle, saute sur la première marche de bois.

– Monsieur Lacoste, voulez-vous bien approcher, s'il vous plaît. Ce M. Fallon ne parle pas un traître mot de français, dit le capitaine Gaillard.

– *Hello, my name is Honoré Lacoste, I am the director of this operation,* dit l'ingénieur en serrant la main d'Albert.

– Je suis Albert Fallon, je gère avec mon épouse l'hôtel-cabaret Diamond Star, l'adresse la plus prestigieuse de San Francisco. Notre établissement vient d'être entièrement reconstruit, après le terrible incendie de la nuit de Noël dont vous avez sans doute entendu parler…

– Vous savez, à Noël nous étions en mer, vers les côtes du Pérou, donc non, pas du tout.

– Soit, ce n'est pas la question. J'aurais d'abord aimé savoir si vous avez dans vos cales certains produits qui sont fort demandés par notre clientèle.

– S'il s'agit d'alcool, vous tombez bien, cher monsieur. Notre société, La Californienne, a été avertie que les vins et spiritueux français étaient fort appréciés au Nouveau Monde : nous proposons à la vente dix barriques du meilleur bordeaux, cinquante caisses de champagne et… je ne sais plus combien exactement de caisses de cognac trois étoiles.

– Merveilleux ! Votre prix sera le mien.

– Si vous voulez descendre dans ma cabine, nous allons régler tout ça devant une bonne bouteille, cher ami. Désiré ! Il nous reste du champagne dans la glace en cuisine, n'est-ce pas ?

En moins d'une heure, le chargement d'alcool a changé de mains, avec une marge bénéficiaire à faire s'évanouir un comptable bordelais, un contrat a été proposé à Désiré Leblond, cuisinier du bord (ancien garçon cocher à Lyon, mais ça personne ne le sait), et les quatre « danseuses », présentées à Albert dans leurs plus beaux atours, sont engagées pour une période d'essai, au salaire mirobolant de cent dollars la semaine.

– Ça fait combien de francs, cent dollars, Amélie ?

– Je ne sais pas exactement, on va se renseigner. Beaucoup, crois-moi. Et c'est par semaine, donc quatre cents par mois. Notre problème d'hébergement est réglé. On verra ensuite pour les tarifs… Le pays de l'or, je te dis. C'est l'Amérique, ma chérie !

33

San Francisco (Californie)

24 février 1850

Les bras croisés, Mercator regarde les couvreurs achever la pose des bardeaux de séquoia sur le toit de l'entrepôt.

À un coin de rue, donnant sur le port, près de la nouvelle jetée, l'emplacement est idéal. L'incendie de Noël m'a coûté vingt mille pieds carrés de bois mais il a libéré des terrains. Sans lui je n'aurais jamais pu acheter celui-là, surtout à ce prix. Avec les deux tiers de la ville à reconstruire et le reste à bâtir, je l'ai trouvée, ma mine d'or. Il me faudrait une deuxième goélette pour faire la navette avec Bolinas. Et une scierie pas trop loin, ce serait l'idéal, mais comment la faire fonctionner ? Il n'y a pas de rivière assez étroite pour installer un moulin à des miles à la ronde. La vapeur ? Il faut que j'en parle à Brannan.

Un apprenti monte sur une échelle pour clouer sur la façade le *&* de Fleming & Co – Bois de construction.

– Attends, petit. Laisse-moi faire ça.

Mercator lui prend la lettre, taillée dans une souche de cyprès par un Italien, virtuose du ciseau à bois dont il faut louer les services des semaines à l'avance, glisse à sa ceinture un marteau, les gros clous de cuivre dans sa poche arrière et monte à six mètres le long de la façade, se retourne : sous ses yeux, la forêt de mâts anarchique de leur arrivée, il y a huit mois, s'est transformée en un port, certes embouteillé de coques de toutes tailles et provenance, mais organisé autour de trois jetées. Une quatrième, plus longue, est en voie d'achèvement. Ah oui, Sullivan, le gros Irlandais de Boston qui plante les poteaux dans la vase, doit venir chercher deux cents pieux de cyprès tout à l'heure. Il faut que je vérifie qu'il y a le compte.

Avec les pierres extraites de la carrière de Telegraph Hill, des quais commencent à être bâtis, par une trentaine de maçons italiens et portugais venus de Philadelphie le mois dernier. Ils devraient arriver devant mon entrepôt avant le printemps, on va gagner un temps fou pour le déchargement des grumes. La Chambre de commerce parle aussi de construire un phare, un vrai, en dur, sur Yerba Buena ; à mon avis il serait plus utile sur Alcatraz.

Les premiers navires qui ont mouillé dans la rade, le *Niantic,* l'*Appolo,* le *General Harrisson,* l'*Euphemia*, d'abord démâtés, puis transformés en entrepôts, hôtels, prison ou saloons, pris dans la vase sont en train de disparaître, avalés par la ville. Des charrettes apportent des tonnes de terre et de sable qui comblent les intervalles entre les coques et gagnent de nouveaux terrains sur la baie. Chaque incendie, et il y en a un par mois, fournit des monceaux de décombres calcinés jetés, encore fumants, dans les eaux du port. On parle de la construction d'un petit chemin de fer pour transporter le remblai. Ces *lots aquatiques,* plus vraiment l'océan, pas encore tout à fait la terre, s'arrachent aux enchères, leurs prix doublent ensuite tous les trois mois. Il faut que je surveille la date de la prochaine vente. Ça permet de raser les dunes, d'ouvrir de nouveaux quartiers et de se débarrasser à bon compte des ordures, des marchandises en excédent ou des extraordinaires machines à extraire et laver l'or, apportées à grands frais de la côte Est ou d'Europe, impossibles à convoyer jusqu'au pays minier et basculées là le lendemain de leur débarquement. Quatre charrettes de terre et de sable par-dessus, et voilà un morceau supplémentaire de Nouveau Monde sur la carte.

Au bout de la jetée principale, Mercator assiste au déchargement, dans de grands paniers d'osier, de briques rouges importées du Pérou, du Chili ou de la côte Est. Après l'incendie de Noël, le conseil de la ville a interdit tout campement de toile, décidé la formation d'un corps de pompiers et adopté des incitations fiscales en faveur des constructions en pierre et brique. Un Anglais a acheté un quart de page de publicité dans le *California Star* pour annoncer l'arrivée prochaine de maisons préfabriquées tout en métal, importées de Liverpool, à l'épreuve des flammes. Elles ne sont pas près de remplacer le bois…

Le port et la ville jusqu'au pied des collines forment un chantier où résonnent les coups de marteau, les ordres en anglais, les crissements de poulies, les cris en espagnol. Dans quelques jours, il ne restera plus une trace du sinistre du 24 décembre. Les marchandises arrivent toujours de tous les coins du globe, tiens, voilà une jonque chinoise ; en attendant la reconstruction des entrepôts, elles sont stockées en plein air, encombrent les quais, bouchent les rues. Je vais peut-être louer une partie de mon hangar jusqu'à la prochaine livraison de bois de Bolinas.

– Bon, petit, maintenant tu vas chercher un pot de peinture blanche chez Smith, tu le mets sur le compte, et tu peins les lettres, sans bavures.

– Bien, capitaine.

Mercator est attendu au pied de l'échelle par John Coffee Hays, premier shérif de la ville, élu par acclamation lors d'une assemblée municipale deux semaines plus tôt.

– Bonjour capitaine Fleming. Voilà un bel entrepôt, félicitations. Vous pensez bien à la réserve d'eau, vous savez, les nouvelles règles anti-incendie… Je passe vous voir parce que j'ai reçu hier une nouvelle qui va vous intéresser. Un juge de Stockton a ordonné la mise en liberté de James Stuart, « English Jim », le chef de ce qu'il reste des Sydney Ducks. Je ne sais pas exactement quand et surtout pourquoi il a pu faire ça, avec tout ce dont il est accusé.

– Je croyais qu'il avait été pendu…

– C'était prévu, je vous l'assure. Alors comment est-il sorti de prison ? Mystère. Il se passe de drôles de choses en ce moment à Stockton. J'ai prévenu mes hommes et le comité de vigilance de la ville. Je ne crois pas que ce truand osera approcher de San Francisco, si j'étais lui je filerais au Mexique, mais on ne sait jamais. Soyez sur vos gardes, il pourrait vouloir se venger. Nous avons nettoyé leur ancien quartier, on dit que les derniers Ducks traînent dans les montagnes du côté de Mammoth Lakes, attaquent les campements de chercheurs d'or, mais ils ont la cavalerie au cul, je ne les vois pas redescendre vers la côte. S'ils le font, nous les coincerons.

– D'accord, shérif. Si vous avez besoin d'hommes, nous sommes là.

– Pas de refus. Après votre descente à l'Uncle Sam, la réputation des tueurs de baleines de Nantucket a franchi les frontières de l'État. Au fait, il y a un journaliste venu de New York qui est arrivé en ville. Il vous cherche. On a dû lui raconter l'histoire d'Irish Slim harponné comme un cachalot…

– Je n'ai pas besoin de publicité, shérif. Je suis marchand de bois, désormais. Les baleines et les cachalots, c'est fini. J'ai fait fondre mes harpons et mes lances pour en faire des scies et des haches. Je n'ai jamais cherché la bagarre.

– À vous de voir, capitaine. Vous n'êtes pas obligé de lui parler. À plus tard.

Peu après midi, Mercator va déjeuner, comme tous les jours, au Diamond Star. À l'entrée, Gog et Magog lui font un semblant de salut militaire. Il s'installe à sa table habituelle, dos au mur au fond de la salle. Albert Fallon qui joue au coin du bar avec une caisse enregistreuse en laiton et cuivre à peine livrée, lui fait un signe de la main. Sara apparaît après avoir poussé les portes battantes de la cuisine. Elle porte une robe de fermière d'opérette, ses cheveux blonds réunis en chignon, pas de chaussures.

– Mercator ! Vous tombez bien. Notre nouveau cuisinier français vient de me faire goûter une de ses spécialités, *la daube à la lyonnaise,* un délice. Je vous commande une assiette. Ah, et j'ai une bonne nouvelle : nous pouvons vous verser deux cents dollars sur notre facture de bois. Ça vous va, deux cents ? Au moins autant la semaine prochaine…

– Parfait, merci Sara. Dites donc, les affaires tournent !

– Le champagne français les attire comme des mouches, le whisky est à mon avis un peu coupé à l'eau, mais quand ils descendent de leurs montagnes ils ne font pas les difficiles. Notre *aguardiente* vient directement de Mexico, c'est la meilleure de la ville. Désiré, le cuistot, est un magicien. Et ce n'est pas à vous que je vais raconter des histoires, capitaine, nous sommes de vieux amis… En une semaine, Vivianne et Amélie, nos deux petites Françaises du Moulin-Rouge, ont plus fait pour la réputation du Diamond Star que l'alcool, la nourriture ou mes simagrées sur le grand escalier. J'ai arrêté, d'ailleurs.

Mercator jette un œil de l'autre côté de la salle, Amélie Duprés est assise sur le piano, le jupon relevé jusqu'à mi-cuisse, révélant une jarretière de soie rose et blanc. Elle fait jouer ses cheveux sur ses épaules, pouffe aux tentatives d'un moustachu en salopette de lui dire trois mots en français.

– D'ailleurs, capitaine, si vous voulez goûter à l'une de nos spécialités *de Paris*, ou même aux deux, c'est offert par la maison. En remerciement pour votre sang-froid dans les tempêtes, et pour ne m'avoir pas débarquée à Cuba.

Mercator ne peut s'empêcher de rougir.

– Non, merci, Sara.

– Allez, capitaine, dit la jeune femme en souriant, les yeux brillants, ravie du trouble du chasseur de cachalots, vous êtes un homme, non ? Mais c'est vrai, depuis que je vous connais, et ça fait plus d'un an, je vous vois vivre comme un moine-soldat. Un beau garçon comme vous… Pas de maîtresse à bord, pas de femme aux escales, pas de femme ici. Et la réputation des marins américains, écumeurs de bars, trousseurs de jupons ? À moins que vous n'aimiez les garçons ? Vous préférez les garçons, capitaine ?

– S'il vous plaît, Sara. Arrêtez ou je m'en vais.

– OK, ne vous fâchez pas. Mais souvenez-vous de mon offre. Elle reste valable. Il y a bien un moment où vous aurez besoin d'un peu de tendresse, non ? On ne peut pas vivre sans amour, capitaine. Personne, pas même le plus terrible des chasseurs de baleines. Bon, je vais voir Albert, il doit me montrer comment fonctionne cette machine enregistreuse venue de Londres. Nous sommes le premier saloon de San Francisco à en avoir une, d'après lui. Il joue avec depuis hier comme un petit garçon. Bon appétit, capitaine.

Une serveuse chilienne pose devant lui une assiette de ragoût fumant, une demi-miche de pain, une chope de bière. Mercator sort de son fourreau son couteau à manche d'ivoire de cachalot, découpe la viande en regardant du coin de l'œil l'autre prostituée française, dont il n'a pas retenu le prénom, monter au premier étage en gloussant, suivie par un client en bottes à éperons mexicains, fouet à la ceinture. En voilà un qui ne doit pas gagner son argent dans la Sierra…

Un homme en costume de drap clair, chaussures en daim, chapeau de paille blanche gansé de noir, approche de la table.

– Excusez-moi, vous êtes bien le capitaine Fleming ? Le capitaine baleinier du navire *Freedom* ?

– Qui le demande ?

– Bonjour, je m'appelle Bayard Taylor. Je suis reporter pour le *New York Herald*. C'est mon deuxième séjour à San Francisco, j'étais là à l'automne. Mes reportages sur la Ruée vers l'or en Californie ont eu un tel succès sur toute la côte Est que mes patrons m'ont envoyé écrire la suite. On m'a raconté, en septembre, votre attaque des bandits australiens à coups de harpon. Je vous ai cherché mais vous étiez parti vous mettre au vert, ce qui est bien compréhensible. Vous êtes de retour, le shérif me dit que ces fameux Sydney Ducks (j'ai fait plusieurs papiers sur eux) sont en déroute, accepteriez-vous de me raconter cette fameuse soirée ?

– Non.

– Mais… Vous savez, cette histoire est déjà très connue, y compris à l'Est. Tout le monde en parle. Je peux faire la Une du *Herald*, faire de vous un héros dans tout le pays…

– M'en fous. Je ne suis pas un héros et ne veux pas en devenir un. Nous avons eu un problème, nous l'avons réglé, c'est tout. J'ai été baleinier, c'est fini. Je ne toucherai plus jamais un harpon. Je suis bûcheron, marchand de bois à San Francisco et j'apprécierais que vous n'écriviez pas mon nom dans votre journal.

– Mais les lecteurs…

– Rien à foutre de vos lecteurs. Nous avons navigué plus de six mois pour arriver ici. Ce n'est pas pour être rattrapés par les gazettes de la côte Est. Vous avez remarqué qu'on vient du monde entier chercher de l'or ou bâtir ce nouvel État. Chacun a ses raisons. J'ai les miennes, je les garde pour moi. Je ne peux pas vous empêcher d'écrire ce que vous voulez, mais ne publiez pas mon nom. Et je ne vous dirai rien. Maintenant, j'ai à faire. Au revoir, monsieur.

Il se lève, essuie sur un pan de la nappe la lame de son couteau, le glisse à sa ceinture, laisse une pièce de un dollar sur la table et traverse la salle où les premiers joueurs de *mexican monte* à trois ou quatre cartes ont formé leurs tables, sans un regard pour Sara qui le suit des yeux en souriant.

En chemin vers le port, Mercator s'arrête chez Smith and Sons, la droguerie-marchand d'outils.

– Désolé, aucune nouvelle de l'*Arkansas*. Il devait charger cinq caisses pour nous à Panamá voilà plus de deux mois, il ne devrait pas tarder. Ce sont les scies que vous attendez, c'est ça ?

– Oui, les scies à bras de vingt pieds. Elles sont à bord de l'*Arkansas*.

– Quand vous le verrez accoster, passez le lendemain. Vingt pieds ? Ils sont si gros que ça, ces arbres rouges ? Je n'en ai jamais vu que sous forme de planches.

– Ils ne sont pas très loin, au nord de la baie, les plus belles forêts du monde.

Au siège de la Brannan and Co, un employé lui apprend que le patron est parti pour la journée à Monterey. Avant de retourner à l'entrepôt, Mercator descend sur le port, jusqu'à la jetée où est amarré le *Freedom*. Resté sous la garde d'une sentinelle péruvienne payée trois dollars par jour, le navire ne porte plus de voiles, transformées en toiles de tente, presque plus de cordages. J'ai refusé plusieurs offres pour les mâts, mais à quoi bon ? Pour qu'il ressemble toujours au bateau de mon père, et pas à un cercueil géant posé dans la boue ? Encastré entre une vingtaine d'embarcations, il ne naviguera plus. La vase arrive à mi-coque, la cuisine a été démontée pour équiper la cantine des ouvriers près du nouvel entrepôt, tous les matelas et malles, les barriques, l'établi, les outils ont été descendus à terre. *Hola, Pablo ! Todo bien ? Sí, señor capitán, todo tranquilo.*

Dans sa cabine, Mercator regarde ce qu'il va faire transporter dans sa chambre, construite en mezzanine dans un coin de l'entrepôt. Le bureau en bois d'Afrique, la commode à poignées de bronze en forme de trident. Il s'assied, sans doute pour la dernière fois, derrière la table, ouvre le tiroir. Les carnets de navigation du capitaine Stewart Fleming, l'écriture en pattes de mouche de son père, les deux broches d'ivoire en forme de harpons qu'il a décrochées de son revers après la mort de Nicholas, une carte enluminée de Nantucket ornée de baleines, cachalots, dauphins et monstres marins, la dent de morse sculptée, le journal de bord. Il feuillette.

13 janvier 1849 : appareillage de New York. Équipage au complet. Liste des passagers en page suivante.

1er avril 1849 : passage du cap Horn, entrée dans le Pacifique.

4 mai 1849 : escale sur l'île de Floreana (Galápagos). Provisions de tortues vivantes.

23 juin 1849 : entrée dans la baie de San Francisco.

Bon. Bureau, chaise, commode. J'enverrai deux gars demain matin. Je vais peut-être couper les mâts, après tout. Ça fera de belles poutres pour la scierie. Dans ce cas, je le démonte entièrement, planche par planche. Du chêne : je bâtis ma maison avec, un peu en hauteur, sur une colline à l'est pour éviter cette affreuse brume.

– *Adiós, Pablo*.

– *Buenas tardes, capitán*.

En arrivant à l'entrepôt, Mercator remarque une agitation inhabituelle. Plus personne ne travaille, les hommes sont rassemblés en petits groupes. Quand il l'aperçoit, un jeune garçon court vers lui :

– Capitaine ! C'est Mme Sara qui m'envoie. Il faut que vous alliez au Diamond Star. C'est M. Albert. On l'a tué.

34

San Francisco (Californie)

24 février 1850

L'homme a les yeux fermés par les coups de poing, un filet de sang au coin de la bouche. Il porte une chemise à rayures déchirée au col, un gilet noir et des bottines lacées, d'une étrange couleur aubergine. Il est assis, prostré, sous le porche du Diamond Star, près de la porte d'entrée. Magog a posé sa patte d'ours sur son épaule d'enfant.

Au moment où Mercator monte les trois marches, le shérif menotte le coupable.

– Mon gars, économise ta salive. Tu expliqueras tout ça au juge.

La grande salle du saloon est presque vide. Entre les chaises, sur la droite près du bar, Mercator aperçoit les chaussures anglaises, toujours cirées de frais, d'Albert Fallon. Il gît sur le dos entre Gog, qui semble monter la garde, et le barman qui recouvre son visage d'un torchon propre. Une tache de sang s'élargit sur sa chemise blanche, au niveau du cœur.

À l'autre bout de la pièce, Sara Magnet est effondrée dans un fauteuil de cuir rouge, entre Vivianne et Amélie qui tentent, dans leur anglais de débutantes, de la réconforter. Quand Sara voit le capitaine, elle se lève d'un bond, traverse la pièce en courant, se jette dans ses bras.

– Oh, Mercator ! Merci, merci d'être venu si vite. Albert… Albert… Il est mort, là… Il est mort. On l'a tué, Mercator, on l'a tué !

– Mais que s'est-il passé ?

– Je ne sais pas vraiment, j'étais dans mon bureau, au premier, j'ai entendu des cris, puis un coup de feu… Je suis sortie, j'ai vu mon mari étendu par terre, se tenant la poitrine, Magog en train de tabasser un gars près d'une table de *monte*. Mon Dieu, Mercator, c'est terrible. Albert est mort, qu'est-ce que je vais devenir ?

Gog approche, pose sur la table un minuscule pistolet Derringer à crosse de nacre.

– C'est un accident, madame Sara. Personne n'en voulait à M. Albert. Ça chauffait depuis un moment, à cette table. Je les gardais à l'œil, M. Albert aussi. Je ne sais pas exactement qui accusait qui, mais ils se soupçonnaient de tricher. Le ton est monté, le grand costaud, celui qui a filé en courant juste après, s'est levé, a attrapé le poignet de l'Anglais…

– Quel Anglais ?

– Le petit gars qui est dehors. Il s'est mis à brailler, avec un putain d'accent, on ne comprenait rien à ce qu'il disait. Alors M. Albert s'est approché pour les calmer, vous savez, comme il sait faire. J'ai cru que ça suffirait, c'est fréquent ce genre de scène. Ils se sont rassis, et tout à coup ce fumier a sorti ce flingue de gonzesse de sa manche. Il a visé le grand mais son voisin a attrapé son bras. Quand le coup est parti, il a touché M. Albert qui était à côté. C'est tout petit comme calibre, ces merdes, mais je crois bien qu'il a pris la balle en plein cœur. Il ne respire plus. Je suis désolé, madame Sara. C'est de ma faute. J'aurais dû…

– Oui, c'est de votre faute, Gog, dit Sara qui ne pleure plus, dont le regard est devenu froid et dur comme l'acier. C'est exactement pour ça que je vous paie. Et cher. Exactement pour éviter ça, plutôt. Vous êtes censés prendre leurs armes à l'entrée, non ?

– Mais c'est un Derringer, madame Sara. Regardez la taille de ce pistolet. Il le portait dans un holster glissé dans la manche de sa chemise, un truc de joueur professionnel. On ne va quand même pas fouiller les clients…

– Et pourquoi pas ? En attendant, Albert est mort, et je suis veuve. Où est le shérif ?

– Il est dehors, dit Mercator. Il a passé les menottes au gars, je pense qu'il va le conduire à la prison, sur l'*Euphemia*.

– Et ensuite ?

– Eh bien il y aura un procès, je suppose.

– Un procès, ici ?

– Sans doute. J'ai rencontré le juge il y a deux jours… Comment s'appelle-t-il, déjà, Hastings, je crois. Serranus Hastings. Il vient d'être envoyé par Monterey pour ouvrir la cour de justice de San Francisco. Il est passé me voir parce que nous allons être voisins, ils ont loué la Graham House, juste à côté de mon entrepôt, pour en faire un tribunal, il voulait savoir si je pouvais leur fournir du chêne. Vous devriez voir ça avec le shérif, Sara.

– Mais il a tué Albert de sang-froid, qui n'était pas armé. On ne peut pas tout simplement le pendre ce soir ?

– Sara…

– Quoi, Sara ?

– Gog vient de vous dire comment ça s'est passé. Il ne visait pas Albert, c'est un coup de malchance. Nous sommes à San Francisco, c'est déjà la plus grande ville de Californie, nous nous sommes débarrassé des gangsters australiens, on ne va pas commencer à lyncher les gens au mât des bateaux, non ?

– Tes *Aussies,* tu as attendu l'autorisation d'un juge pour aller les harponner comme des marsouins ? Ils avaient assassiné Marcus, t'avaient volé, tu as fait ce qu'il fallait faire.

– C'était l'an dernier, Sara. Maintenant nous avons la justice de l'État. Un tribunal. Il faut laisser faire le juge, un jury. On ne bâtit pas une ville sur la loi de la jungle.

– Et moi je veux que cet assassin soit pendu.

– Il le sera s'il est jugé coupable, soyez tranquille. Maintenant il faut aller vous reposer.

– Me reposer ? Avec Albert allongé là, entre les tables ? Un médecin, d'abord je veux un médecin. L'autre grande brute me dit qu'il est mort, mais qu'est-ce qu'il en sait ? Allez me chercher le docteur Matthews.

Déjà prévenu par le shérif, le médecin arrive peu après, s'agenouille, applique deux doigts sur le cou, fait non de la tête.

– Madame, je suis désolé.

Sara se blottit contre l'épaule de Mercator, sanglote en silence. Le capitaine demeure immobile, comme pétrifié. Amélie passe derrière lui, lui attrape le poignet et doucement, en souriant, pose la main du marin sur la nuque de Sara. Ils restent ainsi, au milieu du saloon, plusieurs minutes, jusqu'à ce que le shérif Hays approche et s'éclaircisse la gorge.

– Excusez-moi, madame Magnet. M'autorisez-vous à faire transporter votre mari à la morgue ? Le docteur a signé l'avis de décès.

– Merci, shérif. Oui, allez-y.

35

Woodville (Californie)

16 avril 1850

– Stop ! Arrêtez ! Ça ne sert à rien. Vous voyez bien qu'ils n'en peuvent plus. Ne fouettez plus ces bœufs, laissez-les souffler. On va commencer à forer les trous, le fendre en deux, ce sera plus facile.

Le tronc de séquoia fait plus de vingt mètres de long, quatre de diamètre. Il a été abattu en lisière de forêt, à trois miles de la scierie. Les huit animaux au pelage clair l'ont tiré, mètre par mètre, toute la matinée, mais là ils n'avancent plus, ils bavent d'épuisement, les deux premiers vacillent sur leurs pattes avant. Mercator donne l'ordre de les dételer, de les faire boire. Il loue depuis un mois la scierie de Woodville à Kurt Schäffer, le bûcheron allemand à barbe de druide parti rejoindre son frère tombé sur un bon filon dans la Sierra.

Une location qui se changera bientôt en vente, il faudra que je lui fasse une offre, si jamais on le revoit un jour.

Soixante-cinq pieds de long, c'est vraiment le maximum que les bêtes peuvent bouger, nous aurions dû le couper en deux.

– Piet, Jan, allez chercher les chignoles dans l'atelier.

Les deux apprentis sont des gamins qui traînaient sur le port de San Francisco, mendiaient leur nourriture : anciens mousses d'un bateau hollandais dont l'équipage a déserté pour filer dans les montagnes, ils avaient été laissés seuls dans le navire à l'abandon. Ils se font la courte échelle pour grimper sur la grume.

– Allez-y, les garçons. Un trou tous les six pieds. Et bien profonds, jusqu'au bout du foret.

La rivière a un bon débit aujourd'hui, la scie devrait avoir assez de force pour découper celui-ci. Mais il faudra viser moins large dans les semaines à venir, il va y avoir moins d'eau. Et cet été ? À moins que nous ne détournions le cours du ruisseau, en amont, pour augmenter le débit…

Quand la dizaine de trous est forée dans le tronc de l'arbre rouge, Mercator va chercher, dans la cabane à l'écart gravée d'une tête de mort dont lui seul a la clef, une caissette en bois marquée « Hercules Power – High Explosives – Danger ». Il pose une échelle contre le tronc, grimpe sur la grume et verse dans chaque orifice, avec un entonnoir de cuivre, une dose de poudre noire. Il bouche chaque trou à la cire d'abeille. Puis il relie le tout à un cordon détonant, qu'il déroule en descendant du tronc.

– Attention ! Ça va sauter, personne n'approche !

Il gratte une allumette contre la semelle de sa botte, enflamme l'extrémité du cordon. La lueur court et crisse sur le sol, grimpe sur le bois en lançant des étincelles comme un serpent de feu d'artifice, et pow ! pow ! L'une après l'autre, les cavités bourrées de poudre explosent. La dernière n'a pas encore sauté que le tronc du séquoia s'ouvre en deux comme une noix, au ralenti dans un long craquement. Deux moitiés bien symétriques, prêtes pour la scie. L'Allemand avait raison, technique imparable. Il faut que je pense à refaire le stock de poudre, j'espère que Smith en a reçu. Les bœufs traînent sans peine la première moitié vers le plan incliné en rondins de pin. Là, ce sont deux chevaux de trait, attelés à des crochets au bout de chaînes, qui font glisser le demi-tronc vers son emplacement, juste devant la scie qui monte et descend au rythme de la roue à aubes. Quatre hommes avec des perches guident la grume, la mettent en place. C'est bon pour moi ! Pour moi aussi ! OK ici ! C'est bon !

– Fergus, vas-y, embraye la scie.

Doucement d'abord, la manivelle anime la lame de scie à grosses dents qui mord le bois rouge, puis progresse centimètre par centimètre. Calé par des talons de fer, le tronc ne bouge pas. Il faut dix minutes pour qu'une planche de séquoia de quatre centimètres d'épaisseur, idéale pour bâtir les murs des maisons de San Francisco ou le plancher des quais de son port, tombe dans la fosse de réception. Les chevaux sont attelés en sens inverse, tirent sur les chaînes pour replacer le demi-tronc dans la position de départ, face à la scie. Deux ouvriers s'emparent de la planche, la posent sur des tréteaux et commencent à la scier en deux, pour permettre son chargement à bord de la goélette. Un long radeau avec une proue et des bords, capable d'affronter les vagues du Pacifique, est en construction à Bolinas : quand il sera terminé, tiré par la goélette, il pourra emporter à destination de la grande baie des planches et des poutres d'au moins quinze mètres.

– Allez, les gars ! Prêts pour le second passage ?

La lame de la scie pénètre dans le bois, avance de quelques centimètres puis peu à peu ralentit son va-et-vient vertical. Mercator se penche, regarde le débit de l'eau : il baisse, les pales de la roue à aubes trempent à peine dans le courant, ne transmettent plus à la scie la force nécessaire.

– Putain ! C'est encore Cooper. Stop ! Fergus, débraye la lame. Plus assez d'eau. Je vais voir.

Le cheval de Mercator attend à l'écurie. Il quitte Woodville par le sentier qui suit la rivière, vers le nord. Le débit est toujours aussi faible, il a diminué de plus de la moitié depuis ce matin. Au fait, elle a un nom, cette rivière ? Je n'ai jamais pensé à demander…

Il traverse un bois de cyprès, longe les premiers séquoias, passe à gué le cours d'eau et débouche dans une large prairie. Les premières fleurs du printemps ont éclos ; en levant les yeux vers les montagnes il aperçoit les sommets de la Sierra enneigés, les forêts de géants à troncs rouges à perte de vue. Une grande cabane en rondins, près de la rive, cheminée fumante. En le voyant arriver, un homme et ses deux fils descendent des échelles posées sur la charpente d'une future grange ou écurie, où ils clouaient des planches. L'aîné prend une carabine, passe la bretelle à son épaule. En approchant, Mercator aperçoit le barrage, sur la rivière, qui en divertit le cours vers des champs de légumes et un étang artificiel.

– Bonjour, monsieur Cooper, dit Mercator en levant le bras et écartant le pan de sa veste, pour montrer qu'il n'est pas armé.

– Bonjour, capitaine Fleming. Je sais pourquoi vous venez.

– Oui, je sais que vous savez. Alors ?

– Que voulez-vous que je vous dise ? Vous imaginez combien m'a coûté le creusement de cet étang ? Dix hommes, vingt Indiens pendant deux semaines… Vous ne croyez quand même pas que je vais le laisser vide ?

– Mais vous savez que si vous détournez le cours de la rivière, vous mettez ma scierie à l'arrêt, non ? Nous en avons déjà parlé.

– Je le sais. Écoutez, je veux bien faire des efforts pour être un bon voisin. Mais j'ai besoin de remplir cet étang, et d'arroser les plantations que nous venons de faire. Je suis en amont, j'ai le droit d'utiliser l'eau. J'en ai besoin. J'ai plus de trois cents dollars de dettes.

– Monsieur Cooper, je ne dis pas que ça vous est interdit, mais même si je suis en aval, j'ai aussi le droit d'utiliser la rivière. Cette scierie a été construite avant votre arrivée dans la région. Vous savez comme moi qu'il n'y a à Woodville, à Bolinas ou nulle part avant San Francisco une autorité qui viendra trancher notre différend. Alors trouvons un arrangement. Voilà ce que je propose : si vous acceptez de ne détourner la rivière que la nuit, je m'engage à transporter vos récoltes, cet été, jusqu'au port de San Francisco. Qu'en dites-vous ?

– Pas bête… Entrez, venez boire un coup. Vous avez raison, il faut trouver une solution.

Une demi-heure plus tard, comme Mercator remonte à cheval, les deux fils du fermier ferment les portes de bois des deux canaux de dérivation, rouvrent celles du barrage de rondins posé sur la rivière. Quand il arrive à la scierie, le débit est à nouveau suffisant pour entraîner la roue, la coupe peut reprendre.

Au crépuscule, Mercator et Fergus Smalls cheminent côte à côte, sur leurs chevaux, vers Bolinas et le Smiley's Schooner Saloon où ils logent toujours. Pour les bûcherons, un dortoir a été construit à l'entrée de Woodville.

– Ce Cooper est correct, il descend d'Oregon, où sa femme est morte de fièvres, à ce qu'on m'a dit. Mais il ne va pas rester longtemps seul dans le comté. Vous avez vu la vallée, un peu plus haut ? Il y a des champs à perte de vue, au bord de la rivière, une terre noire et fertile. Avec tous ces gars qui commencent à descendre de la Sierra, dégoûtés de ne pas trouver d'or, je parie que d'ici l'automne les fermes vont pousser comme des champignons en amont. Nous allons être coincés par le manque d'eau. Il faut trouver une solution.

– À quoi pensez-vous, cap'tain ?

– La vapeur. C'est l'avenir. Une chaudière à vapeur qui entraînerait des courroies qui actionneraient la scie. J'ai vu ça fonctionner, près de New Bedford il y a deux ou trois ans. Ils découpaient des troncs de chênes presque aussi gros que nos séquoias, et d'un bois autrement plus dur, comme si c'était du papier.

– Pas mal… On peut faire venir ça de la côte Est ?

– Je suppose, mais il faudra des mois. Et en trouver une : à ce qu'on dit à la Chambre de commerce, les chantiers navals achètent toutes les chaudières qui sortent des ateliers de Nouvelle-Angleterre. Il y a des listes d'attente de plusieurs mois. Tu vas voir qu'ils vont bientôt chasser la baleine à la vapeur, avec des harpons explosifs, les bêtes n'auront plus aucune chance. À ce propos, le *Freedom* ne prendra plus jamais la mer. Je vais le démanteler pour construire ma maison. J'ai déjà vendu tout son métal aux frères Donahue, qui viennent d'ouvrir une fonderie sur Market. Ils doivent être en train de le récupérer.

– J'aime mieux ne pas voir ça…

Le lendemain matin, Mercator quitte Bolinas à l'aube, descend sur la plage jusqu'à la cabane du Forgeron, avec deux paquets de café, un marteau neuf, une livre de clous, du tabac et une bouteille de whisky. Ils font chauffer leurs tasses sur un petit feu, entre quatre pierres devant la porte, mangent des galettes de maïs tartinées de miel récolté par l'ermite dans des essaims sauvages. Puis ils montent le long d'un sentier vers la forêt de séquoias. Le chat et le cochon trottinent devant puis les attendent. Au pied des premiers géants, comme impressionnés par leur ombre, sur un signe de tête du matou ils font demi-tour et cavalent vers la plage et ses embruns. Les deux hommes cheminent en silence entre les arbres. Mercator s'arrête devant certains, pas toujours les plus grands, pose sa main sur l'écorce, lève la tête. Après une heure de marche, ils arrivent dans la clairière naturelle formée par un séquoia immense touché par la foudre, qui a fait le vide autour de lui. Comme effrayés par sa silhouette calcinée, les autres arbres ont poussé penchés vers l'extérieur, dégageant un espace circulaire où des rondins de bois rouge et de cyprès ont été disposés.

– C'est là, dit le Forgeron.

Ils s'assoient, il sort de sa besace une pipe de marin, la bourre et l'allume. Ils entendent d'abord le hennissement d'un cheval, puis le cri d'un oiseau de proie imité par un homme. Deux jeunes guerriers miwoks apparaissent à l'entrée du sentier. L'un porte une lance, l'autre un fusil à pierre du siècle dernier. Ils observent la clairière, le Forgeron les salue, ils le reconnaissent et poussent un cri bref. Jalama Telles sort d'un fourré sur une jument blanche, deux mains peintes en noir sur le poitrail. Derrière elle, sur un grand mulet d'une étrange couleur claire, un homme d'une cinquantaine d'années, deux plumes de goéland dans les cheveux, une longue cicatrice sur la joue droite. Puis une douzaine d'hommes portant des arcs, des pieux ou des massues, prennent place en cercle. Les plus jeunes se postent en sentinelles, l'un d'eux grimpe jusqu'aux premières branches d'un cyprès.

La jeune femme passe une jambe par-dessus l'encolure de sa monture, saute à bas, un adolescent attrape le licol.

– Bonjour, Forgeron. Bonjour, capitaine Fleming. Je vous présente mon père, Huicmuse, chef des Miwoks entre la grande baie et la rivière que vous appelez Russian River. Il ne parle pas anglais.

– Bonjour, Jalama, dit le Forgeron. Comment vas-tu ? Comment va ta mère ?

– Mieux, mais elle est encore faible. Je crois que tes médicaments l'ont sauvée. Merci.

Mercator a calé entre ses pieds la besace qu'il avait dans le dos et en sort deux couteaux de cuisine, un poignard Bowie, un miroir de rasage, deux lames de hachette, cinq grands clous de cuivre épais comme un doigt. Il pose ses présents sur la souche devant lui.

– Merci d'avoir accepté cette entrevue. Voici quelques objets apportés à San Francisco par tous ces navires qui viennent du monde entier. J'ai demandé au Forgeron à rencontrer le chef des Miwoks pour que nous nous entendions sur les futures coupes de bois. Vous savez que nous avons besoin de beaucoup d'arbres pour bâtir la ville qui naît dans la grande baie, mais je sais que certains sont importants pour les Miwoks. Je voudrais éviter tout malentendu. J'ai apporté une carte, qu'un de mes hommes qui sait dessiner a tracée…

Il déplie une grande feuille de papier.

– Nous n'utilisons pas de cartes, pour nous elles ne signifient rien. Gardez votre morceau de papier, capitaine.

– Mais comment…

– De combien de séquoias avez-vous besoin ?

– Combien ? Mais je ne sais pas. Beaucoup. Pas les plus gros, on ne saurait pas comment les bouger, mais les autres, beaucoup.

– Vous savez combien de temps il faut attendre pour qu'ils atteignent cette taille ? demande-t-elle, en montrant les troncs qui les entourent. Plusieurs vies d'hommes. Si vous décimez ces forêts, que restera-t-il ? Une terre vide ? Les Miwoks ne vivent pas sans la forêt, nous ne cultivons presque pas. La forêt nous nourrit, nous protège. Depuis toujours, depuis que nos ancêtres sont arrivés sur cette côte.

– Je comprends. Mais des milliers d'hommes blancs sont en train d'accourir en Californie, attirés par l'or. Je ne crois pas que vous pourrez les en empêcher. Si vous choisissez la violence, comme quand vous avez blessé l'homme qui était avec moi, les soldats viendront, avec des armes bien plus puissantes que les vôtres. Vous serez vaincus, décimés. Il vaut mieux que nous trouvions un accord pour se partager la forêt. Comme je vous l'ai dit, je suis prêt à payer pour chaque arbre abattu.

Jalama traduit ces propos à son père, qui regarde Mercator en plissant les yeux, puis murmure dans l'oreille de sa fille.

– Huicmuse te remercie pour ces cadeaux. Ils sont utiles, mais les Miwoks se sont passés des inventions des Blancs pendant des générations. Quant à l'argent que tu offres, nous n'en avons pas besoin. Nous savons ce qu'il est advenu de nos frères qui ont trouvé de l'or dans les montagnes. Nous avons toujours échangé avec les autres peuples. Nos coquillages, par exemple, sont prisés des tribus de l'intérieur. Nous pouvons faire du troc avec les Blancs…

Elle s'interrompt, se penche à nouveau vers son père, reprend :

– À condition que tu sois leur intermédiaire et que tu sois capable de faire respecter notre marché.

– M'engager pour tout le monde, c'est-à-dire que…

– Tais-toi, dit le Forgeron. Laisse-le finir.

– Voilà ce que Huicmuse propose : il va envoyer des enfants marquer avec une boule de pigments rouges les *tcobes* qu'il ne faut pas abattre. Ceux que vous pourrez emporter seront tamponnés de noir. Nous attendrons plusieurs lunes. Si vous respectez votre parole, nous pourrons même vous aider à éclaircir la forêt. Dans le cas contraire, ce sera la guerre.

Mercator se penche vers le Forgeron.

– Ça ne peut pas marcher. Ils croient que je commande à tous les bûcherons.

– Oui, murmure le vieil homme entre ses dents. Mais si tu leur dis la vérité, ils ne nous laisseront pas repartir. Attendons de voir combien d'arbres ils marquent. Accepte et rentrons, il y a trois jeunes guerriers là-bas dont le regard m'inquiète. Nous pourrons toujours en reparler. Jalama vient parfois me voir seule à la cabane, elle pourra nous servir d'intermédiaire.

Mercator conclut le marché, les deux hommes quittent la clairière entre deux rangs de guerriers dont certains brandissent leurs armes sous leur nez et poussent des cris de guerre. Jalama remonte en selle, leur adresse un salut et une esquisse de sourire.

Deux jours plus tard, avant de partir pour Woodville, Mercator se rend vers le nord, en direction de la forêt de séquoias la plus proche de Bolinas. Sur les trente premiers arbres qu'il compte, vingt-neuf portent la marque rouge.

36

French Town (Californie)

8 mai 1850

La rumeur est partie du Café des Boulevards dans Lafayette Street, où un cavalier arrivé la veille de Monterey prenait son petit-déjeuner.

– Comme je vous le dis, mes camarades ! Vingt dollars par mois et par mineur étranger. Une taxe votée par l'assemblée de Californie, que devront payer tous ceux qui n'ont pas la nationalité américaine. Un impôt sur les Européens, les Mexicains, les Chiliens !

– C'est une blague ?

– T'es sérieux ?

– C'est dans tous les journaux de l'État. Vous recevez le *California Star*, par ici ?

– De temps en temps. Ça dépend des bateaux, et surtout des convois de mules.

– C'est vrai qu'il faut y arriver, à votre petit Paris ! La piste à flanc de falaise, elle est coton. Mais nom de Dieu, ça vaut le coup… Je n'ai pas mangé un pain aussi bon depuis des années. Et les rillettes ! Vous faites comment pour les rillettes ?

– Attends, dans une heure, Dubois, le boulanger du bout de la rue, va apporter ses petits pains chauds.

– Des petits pains ! Oh bonne mère, mais c'est le paradis, votre French Town ! Et les mines ?

– Les meilleurs rendements de la région. Tellement bons que ces salauds d'*Oregonians* ont tenté deux fois de nous les prendre. Mais ils se sont cassé le nez : nous sommes tous armés, ici, et il y a pas mal d'anciens soldats, des gardes mobiles ou des anciens des barricades. On est organisés, on sait se battre et on ne se laisse pas faire.

Tu as vu la fortification à l'entrée de la vallée ? Pas mal, non ? C'est le gros René qui l'a dessinée, il a fait huit ans chez les artilleurs. Alors leur taxe, ils peuvent se la foutre au cul. On ne l'acceptera pas chez les *Keskidis.*

– Les quoi ?

– C'est comme ça qu'ils nous appellent, parce qu'on n'est pas nombreux à comprendre l'anglais et qu'ils entendent souvent un gars dire à l'autre : « Qu'est-ce qui dit ? » Je crois que c'est pour se payer notre gueule mais nous, ça nous fait marrer.

– D'ailleurs tu ne l'as pas vu hier soir, parce qu'on le descend à la nuit, mais on va le lever tout à l'heure : c'est le drapeau tricolore qui flotte chez nous. Leur Californie, elle ne fait pas partie des États-Unis, alors nous non plus. On est une république indépendante. Y a pas de shérif, ici, un comité est chargé de la sécurité, un autre de rendre la justice, y a pas d'impôt et ça marche très bien. Même pas besoin d'un maire. Tiens, voilà Jeannot le Grand, demande-lui, tu vas voir. Salut, le Grand.

Jean Bréhat, le chef des évadés du bagne de Mostaganem, entre dans le café, jette d'un coup de poignet sa casquette noire sur sa table habituelle. Il porte désormais une barbe ronde et fournie, la chemise rouge des chercheurs d'or, des bottes en cuir de bison.

– Salut les hommes ! Comment va ? Ce matin, c'est Paulo et Pierrot le Corse qui commencent à creuser, alors pour moi, ce sera petit-déjeuner parisien, Albert s'il te plaît. Le grand jeu, avec petits pains et confiture. On a fait une journée de fous hier, au moins une dizaine d'onces. C'est Mounia qui a eu l'idée de bouger un rocher rond, on en a chié, mais dessous, bingo !

– Ah, c'est donc bien une femme, la petite aux cheveux courts, qui ne parle à personne et ne vient jamais boire un coup ?

– C'est bien une femme, oui. Une camarade, une vraie. Donc, avec la mère Doré, la seule femme de French Town. Et toi, mon gars, je ne te conseille pas de lui manquer de respect : c'est la femme du Corse. Et le Pierrot, c'est un sanguin. Tu as déjà entendu parler des vendettas corses ? Tu regardes Mounia par en dessous, et les Léani, ils te poursuivent jusqu'à la quatrième génération, ils massacrent tes arrière-petits-enfants. Alors du calme, hein…

– Oh, bien sûr, le Grand. Pas de problème, c'était juste pour parler. Dis donc, sais-tu ce que le citoyen, là, vient de nous annoncer : il paraît que Monterey veut imposer une taxe mensuelle sur tous les mineurs non américains.

– Qu'est-ce que c'est que ces conneries ? C'est l'Amérique, ici, non ? L'or appartient à celui qui le sort de la terre. C'est pour ça qu'on a traversé la moitié du globe. Une taxe ?

– Ouais, les gars descendus de l'Oregon, tous ceux qui étaient dans la région avant la découverte de l'or et qui n'ont que le mot Washington à la bouche, commencent à trouver qu'il y a trop d'étrangers. Surtout quand ils exploitent de bons filons, comme ici, et qu'eux se cassent le cul pour des prunes. Ils ont attaqué des campements de Chinois, des Chiliens pas loin dans plusieurs vallées pour leur piquer leurs *placers*. Y a déjà eu des morts. Et en pleurant auprès des représentants à Monterey, ils ont obtenu cette taxe.

– Eh bien, vous savez quoi, les amis ? Ici, on est nombreux à avoir combattu dans les rues de Paris, pour la révolution, la liberté, dit Jeannot le Grand. Il y a aussi des gardes mobiles qui nous tiraient dessus, et même d'anciens soldats. Mais on est tous frères, et tous français. On n'a pas chassé ce putain de roi, imposé la République, pour se faire traire comme des serfs au Moyen Âge. Qu'ils envoient leurs collecteurs d'impôts ou leurs shérifs avec leurs étoiles d'opérette, on saura les recevoir !

– Bien dit, le Grand !

– Bravo !

– Vive la République !

– Vive la révolution !

– Allons enfants de la Patriiiiiie !

Étienne de Saint-Aubert, qui mangeait ses tartines beurrées trempées dans un bol de café, attend la fin de l'hymne, quand le sang impur a fini d'abreuver les sillons, pour se lever de sa chaise. Il est vêtu d'un costume de safari anglais en coton beige, une large ceinture de cuir mauve portant d'un côté un poignard Bowie de belle taille, de l'autre un revolver à crosse de palissandre.

– Si je puis me permettre, messieurs, il serait peut-être judicieux de se renseigner sur cette histoire de taxe. L'un d'entre nous a-t-il prévu de descendre à San Francisco dans les jours qui viennent ?

– Pourquoi, milord ?

– Parce que ce genre d'ennui est mieux combattu à la racine. Si nous attendons de voir débarquer l'US Cavalry, sans mettre en doute votre vaillance et votre expérience militaire, mes chers amis, nous risquons de tout perdre.

– D'autant que vous avez beaucoup à perdre, pas vrai, milord ? Votre contremaître est un génie de la prospection, c'est incroyable l'installation qu'il vous a construite, la dérivation du torrent, les *long toms* en cascade. Ça rapporte autant qu'on le dit dans la vallée ?

– Associé, Auguste Dereins est mon associé, pas mon contremaître. Les rapports sont, ma foi, assez bons, je dois le reconnaître.

– Assez bons pour vous éviter de mettre les mains dans la boue, ça c'est sûr ! dit Jeannot le Grand. À Amiens – tu viens bien d'Amiens, milord ? –, à Paris ou en Californie, un bourgeois restera toujours un bourgeois, pas vrai, les gars ?

– Peut-être, monsieur Bréhat, mais savez-vous combien de mineurs je fais travailler sur ma concession ? Et ce sont des employés, à cent dollars la semaine, pas des esclaves comme ces malheureux Indiens dans les mines des Mexicains. Douze, douze mineurs, presque tous français, allez leur demander s'ils ont matière à se plaindre, à quatre cents dollars le mois…

– Peut-être, milord, mais il vous rapporte combien, votre filon, à vous ?

– Ça, je ne vous le dirai pas. J'ai investi une petite fortune en équipements, il est bien normal que ça rapporte, non ? Et j'ai des actionnaires, en France, qui attendent leurs dividendes.

– Allez, le Grand, n'emmerde pas le milord. Il a offert deux cents dollars pour la construction de l'hôpital. Tu seras bien content de le trouver si tu te casses une jambe, non ?

– Ouais, c'est bien, l'hosto, merci milord. Mais j'attends de voir comment vous allez convaincre un médecin de monter si haut dans la Sierra, un jour de bateau, deux de mules. En restant à San Francisco, il est certain de refuser du monde, de s'enrichir sans trop se fatiguer.

– Eh bien ici, il gagnera quatre fois plus, voilà comment il viendra, dit le jeune Saint-Aubert.

Une sonnerie de clairon, chapelet de fausses notes, retentit.

– La levée du drapeau. Venez, on y va tous.

Des cafés, de l'échoppe du barbier affichant Rasage de Luxe, de la Boulangerie Parisienne, de l'Hôtel-Restaurant du Nouveau Monde, ils sont plusieurs dizaines, bottes de cuir et chapeau relevés, certains le fusil à l'épaule, d'autres cocarde à la boutonnière, à se diriger vers l'entrée de la ville, où deux hommes, l'un arborant la veste bleue à épaulette des troupes françaises d'infanterie de marine, saluent la bannière bleu-blanc-rouge qu'un troisième fait monter le long d'un mât de pin pendant que le musicien massacre la *Sonnerie au drapeau*. La petite troupe se fige au garde-à-vous, certains saluent.

En voyant sur un panneau de bois, inscrit à la peinture noire, la mention « Rue Lafayette », un jeune homme arrivé quelques jours plus tôt à French Town se tourne vers Étienne de Saint-Aubert.

– Quand j'ai accosté à San Francisco, le mois dernier, notre bateau s'est amarré bord à bord avec un trois-mâts dont j'ai entendu parler toute mon enfance : le *Cadmus*. C'est sur ce navire que mon oncle a accompagné le marquis de La Fayette pour sa tournée en Amérique, en 1824. Le marquis avait plus de soixante ans. Quand ils sont arrivés dans le port de New York, ils ont été accueillis comme des héros. Le *Cadmus,* qu'est-ce qu'il nous a bassinés avec ce bateau, le tonton. S'il voyait ce qu'il est devenu, une épave à moitié bouffée par la vase, il ferait la gueule. Mais… Vive La Fayette !

Vive La Fayette !

37

San Francisco (Californie)

12 juin 1850

– Oui, monsieur Sturgeon. Nous avons un problème. J'ai commandé, et payé d'avance, douze caisses de whisky irlandais premier choix, soi-disant débarqué directement de Dublin. Je viens de vérifier avec mon chef barman : non seulement il n'y en a que onze, mais ce breuvage ressemble à du mauvais bourbon du Tennessee coupé d'eau. Vous pensez, parce que mon mari est mort et que je suis la seule femme à diriger un saloon dans cette ville, que vous pouvez me rouler aussi facilement ?

Sara Magnet a enfilé un pantalon d'homme sur une chemise blanche, un gilet noir échancré souligne son décolleté et le diamant rond sur la chaîne en platine qui scintille autour de son cou. Elle tourne sur elle-même comme une panthère en cage, ses yeux lancent des éclairs, elle tape sa cuisse avec son poing fermé.

– Je suis désolé, madame Magnet, une erreur du livreur. Ces caisses étaient destinées à Chinatown, je ne comprends pas comment elles sont arrivées chez vous. Je les reprends et vous mets une caisse de plus, offerte par la maison.

– Bien. Sachez que dorénavant toutes vos livraisons seront vérifiées à la loupe. Vous êtes peut-être le plus gros négociant de San Francisco, monsieur Sturgeon, mais vous n'êtes plus le seul. Une nouvelle « erreur » comme ça et vous pouvez oublier le Diamond Star. Vous avez en tête le chiffre d'affaires que nous avons fait le mois dernier ?

– Ça ne se reproduira pas, je vous l'assure, madame Magnet.

Vieux salaud. Lui aussi a appris le départ de Gog et Magog pour le Bella Union. La petite New-Yorkaise, on va la bouffer toute crue. Deux offres de rachat, une tentative de racket, et ce shérif qui me regarde en souriant comme si j'étais une gamine qui implore qu'on l'aide à retrouver son chaton. Le plus urgent, ce sont les porte-flingues. Il me faut deux gars effrayants à la porte. À qui je vais pouvoir demander ça ? Mercator ? Lui, il fait plutôt dans le bûcheron, mais on ne sait jamais. Ah, tiens, le voilà.

Le capitaine Fleming entre dans le saloon, passe saluer derrière le bar le jeune Lesley Brown, cuistot adjoint du *Freedom* lassé de chercher de l'or sans en trouver, que Sara a embauché comme deuxième barman, et s'assied à sa table habituelle. La patronne lui fait un clin d'œil, un petit signe de la main et monte lentement, surtout ne pas se retourner, l'escalier menant à son bureau du premier.

Mercator trempe les lèvres dans son pichet de bière quand l'un des frères Donahue, qui vient d'entrer et le cherchait des yeux, le rejoint.

– Vous permettez, capitaine ?

– Bien sûr. Plus besoin de me donner du « capitaine », Robert. Vous avez fini de récupérer le métal de mon navire, vous savez qu'il ne naviguera plus jamais, et moi non plus en dehors de la baie ou de mes allers-retours à Bolinas.

– Quand on a été capitaine baleinier, chasseur de cachalots sur la fameuse île de Nantucket, on le reste à vie. Écoutez, j'ai une bonne nouvelle. J'ai trouvé une machine à vapeur.

– Sérieux ?

– Oui, mais ça va être cher. En tout cas, c'est ce que vous cherchez, une petite. Trop petite d'ailleurs pour le vapeur sur lequel elle est venue de la côte Est. Ils ont mis plus d'un mois à passer le cap Horn, ils auraient dû se méfier. C'était une goélette transformée en vapeur, elle a coulé il y a une semaine entre ici et Monterey. Un gros coup de vent, pas assez de puissance pour éviter les récifs. Comme l'épave est tout près de la côte, l'armateur m'a contacté pour me vendre la chaudière, au prix du métal. Elle n'était pas prévue à l'origine pour être installée sur un bateau, c'est pour ça que j'ai pensé à vous, l'idée de scierie à vapeur dont vous nous avez parlé.

– Excellent !

– Attendez, pas si vite. Elle est près de la côte mais coincée entre des récifs où les vagues tapent dur. Gros boulot pour la récupérer. Je connais des gars spécialisés là-dedans, à Monterey, mais ils demandent une petite fortune.

– Combien ?

– Mille dollars.

– Et la chaudière ?

– Je vous la fais à deux cents. Nous sommes en affaires, nous allons agrandir la fonderie, vous les déduirez de la facture de bois si vous me livrez en priorité.

– Marché conclu. Dites à vos gars de Monterey que j'envoie des hommes la récupérer dès qu'elle est sortie de l'eau. Vous connaissez un mécano qui pourra la remettre en état ?

– J'en ai deux, des cousins du New Jersey qui bossaient dans une usine de machines à vapeur à Newark. Faites-la livrer à la fonderie, ils démonteront tout, en deux jours elle sifflera comme une loco. Vous leur donnerez vingt dollars chacun.

Ils se serrent la main, Bob Donahue part, Mercator commande son déjeuner.

– Comme d'habitude, Lesley.

Il termine sa part de tarte aux pommes quand il lève les yeux vers le balcon du premier étage, attiré par les cris de joie d'Amélie et Vivianne, en corset et jupon, qui saluent dans un mélange de français et d'argot anglais l'entrée dans le saloon d'Étienne de Saint-Aubert, en tenue de voyage, précédé d'une malle de cuir et bois cloutée presque aussi grande que ses porteurs mexicains. Le jeune homme soulève son Stetson de feutre gris, s'incline dans une large révérence à la Cyrano de Bergerac et lance à la cantonade, en français :

– Bonjour à tous, le baron de Saint-Aubert rejoint le monde civilisé !

– Étienne, mon chéri ! Étienne, trésor ! s'exclament les filles en dégringolant les escaliers dans un froufrou de dentelles et de plumes.

– Mon cher Lesley, tu peux prévenir la clientèle qu'à partir de cette seconde Mlles Amélie et Vivianne, les perles de la plus belle baie du monde, ne sont plus disponibles, et ce jusqu'à nouvel ordre. Champagne pour tout le monde, whisky pour les autres !

Même s'ils ne parlent pas le français, les clients ont compris à son intonation que le nouveau venu, sans doute descendu de la Sierra les poches pleines, offrait une tournée générale, le saluent par une ovation et se ruent vers le bar.

Le chahut fait sortir Sara de son bureau. Du balcon, elle sourit à la vue de l'un de ses meilleurs clients, qui le mois dernier lui a réglé, en poudre d'or et pépites, l'équivalent de mille cinq cents dollars pour un séjour de cinq jours, au cours duquel il n'a pas quitté la « Suite Royale ».

Il va falloir commander du champagne. Ce truand de Dubois me promet du caviar depuis six mois, toujours rien. Je n'y crois pas, ces œufs de poisson ne supporteront jamais le voyage… Ah oui, et un nouveau commis de cuisine… Pour les filles, je vais demander à Ah Toy si elle peut me louer deux ou trois Chinoises, comme la dernière fois. Jade ne va pas pouvoir assurer si les deux Françaises ne quittent pas le lit du baron. Il faut surveiller l'arrivée du prochain bateau français, ce sera à moi de faire la course avec le Bella Union et les autres pour embaucher de nouvelles filles. Et là, je reviens à mon problème de gros bras.

Sara descend à son tour le grand escalier, Étienne de Saint-Aubert lâche la taille d'Amélie, le sein de Vivianne, fend la foule pour s'emparer de sa main qu'il effleure des lèvres.

– Madaaame, mes hommages les plus respecteux.

– Bienvenue dans votre deuxième maison, cher baron. C'est toujours un plaisir de recevoir un homme du monde. Comment allez-vous, depuis le mois dernier ?

– Mais le mieux du monde, chère madame. Il se confirme que nous avons eu la chance de tomber, sur la Tuolumne River, sur un filon d'une richesse prodigieuse. Je n'en préciserai pas l'emplacement, nous avons assez de problèmes avec les jaloux, mais je vous assure que les rendements sont exceptionnels. D'ailleurs, je compte sur vous et vos deux beautés pour me débarrasser le plus vite et le plus agréablement possible d'une somme scandaleuse.

– Toujours heureuse de vous obliger, cher baron. Je fais préparer la suite. En attendant, prenez place, je fais apporter votre champagne préféré dans de la glace. M. Raymond va venir vous proposer le menu du jour, mais vous savez qu'il peut vous cuisiner ce que vous désirez, tant que les produits sont disponibles, évidemment. Il me semble l'avoir entendu parler de homards…

– Des homards, mon rêve ! Parfait. Si vous saviez quel est mon ordinaire dans ces montagnes sauvages ! Et votre meilleur vin blanc français, également, si vous en avez.

– Bien entendu. Bonne soirée, cher baron.

– Et souvenez-vous de ce que je vous ai dit la dernière fois : si vous acceptez de nous rejoindre dans ma suite, même pour une heure, votre prix sera le mien. Aucune limite !

– Baron… Ma réponse n'a pas changé : je ne mélange pas les affaires et le plaisir. C'est une règle intangible, n'insistez pas, je vous prie.

– Comme il vous plaira, bien entendu, chère madame.

Sale petit con. Il devait déjà être comme ça en France, avant de faire fortune. Je les connais, les fils de famille, j'ai grandi parmi eux. À Manhattan ou à Paris, ce sont les mêmes. Je crois que je préfère les chercheurs d'or sans le sou, en fait. Ou les bûcherons.

Trois jours plus tard, un apprenti de Donahue court prévenir Mercator que la chaudière à vapeur est arrivée dans la cour de la fonderie. Il s'y rend sur-le-champ, accompagné de Fergus Smalls qu'il vient de nommer directeur de l'entrepôt, chargé de la logistique et des livraisons des clients.

Sanglée sur une charrette, la chaudière n'est effectivement pas grosse : quatre mètres de long, la circonférence d'un tonneau d'huile de baleine. Un beau noir mat, sur lequel quelques coquillages ont eu le temps de s'accrocher. Des algues séchées, des traces de choc, là où elle a dû racler sur les rochers. Un coude de métal cassé. Une plaque de laiton vissée à l'arrière : Atlas Engine Works – Indianapolis – Indiana.

– C'est vous le bûcheron ? demande un géant roux, bandeau dans les cheveux à l'indienne, alors que sa peau est blanche comme l'albâtre, grêlée de taches de son.

– C'est moi.

– Voilà l'engin. Mille dollars, on pensait faire une affaire, mais vu ce qu'on en a chié pour la sortir de là, c'est vous qui la faites. On aurait dû demander le double. Ça pèse un âne mort, cette saloperie. C'est quoi, exactement ? Jamais vu un truc pareil…

– Une chaudière à vapeur. Un marché est un marché. Passez chez moi vers midi, vous aurez votre argent, en billets de New York et du Massachusetts. Fleming & Co, sur le port.

Les frères Donahue descendent de leur bureau en mezzanine, serrent la main de Mercator, lui présentent Giuseppe et Lino Lucchese, les deux mécaniciens arrivés le mois dernier sur la côte Est, mieux payés à la fonderie que s'ils cherchaient de l'or dans la Sierra.

– Et le morceau cassé, là ?

– Ce n'est rien. On le démonte, on fait un moule, on en fond un autre. Ce sera fait ce soir. Une Atlas, vous avez de la chance, y a pas mieux. Tout en fonte premier choix, indestructible. Avec un peu d'entretien, cette chaudière tournera encore dans un siècle. En revanche, je ne comprends pas comment quelqu'un a pu penser qu'elle pourrait être montée sur un bateau. Pas faite pour ça, ou il en aurait fallu deux. Vous voulez faire quoi, avec ?

– Une scierie.

– Alors là, parfait. Il y en avait une tout près de chez nous, à Newark. Idéale pour animer une lame. Bon, on va s'y mettre. Quel jour on est… Passez mardi soir… Plutôt mercredi midi, on vous montrera comment ça marche. Après, il vous faudra du bois pour l'alimenter.

– Le bois, ça ne manque pas. Mercredi, d'accord.

Mercator fait un crochet par le port, au niveau de la grande jetée, pour consulter, punaisé au mur de la nouvelle capitainerie dont il a offert le bois de construction, la liste des navires attendus ainsi que leurs cargaisons.

Il aperçoit, près de l'échelle de coupée d'un vapeur arrivé le matin même de Panamá, Sven Strandhall surveillant le déchargement de caisses de matériel. Sa blessure à la main a été soignée, il n'a conservé qu'une légère raideur à deux doigts. Le jour de leur retour à San Francisco, il a donné sa démission à Mercator, demandé son dû. « Non, je ne pars pas dans les mines, capitaine. Je vais chercher du travail ici. Jusqu'à présent je n'avais jamais eu de problème pour obéir à vos ordres, mais la façon dont vous avez traité avec ces sauvages est révoltante. Ils m'ont transpercé la main avec une de leurs putains de flèches, ils ont failli nous tuer, nous ont attachés comme du bétail et vous leur demandez l'autorisation d'abattre des *redwoods* qui ne leur appartiennent pas ? Arbres sacrés ? Et puis quoi encore ? Ah oui, vous voulez les payer pour chaque séquoia. Sans moi. Il faut leur montrer qui commande dans ce pays, à ces barbares. Ils ne comprennent que la force. »

Mercator approche, dissimulé derrière un empilement de barriques. Il voit Sven ouvrir une caisse au pied de biche, en sortir de grosses haches, des lames de scie d'au moins dix pieds, des massues, des marteaux. Une liste à la main, il pointe le matériel.

Pas la peine de la déclouer pour savoir ce que contient l'autre caisse rectangulaire, marquée « Sharps Rifle Manufacturing Company – Hartford, Connecticut ». Des fusils, six ou huit. Un homme descend du vapeur. Il porte un bandeau sur l'œil droit, un Stetson crasseux, un couteau de chasse presque aussi long qu'une machette, deux revolvers à crosse de nacre. Il serre la main du Suédois, lui présente deux autres hommes armés qui attendaient sur le quai. L'un semble indien, ou métis, avec un drôle de chapeau rond orné d'une plume d'aigle. L'autre est vêtu d'une veste d'uniforme de l'armée mexicaine, un pantalon de daim sur des bottes de Texan. Ils font charger les caisses sur une charrette à bras et partent vers la première taverne. Mercator recule de deux pas, ils ne l'ont pas vu.

Trois jours plus tard, à la fonderie Donahue, le travail est interrompu dans tous les ateliers : dans la cour, la machine à vapeur va être mise en route. Les frères Lucchese montrent à Mercator comment ouvrir la porte du four, y allumer le feu avec de la paille, des brindilles et des branches, bien charger en bûches, comment surveiller le niveau d'eau, la jauge de température et de pression de la vapeur, avec la zone rouge à ne pas dépasser sous peine d'explosion. Trente minutes après la première allumette, un long sifflet retentit sous les bravos. Pour la première fois à San Francisco, il ne provient pas d'un navire entrant dans le port.

– Sara, si vous passez demain à l'entrepôt, je vous montrerai la machine à vapeur, dit Mercator à la patronne du Diamond Star, qui s'est assise quelques minutes, comme tous les soirs, à la table de

Mercator pendant son dîner. Je vais la transporter à Bolinas, puis à Woodville. Si vous avez un peu d'argent à investir, je vous propose de devenir actionnaire de la première scierie à vapeur de Californie, et sans doute de toute la côte Ouest. Les plus gros séquoias vont pouvoir passer sous la scie. Je pense embaucher une dizaine de bûcherons supplémentaires, si vous en voyez au saloon…

– Félicitations, cher Mercator. Je lève mon verre à ta réussite, à tout ce que nous avons vécu ensemble. Te souviens-tu de la première fois que tu m'as vu, dans un bureau près du port de New York ? Déguisée en jeune garçon…

– Je n'y ai vu que du feu, votre numéro était assez au point.

– Le passage du cap Horn, l'arrivée ici. Le Diamond Star, ton entreprise qui fournit le bois à la moitié des constructions de la ville, notre association… Nous avons fait du chemin, en un an, non ? Je ne suis pas près d'oublier cette année 1849. À ce propos, peux-tu passer dans mon bureau, quand tu auras pris ton café ? J'ai quelque chose à te montrer, un conseil à te demander.

– Bien sûr.

– À tout à l'heure.

Il frappe trois coups. Sara lui ouvre. Elle s'est changée, a enfilé des talons, une robe de soie et dentelles presque transparente achetée sur catalogue à Paris, livrée deux jours plus tôt. Elle a maquillé ses yeux, peint ses lèvres de rose. Elle referme la porte, lui sourit. Mercator est immobile, pétrifié. Bon, il n'a toujours pas compris. Elle l'attrape à deux mains par le col de sa chemise, l'embrasse sur la bouche, se serre contre lui.

38

French Town (Californie)

20 juillet 1850

Le shérif de Paloma ne s'attendait pas à ça. Il est arrivé un matin, après deux jours de selle le long de la rivière puis à flanc de montagne sur un sentier de chèvre, accompagné d'un seul adjoint, en vue du campement des mineurs français, qu'à la vallée on appelle French Town faute de dénomination officielle.

De loin, ça ressemble à deux collines artificielles, bâties de chaque côté du sentier à l'entrée de la ville. En approchant, il remarque d'abord ce drapeau tricolore, qui ne lui dit rien, flottant en haut d'un mât. Puis il comprend que ces collines sont des casemates faites de troncs d'arbres, de rochers et de terre, comme il en a vu pendant la guerre contre les Mexicains. Enfin, plus inquiétantes, les meurtrières, d'où sortent des canons de fusils pointés sur lui. Ils arrivent à cent mètres de la porte quand un coup de feu éclate, puis un autre. Deux impacts dans la terre, juste devant les chevaux qui se cabrent. L'adjoint, un gamin qui vient d'avoir vingt ans, des boutons d'acné sur le visage, première mission officielle, vide ses étriers et tombe sur les fesses en grognant.

– Hé ! Oh ! Ça va pas ? Je suis le shérif de Paloma. Vous ne voyez pas l'étoile, bande d'abrutis ? C'est quoi de tirer sur les gens comme ça ? Vous avez été attaqués récemment ?

Une voix lui répond, dans un anglais teinté d'un fort accent français :

– Avancez lentement, les mains en l'air !

– Les mains en l'air ? Et puis quoi encore ? C'est moi le shérif ici. Qui que vous soyez, vous allez au-devant de gros ennuis. Je ne bouge pas d'ici, je ne lève pas les bras mais je ne sors pas mon arme. Envoyez quelqu'un ! Et toi, il te faut combien de temps pour remonter à cheval, gamin ?

Jean Bréhat, qui commandait l'escouade de garde ce matin et a appris l'anglais plus vite que ses camarades, pose son fusil, confie son revolver à Pierrot le Corse.

– J'y vais. Prévenez les membres du conseil, dites-leur de me rejoindre. Au moins le Vendéen.

Deux hommes ouvrent la barrière en forme de double X, le Grand marche vers les deux cavaliers, les mains écartées au niveau des hanches pour montrer qu'il ne porte pas d'arme.

– Bon, je veux bien croire que vous n'avez pas vu l'étoile, de loin. Mais pourquoi avez-vous construit un fort, en pleine sierra ? Vous avez eu des ennuis ?

– Oui, shérif. Des jaloux venus d'Oregon ont tenté de nous voler nos *placers*, le mois dernier. Mais l'étoile, nous l'avons très bien vue.

– Vous l'avez vue, et vous me tirez dessus ? Vous savez ce que ça veut dire, de tirer sur un shérif en Californie ? Il y a des lois dans cet État, désormais, et j'ai été nommé par le Congrès de Monterey. Je peux revenir avec du renfort, mobiliser la milice, et même la cavalerie s'il le faut.

– Bon, arrêtez vos menaces, shérif. Shérif, comment, d'ailleurs ?

– Parker, shérif P.G. Parker, de Paloma. Et vous êtes ?

– Jeannot, Jeannot le Grand.

– Eh bien, monsieur Legrand, je veux bien croire à un simple malentendu. Vous êtes nerveux parce qu'on dit dans la vallée que vos concessions sont les plus riches de la région, donc je vais oublier cet accueil. Vous voulez bien m'escorter en ville, et dire à vos amis de baisser leurs fusils ?

– Avec plaisir, shérif Parker. Dès que vous m'aurez dit ce qui vous amène chez nous. Vous voulez arrêter quelqu'un ? Une enquête officielle ? Un vol d'or ?

– C'est officiel, mais ce n'est pas une arrestation. Je suis venu, mandaté par le Congrès de Californie, établir la liste des mineurs étrangers de la vallée de la Tuolumne.

– Mineurs étrangers ? Que voulez-vous dire ?

– Étrangers, c'est simple, non ? Tous ceux qui n'ont pas la nationalité américaine ou qui ne sont pas *californios*. Français, par exemple, comme ici.

– Et pourquoi ça ? Vous savez comme moi que les chercheurs d'or sont venus du monde entier, en Californie, non ? Il y a de tout dans cet État. On a un gars ici qui vient de Nouvelle-Zélande, je ne savais même pas que c'était un pays. Pourquoi faire une différence ?

– Je ne sais pas, et ce n'est pas mon problème. Je suis fonctionnaire, j'obéis aux consignes.

Le Vendéen, ancien lieutenant de l'armée française dont on ne connaît que le prénom, Philippe, les rejoint, fusil Sharps à la bretelle.

– Tu sais quoi, le Vendéen ? M. le shérif Parker est venu établir la liste des mineurs étrangers à French Town.

– Et voilà ! Qu'est-ce que je vous disais ?

– Je ne vois pas ce qui vous pose problème… Une simple démarche administrative. L'État de Californie se met en place, une administration commence à fonctionner, des tribunaux, la demande de rattachement à l'Union va bientôt être envoyée à Washington. C'est normal…

– Ce qui est normal, c'est de foutre la paix aux gens qui triment comme des bêtes dans la montagne et ne causent de tort à personne, à part peut-être aux grizzlis, dit Jeannot le Grand. Alors vous allez noter dans votre rapport : *« French Town : refus de se laisser enregistrer. Impossibilité de pénétrer en ville. Forte puissance de feu. »* Vous allez tourner bride et ne plus revenir nous importuner. Vous voyez le nombre de fusils pointés sur nous, shérif ? Ça, c'est la garde habituelle. Au premier coup de feu, vous avez trois cents Français sur ces barricades, et pas des manchots, je vous l'assure. Vos histoires d'Union, de Washington et de Congrès, on s'en tape. Vous voyez le drapeau, là ? Trois couleurs, pas d'étoile.

– Shérif, ajoute le Vendéen, on ne cherche pas d'ennuis, on veut juste prospecter dans notre vallée, tranquilles. Et descendre de temps en temps à San Francisco prendre du bon temps.

– Vous ne cherchez peut-être pas les ennuis, messieurs les Français, mais vous les avez trouvés, vous pouvez me croire. Je reviendrai. Viens, petit, on s'en va.

Ils tournent bride, éperonnent leurs chevaux.

– Bon, réunion du comité de sécurité ce soir aux Boulevards, dit le Vendéen. Ça ne sent pas bon.

Les gardes sont renforcées, des sentinelles postées à une heure du camp, à la sortie d'un défilé, chargées de prévenir de l'arrivée d'intrus à la mode indienne, avec des signaux de fumée.

Rien pendant trois semaines, au point que certains, lassés de perdre des jours de prospection à jouer aux soldats dans la sierra, renâclent à prendre leur tour. Mais un soir, juste avant le coucher du soleil, deux cavaliers déboulent à bride abattue, tirent en l'air à l'entrée de la vallée.

– Ils arrivent ! Ils arrivent ! Une trentaine d'hommes, des civils !

– Et les signaux de fumée ?

– Pas eu le temps d'allumer un feu, on s'est dit qu'on irait plus vite à cheval. Qu'est-ce qu'on fait, le Grand ?

– Envoyez des messagers dans les concessions, mobilisation générale. Tous aux barricades. Il va faire nuit dans une heure, ça m'étonnerait qu'ils se pointent avant demain matin. Qu'est-ce que tu fais, Mounia, avec ce flingue ?

– Je vais prendre mon poste, comme tout le monde.

– Mais…

– Mais quoi, le Grand ? Ce n'est pas la place d'une femme ? Tu te fous de ma gueule ? Je suis un garçon depuis des mois, je bosse avec vous sur la concession, et quand il faut nous défendre il faudrait que je joue à la petite fille effarouchée ? Je tire aussi bien que toi, mieux que Paulo. Alors fiche-moi la paix. Tu n'as rien d'autre à faire ?

– Comme tu voudras. Après tout, il y avait bien des femmes avec nous sur les barricades, au faubourg Saint-Antoine…

Les cavaliers ne se montrent pas avant la nuit. Deux éclaireurs envoyés en reconnaissance confirment qu'ils bivouaquent à cinq kilomètres, deux feux de camp sur la berge de la rivière.

Aux premières lueurs de l'aube, les recrues du shérif approchent au pas, rassemblent les chevaux dans une combe sous la garde de l'un d'eux à un kilomètre de l'entrée de French Town et progressent à pied, cassés en deux en se cachant derrière les arbres et les fourrés.

S'ils pensaient profiter de l'effet de surprise, c'est raté : ils étaient suivis à la jumelle depuis leur réveil par deux anciens soldats et un vétéran des barricades parisiennes. Ils n'ont pas le temps de se poster en position de tir, comme ils l'avaient prévu, qu'une salve de fusil de chasse à l'ours salue leur arrivée. Personne n'est touché, les balles s'écrasent sur des troncs d'arbres, ricochent sur les rochers, font plonger tout le monde à plat ventre.

– Sortez les fusils ! crie le shérif Parker. Allumez-moi ces salauds de *Frenchies* !

Il a rassemblé dans son détachement de volontaires ses trois adjoints, une poignée d'anciens de la guerre contre le Mexique, des chasseurs de grizzlis, quelques commerçants de Paloma, un aspirant juge et des chercheurs d'or en mal de pépites, attirés par les dix dollars de prime pour ce qu'il a présenté comme une petite expédition tranquille, deux-trois jours pas plus, juste histoire de montrer à ces ingrats de *Froggies* qui commande dans ce pays.

Leurs premiers tirs visent les fortifications, les projectiles s'écrasent contre les troncs, les sacs de sable, les rochers de la casemate, révélant les positions des tireurs qui baissent la tête et s'aplatissent au sol face aux tirs de riposte. Ils ne peuvent pas bouger sans attirer le feu des fusils Sharps ou Hawken des Français, des armes de gros calibre précises et mortelles à cette distance.

Derrière les meurtrières, le Vendéen passe d'un poste de tir à l'autre, veille à l'approvisionnement en munitions, encourage les hommes, félicite Mounia.

– Ne tirez pas forcément pour tuer, faites baisser les têtes, il faut les empêcher d'avancer. Quelqu'un a repéré le shérif ?

En milieu de matinée le soleil tape fort sur les assaillants qui ne tirent presque plus, couchés derrière des rochers ou planqués dans les broussailles. Un jeune chasseur d'ours canadien, récemment arrivé de l'Est, rampe de l'un à l'autre pour apporter des gourdes et des balles. Il se relève, court courbé en deux entre des rochers quand il s'effondre en poussant un cri : la balle tirée par Mounia l'a atteint à la cuisse. « Ah ! Je suis touché ! » Deux hommes se précipitent à son secours, le premier est dans le viseur de la jeune Algérienne.

Elle regarde le Vendéen, qui fait non de la tête et lui dit de tirer au-dessus. Le blessé est évacué vers les chevaux, on lui fait un garrot.

Avant midi, le shérif Parker siffle entre ses doigts, donne l'ordre de battre en retraite. Il rassemble les hommes sur la rive de la Tuolumne River.

– Montrer aux *Frenchies* qui commande ? Vous vous êtes foutu de nous, shérif. C'est pas un boulot pour un détachement de volontaires, ça, c'est pas un voleur mexicain qui a braqué une épicerie. Ils sont armés jusqu'aux dents, vos Français retranchés dans un fort. C'est un boulot pour la cavalerie.

– Bon, j'admets que j'ai un peu sous-estimé la résistance de ces maudits *French*. Comment va le Canadien ?

– La balle a traversé la cuisse, pas de veine touchée. Il vivra, mais il faut un docteur, et vite.

– OK, ramenez-le à Paloma. Les autres, attendez-moi ici une demi-heure. Je vais déposer un message et on plie bagage, pour l'instant.

Il sort de sa sacoche de selle un carnet aux feuilles jaunes, un crayon à papier :

> Habitants de French Town. Vous êtes désormais considérés comme des ennemis de l'État de Californie, en état de rébellion. Je rapporte votre cas au colonel commandant la garnison de Monterey de l'US Cavalry. À lui de prendre les dispositions nécessaires. Le prochain message que vous recevrez de l'État de Californie sera délivré par un boulet de canon. À bon entendeur.
>
> Shérif P.G. Parker.

Il part au léger galop jusqu'à un grand pin qu'il a remarqué le long de la piste menant à French Town, sort de sa poche un canif, pose la feuille de papier contre le tronc, plante la lame dedans, tourne bride.

39

San Francisco (Californie)

19 juin 1850

Le jour point derrière les volets de la chambre de Sara, la plus grande de l'étage. Rideaux de velours rouge, tapis de Chine, abat-jour de soie peinte. Elle est nue dans le lit, regarde dormir cet homme qu'elle a presque dû forcer à se coucher à ses côtés.

Cet homme aux traits sévères mais aux yeux doux, qui l'a troublée dès les premiers jours à bord du *Freedom* ; un trouble qu'elle a dissimulé à tous, à Albert, à elle-même. Cette façon qu'il avait de détourner le regard quand je cherchais le sien. Je sentais qu'il m'observait parfois, quand je dessinais sur le pont.

Mais si je tournais la tête et lui souriais, comme il était à la barre, il fixait l'horizon ou levait les yeux vers les voiles. Les marins, les passagers me dévisageaient, seule femme du bord pendant six mois, souvent avec une insistance gênante, mais lui c'était différent. Il faisait de tels efforts pour ne pas me regarder, c'était comme un appel, comme un message. Je l'ai senti dès les premiers jours, quand nous longions les côtes du New Jersey et de Virginie. Derrière le personnage du capitaine, du tueur de cachalots, il y avait autre chose…

Cette nuit il a été si timide, si maladroit, comme gêné. Des gestes hésitants, des caresses furtives, comme une première fois.

Un baleinier de Nantucket, avec toutes les légendes qui courent sur leurs aventures aux quatre coins du globe, leur réputation de coureurs de filles dans tous les ports du monde…

Étrange. Je ne vais pas lui en parler, peut-être plus tard. Juste lui montrer que je suis heureuse, que j'aimerais ne pas avoir à lui tendre un autre piège pour qu'il revienne passer la nuit avec moi. Que dans cette ville sauvage j'ai besoin de lui, comme j'espère qu'il va avoir besoin de moi.

Elle se lève sans faire craquer le plancher, met une chemise de lin, se brosse les cheveux devant le miroir du cabinet de toilette. Quand elle revient dans la chambre, Mercator est assis sur le lit, enfile son pantalon. Il se tourne vers elle, lui sourit.

– Bonjour, très cher capitaine.

– Bonjour, moussaillon.

Mon Dieu qu'elle est belle. Il faudrait que je lui dise qu'elle était merveilleuse en déesse de la Mer à bord du *Freedom,* comme une apparition, que je n'avais jamais vu une femme aussi belle, que depuis elle ne quittait plus mes pensées, que je n'ai pas pu m'empêcher de me dire qu'elle était libre, à la mort d'Albert… Moi qui n'avais jamais osé regarder une femme, qui croyais avoir été exclu, si jeune, du monde de l'amour et des sentiments, elle m'a fait ressentir, espérer…

– Il faut que j'y aille, j'ai à faire.

– Déjà ?

– Oui.

– Tu reviens ce soir ?

– Non. Nous partons pour Bolinas. Je vais y rester une semaine, peut-être dix jours. Je viens te voir à mon retour ?

– J'y compte bien. Je suis là, Mercator, je t'attends.

Il sort de la chambre, tombe nez à nez avec Amélie en petite tenue descendue chercher du café, qui le regarde, d'abord étonnée, puis éclate de rire et lance, en français, « Ah, ah, ah, vive la vie ! Vive l'amour ! » avant de rentrer dans la Suite Royale d'où montent les gémissements outrés de Vivianne et le bruit du lit frappant en cadence contre le mur.

Contre une rallonge de trente dollars, en accord avec les frères Donahue, Lino Lucchese embarque à bord de la *Sunset Star* pour superviser l'installation de la machine à vapeur dans la scierie de Woodville.

– Le plus délicat, *padrone*, ce sont les réglages des courroies et l'alignement des axes pour que le mouvement soit bien transmis à la scie, sans déperdition de puissance et sans que les courroies ne sortent de leurs gorges toutes les cinq minutes. C'était le principal problème que nous avions à Newark. Ça sautait tout le temps, il fallait arrêter, on perdait un temps fou. Là, moi, je ne peux pas grand-chose pour vous, je n'y connais rien. Il va vous falloir trouver quelqu'un.

– Avant de trouver quelqu'un, il faut faire fabriquer ces courroies, Si je les commande sur la côte Est, c'est six mois de délai. Je ne sais pas qui saurait faire ça à Frisco. Les Chinois, peut-être ? Pour les axes et les poulies, les Donahue devraient pouvoir s'en occuper, non ?

– Je pense.

– Donc, on met la chaudière en place, on l'allume, on prend toutes les mesures et on rentre à San Francisco.

Trois jours plus tard, posée sur des cales géantes dans un demi-sous-sol creusé sous la scierie, la chaudière est chargée en bois, en eau. Tout Woodville est venu assister à la première manifestation dans la presqu'île de la révolution industrielle, la future mécanisation du découpage des troncs, le premier jour d'un monde nouveau.

Le feu prend dans le four rempli de bûches, le verrou est mis. L'aiguille marquant la température de l'eau monte, la bête hoquette, tousse puis commence à cracher sa fumée blanche. La vapeur s'échappe dans le tuyau vertical, le sifflet de navire retentit dans la forêt, fait taire les oiseaux, crier les hommes de joie. On l'entend jusqu'à Bolinas où Eddie Ross, prévenu, vide en l'air le chargeur de son Colt pour fêter ça.

Ce soir-là, Mercator invite les huit employés de la scierie, le maire autoproclamé – il n'y a pas encore eu d'élection – de Woodville, Lino Lucchese et les habitants du petit comptoir maritime sur l'océan à fêter l'arrivée de la modernité dans ce trou perdu au bout du continent, et les perspectives d'enrichissement qu'elle représente. Des forêts de séquoias à perte de vue, le long de la côte, sur les pentes de la Sierra, et une ville, une région où accostent chaque jour des navires, des chercheurs d'or, des émigrants, des aventuriers du Nouveau Monde et leur faim insatiable de bois de construction. Un seul de ces géants, passé au fil de la scie, suffit à bâtir un entrepôt, trois maisons. Comme si j'avais enfin trouvé les fameux *offshore grounds*, le lieu secret où se rassemblent des milliers de cachalots, au milieu du Pacifique, pour tenter d'échapper à la folie meurtrière des quakers de Nantucket. Assez d'huile pour ne plus avoir à compter les tonneaux, assez de bois pour bâtir un pays. Plus que je n'aurais jamais osé en rêver quand nous avons levé l'ancre et quitté l'île pour toujours.

Plus une chaise de libre dans le Smiley's Schooner Saloon. Les saumons et les tranches de cuissot de cerf rôtissent dans la cheminée, les pintes de bière s'alignent sur le comptoir, des musiciens jouent du banjo, du violon, de l'harmonica. Seul manque le Forgeron. Bizarre, ce n'est pas son genre de rater une fiesta et une bouteille à l'œil.

– Ça fait trois jours que je ne l'ai pas vu, dit Eddie Ross. Je lui ai commandé six paniers d'huîtres, rien. C'est la première fois qu'il me plante comme ça.

Soudain la porte s'ouvre en grand. Personne, un coup de vent venu de l'océan. Attendez… C'est le chat du Forgeron ! Le matou trottine dans la pièce en miaulant. Sur le seuil apparaît une main, au sol, qui soulève ses doigts, avance de quelques centimètres. Un marin se précipite : C'est lui ! On le porte à l'intérieur, il râle de douleur. Il a une vilaine plaie au cou, sa chemise est couverte de sang, il se tient le ventre à deux mains. Pas de trace du cochon domestique.

– Écartez-vous ! Mettez-lui quelque chose sous la tête ! Il y a un docteur, ici ?

– Un docteur, tu rêves ! Le premier est à San Francisco.

Eddie Ross s'agenouille à ses côtés.

– Forgeron, que s'est-il passé ? Qui t'a fait ça ?

– Des hommes, des Blancs… Accostés sur la plage, près de chez moi… Oh… Fleming…

– Quoi, Fleming ?

– Il est là ?

– Oui, Forgeron, je suis là. Je t'écoute. Qu'est-il arrivé ?

– Le Suédois, le grand… Le grand Suédois qui était avec toi. C'est lui…

– Strandhall. C'est lui quoi ?

– Le chef… C'est leur chef. Quinze hommes. Ils sont partis vers le village miwok… J'ai suivi, par des sentiers secrets. Je voulais prévenir les Indiens mais je suis arrivé trop tard. Ils ont tiré, tiré… Le chef, le grand, il a tué Huicmuse, emmené Jalama... Ils ont tiré sur tout le monde, ils n'ont pas pu se défendre. Alors un m'a vu, m'a attaqué avec son couteau... Je me suis battu, un autre a tiré... De l'eau...

– Apportez-lui de l'eau, vite. Et un linge, prenez un torchon à la cuisine pour entourer son cou.

– Les Miwoks ont fui vers les montagnes... Des morts, tant de morts...

Il perd connaissance avant de pouvoir boire.

– Montez-le dans la première chambre, dit Eddie Ross. Il y a un gars à Woodville qui est un peu infirmier, il sait faire les bandages.

– Luis, je le connais. Je vais le chercher. Trouvez-moi une lampe à huile.

Le Forgeron ne rouvre pas les yeux, meurt avant le lever du jour. Luis Lopez ne peut que confirmer qu'il a reçu un coup de couteau dans le cou, assez superficiel. C'est la balle dans le ventre qui l'a tué.

Au lever du jour, une dizaine d'hommes menés par Eddie sellent des chevaux, montent vers le nord en longeant la plage.

La cabane du Forgeron finit de se consumer, elle s'écroule dans une gerbe d'étincelles comme ils passent devant. En approchant du village miwok, ils trouvent un premier cadavre, tué d'une balle dans le dos, scalpé, en travers du sentier. Les huttes en branches de pin ont été renversées, certaines brûlées, fument encore. Mercator compte les corps : huit, neuf, dix. Certains scalpés, pas tous. Un adolescent égorgé, sa lance à la main. Des traces de blessures à l'arme blanche, de balles. Attaché les mains dans le dos à un cyprès, le corps nu, castré et décapité d'Huicmuse, le chef du clan. Sa tête, bouche tordue dans un atroce rictus, est posée à terre, entre ses jambes écartées.

– Hé, ici il y a une femme !

Entre deux fourrés, Jalama gît, la gorge tranchée de part en part, les yeux grands ouverts. Ses oreilles ont été coupées. Sa robe de daim est relevée sur sa poitrine, ses cuisses sont maculées de sang. Elle tient dans son poing serré une touffe de cheveux blonds.

40

French Town (Californie)

12 août 1850

– Bon. Maintenant, laissez-moi y aller seul.

– Vous êtes sûr, monsieur le consul ? Il vaut mieux leur montrer que nous sommes là, avec un détachement de cavalerie et deux canons, non ?

– Shérif, je connais mes compatriotes. Si la situation est bien celle que vous avez décrite, même la vue des uniformes bleus ne suffira pas. Ils sont retranchés derrière des barricades, nous risquons des victimes inutiles. Je vais leur parler.

– Et s'ils vous tirent dessus ?

– Regardez…

Patrice Dillon, consul de France en Californie, met pied à terre, ouvre une de ses fontes de selle, en sort une pièce de tissu bleu roulée sur un bâton. Dépliée, c'est un drapeau français, encore frappé de l'aigle impérial.

– Ils ne tireront pas. Surveillez de loin, n'intervenez pas. Tout se passera bien, donnez-moi une heure.

Il boit une gorgée à la gourde de cuir suspendue au pommeau, essuie du revers de la main une goutte de vin rouge dans sa moustache, tend la bride de son cheval blanc à son voisin, propriétaire à San Francisco d'un restaurant français renommé, ajuste sur sa tête un chapeau traditionnel hawaïen rapporté d'Honolulu où il vient de séjourner deux ans.

– À tout à l'heure, Albert.

Il écarte d'un geste théâtral les branches d'un acacia nain et se met en marche, d'un pas décidé, bien au centre de la piste, vers l'entrée de

French Town. En vue des fortifications et de leur drapeau français sur son mât, il déroule le sien, l'agite à chaque pas au-dessus de sa tête.

– Stop ! Pas un pas de plus ! Qui êtes-vous ? Que voulez-vous ?

– Mon nom est Patrice Dillon. Je suis le consul de France en Californie, je représente Paris à San Francisco, je défends les Français, je viens voir vos responsables. Il faut trouver une solution à votre problème, ou vous risquez gros.

– Quel problème ?

– Allons, vous savez bien… Baissez les fusils, regardez, je ne suis pas armé, laissez-moi entrer, il faut que nous parlions.

La poutre horizontale est levée, les deux battants du portail clouté s'ouvrent. Jean Bréhat domine d'une tête la petite escouade chargée de garder l'accès à la ville.

– Mon nom est Jean Legrand. Je suis membre du comité de défense de la vallée.

– Patrice Dillon. Enchanté. J'ai été alerté sur la situation dans la région par les autorités de l'État de Californie. Pouvez-vous organiser une réunion avec vos responsables ?

– Il est tôt… Je vais envoyer chercher les gars… Venez prendre un café, le temps de remonter jusqu'aux *placers* dans le canyon. Vous avez mangé ? Le pain est encore chaud.

Une heure plus tard, autour de la table centrale du Café des Boulevards, le diplomate est entouré de Jeannot qui a décidé que depuis la visite du shérif il valait mieux brouiller les pistes, et que *Jean Legrand* ce ne serait pas mal, de Philippe le Vendéen, assis face à lui, plus une douzaine de mineurs français, debout dans la pièce.

– Bon, il faut que je vous dise que je ne suis pas venu seul.

– Vous pensez que nous ne savons pas qu'une trentaine de cavaliers bleus avec deux canons et une vingtaine de civils armés campent à trois miles d'ici ? Nous avons des yeux sur vous depuis que vous êtes sortis du défilé.

– Je m'en doutais… Donc vous savez ce que vous risquez. Vous avez tiré sur le shérif Parker, blessé un de ses adjoints, heureusement sans trop de gravité, et refusé de vous soumettre au recensement des mineurs étrangers. Le colonel Douglas, qui commande la garnison de Monterey, a détaché trente hommes et deux pièces d'artillerie légère pour, comme il dit, « régler une fois pour toutes le problème de ces foutus *Frenchies* qui se croient tout permis en Californie et nous volent notre or ». J'ai dû batailler pendant deux jours, faire appel au gouverneur pour obtenir de pouvoir les accompagner et tenter cette médiation. Alors laissez-moi être bien clair : ce n'est plus le shérif du coin qui frappe à votre porte, c'est l'US Cavalry. Le rattachement de la Californie aux États-Unis n'est qu'une question de jours, tous les votes ont eu lieu, la demande est en route pour Washington. Si vous n'acceptez pas de vous conformer aux lois qui se mettent en place, vous allez être tout bonnement massacrés. Vous comprenez ce que je dis ? Massacrés, comme des Indiens rebelles ou des bandits mexicains. Si ce petit contingent ne suffit pas, ils en enverront un autre, et puis un autre. Ce n'est qu'une question de temps.

– Nous comprenons, dit le Vendéen. Mais quand même, cette taxe. Vingt dollars, c'est une somme…

– Cet impôt a été voté par le Congrès de Californie, il est d'une légalité inattaquable. Vous connaissez beaucoup de pays qui laisseraient des aventuriers du monde entier venir piller ses ressources sans leur imposer au minimum une taxe ?

– Piller, mais vous êtes gonflé ! dit Jean Bréhat en se levant à moitié de sa chaise. Vous savez ce que c'est, de se casser le dos à longueur de journée, de charrier des cailloux, les pieds dans l'eau glacée, la tête en plein soleil, pour à la fin du jour trouver à peine de quoi manger ? Piller ? Non, mais…

– Ce n'est pas la première fois que je visite le pays minier, je sais à quel point ce travail est pénible, et combien il peut être frustrant de ne pas tomber sur un bon filon quand son voisin devient richissime en quelques jours. Mais répondez à cette simple question : en imaginant que des gisements d'or d'une grande richesse soient découverts le mois prochain en France, dans les Pyrénées, pensez-vous vraiment que les autorités françaises laisseraient tous les Espagnols qui le voudraient, et même tous les étrangers arrivés d'on ne sait où, venir se servir à leur guise ? Non, bien sûr. Il y aurait des gendarmes aux frontières, des gardes nationaux à l'entrée de toutes les vallées, l'or irait grossir le Trésor public et tout contrevenant serait jeté en prison.

– Mais ici, c'est le Nouveau Monde…

– L'or de la sierra Nevada a été trouvé dans des circonstances bien particulières, à vrai dire uniques, j'espère que vous l'avez tous compris : la Californie n'appartenait plus au Mexique, pas encore aux États-Unis. Il y avait comme un vide. Ce vide est en train d'être comblé. Alors comprenez-le, adaptez-vous aux nouvelles directives ou vous allez être balayés. Ce n'est plus le Nouveau Monde, c'est un monde nouveau. Vous pouvez y avoir votre place, j'en ai reçu l'assurance, mais si vous refusez par la violence d'en suivre les règles, une violence bien supérieure vous sera appliquée. Washington peut vous sembler loin de la Sierra, mais croyez-moi c'est un géant d'une formidable puissance. Si vous vous mettez en travers du chemin de cette nation qui est en train de naître, elle sera sans pitié. Pour l'instant il n'est pas question d'interdiction, mais de taxe. Même pas encore de taxe, d'ailleurs, mais de recensement.

– Monsieur le consul, avez-vous idée du temps, du travail et de la chance qu'il faut pour trouver vingt dollars en poudre d'or ? Du nombre de seaux de terre qu'il faut remplir, porter, vider ? demande le Vendéen. Certains n'ont jamais accumulé une somme pareille, depuis leur arrivée. Et qu'est-ce qui nous dit que dans trois mois ce ne sera pas trente, puis cinquante ? Et pourquoi sur les seuls mineurs étrangers ?

– Ce n'est pas à moi de défendre le bien-fondé de cet impôt. Je suis venu vous mettre en garde : porter les armes contre l'armée américaine, en Californie, peut vous être fatal. Soyez raisonnables.

– Nous vous remercions pour votre démarche, dit Jean Bréhat. Il faut que nous en parlions entre nous, que nous nous réunissions. Nous pouvons faire ça ce soir…

– Je ne pense pas que le capitaine qui commande le détachement soit disposé à attendre jusqu'à demain. Je dois y retourner, ou ils vont venir me chercher. Je peux revenir dans deux heures, il me faudra une réponse.

– Trois ?

– D'accord, trois heures. Mais je vous en prie, ne me mettez pas dans l'obligation d'assister à un acte de guerre entre l'armée fédérale et des compatriotes, dit-il en se levant. Délicieux, ces petits pains, compliments au boulanger. Nous n'avons pas l'équivalent à San Francisco.

Jean Bréhat l'accompagne vers le portail, avec deux hommes fusils à l'épaule. Le Vendéen s'éclipse.

– Monsieur Legrand, vous mesurez bien deux mètres, ou à peu près, non ?

– Oui. Pourquoi ?

– Vous savez que le courrier de Paris ne met plus que six semaines depuis qu'un service de malle-poste a été établi à Panamá, et je viens de recevoir une notice officielle contenant un avis de recherche pour des évadés du bagne de Mostaganem. Une équipe de charbonniers quarante-huitards redoutable, qui a volé la paie de toute une garnison. Leur chef s'appelle comme vous, Jean. Jean Bréhat, signe particulier : grande taille. Surnommé « Jeannot le Grand ». Il y a aussi un Corse, et une femme déguisée en homme, de type arabe, du genre de celle que j'ai aperçue tout à l'heure… Monsieur Legrand, ou Bréhat, ou qu'importe… c'est une simple notice d'information, je ne suis pas censé y répondre, elle ne mentionne pas une présence possible en Californie. Et je ne suis pas policier. Je peux tout à fait l'ignorer, mais je vous demande quelque chose en échange. Vous avez de l'influence sur vos compatriotes, c'est évident. Discutez-en avec eux. Trouvons une issue pacifique. Si c'est le cas, j'ai même une idée pour vous, nous en reparlerons.

Il franchit le portail qui se referme derrière lui, range son drapeau dans sa poche. Deux éclaireurs de la cavalerie, couchés dans les fourrés avec des jumelles, se lèvent à son approche, l'escortent jusqu'au bivouac.

Deux heures et demie plus tard, c'est une colonne à cheval qui arrive à l'entrée de la ville.

– Stop ! Alignez-vous, sur une ligne. Les deux canons en batterie, un de chaque côté !

Hors de portée des fusils français, les cavaliers se mettent en rang comme pour préparer une offensive, les civils armés derrière. Les artilleurs installent leurs armes, des pièces de petit calibre connues pour faire plus de bruit que de dégâts, chargent les boulets par la gueule. Le capitaine Williams sort son sabre d'assaut de son fourreau, le lève, le baisse d'un coup. Feu ! Les deux canons tirent, volontairement, leurs projectiles sur les flancs de la colline, à bonne distance des fortifications françaises, soulevant des gerbes de poussière et d'éclats de pierres.

Quatre cavaliers approchent au petit trot : Patrice Dillon, tenant son drapeau tricolore dans la main gauche, le capitaine Williams accompagné du porte-étendard tenant haut la bannière étoilée et le shérif Parker. Les portes du camp s'ouvrent, une dizaine de rebelles français entourant Jean Bréhat et le Vendéen en sortent, fusil à la bretelle. Les cavaliers arrêtent leurs montures, en descendent, confient les rênes au soldat portant le drapeau.

– Nous avons pris une décision, dit le Vendéen. Si vous voulez bien nous suivre. Vous pouvez garder vos armes. Les coups de canon n'étaient pas nécessaires.

– En anglais, je vous prie, dit l'officier.

– Vous les « priez » ? On rêve ! Vous pouvez aussi donner des ordres, non ? grogne le shérif.

– Messieurs, s'il vous plaît. Exprimons-nous en anglais, bien entendu, dit le consul. Ce n'est pas un problème pour vous, chers compatriotes ?

– Ça ira, je traduirai pour ceux qui ne comprennent pas, dit Jean Bréhat.

Autour de la table du grand café, les mineurs avancent leurs propositions : acceptation du recensement en échange d'une amnistie générale, aucune poursuite contre le tireur qui a blessé le shérif adjoint, enregistrement des concessions auprès d'un géomètre officiel reconnu par Monterey, et délai accordé pour le paiement de la taxe de vingt dollars par personne jusqu'à la fin de l'année.

– Pour l'amnistie, c'est d'accord, dit l'officier, vous avez eu de la chance que la blessure soit bénigne. Pour l'enregistrement des concessions, je ne peux rien vous promettre, mais je vais poser la question. Le délai… Qu'en dites-vous, shérif ? Ces histoires d'argent ne nous concernent pas, non ? Les ordres sont de dresser la liste…

– Je ne sais rien sur cette taxe, et je m'en fous. Ce que je veux, c'est que les *Frenchies* nous montrent leurs papiers et que je puisse envoyer la liste des habitants de cette vallée, comme des autres dans toute ma région. Ce sont mes ordres. Alors s'ils acceptent, c'est bon pour moi. Français de malheur !

– Messieurs, dit Patrice Dillon dans un grand sourire, il semble que nous ayons un accord. Je vous félicite. Ce n'était donc, comme je le pensais, qu'un regrettable malentendu. Mes compatriotes de French Town vont dresser la liste des résidents de la vallée, je me chargerai de la transmettre au shérif Parker lors de ma prochaine visite à Paloma. Nous pouvons donc nous serrer la main. Je vous félicite. J'envoie dès demain un rapport à Paris pour consigner les détails de cette réussite diplomatique. Bravo à tous. Tournée générale, c'est la France qui régale !

L'officier de cavalerie et le shérif sortent du café, se dirigent à pas rapides vers le grand portail.

– Monsieur Legrand, puis-je vous dire un mot en privé ?

Le consul prend le bras de Jean Bréhat, l'entraîne à l'écart.

– Bon, ma démarche est tout à fait privée, que ce soit bien clair. À propos de cette notice de recherche dont je vous ai parlé. Mon rôle est de la transmettre aux autorités de l'État. Je suis tenu de le faire et je vais le faire. En revanche, rien ne dit dans quel délai je dois le faire, si vous voyez ce que je veux dire…

– Pas vraiment.

– Bon. Arrêtons de faire semblant. Vous et vos amis êtes recherchés pour vous être évadés d'un bagne en Algérie. Ça encore, ça pourrait passer, mais le vol de la paie d'une garnison, rien à faire. Ils vous poursuivront jusqu'au bout de la terre.

– Pourquoi me dites-vous ça ? Qu'est-ce qui vous prouve…

– Vous omettez de vous inscrire sur cette liste, même avec de faux noms, et vous venez me voir le plus vite possible à San Francisco. J'ai une proposition pour vous.

– Une proposition ?

– Oui, c'est une démarche officieuse, mais j'ai besoin de gens comme vous.

– Il faut m'en dire un peu plus, si vous voulez que j'en parle aux autres.

– Je dois rentrer à San Francisco et je vous en dirai plus quand nous nous y verrons, mais en deux mots : mon ami le consul du Mexique en Californie, Luis Del Valle, a reçu pour instruction de son gouvernement de monter un corps expéditionnaire étranger pour pacifier une région, près de la ville de Nogales, non loin de la frontière avec la Californie, connue pour ses mines d'or. Les richesses pourraient être supérieures à celles d'ici. Mais des bandes d'Indiens apaches y font régner la terreur. Cette expédition sera menée par un homme en tout point remarquable, français comme nous, M. Hubert de Bargemont, l'une des meilleures gâchettes de l'Ouest, je ne sais pas si vous en avez entendu parler…

– Pas du tout. De Bargemont, c'est un noble ?

– Oui, un marquis je crois.

– Nous sommes des républicains, monsieur le consul. Nous avons versé notre sang pour la République, ce n'est pas pour devenir mercenaires sous les ordres d'un marquis.

– Monsieur Legrand, nous sommes en Amérique, en Californie. Vous savez comme moi que les titres de noblesse n'existent pas ici, et c'est tant mieux. Hubert de Bargemont a été choisi pour son expérience, voilà tout. Et aussi parce qu'il est français : nos amis mexicains veulent des Blancs, des soldats expérimentés pour tenir ces maudits Apaches à distance, mais ne veulent pas d'Américains en armes sur leur sol, qui auraient vite fait de demander le rattachement à la Californie ou à l'Union. Ne laissez pas passer cette chance : si vous restez ici, vous allez être rattrapés, ce n'est qu'une question de temps. Si vous et vos amis franchissez la frontière avec armes et bagages, vous disparaissez dans un territoire où rien ne pourra vous atteindre… Où tout est à construire, avec en plus la perspective de découvrir et d'exploiter des mines d'une richesse fabuleuse. Réfléchissez. M. de Bargemont a prévu un départ à l'automne, d'après ce que je sais. Il vous reste quelques semaines pour vous décider. À bientôt, monsieur Legrand.

– Je vais en parler à mes camarades. Je ne vous promets rien. Au revoir, monsieur le consul.

41

San Francisco (Californie)

16 août 1850

Le shérif de San Francisco, John Coffee Hays, lui a dit que la presqu'île de Bolinas, avec ses forêts impénétrables et ses sentiers trop étroits pour les charrettes, est en dehors de sa juridiction et qu'un massacre d'Indiens, ma foi, capitaine, vous savez, ces tribus passent leur temps à s'entre-tuer…

Le juge Hastings écoute le récit de Mercator, griffonne quelques notes pour se donner une contenance et se déclare incompétent.

– Le seul qui pourra peut-être faire quelque chose, et encore j'en doute, c'est le colonel Mason. Il vient de prendre ses quartiers au Presidio, allez le voir de ma part, si vous voulez, capitaine Fleming.

Mercator prend un cheval pour rallier la pointe sud de la Porte d'Or et son fort aux murs de torchis bâti par les conquistadors espagnols au XVIIIe siècle, à travers des collines herbeuses, le long de sentiers indiens qui serpentent entre marécages et lacs d'eau douce. Les rares arbres de la baie ont été coupés par les pères jésuites pour construire leurs missions. Leurs champs, qu'ils faisaient cultiver par des Miwoks abrutis de sermons, réduits en quasi-esclavage, affaiblis par les maladies, sont à l'abandon.

Le premier uniforme que Mercator aperçoit en approchant des murs blanchis à la chaux du Presidio est celui du colonel Richard B. Mason, de l'US Cavalry. Près du portail d'entrée en travaux, au pied d'un échafaudage de branches et de planches grossières, le commandant de la garnison vocifère, les mains sur les hanches, en anglais et en espagnol, en direction des maçons.

– Des briques, bordel de merde ! Des putains de briques ! Vous allez arrêter avec votre torchis de Mexicains ! Vous n'avez pas compris qu'avec le climat de cette baie, ce satané brouillard, les pluies en hiver, c'est comme bâtir en sucre ? Vous ne vous demandez pas pourquoi ça fait plus de cent ans que ce fort est en construction, qu'il n'a jamais pu être achevé, bande d'abrutis ?

– Mais, mon colonel, des briques, on n'en trouve pas à San Francisco, répond le seul soldat en uniforme sur l'échafaudage. Ou alors à des prix… Avec ce que vous m'avez donné la semaine dernière, j'aurais pu en acheter seulement trente. Et encore, le temps que je fasse le calcul, elles étaient vendues. Il faut prévenir Washington, mon colonel, qu'ils nous envoient un bateau entier de briques si vous voulez qu'on refasse ces murailles en dur.

– Démerdez-vous ! Taillez des pierres s'il le faut. Je ne veux plus voir de murs en torchis dans ce Presidio. Le torchis, c'est pour le désert. Vous voyez un désert ici ? Ici, c'est l'océan. Nous sommes la plus grande base de l'armée américaine sur la côte Ouest, que diable !

– Tailler des pierres ? Mais personne ne taille de pierres dans la région, mon colonel. Ils sont tous dans les mines d'or.

– Putain de mines d'or… Quatre soldats ont encore déserté la nuit dernière… Et vous, vous êtes qui ? Vous voulez quoi ?

– Je m'appelle Mercator Fleming, colonel. Le juge Hastings m'envoie. Il y a eu un massacre sur la côte, au nord de Bolinas.

– Un massacre ? Quel massacre ?

– Des Indiens miwoks, seize tués, dont une femme violée et égorgée. Et un Blanc, aussi, surnommé le Forgeron. Je crois savoir qui a fait ça. Je suis allé voir le shérif, il dit qu'il n'est pas compétent.

– Pour la côte nord, c'est vrai, il ne l'est pas. Venez dans mon bureau. Laissez votre cheval à ce garçon, il va le conduire à l'écurie.

Sur une carte d'une précision approximative, Mercator montre à l'officier l'emplacement du village miwok, lui livre le témoignage du Forgeron, raconte l'épisode de la flèche dans la main de Sven Strandhall. Le colonel allume une pipe, l'écoute.

– Donc, si je comprends bien, ce serait une vengeance ?

– Je le crois. Ainsi que la volonté de chasser les Indiens de cette forêt pour en exploiter les arbres, abattre les séquoias. Je sais que ce

Suédois a fait venir le matériel pour ça, je l'ai vu. Il a embauché des hommes, aussi. L'un d'eux me dit quelque chose, je crois avoir vu son portrait dans un journal, il y a quelques années, quand je vivais dans l'Est.

– Il ressemble à quoi ?

– Pas grand, borgne, un bandeau noir sur l'œil.

– Un très long couteau, comme une machette ?

– Oui, c'est ça.

– Cooper. John *Killer* Cooper. Sa présence en Californie m'a été signalée. Tueur d'Apaches et de Comanches. Il collectionne les scalps et fait des colliers d'oreilles. Vous avez remarqué que des oreilles avaient été coupées sur les corps ?

– Sur la femme, oui.

– Et le Blanc ?

– Le Forgeron. Personne ne connaît son vrai nom, il vivait sur la plage près de Bolinas, dans une cabane, depuis des années. Une sorte d'ermite. Il a parlé avant de mourir, a tenté de prévenir les Miwoks, il les connaissait bien.

– Américain ?

– Je crois, ancien marin, sans doute baleinier venu de l'Est il y a longtemps.

– C'était le seul témoin ? Il est mort ?

– Oui, il s'est traîné jusqu'à Bolinas, il n'a pas survécu.

– C'est emmerdant.

– Pourquoi ?

– Des Indiens tués, c'est fréquent en Californie. Avez-vous idée de ce qui se passe dans la Sierra quand un gisement est trouvé sur des terres indiennes ? Et si en plus il n'y a pas de témoin…

– Mais il a parlé avant de mourir, il a reconnu le Suédois.

– Monsieur… Fleming, c'est ça ? Vous pensez vraiment que la justice californienne va s'intéresser à la mort d'une quinzaine d'Indiens et d'un marginal, avec tout ce qui se passe dans l'État, la bande de Joaquin Murietta qui fait régner la terreur dans le Sud, les gangsters australiens, les affrontements entre chercheurs d'or pour les concessions, ces maudits Français qui déclarent l'indépendance de leurs coins paumés tous les quatre matins, la criminalité qui explose à San Francisco ?

– Mais vous…

– Moi, ma mission est simple : défendre l'entrée de la baie, noter qui y pénètre, m'assurer que les Russes ne descendent pas de Sibérie, que les Mexicains se tiennent tranquilles en attendant le rattachement de la Californie à l'Union, qui ne saurait tarder. Et pour ça, savez-vous combien il me reste de soldats ? Trente et un. Tous les autres ont déserté. Quand j'envoie un contingent à la poursuite des déserteurs, seuls les officiers reviennent, les autres filent dans la sierra, échangent leurs armes contre des pioches. J'attends pour les jours qui viennent un contingent de volontaires de l'État de New York. On verra combien de temps ils accepteront la paie de sept dollars par mois… Alors désolé, monsieur Fleming, mais ne comptez pas sur moi.

– Ceux qui ont fait ça sont à San Francisco, je sais où les trouver, sur le port.

– Votre seul témoin est mort. Comment allez-vous prouver que ce n'est pas un règlement de comptes entre tribus ? Ils ne sont pas tendres entre eux, ces sauvages. Désolé, mais j'ai d'autres chats à fouetter. Et même si je le voulais, je n'ai pas assez d'hommes. Maintenant, veuillez m'excuser, mais j'ai du travail… Et un conseil : tenez-vous à l'écart de Killer Cooper. C'est un tueur de femmes et d'enfants, la lie de l'humanité à mon avis, mais il est considéré comme un héros par pas mal de gens dans ce pays, à commencer par les reporters des journaux de l'Est qui tissent sa légende. Je ne pense pas qu'il se trouverait à l'ouest des Rocheuses un jury pour le déclarer coupable de quoi que ce soit. Je note ce que vous m'avez dit. Au nord de Woodville, c'est bien ça ?

– Oui, une dizaine de miles au nord.

– C'est tout ce que je peux faire. Désolé, monsieur Fleming.

Mercator remet le Stetson qu'il vient d'acheter, pour remplacer sa casquette de marin, demande à une sentinelle où se trouve l'écurie, remonte sur son cheval loué pour la journée, repart vers le port.

Comme chaque fois qu'il quitte le centre de San Francisco, il remarque que de nouvelles dunes ont été rasées, de petites anses sur la baie ont été comblées, des marais asséchés, des champs de roseaux coupés. Les maisons, certaines à deux ou trois étages, montent à l'assaut des collines. Un marchand de peinture a ouvert rue Larkin, importation directe de Londres ; les premières façades peintes en jaune, en rose ou en bleu font leur apparition. Il n'y a presque plus de tentes, interdites après le grand incendie de Noël, à part chez les Chinois, qui font semblant de ne pas comprendre ce qu'on leur dit quand ça leur chante. Par endroits, des pavés remplacent le sable, des fossés sont creusés pour drainer les eaux de pluie et éviter que les rues à peine tracées soient englouties par la boue. Un Irlandais parle de construire une ligne de chemin de fer le long de la grève, de quelques miles seulement, pour transporter des wagons de sable depuis les dunes et accélérer les travaux de comblement de la baie, entre les bateaux échoués. Bonne idée, il faut que je le trouve, il va avoir besoin de traverses à mettre sous ses rails. Tiens, un nouveau chantier, encore une église sans doute, avec une forme pareille. D'où ont-ils fait venir le bois ? On dirait du chêne, ça ne me dit rien. Oregon ? Il faut que je prépare le devis que John Andrews m'a demandé pour la construction d'un théâtre. Et cet Italien qui dit partout qu'il aura bientôt assez d'or pour lancer les travaux de son opéra. Il en chantait des airs l'autre soir au Bella Union, entre deux bouteilles, après avoir perdu au *mexican monte* de quoi en payer le toit. Encore un nouveau saloon, pas mal l'idée d'avoir racheté une figure de proue pour la fixer au-dessus de la porte. La Polka : un autre Français…

Le visage de Sara s'illumine quand elle le voit pousser les portes battantes du Diamond Star. Elle traverse la salle en tenant à deux mains les pans de sa robe à crinoline. Elle tente de se jeter à son cou, il la retient en lui attrapant les bras et en posant un léger baiser sur sa joue. Elle le prend par la taille et l'entraîne, devant tous les employés et les premiers clients, peu nombreux à cette heure, vers sa table réservée, au bout du bar, près de la caisse enregistreuse.

– J'ai appris que la *Sunset* était arrivée hier soir, je t'ai attendu…

– Je suis resté sur le port, à bord du *Freedom.* J'avais à faire, et ce matin beaucoup de gens à voir.

– Des gens à voir, pourquoi ?

Il lui relate la tuerie, le témoignage du Forgeron, les réactions du shérif, du juge Hastings et du colonel Mason.

– C'est terrible, mais ça ne m'étonne pas. Si tu savais les horreurs que racontent les chercheurs d'or sur les Indiens, j'en entends tous les jours. Et ces sauvages sont dangereux, quand même, non ?

– Je ne sais pas, peut-être certains. J'avais commencé à négocier avec le chef de cette bande de Miwoks. Sa fille, celle qui a été tuée, à qui ils ont coupé les oreilles, parlait anglais, elle avait servi d'interprète au gouverneur mexicain à Monterey. Je ne sais pas comment le reste de la tribu va réagir. Il va peut-être devenir dangereux d'aller abattre des arbres.

– Tu ne peux pas envoyer tes bûcherons ailleurs ?

– C'est là que j'ai installé la scierie, la chaudière à vapeur. Une fois coupés, les séquoias sont difficiles à bouger. Je n'ai déjà pas assez de bœufs, je n'ai pas le choix.

Elle pose sa main sur la sienne, la caresse en le regardant. Ses yeux brillent d'une flamme qu'il n'avait jamais vue. Il ne sait que dire, lui sourit.

Vivianne approche de leur table, fait un tour sur elle-même pour faire froufrouter sa jupe de french cancan et lance, en français, « Vive les amoureux ! » pendant que sur la scène qui vient d'être installée près de l'escalier Amélie esquisse des pas de danse et improvise une chanson qu'elle intitule *La blonde sirène et le chasseur de baleines*. Trois Français, deux chercheurs d'or et un jeune homme en costume et haut-de-forme, applaudissent, reprennent en chœur le refrain.

Lesley apporte à Mercator, qui n'avait rien commandé, une assiette d'œufs au bacon et de pommes de terre sautées, pose devant Sara une fine tasse de porcelaine qu'il remplit de café.

– Je vais attendre quelques jours avant de renvoyer des hommes dans la forêt. J'ai à faire ici, des équipements à trouver.

– Tu reviens dîner ce soir ? Tu passes la nuit ici ?

– Si tu veux…

– Quel enthousiasme !

– Non, non, ce n'est pas ce que je veux dire. Avec plaisir. C'est juste que… Je n'ai pas l'habitude.

– Tu n'as jamais vécu avec une femme, avant ? Personne ne t'attendait, à Nantucket ou ailleurs, quand tu partais en campagne de chasse ?

– Non.

– Eh bien moi, je t'attends. Ce n'est pas la peine de tourner autour du pot, Mercator. Je suis new-yorkaise, je sais ce que je veux et je vais droit au but. Voilà, maintenant tu fais ce que tu veux. Je ne peux pas te forcer, mais tu es au courant. Alors ce soir, demain soir… Si tu veux t'installer ici, dans ma chambre, au lieu de ta couchette de bateau ou ton lit de camp dans ton entrepôt, tu es le bienvenu.

– M'installer, on verra. Mais ce soir, c'est d'accord. J'ai dans l'idée de bâtir une maison, un peu en hauteur sur une colline, pour échapper à la brume.

Il lui raconte son projet de faire démonter le *Freedom*, de retailler les mâts en poutres et les lames de bois du pont pour en faire les murs. Une autre façon de vivre à l'intérieur du bateau, plutôt que le voir pourrir, s'enfoncer dans la vase, bouffé par les vers. Il y a de drôles de bestioles, dans cette baie, qui s'attaquent au bois, jamais vu ça sur la côte Est.

– Construire une maison ! Mercator, mais c'est merveilleux. Veux-tu que nous la construisions ensemble ? Je peux financer une partie des travaux, je n'en peux plus de vivre dans cette chambre, la musique, le bruit, les clients… Oh, s'il te plaît, Mercator ! S'il te plaît…

Elle le regarde en fronçant le nez, ses yeux brillent de joie, son sourire creuse deux ravissantes fossettes dans ses joues.

– J'ai commencé à dessiner des plans, en m'inspirant des maisons de Nantucket. Veux-tu que je les apporte ?

– Oh oui ! Un client est arrivé la semaine dernière, dans la chambre huit, il dit qu'il était architecte à Édimbourg, nous pourrions les lui montrer.

– Pour les dimensions des poutres de charpente, je ne sais pas très bien. Et pour les planchers, le séquoia, c'est splendide, cette couleur rouge. Tu voudrais vraiment ?

– Comment te le dire ? Je veux rester ici, m'installer dans cette ville. Comme toi, non ? Alors pourquoi ne pas le faire ensemble ? Je veux vivre avec toi. Nous allons bâtir un royaume dans cette baie. J'ai parlé hier avec un membre de la Convention de Californie : il assure que la demande de rattachement à l'Union va être acceptée au début du mois prochain, c'est une question de jours. J'ai construit mon hôtel, il m'appartient à cent pour cent désormais. Je pense ouvrir un deuxième restaurant, au coin de la rue. Tu as la scierie, un entrepôt, nous sommes assis sur des mines d'or, bien plus réelles que celles de la Sierra. Ensemble, rien ne nous résistera. Et si un jour les détectives de mon père me retrouvent…

– Je te protégerai. Tu es majeure, indépendante, riche, tu n'as rien à craindre. J'ai quelques idées de terrains, pour la maison, de nouveaux lots qui viennent d'être mis en vente au-dessus de Cole Valley. Tu voudrais venir les voir avec moi ? Je pensais y aller demain…

– Avec joie, Mercator.

42

San Francisco (Californie)

3 septembre 1850

Les badauds des rues de San Francisco sont habitués à toutes les couleurs de peau, tous les accoutrements, toutes les excentricités, tous les équipages, et il en faut beaucoup pour leur faire tourner la tête.

Mais quand le marquis Hubert Charles-André de Bargemont fit son apparition dans Commercial Street, au pas espagnol de son cheval blanc suivi d'une charrette contenant la dépouille du plus gros grizzli que quiconque ait jamais vu en ville, tout s'arrêta.

Le marquis de Bargemont, figure de la Californie du Nord, est un géant large d'épaules, coiffé d'un feutre cabossé orné de plumes d'aigle et de paon. Il porte un poncho mexicain sur lequel il a fait broder, à la manière des mousquetaires du roi de France, une croix en fils d'argent, des bottes de cuir fauve à éperons d'or, le pantalon rouge des mineurs, des gants de cuir clair à revers aux armoiries de sa famille, vieille noblesse languedocienne.

Sur une cuisse bat un sabre d'abordage aux couleurs de la ville de Saint-Malo, sur l'autre un pistolet à crosse d'ivoire de narval tellement lourd qu'il faut le brandir à deux mains. Un fusil de chasse à l'ours dans le dos, autour du cou un étrange collier où pendent des dents de cachalots, des morceaux de bois de cerf, des cornes de chevreuils, canines de sangliers, amulettes indiennes, talismans mexicains, médailles de la Vierge. Des oreilles de lièvres et des plumes d'oiseaux dépassent de sa gibecière en cuir de bison. Une longue chevelure brune bat sur ses épaules, son nez aquilin lui donne un profil de rapace, ses joues et son cou sont brûlés par le soleil des sierras, sa fine moustache et son bouc taillés à la d'Artagnan.

Quand il aperçoit Patrice Dillon, sur le trottoir devant l'entrée du consulat de France, il passe une jambe par-dessus l'encolure de sa monture, saute à terre. Un frêle jeune homme vêtu de daim et coiffé d'un chapeau melon, qui le suivait monté sur une mule chargée de sacs et d'une tête de cerf sanguinolente, se précipite sur les rênes du pur-sang.

– Patrice ! Cher ami ! Me voici enfin, lance-t-il d'une voix théâtrale, dans un français teinté d'accent méridional. Désolé pour le retard, ce bestiau nous a donné du fil à retordre, dit-il en désignant l'ours dans la charrette, gueule ouverte, un filet de sang entre les dents. Il a tué mes deux chiens, me voici chasseur sans chiens, prêt pour de nouvelles aventures.

Il lance la gibecière à son écuyer.

– Dominique, va donc au marché et tâche de nous vendre tout ça à bon prix, pas comme la dernière fois. Et la peau du grizzli, pas moins de vingt dollars, tu as vu le monstre ? Patrice, j'ai dans la gorge toute la poussière de la Sierra. Allons au Bar des Trois Baudets, tu me présenteras tes amis. J'ai pour ma part rencontré quatre compatriotes lassés de leurs journées les pieds dans l'eau glacée des rivières. Ce sont d'anciens soldats, fins tireurs, ils nous rejoindront dans un jour ou deux, le temps de vendre leur misérable concession, leurs pelles et leurs pioches. Je leur ai promis des fusils neufs, sortis de leurs caisses, en avons-nous ?

– Parlons plutôt à l'intérieur, cher marquis. Les Trois Baudets, très bien. Je vous présente Jean Legrand et ses compagnons MM. Paulo et Pierrot. Ils sont intéressés par l'expédition mexicaine.

Le cavalier pousse les portes battantes des Trois Baudets, « cabaret français », jette d'un large geste son chapeau sur une table libre près de l'entrée.

– Hubert, c'est Hubert ! Le marquis est revenu ! s'écrie en français le barman derrière son comptoir. Venez voir, les filles !

Trois jeunes femmes en jupons ou robes échancrées, deux Françaises et une Mexicaine, sortent des cuisines, entourent le mousquetaire, se jettent à son cou.

– Bonjour, bonjour mes charmantes, toujours aussi belles ! Eh oui, votre Hubert est redescendu de ses montagnes, mais calmez-vous, je n'ai pas fait aussi bonne chasse que d'habitude et je n'ai pas une once d'or. Alors ce ne sera pas comme le mois dernier. Tavernier, des pichets de bordeaux pour moi et mes amis ! Alors, cher Patrice, où en est-on ?

– Ravi de vous revoir, marquis. L'opération semble bien engagée. Luis Del Valle m'a transmis l'accord de Mexico pour laisser débarquer un contingent de volontaires français dans le port de Guaymas, à n'importe quelle date entre maintenant et la fin de l'année.

– Laisser débarquer ? C'est tout ? Et les armes, et l'argent ?

– Pour ça, il faudra vous débrouiller, cher ami. Comprenez leur position : les Mexicains encouragent l'installation d'un contingent français dans l'État de Sonora, veulent bien accorder des droits de prospection et un régime fiscal favorable à condition que vous parveniez à repousser les tribus apaches, mais ils ne veulent pas être considérés par Washington, si les choses tournent mal, comme les organisateurs de cette opération. Ils se méfient des Yankees, et d'après ce qu'on me rapporte leur armée est dans un état pitoyable, après la défaite de Chapultepec. Ils acceptent de vous laisser débarquer et de fournir des vivres, mais c'est tout. De toute façon il faut que vous en parliez de vive voix avec le consul Del Valle. Il devrait être bientôt de retour à San Francisco.

– Il est gentil, ton ami mexicain. Mais comment je vais équiper une centaine d'hommes, moi ? Affréter un navire ?

– Les richesses de la région vous serviront de garantie. Souvenez-vous de ce qu'a dit Del Valle : les mines de la région de Nogales étaient les plus riches de l'Empire espagnol au Nouveau Monde. La mine d'argent de La Arizona n'est plus exploitée depuis longtemps, les Apaches l'ont prise, c'est de là que sont sorties les fortunes qu'ont transportées les galions espagnols pendant plus d'un siècle. Il y a plus d'or et d'argent dans cette région que dans toute la Californie, à ce qu'on dit. Je peux vous mettre en contact avec des financiers qui seront intéressés, j'en suis sûr, contre une part des bénéfices. Mais bon, c'est à vous de trouver. Je ne suis que l'intermédiaire, et je ne peux pas apparaître. Je vous le répète : Paris n'est pas officiellement impliqué dans cette affaire, la République n'est pas censée être au courant. Nous tenons à nos bonnes relations avec les Américains.

– Les Mexicains peuvent-ils nous mettre cet accord, le sauf-conduit sur leur territoire, par écrit ?

– Mon cher marquis, mais vous rêvez ! Rien ne sera couché sur papier. C'est une opération de flibuste, et les flibustiers n'ont pas de lettre de charge. Mais si vous réussissez, votre fortune est faite pour six générations. Maintenant, laissez-moi vous présenter ces compatriotes.

Jean Bréhat, Pierre Léani et Paul Buchez se lèvent de leurs chaises, attendent qu'Hubert de Bargemont retire ses gants de bretteur pour lui serrer la main. Patrice Dillon raconte en termes flatteurs le siège de French Town, fait comprendre à demi-mot que les autorités françaises aimeraient avoir des nouvelles de ces trois gaillards et que les américaines seraient ravies de ne plus en avoir.

– Et vous, monsieur Bargemont, dit Jean Bréhat, quand avez-vous débarqué en Californie ?

– Eh bien jamais, cher ami. J'ai débarqué à New York voilà maintenant quelques années et quand la rumeur de l'El Dorado californien y est parvenue, j'ai rejoint à Saint-Louis une de ces caravanes de chariots bâchés qui traversent ce grand et beau pays. Comme mon père, feu le marquis de Bargemont, m'avait enseigné très jeune, dans nos belles montagnes des Corbières, les secrets de l'art de la chasse, j'ai nourri les cinquante membres de notre expédition avec force chevreuils, bisons et cerfs pendant le voyage. J'ai tiré mon premier grizzli en passant les Rocheuses. Il m'a semblé que devenir chasseur professionnel dans cette Californie où tout manquait, surtout la viande, était plus digne d'un Bargemont que de passer mes journées à genoux dans la terre comme un sanglier, à creuser à la recherche de je ne sais quel filon. Voilà deux ans que je tue tout ce qui porte poil ou plume dans la région, et même quelques orques et bébés baleines. Ce fut ma foi d'un très bon rapport, mais je dois avouer que dernièrement cet afflux de cul-terreux avec leurs fermes, leurs ranchs et leurs troupeaux de vaches imbéciles sont en train de me mettre sur la paille. San Francisco vient de se doter d'un abattoir en dur, à ce qu'on dit, pouah ! Alors libérer les mines d'argent des conquistadors des mains des féroces Apaches et s'en emparer sous le drapeau tricolore, voilà une exaltante mission pour un contingent d'intrépides Français, n'est-ce pas, messieurs ?

Les quarante-huitards posent la question de la solde – Maigre ; des risques – Fort grands ; du ravitaillement – Ce que nous tuerons ; de la date de départ – Dès que nous le pourrons ; de la liberté – Totale ; des perspectives d'enrichissement – Faramineuses.

– Je suis venu avec ma compagne, dit Pierre Léani. Peut-elle nous accompagner ?

– Il serait plus sage qu'elle demeure à San Francisco.

– Elle monte à cheval comme un homme, passe trois jours sans manger, tire au fusil aussi bien que vous.

– Que moi, je voudrais voir ça… Mais dans ce cas, et si elle ne s'attend pas à un traitement de faveur, elle est la bienvenue. Je vous rappelle quand même qu'elle sera sans doute le seul élément féminin…

– Mounia vient de passer des mois avec nous dans la Sierra. Ceux qui lui ont manqué de respect l'ont amèrement regretté.

– Alors, vive Mounia ! Je compte prendre mes quartiers à l'hôtel du Diamond Star, tenu par la sublime Mlle Magnet. J'y tiendrai permanence toutes les fins d'après-midi. Si vous connaissez des compatriotes ayant faim d'aventure, de gloire et de fortune, envoyez-les-moi. Passez tout à l'heure vous inscrire sur mon registre, messieurs.

– Je vais vous présenter des hommes d'affaires qui pourraient être intéressés par une participation financière à l'opération, dit le consul de France. Mais la grande salle du Diamond Star, ce n'est pas très discret. Nous ferons plutôt ça dans mon bureau.

– Comme il te siéra, cher ami. Bon, messieurs, si vous voulez bien m'excuser, je dois apporter mon fidèle Hawken à l'armurier pour une réparation. J'en profiterai pour voir avec lui quel type de fusil il peut nous trouver en quantité, et à quel prix.

– Restez discret, je vous prie cher marquis, sur le but et les détails de l'opération. Je ne suis pas sûr que les Américains apprécient que se forme à San Francisco une petite armée française en vue d'une expédition au Sud.

Bargemont se lève, ajuste son chapeau d'acteur de théâtre, se penche pour embrasser entre les seins l'une des *demoiselles* françaises, lance au barman « le bordeaux est à mettre sur le compte de monsieur de consul » et sort dans un bruit d'éperons, de corne et de ferraille.

– Alors messieurs, qu'en dites-vous ?

– Vous êtes sûr que ce n'est pas un imposteur ? demande Jean Bréhat. Un de ces illuminés qui courent la Sierra ? Nous en avons vu passer quelques-uns, mais celui-ci…

– Ne vous laissez pas abuser par son accoutrement. Je connais le chef de la caravane qui l'a conduite jusqu'ici, c'est un ami, il m'a confirmé chacun de ses dires. C'est le plus grand chasseur de ce côté des Rocheuses, Kit Carson et le commodore Stockton ont tenté de l'engager comme scout pour la cavalerie fédérale, mais, comme il dit, il répugne à suivre d'autres ordres que les siens. Mais si c'est lui qui les donne, je vous assure qu'il fera un chef remarquable. Et on raconte que sa réputation auprès des Indiens, ses trophées de chasse et sa grande taille en font une espèce de demi-dieu inspirant une crainte salutaire. Ce sera utile contre les Apaches, qui sont paraît-il autrement plus farouches que nos Miwoks. Et je vous rappelle, messieurs les rebelles des barricades parisiennes, évadés des bagnes algériens, que vous n'avez pas vraiment le choix…

– Une menace ? demande Pierre Léani en faisant mine de se lever de sa chaise.

– Pas du tout, cher ami, pas du tout. Un simple rappel. Si j'ai reçu un avis de recherche si détaillé vous concernant, ce n'est qu'une question de temps pour que Paris le transmette à Washington. Souvenez-vous : le courrier ne passe plus par le cap Horn, une lettre officielle met désormais moins d'un mois pour venir de la capitale fédérale. Vous ne pourrez pas toujours bâtir des barricades, tirer sur les shérifs et la cavalerie et vous en sortir sans dommages, ne croyez-vous pas ?

43

Mercator Fleming
Bois, Outils et Matériaux
3, Bay Street, San Francisco, Californie

Au professeur Georg Altmaier
Post Office
Snelling, Californie

Le 30 octobre 1850

Cher professeur,

Je joins cette lettre à votre commande de pelles, pioches, batées et clous. Les trois semaines de retard sont dues aux problèmes que le vapeur a rencontrés aux abords du cap Horn (cela doit vous rappeler des souvenirs). Le capitaine irlandais m'a assuré que malgré toute la puissance de sa chaudière il n'avait pu franchir le détroit qu'au bout de vingt jours d'efforts, face à des océans déchaînés, perdant deux marins tombés à la mer.

La caisse de livres envoyée de Boston était prête depuis longtemps, mais étant donné le coût du transport jusqu'à Snelling j'ai préféré tout grouper. En revanche, les bouquins en espagnol que vous attendiez, d'après votre dernier courrier, de Lima et Valparaíso ne sont pas arrivés.

Je vous confirme qu'un médecin écossais de Monterey, le docteur McConnell, a entrepris voilà une semaine une tournée dans le pays minier. Il transporte, dans un chariot bâché, un stock de médicaments et est accompagné d'une infirmière. Je lui ai montré l'itinéraire jusqu'à Snelling, il m'a informé qu'il comptait s'y arrêter aux alentours de

la fin novembre, si les pistes restent praticables. Il est d'accord pour vous vendre des remèdes de première urgence, et vous en donner le mode d'emploi.
Vous trouverez avec cette lettre un courrier de Henry M. Naglee, qui a ouvert la première banque de San Francisco et souhaite établir un réseau de correspondants dans les villes aurifères. Je lui ai parlé de vous, lui ai dit que vous étiez le seul à posséder un coffre-fort dans les vallées du Sud. Je n'en connais pas les détails, mais je pense que son offre pourrait vous intéresser. C'est avec lui que je travaille depuis le début de l'année, il est sérieux, influent, et c'est un soulagement de ne plus avoir à garder à l'entrepôt l'argent des salaires des bûcherons et les recettes des clients. Il est en contact avec les grandes banques de New York qui lui fournissent des dollars-papiers, ce qui est bien utile.
Je ne sais pas si la nouvelle vous est arrivée, mais la Californie a été admise le mois dernier comme trente et unième État de l'Union.
Tout le monde s'y attendait et ce fut l'occasion de festivités grandioses. Une parade a été organisée hier à San Francisco, avec tirs au canon dans la baie, feux d'artifice, défilé des corporations, des pionniers et des ordres francs-maçons, une fanfare, les pompiers et leurs charrettes-pompes flambant neuves, les marins, les Chinois, les soldats bien sûr, le tout salué de tirs en l'air de ceux qui portaient une arme.
Le clou du spectacle, qui est passé dans la rue devant notre entrepôt, fut un char tiré par six chevaux dans lequel avaient pris place trente enfants en pantalon bleu et chemise blanche, symbolisant les États de l'Union, qui entouraient une charmante petite fille représentant la Californie, la jeune sœur adoptée. La fête a duré toute la nuit dans le quartier du port.
Le résultat est que les lois et les impôts américains s'appliquent désormais. Il va falloir un peu de temps pour s'y habituer, je pense embaucher un comptable dès que je pourrai en trouver un. Cela va sans doute changer pas mal de choses dans la Sierra et les mines d'or, à commencer j'imagine par les taxes. Celle sur les mineurs étrangers a provoqué pas mal d'affrontements à ce que l'on dit, avec les Chiliens, les Mexicains et surtout les Français, réputés pour leur mauvais caractère.
Je pense que vous allez voir arriver bientôt des représentants de l'État et que l'âge d'or où la prospection, le commerce et les échanges étaient entièrement libres touche à sa fin. Mais en contrepartie il y a désormais une autorité, une justice, et par endroits une police auxquelles faire

appel en cas de litige et pour lutter contre les escrocs, les voleurs et les aigrefins qui pullulent.

Je vous quitte, cher professeur, en vous annonçant une bonne nouvelle : Sara Magnet et moi allons nous marier. Vous avez appris, sans doute, la mort brutale d'Albert Fallon dans une rixe de joueurs au Diamond Star.

Ce deuil nous a rapprochés, je lui ai demandé d'être ma femme, elle a accepté. Nous avons trouvé, sur la colline surplombant Cole Valley, un terrain splendide, planté d'eucalyptus, sur lequel nous avons commencé à faire bâtir notre maison, en partie avec le bois récupéré sur le *Freedom,* dont il ne reste plus que la carcasse à demi envasée dans la baie. Vous y serez bien entendu, cher professeur, toujours le bienvenu. J'espère que vous pourrez bientôt nous rendre visite.

Donnez-nous des nouvelles de vos chers Argonautes, comme vous les appelez, ainsi que de mon frère Michael, si vous en avez.

Avec toute mon amitié.

Mercator Fleming.

44

Professeur Georg Altmaier
Post Office
Snelling, Californie

À Mercator Fleming
3, Bay Street
San Francisco, Californie

Le 16 novembre 1850

Cher Mercator,

J'ai à peine terminé d'ouvrir la dernière caisse que vous m'avez envoyée que je me précipite dans mon bureau pour vous répondre, afin de confier la lettre au transporteur qui va passer la nuit chez nous et repartir demain à l'aube vers la côte.

D'abord, et avant tout, FÉLICITATIONS ! Quelle immense, belle et heureuse nouvelle ! La mort de ce pauvre Albert m'a été annoncée il y a quelques semaines par un chercheur d'or allemand qui assurait avoir assisté à la scène, mais son récit n'était pas très cohérent et je le soupçonnais d'avoir colporté des rumeurs, ce qui, comme chacun sait, est le sport national au pays de l'or. Que s'est-il passé exactement ? Dans tous les cas, votre future union me remplit de joie.

Je suis l'un de ceux (peut-être le seul) qui lors de notre odyssée sur le *Freedom* avait remarqué entre vous et Sara une tension faite de regards volés, de gestes esquissés, d'intonations de voix et de mouvements du corps qui ne trompent pas un œil exercé et trahissent les futurs amants, parfois avant qu'ils n'en aient eux-mêmes conscience.

Par respect pour Albert, et pour la belle et romantique histoire qui les avait menés à bord de votre navire, je ne m'en étais ouvert à personne, mais je me disais « il y a quelque chose entre ces deux-là ». Vous étiez attirés l'un par l'autre, c'était manifeste. Votre union ne m'en apparaît donc que plus évidente, maintenant qu'elle se retrouve veuve dans cette ville de San Francisco où il lui sera réconfortant de savoir qu'elle peut s'appuyer sur votre solide épaule. Et vous, dans cette région où les femmes, hormis celles venues pour y faire commerce de leurs charmes, sont si rares, avez eu mille fois raison de demander sa main à cette jeune New-Yorkaise intrépide, dont la détermination de fer et le caractère enjoué m'ont frappé dès les premiers jours de notre voyage. Quelle femme extraordinaire ! Je ne peux l'écrire qu'à vous, parce que je sais que vous me comprendrez, mais, sans vouloir le moins du monde attenter à sa mémoire, j'ai toujours pensé que ce pauvre Albert était trop raisonnable, pour ne pas dire timoré, pour rendre heureuse une telle compagne. Le destin vous a rassemblés, j'en suis ravi. Merci pour votre invitation. Je rêve de pouvoir enfin descendre de ces montagnes perdues et constater de mes yeux la transformation, que me racontent tous les voyageurs, de San Francisco, du petit port dans lequel nous avons accosté en métropole vibrante et éblouissante. Un Français me l'a décrite comme « le Paris du Pacifique », je brûle de voir ça. Hélas, mes multiples activités m'en empêchent. Et plus que de temps, ce dont je manque est quelqu'un de confiance à qui je pourrais laisser le bureau de poste, la boutique, la banque, la pharmacie, la bibliothèque et surtout le dépôt d'or pendant quelques jours. Ma seule tentative a tourné au désastre : j'ai proposé vingt dollars (oui, vingt !) à un compatriote allemand que j'avais engagé pour me remplacer pendant deux jours, le temps de monter plus haut dans la vallée assister aux funérailles du jeune Noah Robinson, tué, je pense que vous en avez entendu parler, lors de l'attaque de leur campement par les terribles bandits mexicains de Joaquin Murietta. Eh bien, à mon retour, ce voleur avait disparu avec la caisse, un stock de médicaments, tout ce qu'il avait pu emporter comme outils et mes quelques livres en allemand. Je ne lui avais heureusement pas confié la combinaison du coffre. La fortune en or qui y sommeille, pour le compte des mineurs de la vallée, est restée hors de sa portée. Vous comprenez donc, cher ami, qu'il me soit pour le moment impossible d'envisager un voyage d'au moins une semaine à San Francisco, à mon grand regret.

Merci d'avoir signalé notre présence à ce médecin écossais, nous l'attendons avec impatience. Bien que nos mineurs soient pour la plupart jeunes, forts et en bonne santé (ceux qui ne le sont pas réalisent en quelques jours que ce travail de forçat n'est pas fait pour eux et n'insistent pas), nous comptons quand même de nombreux cas de blessures par outils. Un homme s'est fait lacérer le dos jusqu'aux os de la colonne vertébrale par un grizzli, les cas d'ongles des mains et des pieds éclatés puis infectés sont innombrables. Mais ce qui m'inquiète le plus est la récente épidémie de maladies vénériennes qui a suivi le passage, il y a deux semaines, d'une caravane de prostituées russes et mexicaines. Je n'en peux plus de voir dans ma pharmacie des membres masculins dans divers états de dégénérescence (je vous passe les détails, peu ragoûtants). Mon stock de médicaments (je pense, parfaitement inopérants en la matière) a été dévalisé en deux jours et depuis je fais patienter ces pauvres garçons à la démarche d'ours en leur promettant la visite prochaine d'un véritable médecin.
Mille mercis pour les outils, ils sont de qualité excellente et vont partir comme des petits pains. Je profite de cette lettre pour vous renouveler la commande, en multipliant les quantités par deux. Les pioches, en particulier, sont très recherchées.
Merci de bien vouloir me faire parvenir, sans attendre, je paierai le surcoût s'il y a lieu, les livres en espagnol dès que vous les recevrez. Mon stock est presque épuisé. Si les Mexicains de notre vallée sont presque tous des péons envoyés par quelques grands propriétaires terriens qui les exploitent sans vergogne et amassent des fortunes, les Péruviens et surtout les Chiliens sont souvent issus de familles bourgeoises, voire aisées. Il y a des avocats, des employés de bureau, au moins trois ingénieurs, d'anciens professeurs qui me supplient tous les jours de leur fournir de quoi lire, le soir sous leurs tentes et surtout le dimanche, où les distractions sont rares.
Je viens de lire la lettre du banquier Naglee, il faut que j'y réfléchisse, mais son offre est intéressante. Il propose de transformer mon établissement en succursale de sa banque, en investissant une jolie somme pour le moderniser et surtout en m'envoyant un employé rétribué par ses soins, depuis San Francisco. Il assure avoir déjà ouvert deux branches dans les régions nord de la Sierra, à la satisfaction de tous.
J'avoue que l'idée de recevoir du renfort, surtout de la part de quelqu'un connaissant la profession bancaire, me tente beaucoup, ne serait-ce que pour pouvoir lui confier la gestion de la maison, qui devient chaque

jour plus complexe et va le devenir plus encore maintenant que nous faisons partie des États-Unis d'Amérique.
Le pourcentage qu'il demande me semble excessif, mais je suppose que c'est une base de négociation. Il propose de m'envoyer un de ses fils pour établir le contrat, je vais sans doute accepter, ne serait-ce que de recevoir ce jeune homme pour mieux comprendre leur projet.
Des nouvelles de nos chers Argonautes ? Elles sont bonnes pour la plupart, à part bien entendu pour ce pauvre Noah Robinson, le premier et le seul, à ma connaissance, à avoir perdu la vie à la poursuite de son rêve. Ceux que je côtoie le plus sont bien sûr Daniel Bailey et son fils, qui sont mes voisins immédiats et avec lesquels je me suis associé pour financer le General Store. Les bénéfices qu'ils tirent de leur forge sont tels qu'ils ont entrepris de la transformer en fonderie, en important les lingots de fer directement du Pérou. Cela leur permettra de fabriquer à la demande les outils et les mécanismes, de plus en plus sophistiqués, nécessaires à la recherche de l'or, qui devient plus difficile chaque jour. Daniel et Richard ont depuis longtemps cessé de prospecter, préférant des revenus peut-être moindres mais réguliers. Daniel me disait hier que si son projet aboutit, d'ici un an, deux au plus tard, il envisage de rentrer à Albany, fortune faite.
Nos amis Argonautes qui s'obstinent à chercher de l'or dans le lit de la rivière n'ont pour l'instant pas réussi à trouver le filon, le *mother lode* comme ils disent tous avec des étoiles dans les yeux, d'où provenait la fameuse pépite de quatre onces découverte par Jo Tolomio. Ils récupèrent parfois de jolies quantités, une à deux onces dans une journée, avant de devoir se contenter de quelques grammes de poudre pendant des semaines. Les rives de la Merced River sont maintenant creusées et défoncées sur des miles en amont et en aval de Snelling. Des compagnies et des associations sont en train de se former pour investir dans les machines à laver la terre ou des jets d'eau à haute pression, au rendement bien supérieur. Certains mineurs, à bout de ressources, deviennent salariés de ces entreprises, financées par des capitaux venus de San Francisco ou de la côte Est. Je ne pense pas que ce soit l'intention de nos amis les Argonautes, mais la dernière fois que nous nous sommes retrouvés à l'auberge qui vient d'ouvrir dans notre ville, j'ai senti un certain découragement dans leurs rangs.
Nous avons appris le mois dernier, comme vous sans doute, la pendaison à Hangville de Ron Soltero, James Gibson et Ed, les jeunes voyous du Bronx qui ont voyagé avec nous, tellement odieux que je

ne les ai jamais comptés parmi les Argonautes. Je n'ai pas les détails et les circonstances, sûrement un vol d'or, mais leur attitude à bord ne laissait rien présager de bon. J'aurais parié qu'ils allaient mal tourner, personne ne les pleurera à part peut-être leurs familles à New York, si elles sont informées un jour.

En ce qui concerne votre frère Michael, un pasteur anglican qui fait la navette entre ici et la Bear Valley pour des offices sur une charrette transformée en chapelle mobile m'a donné des nouvelles. Lui et Gordell Strong exploitent une concession dans le Horse Canyon qui leur permet de rentrer dans leurs frais, mais pas davantage semble-t-il. Il faut dire que ce sont des *placers* isolés de tout, hauts dans la Sierra, où les prix de la nourriture et de ce qui est nécessaire à la vie sont bien supérieurs à ceux que je pratique ici, et qu'il faut trouver chaque jour une jolie quantité d'or pour espérer en tirer un bénéfice.

Voilà, cher capitaine, des nouvelles du pays de l'or.

Encore une fois, toutes mes félicitations pour cette heureuse nouvelle. J'attends avec impatience votre prochain envoi (pourvu que les livres en espagnol ne tardent pas trop). J'espère pouvoir trouver bientôt une solution qui me permette de quitter mon comptoir pendant quelques jours et de descendre vous voir. Mes amitiés à votre future femme, tous mes vœux de réussite et de bonheur.

Votre ami.

Georg Altmaier.

45

Woodville (Californie)

6 novembre 1850

– Jamais ! Tu m'entends ? Jamais ! Je me fous de l'argent. Tu me donnerais le poids d'un séquoia en or qu'il ne franchirait pas le portail de ma scierie. J'ai vu ce que toi et tes tueurs avez fait aux Miwoks. Le Forgeron était mon ami. Vous êtes pires que des animaux !

Sven Strandhall, à cheval devant l'entrée de la scierie Fleming de Woodville, est entouré de John Killer Cooper, un fusil à canon scié dans le creux du bras, et d'un jeune *pistolero* mexicain dont le visage disparaît sous un sombrero brodé de fils d'or, les deux mains sur ses armes, aux hanches.

– Ah ! Le capitaine Fleming, le massacreur de baleines, le tueur de cachalots a des scrupules de demoiselle. Tu es bien content, marin, que ces foutus sauvages aient décampé de leurs montagnes à la con et nous laissent libres de couper leurs séquoias soi-disant sacrés, non ? Tu te souviens quand ils nous tenaient à leur merci, les mains dans le dos, prêts à nous torturer ? La flèche qui a manqué ta tête de cinq pouces ? J'ai fait le sale boulot, et c'est toi qui en profites le plus, hypocrite ! Combien en as-tu coupé des séquoias ? Cinquante ? Cent ? Tu as la seule scierie à vapeur au nord de la baie, tu n'as pas le droit de refuser de débiter mes arbres.

– Quoi ? Pas le droit ? Mais écoutez-le ! Ce violeur de femme, cet assassin se pointe avec son tueur borgne et son gamin aux Colts trop lourds pour lui et veut dicter sa loi ? Tu penses m'impressionner ?

Mercator siffle entre ses lèvres. La machine à vapeur lâche un sifflet de locomotive. Une vingtaine de bûcherons sautent des machines, haches et barres en fer à la main. Sur la passerelle de bois qui surmonte la scie circulaire, Fergus Smalls et son neveu Adam posent des fusils en appui sur la rambarde, arment le chien.

– La seule scierie à vapeur au nord de la baie t'est interdite d'accès, Sven Strandhall. C'est la mienne, je choisis mes clients. Alors tu en construis une, tu continues à transporter tes petits arbres sur des radeaux jusqu'à San Francisco ou tu transformes tes séquoias en cure-dents avec la machette du borgne, ça m'est égal. Nous pouvions trouver un accord avec les Miwoks, tu as préféré engager Killer Cooper. Qui sont les sauvages, ici ? Tu as de la chance que la justice et l'armée se contrefoutent des Indiens. Mais le Forgeron était un Blanc, un ancien baleinier yankee. Un jour, tu paieras pour ça.

– Tu me menaces, capitaine ?

– Tout à fait.

– Et toi, as-tu payé pour la mort de ton frère, emporté par le fond à cause de ta cupidité, et parce que tu ne sais pas ranger une ligne dans un canot ? Tes bûcherons et ton Nègre au fusil ne seront pas toujours là pour te protéger, marin. Si j'étais toi, je ferais attention dans la forêt… Venez, les gars.

Ils tournent bride, filent au galop vers la lagune.

Mercator fait un cercle en l'air avec son index, ordonne la remise sous pression de la chaudière. Fergus donne un coup de coude à Adam qui part en courant vers les deux portes du four.

Il les ouvre avec un long crochet, jette une dizaine de bûches dans chaque ouverture, referme. Dans le réservoir, l'eau recommence à chauffer, bientôt le sifflet-témoin hulule, les jets de vapeur blanche s'échappent des valves et des joints. Quand l'aiguille de l'indicateur de pression atteint sept bars, Adam tire sur la cordelette. Les courroies s'agitent et se mettent à tourner, transmettent à la scie circulaire le mouvement de l'axe entraîné par la chaudière. Fergus abaisse à deux mains le levier de trois mètres qui fait descendre la scie, elle touche le tronc qu'elle mord dans un crissement rauque. Il fait signe au palefrenier de faire avancer les deux chevaux de trait qui tirent le tronc vers l'avant. En moins d'une minute, une planche de séquoia est séparée de l'énorme grume – la plus large que la machine puisse attaquer –, que les chevaux vont replacer en position pour un prochain passage. Ensuite, le bois sera chargé sur le long radeau qui sera remorqué par la *Sunset Star* jusqu'au port de San Francisco. Des tranches de bois rouge, les *redwoods* des montagnes, larges, épaisses, solides, que les charpentiers de la ville vont transformer en quais, en pontons, en entrepôts, en maisons.

Pendant la pause-déjeuner, la chaudière ronronne et crache de petits jets de vapeur pendant que les hommes partagent miches de pain, poitrine de sanglier fumée, bouteilles de bière.

– Comment ce fumier de Sven parvient-il à payer les services d'un tueur comme Killer Cooper ? demande Fergus Smalls. On dit sur le port qu'il est hors de prix, embauché à la journée. Les corporations qui se montent pour exploiter les mines dans la Sierra l'engagent pour effrayer les Indiens. La simple mention d'un homme au bandeau noir les fait fuir des jours à l'avance.

– Le Suédois a gagné beaucoup d'argent avec les cyprès, les poteaux pour les jetées. Nous n'en avons plus vendu un depuis des semaines, il a tout coupé à des miles à la ronde, dit Mercator. Mais pour les séquoias, il est coincé. Il n'a que quatre bœufs pour les déplacer et aucun moyen de les transporter jusqu'à San Francisco s'il ne les débite pas ici.

– Il faut se méfier, capitaine. Ne partez plus seul en forêt.

– Je dois sélectionner les arbres, Fergus, trouver les voies pour ouvrir les chemins. Nous n'avons jamais eu autant de commandes, je fais attendre les nouveaux clients entre trois et quatre semaines pour les livrer. Et l'armée va doubler la surface du Presidio. Si nous remportons le marché pour les toits et les parquets, c'est deux ou trois mois de travail…

– Alors prenez deux hommes armés avec vous en permanence.

Le lendemain, Mercator franchit une nouvelle fois la Porte d'Or, à la barre de la *Sunset Star* qu'il a rachetée à Sam Brannan. Le pont du navire disparaît sous les empilements de planches et de poutres. Il tire en remorque un radeau à hauts bords chargé jusqu'à la gueule.

Je me souviens du premier voyage entre New Bedford et Nantucket, les tasseaux et les madriers de M. Markey pour reconstruire le port de Nantucket. Ça sentait le chêne et le châtaignier. Belle odeur, le chêne. Mais rien ne vaut le parfum du bois rouge, la sève du séquoia, le sang du Nouveau Monde.

Une vingtaine d'hommes payés à la tâche attendent sur le quai pour décharger la cargaison.

– Cette partie pour le chantier de l'église anglicane sur Market Street, le reste à l'entrepôt. Je suis au Diamond Star, si on me cherche.

En entrant dans le saloon, Mercator remarque d'abord l'attroupement, dans le fond de la salle, autour d'un homme en chapeau à plumes, vêtu comme un pirate d'opérette, assis devant un grand registre. Il est entouré de quatre ou cinq gaillards en tenues de chercheurs d'or, pantalons crottés et bottes boueuses.

– Bien sûr que ça va, belge ! lance l'homme en français. Tu parles français, non ? Crois-tu que les Mexicains feront la différence ? La consigne, c'est pas d'Américains.

– Alors là, y a pas de danger, je parle à peine anglais, j'ai débarqué il y a trois mois. Grivel, Hector Grivel, trente-deux ans, de Bruxelles.

– Grivel Hector, bienvenue dans le contingent français de libération du Sonora. Signe là. Voici trois dollars d'avance sur la solde, le reste à l'embarquement dans une dizaine de jours. En revanche, à toi de te débrouiller pour te loger à San Francisco en attendant. Tu as une arme ?

Hubert de Bargemont tourne la tête, voit Étienne de Saint-Aubert descendre le grand escalier au bras d'Amélie Duprés, en larmes.

– Hé, baron ! Venez trinquer. Ils ont reçu deux barriques de saint-julien, à boire à genoux.

– Je veux bien, si vous m'invitez. J'étais en train d'expliquer à cette charmante compatriote, pour laquelle j'ai dépensé en un an de quoi armer un navire, que je n'avais plus le sou.

– Le baron de Saint-Aubert, ratissé ? Toute la ville sait que vous avez la concession la plus riche au nord du lac de Folsom…

– Avais… J'avais une concession. Je l'ai perdue, je n'ai plus que les vêtements que je porte, et mes yeux pour pleurer.

– Comment ça ? Que s'est-il passé ?

– Mon contremaître, Auguste Dereins. Je le connais depuis l'enfance, son père est au service du mien, nous sommes venus ensemble d'Amiens, je lui faisais une confiance totale. Il organisait le travail, payait les ouvriers, se chargeait de tout quand je descendais à San Francisco.

– Et alors ?

– Quand je suis remonté dans la Sierra, il y a dix jours, j'ai trouvé des Américains sur mon emplacement, avec des gardes armés qui m'ont chassé comme un malpropre et des chercheurs chinois dans la rivière. Dereins s'est volatilisé avec toutes mes réserves, huit cents onces d'or, et a vendu la concession, qui ne lui appartenait pas. Il est parti vers le nord, l'Oregon, sans doute pour passer au Canada. J'ai tout perdu. L'investissement de ma famille, le capital de la société minière, tout. Je leur avais déjà envoyé deux lettres disant que j'étais tombé sur un filon fabuleux, que la légende de l'El Dorado était vraie, que j'avais fait fortune… C'est terrible.

– Eh bien, jeune homme, j'ai la solution à vos problèmes. Goûtez-moi ce nectar, d'abord. Approchez de la carte. Vous voyez, là, la frontière avec le Mexique passe juste au nord de la ville de Nogales. Et là, après Las Borregas : La Arizona. Une mine d'or et d'argent comme vous n'en avez jamais rêvé. C'était le trésor secret des Aztèques, les conquistadors de Cortez le leur ont volé, elle a fait la fortune de la couronne d'Espagne. Elle est abandonnée depuis des décennies, la région a été prise par les féroces Apaches. Des lacs, des montagnes d'or pur. L'argent y abonde au point que les Indiens fondent leurs balles avec. Certains prétendent qu'ils en coulent en or, aussi. Je mets sur pied une expédition de courageux Français qui, avec la bénédiction de Mexico, vont libérer la mine et ses alentours et s'enrichir au-delà de leurs rêves les plus fous. Vous savez tirer, monter à cheval ?

– Bien sûr.

– Eh bien votre place est parmi nous. Si en plus vous savez tenir un sabre, je vous nomme lieutenant.

– Les Mexicains sont-ils d'accord ?

– Toute l'opération est organisée d'ici, par leur consul, qui obéit aux ordres de son président. Ils veulent repousser les Apaches sans faire appel aux Yankees. Il y a en Californie des milliers de chercheurs d'or français, des anciens soldats, gardes mobiles, quarante-huitards, lassés de creuser la terre pour en tirer à peine de quoi ne pas mourir de faim. Le marché est que nous serons à peine payés. Nous ne sommes pas des mercenaires, mais des libérateurs. Et sur toutes les richesses dont nous pourrons nous emparer, des mines que nous n'avons pas à chercher car elles existent, nous n'aurons qu'à reverser une petite part à Mexico. Jeune homme, c'est l'occasion unique de vous refaire, et bien au-delà. Ne la ratez pas. Départ dans dix jours, quinze au plus tard.

– Topez là. De toute façon je suis interdit de séjour au nord de Sacramento. Le truand qui s'est emparé de ma concession a mis ma tête à prix si j'y reparais. Alors donnez-moi de quoi écrire. Où dois-je signer ?

Hubert de Bargemont tourne la page de son registre, trempe le porte-plume dans l'encrier, inscrit *Baron Étienne de Saint-Aubert, lieutenant,* à la suite des noms de *Pierre Léani (et Madame), Marc Pujol, Paul Buchez, Jean Legrand.*

Il retourne le document, le tend à Étienne qui appose son paraphe dans la marge.

– Lieutenant de Saint-Aubert, bienvenue à bord. À nous l'or des Aztèques, les mines du royaume d'Espagne, et surtout la liberté. Pas de taxe sur les mineurs étrangers, au Sonora. Presque pas d'armée, pas de police. C'est nous qui ferons les lois. À nous d'inventer notre cité idéale, notre royaume au Nouveau Monde. Santé ! conclut-il en levant son verre de rouge.

– Santé, et que Dieu vous entende, marquis !

Je me demande ce que trafiquent ces *Frenchies,* se dit Mercator. Sans doute une autre de ces associations pour mettre en commun leurs ressources et acheter des machines à installer dans la Sierra.

En son absence, Sara a fait agrandir la scène, qui occupe désormais tout le fond de la salle, accrocher un rideau rouge de théâtre importé de Londres et a recruté trois musiciens supplémentaires, dont un batteur qui interrompt les conversations et les enjeux aux tables de *monte* et de roulette d'un roulement de caisse claire.

Sara écarte les pans du rideau, avance sur la scène, esquisse une révérence, dans une robe blanche échancrée et brodée de perles, assortie à son collier et à ses boucles d'oreilles. Elle tient un petit porte-voix doré.

– Messieurs, *my friends,* chers amis, la direction du Diamond Star a le plaisir et le privilège de vous présenter, en exclusivité à San Francisco, le spectacle de Mlle Lulu, arrivée la semaine dernière du légendaire Bal Mabille de Paris. Lulu et ses danseuses vont exécuter pour vous la danse en vogue dans les cabarets parisiens, le chahut-cancan ! Je vous rappelle qu'à la fin du spectacle ces dames, à l'exception de Mlle Lulu, peuvent vous rejoindre à votre table, pour dix dollars ou une demi-once d'or par convive. Elles peuvent également vous faire visiter leurs quartiers privés, au premier étage, pour un tarif qu'elles se feront un plaisir de vous préciser. Musique !

L'orchestre attaque un air de quadrille endiablé, Sara sort par le côté, aperçoit Mercator, lui fait un signe de la main en souriant. Six danseuses en jupons froufroutants, blondes et brunes, bas de soie noire, jarretières de dentelle, corsets à décolletés plongeants et grands chapeaux ornés de rubans, entrent en scène en courant et poussant des cris aigus. Elles se prennent par le bras et lèvent la jambe en rythme, soulèvent leurs jupons, dévoilent des dessous rouges ou violets. C'est l'émeute dans la salle : les joueurs lâchent leurs cartes, le croupier ne fait plus tourner la roulette, les clients bondissent de leurs chaises, crient, sifflent, certains envoient aux danseuses des billets froissés ou des pièces mexicaines. « Vive la France ! Vive Paris ! Vive la liberté ! » hurle Hubert de Bargemont pendant qu'Étienne de Saint-Aubert jette en l'air son chapeau.

Sara est passée derrière le bar pour surprendre Mercator. Elle lui pose les mains sur les épaules, lui murmure à l'oreille :

– Alors, que penses-tu de mes *petites Françaises* ? Pas mal, non ? Elles sont arrivées il y a trois jours, avec les robes, les costumes et un des musiciens. Leur numéro prêt, elles sont venues ensemble de Paris. Je leur ai fait un pont d'or, le Bella Union les voulait aussi mais j'avais préparé mon coup. Leur arrivée était annoncée depuis des semaines, mais Amélie connaît Lulu, qui s'appelle Françoise, elle a servi d'intermédiaire. Elles vont me rapporter des fortunes.

– Et cette Lulu ne monte pas avec les clients ?

– Bien sûr, mais seulement les plus riches. C'est pour ça qu'elle ne prend pas dix dollars pour aller glousser à leurs tables. Ce qui est rare est cher. Et dans son cas, très cher. Pour elle, j'ai accepté de faire cinquante-cinquante. Bon, tu veux bien arrêter de les regarder ? Montons dans ma chambre. Tu m'as manqué.

Elle le pousse à la renverse sur son lit, relève sa robe pour s'asseoir sur lui à califourchon, le couvre de baisers, sur les lèvres, les paupières, dans le cou. Mercator ferme les yeux, l'embrasse à son tour, l'enlace. Ils font l'amour, s'endorment, sont réveillés par la musique et un coup de feu.

– Encore un abruti qui tire en l'air pour exprimer sa joie de voir un sein ou une cuisse ! Un jour, ils vont me tuer un client au premier…

– Les armes ne restent pas dans l'entrée ?

– En principe. Mais parfois ils en ont deux, ou trois… Je ne peux me résoudre à les faire fouiller. Il faut que je descende voir. Tu n'as pas faim ?

– Si, je n'ai rien mangé depuis hier soir.

– Viens avec moi, va dans la cuisine et fais-toi faire une omelette au lard, je te rejoins.

Le lendemain matin, ils passent à l'écurie Daniels, au coin de la rue, montent dans le cabriolet bicolore que Sara a commandé à La Nouvelle-Orléans, une splendeur sur laquelle les passants se retournent, prennent la piste de la Cole Valley. Elle tient fermement les rênes de la jument, fait claquer le fouet au-dessus de ses oreilles pour l'encourager à allonger le pas quand la piste commence à serpenter à l'assaut de la colline. Ils sortent de la ville, traversent un bois de chênes et d'eucalyptus et parviennent à la terrasse naturelle, surplombant la baie, sur laquelle s'élève leur future maison. Trois étages, une véranda tout autour, un hangar à l'arrière. Ils descendent du cabriolet, Sara attache la jument au tronc d'un jeune pin. Elle lui prend la main, ils font le tour du chantier, saluent les charpentiers qui posent les bardeaux du toit. Ils s'arrêtent sur le seuil, se tournent vers la ville à leurs pieds. Mercator met sa main sur son épaule, l'attire contre lui.

– Il ne faut pas tarder à faire venir des jardiniers mexicains pour planter les arbres et des arbustes à fleurs, délimiter le jardin. Jusqu'où va le terrain ? demande-t-elle.

– Les deux eucalyptus, là-bas.

– Parfait. Nous pourrons tracer une piste de danse à côté, pour la fête.

– Quelle fête ?

– Celle de notre mariage. Tu te souviens que j'ai accepté d'être ta femme, capitaine Fleming ? Quand penses-tu que la maison pourra être finie ?

– Avant Noël. Les charpentiers auront terminé dans deux semaines, puis ce seront les menuisiers. C'est le seul chantier de la ville qui n'a pas à attendre les livraisons de bois. Tu as commencé à regarder les meubles ?

– Un marchand de Lima, qui importe d'Angleterre, vient d'ouvrir un magasin sur Market. Il a tout sur catalogue, deux mois de délai, pas plus. Il faut passer les choisir.

– OK, allons-y demain.

– Et le mariage, je pensais au début du mois de mai, avant les brumes d'été…

46

San Francisco (Californie)

28 novembre 1850

Il est marrant, le marquis. Dispersez-vous dans les tavernes de South Beach, ne restez pas ensemble et évitez de parler français. Attendez le crépuscule et montez à bord de la goélette *Alamo* par petits groupes, pas plus de quatre par barque. On y est, à South Beach, se dit Jean Bréhat. Des tavernes, il y en a trois, dont une fermée. C'est la campagne, par ici, il n'y a que des cabanes et des pêcheurs d'huîtres. Il pense vraiment que quatre-vingts Français avec armes et bagages vont passer inaperçus ? Rien que dans ce rade, nous sommes une vingtaine.

– Bon, les gars, attendez ici, commandez-moi une bière. Je vais voir où est ce bateau et comment monter à bord.

Depuis le rivage, les bottes dans un mélange de sable, de boue, de coquilles vides et de déchets de poisson, il aperçoit la goélette, seul trois-mâts dans ce recoin de la baie, face à l'île de Yerba Buena, loin des jetées et de leur animation permanente. Deux barques font des allers-retours avec un embarcadère où se bousculent une dizaine de Français. Ils parlent fort, chantent, jurent, fusil à l'épaule, sac aux pieds. Il ne leur manque qu'un drapeau tricolore. Si les Américains nous laissent partir, c'est vraiment qu'ils s'en foutent, ou qu'ils sont dans le coup. Je n'y crois pas une seconde, à l'opération clandestine. Enrôler cent bonshommes avec armes et munitions, les embarquer à San Francisco dans le dos de l'armée américaine, tu parles… Encore un noble qui pense que le peuple est trop bête et que parce que tu t'es battu sur les barricades en 48 ou que tu descends des montagnes sans avoir trouvé le bon filon, tu vas croire leurs balivernes.

Il revient à la taverne, vide la chope d'un trait.

– Allons-y, les gars, le soleil se couche. De toute façon, il n'y a que des Français sur le port, à cette heure.

Ils mettent les besaces en bandoulière. Mounia a coupé ses cheveux plus court, coiffé sa casquette de charbonnier. Les caisses de munitions sont déjà à bord, avec deux petits canons que le marquis a achetés Dieu sait où. Le pêcheur demande cinquante cents par personne, gratuit pour la dame. En quelques coups de rame, ils sont au pied de l'échelle de coupée. Étienne de Saint-Aubert est seul sur le pont, registre en main.

– Mais oui, c'est bien vous ! Les charbonniers ! Ces noms me disaient quelque chose. Vous vous souvenez de moi ? Nous avons voyagé ensemble depuis Le Havre, sur le *Gréty*. Saint-Aubert, d'Amiens.

– Bien sûr, on se souvient, dit Pierre Léani. Vous êtes le richard, on vous appelait le petit comte. Vous aussi, vous en avez marre de creuser la Sierra ?

– Pas exactement… Mais nous aurons le temps de nous raconter nos aventures californiennes. Montez vite, et filez rejoindre les autres dans l'entrepont. Interdiction de montrer son nez avant l'appareillage, il faut que la goélette semble vide.

Soudain, le mât du cotre USRC *Eagle*, premier bâtiment des garde-côtes fédéraux envoyé dans la baie de San Francisco, apparaît derrière l'île de Yerba Buena, en approche dans le crépuscule.

– Hé ! Vite ! payez-moi et dégagez de ma barque, dit le pêcheur. S'ils me choppent, je suis bon pour une amende.

Mounia et les quatre garçons jettent leurs sacs devant eux, grimpent sur le pont, disparaissent dans l'écoutille où les attend le sergent d'armes de l'expédition, un Basque à la carrure de grizzli, béret noir sur la tête, moustaches de sapeur.

– Planquez-vous, pas un mot !

Le cotre, bannière étoilée en haut du mât, fait voile vers le sud, cap sur Hunters Point. Debout près du barreur, un officier scrute la côte, observe l'*Alamo*. Étienne de Saint-Aubert, qui a coiffé une casquette de marin et porte une vareuse bleue, une lampe-tempête à bout de bras, le salue de la main. Le soldat baisse ses jumelles, le navire s'éloigne. Fausse alerte.

Ils attendent que la voile se dirige vers Oakland pour faire signe, en agitant une lanterne, aux barques de reprendre leurs navettes.

Peu avant minuit, l'une d'elles approche : Hubert de Bargemont, debout à l'avant. Il a échangé son poncho pour une redingote de marin d'opérette, quatre galons dorés à chaque manche, son feutre emplumé pour une casquette à courte visière. Plus d'amulettes ni de trophées de chasse autour de son cou. Il prend la pose, Christophe Colomb découvrant l'Amérique, un pied sur le banc de rame, fusil dans la main droite. Dominique, son écuyer, disparaît derrière un mur de sacs, de caisses de munitions et de malles.

– Saint-Aubert ! Grands dieux, j'ai bien cru qu'on était cuits, avec ce cotre. Que quelqu'un avait parlé. Dillon nous aurait arrangé le coup, mais ça aurait pris des jours. Bon, avez-vous la liste, sont-ils tous là ?

– Il en manque quatre, monsieur le marquis.

– Général. Appelez-moi général, désormais, mon jeune ami. Je commande cette expédition, j'en suis responsable sur ma vie, autant porter le titre, les choses seront plus claires. Quatre, seulement ? Bon, faites charger les bagages. Regardez, j'ai trouvé trois caisses de poudre supplémentaires. Et s'ils n'arrivent pas quand c'est terminé, nous appareillons. Tant pis pour eux, la fortune n'attend pas. Il faut profiter de la marée et du vent de terre.

– Bien, mon général.

Une heure plus tard, au sifflet du quartier-maître, les gabiers grimpent dans les vergues, libèrent les voiles qui se gonflent en claquant. L'*Alamo* lève l'ancre, met le cap sur l'île de Yerba Buena, pour passer derrière et être moins visible depuis les jetées de San Francisco.

– Ne vous inquiétez pas, général, dit le capitaine, mi-russe, mi-canadien, contrebandier, trafiquant d'or, d'alcool et de peaux de phoques, à cette heure ils dorment ou sont fin saouls. La nuit, la baie est à tout le monde… Enfin, à ceux qui la connaissent assez bien pour éviter les récifs. Dans deux heures, la Porte d'Or.

Les hommes se rassemblent à l'avant, serrés les uns contre les autres, regardent les lueurs des lampadaires à huile de baleine des quais de North Beach, comme des bougies dans la nuit, s'éloigner puis disparaître. Soixante-cinq Français, quatre Québécois, deux

Belges en route pour l'El Dorado des empereurs aztèques, les mines de la couronne d'Espagne, abandonnées, oubliées.

Mounia tient la main de Pierre, se tourne vers les trois charbonniers.

– Je ne le sens pas, votre marquis, général ou je ne sais pas comment il faut l'appeler. Vous êtes sûrs que nous n'avions pas d'autre choix ?

– C'était une question de temps avant que l'avis de recherche ne parvienne à tous les shérifs de Californie, dit Jean. Tu as vu comment la distribution du courrier s'est améliorée, depuis un an ? Au Mexique, on ne risque rien. Moi aussi, je me méfie du gars. On aurait dit un épouvantail avec ses plumes et son collier d'amulettes, et maintenant déguisé en amiral ! Nous verrons bien. Si ça ne nous plaît pas, on se tire et on va à Mexico. J'ai entendu dire qu'il y avait pas mal de Français là-bas, surtout des gars qui étaient de notre côté des barricades il y a deux ans.

– Ces mines d'or, ça vaut le coup d'aller voir, non ? dit Marco Pujol. S'il suffit de chasser quatre Apaches pour mettre la main sur le magot du roi d'Espagne, moi je veux bien essayer.

– Quatre Apaches, ça aussi faut voir, dit Jeannot le Grand. D'après ce qu'on raconte, c'est autre chose que les Miwoks, les Apaches.

Ils sont encore nombreux sur le pont quand ils passent derrière l'île d'Alcatraz, puis entre les falaises noires de la Porte d'Or. La lune s'est levée, ils aperçoivent la silhouette du Presidio, le phare en construction, qui bientôt signalera aux bateaux qui continuent d'affluer du monde entier l'entrée du pays des rêves.

Certains descendent dans les couchettes. Mounia et ses quatre compagnons déroulent les couvertures, s'installent sur le pont, à l'avant, têtes sur les sacs, s'endorment bercés par la houle.

Les premières lueurs de l'aube réveillent la jeune Algérienne. Elle s'assied, dos contre le mât de misaine, regarde le ciel s'éclaircir à l'est, derrière les crêtes, dévoiler les splendeurs de la côte californienne. Forêts de pins et de séquoias plongeant vers l'océan, récifs couronnés d'écume, îlots entourés de champs de kelp d'où émergent des têtes de loutres joueuses. Quand le soleil passe au-dessus des sommets enneigés de la sierra Nevada, la goélette croise au large de Monterey, sur un océan couleur émeraude. Ils aperçoivent deux clippers cinglant toutes voiles dehors vers la Porte d'Or, comme s'ils faisaient la course pour la franchir le premier et s'emparer avant l'autre de tout l'or de Californie. L'un d'eux bat pavillon hollandais. Des dizaines de passagers sont serrés sur le pont, saluent l'*Alamo* en agitant leurs chapeaux, certains brandissent au-dessus de leurs têtes des pelles et des pioches de mineurs. Hubert de Bargemont lève sa longue-vue, scrute la poupe : *Stad – Amsterdam*.

Au matin du quatrième jour, le général demande au capitaine d'approcher de la côte, rassemble les hommes sur le pont.

– Vous voyez le fort, sur cette colline ? C'est le Presidio de San Diego, la dernière ville californienne avant le Mexique. Dans quelques heures, nous voguerons dans les eaux mexicaines. Nous allons longer la Basse-Californie pendant quatre ou cinq jours, entrer dans la mer de Cortés. Puis deux ou trois jours pour Guaymas, me dit le capitaine. Nous accostons donc dans une semaine. Reposez-vous, dormez, prenez des forces. À nous l'aventure et la fortune ! Un monde nouveau nous attend, où tout recommencer.

Les groupes se forment, certains sont ensemble depuis longtemps dans les *placers*, d'autres font connaissance. Des émeutiers de 48 prêtent leurs couteaux, au moment du déjeuner, à d'anciens gardes mobiles qui leur tiraient dessus deux ans plus tôt. La barricade de la rue Soufflot ? Tu parles si je connais. J'ai été le dernier à y brandir le drapeau rouge. Bande de fumiers, quand même, quand j'y pense. Tirer comme ça sur le peuple de Paris ! Il y avait des femmes avec nous, des enfants…

La goélette double le cap San Lucas et entre dans le golfe de Californie. Les vagues courtes, couleur gris-bleu, de la mer de Cortés remplacent les longs rouleaux du Pacifique. Ils longent des plages de sable blanc, des déserts, des sierras arides. Le 10 décembre, après douze jours d'une navigation sans histoires, ils pénètrent dans la baie de Guaymas. La ville, mission jésuite aux murs blanchis à la chaux, petit fort sur lequel flotte le drapeau mexicain, maisons de pisé cachées au fond d'une anse, derrière des îles désertiques, semblerait endormie sans la délégation d'officiels et de notables qui les attend depuis des heures, sous un soleil de plomb, sur l'unique jetée.

47

San Francisco (Californie)

1er mai 1851

De jeunes garçons, agiles comme des chats sauvages, ont grimpé dans les branches pour accrocher des lanternes et lampes à huile qui brillent de mille feux dans les eucalyptus, transforment les arbres en sculptures de lumière qui accueillent les invités de la noce.

Leur halo sur la colline, visible depuis la ville, éclaire la piste de danse, cercle de bois rouge fraîchement poncé de vingt mètres de diamètre, près duquel l'orchestre de neuf musiciens en tenue blanche, nœud papillon noir, accorde ses instruments. La maison, murs rose sombre et balcons gris clair, sent le bois neuf et la peinture. Elle est décorée comme un gâteau géant, illuminée de lampadaires anglais et de lampions chinois.

Deux chapiteaux en voiles de navires dressées sur des mâts haubanés, dans la prairie tondue de frais, abritent un buffet comme San Francisco n'en a jamais vu.

Tables rondes aux nappes de dentelle, vaisselle en porcelaine de Sèvres, verres de cristal, pyramides de coquillages, poissons, gibiers, brochettes, entremets, fruits exotiques importés du Chili, pièce montée de deux mètres, torches et flambeaux. Dans des seaux de glace, des magnums de champagne, des vins de Bordeaux et d'Alsace. Deux tonneaux de bière en perce sur des chevalets, sortis d'une brasserie ouverte près du port par deux Allemands, crachent leur mousse blonde. Des porcelets, des canards et un chevreuil rôtissent sur un lit de braises. Les cuisiniers en toque houspillent une armée de commis, serveurs et domestiques. Sur l'océan, le coucher de soleil embrase le ciel.

La fête de mariage de Sara Magnet, héritière d'un empire bancaire new-yorkais, fugitive, aventurière, patronne du plus grand cabaret et bordel de San Francisco, et du capitaine Mercator Fleming, ancien chasseur de baleines, bûcheron, propriétaire de navires et du plus beau stock de *redwoods* de l'Ouest, s'ouvre par une valse.

Mercator, en costume taillé chez un couturier de Boston, chaussures commandées à Londres, s'incline devant sa femme. En robe de mousseline de soie blanche rehaussée de perles, elle lui tend la main. Des anglaises de cheveux blonds, tournées par le coiffeur Dominique, *de Paris*, encadrent son visage. Elle porte autour du cou un diamant en œuf de pigeon sur un collier de perles noires de Tahiti, aux pieds des escarpins de soie grège.

Elle fronce le nez, son sourire creuse deux fossettes dans ses joues. Elle répond par une révérence, souvenir des cours de maintien que sa mère, noblesse espagnole, lui a fait subir, au sortir de l'enfance, à Manhattan, pose sa main dans la paume de Mercator, saisit le pan de sa robe et entraîne son mari dans une valse viennoise. Malgré la leçon de danse qu'elle lui a donnée la veille, il perd le rythme des pas, se rattrape comme il peut en riant, ses yeux dans les siens. Mon Dieu, comme elle est belle. Si seulement Nicholas pouvait voir ça… Si cette maudite baleine… Michael a été prévenu, j'ai envoyé deux lettres. Un messager à cheval m'a assuré avoir remis dans la Bear Valley la missive à un Indien qui travaillait avec lui, Gordell Strong sans doute. Il va peut-être venir, ce n'est peut-être pas trop tard.

Le couple virevolte devant le professeur Altmaier. Rasé de frais, à part ses larges favoris, habillé de neuf pour la première fois depuis son arrivée au pays de l'or, il a quitté Snelling voilà trois jours. Il a donné les clefs du bureau de poste, de la boutique, de la bibliothèque et du coffre au jeune homme envoyé par la banque Naglee, un *Californio* de Los Angeles qui en quelques jours lui a inspiré confiance. Son ami Daniel Bailey est lui aussi descendu de la Sierra. Il veut profiter de l'occasion pour déposer des milliers de dollars dans une banque, et se renseigner sur les départs de clippers à vapeur pour la côte Est. Dans quelques mois, au début de l'année prochaine sans doute, il aura gagné assez d'argent, en fabriquant, forgeant, moulant les outils et des pièces pour les chercheurs d'or, pour rentrer chez lui à Albany. Son fils Richard restera en Californie quelques années, peut-être pour toujours.

Quand l'orchestre reprend le thème de la valse, une vingtaine de couples, robes longues, voilettes et costumes sombres, montent sur la piste, tournoient autour de Sara et Mercator. Les accords de violon s'élèvent dans la nuit, s'envolent avec les escarbilles, passent au-dessus des têtes de trois jeunes Miwoks, à peine sortis de l'enfance, cachés dans les herbes, sous les arbres, qui observent de loin les Blancs et leurs incroyables richesses. Dans ce tourbillon de musique, de soie, de dentelles et de fumée de cigares, les hommes sont commerçants, hôteliers, importateurs, spéculateurs fonciers, officiers en uniforme ; les femmes pour la plupart prostituées du Diamond Star et d'ailleurs, demi-mondaines ou courtisanes habillées en princesses de contes de fées, à l'exception de quelques épouses de marchands récemment installées en ville, et des membres de la communauté quaker arrivés dans la baie deux ans avant la découverte de l'or, sous la direction de Samuel Brannan. Le voici, au bras de madame en robe de drap gris, qui s'approche de la piste, salue les mariés d'un sourire et d'un signe de tête. La bourgeoisie naissante de San Francisco étale ses richesses au cou et aux oreilles des femmes, sous les yeux des bûcherons, des charpentiers et des marins de la société Fleming en vêtements de toile, des officiers de l'US Cavalry en uniformes de gala, des badauds, chercheurs d'or en goguette et pique-assiette attirés par le faste et les illuminations du plus beau mariage jamais célébré dans la capitale de l'Ouest.

La première valse s'achève. Sara passe la main derrière la nuque de son mari, le presse contre elle et l'embrasse en fermant les yeux. Les danseurs et convives applaudissent le couple. Vive les mariés ! *Yeehaaa !* Un chercheur d'or met la main à sa hanche pour sortir son revolver et tirer en l'air, se souvient l'avoir laissé en arrivant sur un stand près de l'écurie. « *No guns tonight, sir*. » Le maire de San Francisco, Charles Brenham, élu voilà quelques jours, s'incline devant les mariés, tend à Sara une main potelée qu'elle prend en souriant.

Georg Altmaier approche de Mercator, deux chopes de bière tenues par les anses.

– Capitaine, à votre santé ! Je bois au plus beau couple de Californie, tous mes vœux de bonheur. De réussite, ce n'est pas la peine.

– Merci, professeur. Ravi que vous soyez descendu de vos montagnes avec M. Bailey. Comptez-vous rester longtemps dans notre ville ?

– Deux ou trois semaines, au moins. J'ai des dizaines d'affaires à traiter, et une métropole à découvrir. Je n'en crois pas mes yeux. Des rues éclairées, des trottoirs de bois, des immeubles de briques. Quand je pense au port puant où nous avons jeté l'ancre il y a deux ans, où nous avons dormi par terre, dévorés par les puces et les rats…

– Voulez-vous connaître le secret de San Francisco, en plus bien sûr de l'arrivée permanente de chercheurs de fortune des quatre coins du globe ?

– L'or ?

– L'or finance une bonne partie de ce que vous avez vu, mais le vrai secret de l'expansion de cette ville, c'est le feu.

– Le feu ?

– Depuis le soir de Noël 49, nous en sommes au cinquième grand incendie, criminel ou accidentel. Des quartiers entiers rasés en quelques heures, des millions de livres de gravats et de décombres pour combler les marécages et la baie, des propriétaires ruinés, d'autres qui rachètent et reconstruisent. Ça fume encore aux premiers coups de marteau.

– Et votre stock de bois ?

– J'ai eu de la chance, l'entrepôt principal n'a jamais été touché. Et les prix flambent à peine les flammes éteintes. Ma scierie à vapeur est au nord de la baie, j'ai deux navires de transport, et les forêts de *redwoods* s'étendent jusqu'à la frontière canadienne.

– Aux séquoias, les cachalots de la terre ferme !

– Professeur, vous avez tout compris.

Après la quatrième valse, un roulement de tambour annonce l'entrée en piste, queue-de-pie et haut-de-forme, du Dr David *Yankee* Robinson, directeur de l'American Theater. Les premières briques du bâtiment de son futur théâtre, le Dramatic Museum sur California Street, viennent d'être posées. En attendant, sa troupe, quelques professionnels venus de la côte Est et des amateurs californiens, a répété dans un hangar loué par Sara. C'est sa surprise à Mercator : l'odyssée du *Freedom* en cinq tableaux.

Le port de New York, la jeune héroïne déguisée en garçon attirée par le beau capitaine, les tempêtes du Horn, Valparaíso et ses collines colorées, les tortues géantes des Galápagos, la Porte d'Or et l'amour au bout du voyage. Pas de baleine, pas de marin emporté par le fond, pas d'Albert Fallon. Le titre : *Freedom Fever*, la fièvre de la liberté.

Assis à la table d'honneur, devant la scène, Mercator prend la main de Sara, la porte à ses lèvres. Elle essuie, dans son gant de soie, une larme au coin de ses yeux. Maintenant les chiens de chasse de mon père peuvent me retrouver. Je ne risque plus rien.

48

Guaymas (Mexique)

2 mai 1851

Les liens de cuir, serrés de toutes ses forces par un soldat mexicain à demi édenté, entaillent les poignets de Jean Bréhat. Il a été conduit le premier sur la plage de Guaymas, attaché à un poteau d'exécution, tronc d'arbre planté dans le sable. Il y en a sept autres. Dix jours dans un cachot puant, près du port, et quand il revoit la lumière du jour, aveuglé par le soleil, c'est pour être poussé vers les dunes à coups de crosse de fusil. Ses compagnons ? Paulo scalpé par les Apaches, Henri mordu par un crotale, mort après deux jours de fièvre, Pierre et Marco tués dans la bataille d'Hermosillo, il ne reste que Mounia… Oh non, pas elle !

– Attendez ! Non ! C'est une femme ! *Espera ! Es una mujer ! No es un hombre, es una mujer !*

Le militaire qui tient par le bras la jeune Algérienne aux cheveux courts s'arrête, se tourne vers un officier en uniforme neuf, casquette à galons sur la tête. Le lieutenant approche de la prisonnière, déchire sa chemise tachée de sang et de boue, sort un poignard de son fourreau, découpe d'un coup le bandage qui enserrait sa poitrine, éclate de rire.

– *Por Dios, es verdad. Una mujer*. Comment avez-vous pu entraîner une femme dans votre expédition meurtrière, *gringos locos* ?

Il arrache la pièce de tissu, malaxe à deux mains, avec un sourire ravi, les seins de Mounia, qui hurle, crache, tente de lui donner des coups de ses pieds nus.

– Lâche-moi, sale porc !

– *Capitán ?*

– Sortez-la du groupe. L'armée mexicaine ne fusille pas les femmes. Elle me semble bien bronzée, pour une *gringa*, mais ça ira pour les bordels de Nogales. Nous la vendrons au plus offrant, pour la caisse du régiment.

– *Sí, señor capitán !*

Deux soldats empoignent Mounia, la traînent jusqu'à un chariot, lui attachent les mains aux rayons de bois d'une roue arrière. *Lopez, no !* crie le lieutenant quand l'un des hommes écarte de force les jambes de la jeune femme, tente de se coucher sur elle. Il se relève, reboucle sa ceinture. À ce soir, *la gringa* !

Étienne de Saint-Aubert, bandeau sanglant sur l'œil, bras gauche en écharpe, est conduit jusqu'à un poteau, crie de douleur quand on lui tord son coude cassé pour lui lier les mains dans le dos. Il sanglote, gémit, supplie.

– *Por favor, no !*

Cinq autres libérateurs français du Sonora, tête nue, balafrés, vêtements déchirés, bandages souillés, sans bottes, chaussettes trouées, sont entravés, à trois mètres les uns des autres. Le marquis de Bargemont a, jusqu'à la dernière minute, eu le droit de garder la tête couverte.

– *Sombrero !* crie le capitaine mexicain comme on lui détache les mains pour les passer autour du poteau.

Un soldat lui enlève le feutre emplumé qu'il s'était remis à porter, le tend à deux mains comme une relique à l'officier, qui le coiffe en riant.

Le chef des flibustiers garde la tête haute, sur le visage un rictus qui se voudrait sourire, salue des paupières une belle en mantille noire qui lui a accordé ses faveurs, au soir de leur arrivée six mois plus tôt, et s'est placée au premier rang des dizaines de curieux venus assister au dernier acte de l'aventure tricolore dans le Sonora, l'épilogue de la pitoyable épopée mexicaine *de los gringos francés*.

Un prêtre espagnol en soutane passe d'un prisonnier à l'autre, marmonne des prières, fait le signe de croix. Le Nantais, géant roux à l'œil crevé, lui crache dessus, reçoit un coup de crosse dans le ventre. Le curé s'arrête devant Jean Bréhat qui fait non de la tête, psalmodie quand même deux phrases qui commencent et se terminent par *Dios*.

Voilà, le bout de la route. Les barricades du faubourg Saint-Antoine pour en arriver là… Putain, c'est Mounia qui avait raison, nous n'aurions jamais dû suivre un guignol pareil, avec ses déguisements de théâtre et ses grands airs. Marquis, tu parles ! Si ça se trouve, il y a cinq ans il était cocher à Narbonne, l'abruti. Il était peut-être doué pour buter des ours dans la sierra, mais comme chef militaire, pardon !

Le nombre de conneries qu'il nous a imposées, depuis Noël ! D'abord coincés pendant un mois dans ce port de merde, « on attend les chevaux », alors qu'il passait ses journées au pieu à baiser des bourgeoises, ensuite des jours de marche en plein désert, pas assez d'eau, à peine de quoi bouffer, obligés d'abandonner des caisses de munitions pour s'alléger, de manger de la chair de cactus. Les raids par les Indiens que personne ne voit venir, la moitié de la troupe qui se débande et file vers le sud. C'est ça qu'on aurait dû faire, ouais. J'ai été trop con. Et les copains qui tombent les uns après les autres. Ce putain de serpent à sonnettes dans la botte d'Henri. Pierrot qui prend une balle dans le cou, meurt dans les bras de sa femme qui tente d'arrêter le sang avec ses mains. Effrayer quelques Apaches, qu'il disait. Ah oui ? Ce sont eux qui nous ont foutu les pétoches. Jamais vu de meilleurs cavaliers. Ces sauvages n'ont peur de rien. Il faut les tuer pour les arrêter. Mais pour ça il faut d'abord les voir. Ils galopent cachés derrière le flanc de leurs chevaux, en hurlant comme des démons.

Ils rampent la nuit jusqu'au campement, au matin tu trouves ton voisin scalpé, la gorge tranchée. Pas entendu un bruit. La mine de La Arizona, on n'en a pas approché à moins de cent kilomètres. Trésor des Aztèques, mon cul ! Il suffisait de regarder une carte pour comprendre qu'on n'avait aucune chance. Mais de carte, il n'y en avait qu'une, dans la sacoche de ce clown, je ne suis pas sûr qu'il savait la lire. On aurait dû exiger qu'il la sorte avant qu'il ne soit trop tard. Ces fumiers de Mexicains nous ont laissés aller au casse-pipe. Les renforts de la capitale qu'ils nous promettaient n'ont jamais existé, j'en suis sûr. Les munitions ? Quatre balles par personne, sur la fin. Les canons n'ont pas tiré trois boulets, faute de poudre. Et quand nous n'avons plus été qu'une poignée, épuisés, affamés, ils nous encerclent et nous accusent de trahison. D'être envoyés par Paris pour voler l'or du grand peuple mexicain, proclamer l'indépendance du Sonora. Nous piquent nos bottes, nous enferment dans une étable comme des animaux, dans une chaleur de four. Un gobelet d'eau par jour, certains délirent. Quand ils nous ont ramenés à Guaymas, j'ai cru que c'était pour nous embarquer, retour à San Francisco. Mais non, pas de bateau. Un peloton d'exécution. Avoir traversé la moitié du monde pour mourir comme ça… Quel âge ont-ils, ces soldats ? Des gamins, celui-là n'a pas quinze ans. Pourvu qu'ils sachent tirer…

Le capitaine sort son sabre, le brandit au-dessus de sa tête.

– *Atención !*

Hubert de Bargemont lève le menton, bombe la poitrine.

– Allez, soldats, faites votre devoir, et visez le cœur !

– Ta gueule, pauvre abruti ! crie Jeannot le Grand. Vive la révolution ! Vive la République !

– *Fuego !*

49

San Francisco (Californie)

10 mai 1865

Le rideau tombe sur la Première de *L'Elisir d'amore*, de Gaetano Donizetti, au Maguire's Opera House de San Francisco.

Décors de toiles peintes, coucher de soleil et pins parasols, pyramide de bottes de paille, costumes de la Scala de Milan, distribution internationale, tournée dans le Nouveau Monde. Après quelques secondes de silence, une clameur monte de la salle aux fauteuils de velours rouges, plafonds ornés de fresques florentines. Aux premiers rangs, la communauté italienne de la ville, qui a financé le théâtre et le voyage via Panamá du ténor Raffaele Mirate, est en transe. Les hommes sifflent, grimpent sur les sièges, brandissent leurs chapeaux, applaudissent à tout rompre. *Bravo ! Bravissimo ! Evviva il maestro !* Les femmes dans leurs plus beaux atours envoient des baisers de la main, jettent leurs éventails sur la scène, font mine de défaillir. Le rideau se relève, la troupe s'incline. Quand Don Mirate, qui malgré son âge a joué Nemorino, le jeune paysan, avance d'un pas et salue en ôtant sa casquette, c'est l'émeute. Les employés du théâtre se ruent sur la scène pour empêcher qu'elle ne soit envahie.

Dans leur loge au premier balcon, Sara et Mercator Fleming observent le chahut en souriant. Elle pose la main sur l'avant-bras de son mari.

– Dans un an ou deux, nous pourrons emmener Thomas, tu ne crois pas, chéri ? La musique, les décors…

– Il vient d'avoir dix ans, Sara. Ce n'est pas un peu jeune ?

– J'en avais huit quand je suis allée avec ma mère voir *Don Giovanni* à l'opéra de l'Astor Place, j'en garde un souvenir merveilleux.

Nous avons la chance de vivre dans le Paris de l'Ouest, mon amour, cela fait partie de son éducation. L'an prochain, il viendra avec nous. De toute façon, nous sommes abonnés. La nounou pourra toujours le ramener à la maison à l'entracte s'il n'accroche pas.

– Si tu veux, ma chérie.

Il passe derrière elle, lui glisse sur les épaules une étole de soie chinoise, pose un baiser sur sa nuque. Ils sortent de la loge, saluent dans le couloir M. et Mme Levi Strauss. C'est le marchand de tissus dont je t'ai parlé. Ses affaires marchent bien, avec cette ruée vers l'argent dans le Nevada. Il vient de racheter l'entrepôt des fils Douglas sur Sacramento Street. Il va tout raser et reconstruire sur trois étages en séquoia premier choix, joli contrat, nous avons signé hier.

Dans le hall, une dizaine de jeunes Italiens, les joues rosies, la frange en bataille et l'œil brillant, massacrent en chœur le grand air de la pièce, sous les regards attendris de leurs mères et moqueurs de charmantes femmes brunes en robes colorées. Sur le seuil, Mercator fait signe à leur cocher, qui les attendait au coin de la rue et gare au bas des marches de bois – du chêne de chez nous, se félicite-t-il – le buggy et ses deux chevaux bais.

– À la maison, Bob, dit Sara.

Le long des rues pavées éclairées par des lampadaires au gaz, entre les immeubles de briques de trois ou quatre étages aux balcons de fer forgé, les boutiques aux enseignes dorées, jardins publics et leurs fontaines, entrepôts flambant neufs, kiosques à toits pointus, églises catholiques, temples protestants et synagogues, l'attelage les emmène au pas vers les premiers lacets de leur colline. Ils hésitent à aller souper chez ce nouveau restaurateur français dont toute la ville parle, mais Maria, la cuisinière italienne, a préparé une *parmigiana* à la sicilienne, leur plat préféré. Ils vont dîner sur la terrasse, face au jardin, la baie à leurs pieds. Le faisceau du phare de l'île de Yerba Buena se perd dans la brume. Mercator pointe la longue-vue héritée de son père, qui a débusqué tant de baleines et de cachalots, vers les lumières du port. Il observe le trafic des ferrys qui sillonnent la baie, l'accostage d'un clipper transocéanique, les flonflons colorés du Mermaid, un ancien baleinier transformé en casino flottant sur le sixième quai, les braseros des dockers sur lesquels grillent des poissons, les lanternes rouges des bordels de Chinatown, le phare de l'île d'Alcatraz. Ils parlent d'y installer une prison militaire, il faut que je fasse les devis pour les planchers avant la semaine prochaine.

Sara monte à l'étage, pose un baiser sur le front de leur fils Thomas, endormi dans sa chambre encombrée de jouets. La douceur des nuits de printemps fait place à la chaleur de l'été qui s'annonce. La brume de l'océan, qui tous les ans en juillet-août franchit la Porte d'Or, glisse sur les eaux de la baie comme un reptile, va bientôt avaler la ville. Elle s'arrête souvent à la forêt d'eucalyptus, devant la maison. Au flanc de leur colline, les Fleming trônent alors sur une mer de nuages, d'où dépasse au loin le sommet boisé du mont Tamalpais.

– Tu te souviens, chéri, que nous avons demain soir la réception à la mairie, pour la nomination du professeur Altmaier au poste d'adjoint à la culture ? demande Sara.

– Ah oui, c'est demain… Quelle heure ?

– Cinq heures. Le carton est sur le guéridon de l'entrée.

– Passe me prendre à l'entrepôt, nous irons ensemble.

– Tu ne viendras pas te changer ?

– Non, je mettrai un costume demain matin. J'ai des rendez-vous toute la journée. Un armateur chilien est arrivé de Santiago, je dois le voir pour du chêne. Il m'a écrit qu'il voulait faire construire un vaisseau baleinier dans un chantier de la baie. Les champs de chasse d'Alaska et de Béring attirent tous les chasseurs du continent, même les Péruviens et les Chiliens s'y mettent. Les armateurs de New Bedford ont maintenant tous des filiales ici. Dans dix ans, il n'y aura plus un *whaler* sur la côte Est, tu verras. J'ai acheté des droits de coupe sur le mont Diablo. Il y a des chênes centenaires, parfaits pour les bateaux.

– Adjoint à la culture, quand même… Notre cher professeur ! Tu te souviens de sa caisse de livres, à bord du *Freedom* ? Je les avais tous lus, ou presque.

– Et ses bibliothèques ambulantes, dans la Sierra pendant les années de l'or, puis la première grande librairie, sur Stockton. C'est un bâtisseur, notre Allemand. On m'a dit qu'il avait fait don d'une fortune pour constituer le stock de la bibliothèque municipale, l'an dernier. Le maire le remercie en le nommant adjoint. Il m'a annoncé qu'il avait enfin décidé de prendre la nationalité américaine. Il a vendu sa banque à la Wells Fargo, aussi. Il n'a plus rien à Snelling ou dans la Sierra.

– Le vapeur de New York est arrivé cet après-midi ? Je n'ai pas entendu la sirène.

– Non, il a envoyé un message, ils ont eu une avarie, fait escale à Monterey pour la nuit. Ils seront là demain. Une centaine de gars ont fait la queue pour rien depuis hier devant le bureau de poste. J'ai préparé une lettre pour Michael, à Nantucket. Je lui propose de lui rembourser la moitié de ce qu'il a versé à ce salopard de Tandy pour solder notre dette du *Freedom*. Je ne sais pas s'il va accepter. Ou même me répondre.

– Il n'a pas besoin de cet argent ? Sais-tu combien lui a rapporté sa mine d'or ?

– Pas exactement. Gordell Strong dit que c'était une jolie somme, mais pas une fortune. De quoi rentrer sur l'île, dédommager les quakers, rouvrir la maison de nos parents. Je suis en affaire avec Henry Markey, le marchand de Salem, tu te souviens ? Dans son dernier courrier, il m'écrit que Michael a ouvert une filature sur la côte, à Plymouth, et qu'il parle de relancer la fabrique de bougies.

– Et cet Indien, Strong, tu n'avais pas dit que tu voulais l'embaucher ?

– Je le lui ai proposé, mais il a préféré repartir à la chasse au cachalot. Quand les armateurs de San Francisco ont su qu'un harponneur shinnecock de Long Island était en ville, ils lui ont fait un pont d'or. Sa part des prises est supérieure à celle de son capitaine, paraît-il. Je l'ai vu le mois dernier, il partait pour une campagne de trois mois dans le golfe d'Alaska, à bord du *Boston*. Tu te souviens ? C'est l'un des premiers baleiniers construits dans la baie, aux chantiers de Bayview-Hunters il y a cinq ans. J'ai dix pour cent du capital, en échange du bois pour les mâts et le pont.

– Ah oui, comme le *Clifford* ?

– Non, le *Clifford*, j'en suis le plus gros actionnaire, presque soixante pour cent. En plus du chêne pour la coque et des pins de Douglas pour les mâts, j'ai investi pas mal d'argent dans sa construction. C'est même moi qui ai choisi le capitaine, un gars de Dartmouth arrivé presque en même temps que nous pour chercher de l'or, qui n'a pas trouvé une pépite et a repris la chasse. Ils sont dans la mer de Béring depuis deux mois, je ne devrais pas tarder à avoir des nouvelles.

– L'océan te manque ?

– Un peu, parfois. Les premières lueurs du jour, quand tu es à la barre, que les voiles sont bien réglées, que le bateau file à la vitesse des vagues. C'est la fin de ton quart et tu vas descendre à la cuisine boire un café avant d'aller dormir. Mais tu restes sur le pont pour voir le soleil apparaître sur l'horizon. Ces moments-là me manquent.

– Et la chasse ?

– La chasse, non. Pas depuis la mort de Nicholas.

Le lendemain matin, Mercator fait seller l'un de ses chevaux pour rejoindre ses bureaux sur le port. L'entreprise Fleming compte quatre entrepôts, trois scieries à vapeur, deux goélettes de transport, six barges qui sillonnent la baie, près de deux cents employés, bûcherons, scieurs de long, charpentiers. L'ancien capitaine baleinier a des parts dans cinq navires qui, depuis le port surnommé « le New Bedford de l'Ouest », traquent les animaux dans les immensités du Pacifique. L'industrie baleinière américaine, après avoir décimé les hordes de cétacés dans l'Atlantique au point de les faire quasiment disparaître, s'est installée à San Francisco où elle emploie des marins venus de l'Est, mais aussi, et surtout, des Kanaks, des Polynésiens, des Russes, des Chinois, des Latinos. Comme au siècle dernier, en dehors des officiers, rares sont ceux qui font plus d'une campagne. Trop dur, trop dangereux, trop froid, pas assez payé. Mais, malgré la découverte récente de pétrole par le colonel Drake en Pennsylvanie, le marché de l'huile de baleine rapporte encore de jolis bénéfices. Les prix ont chuté par rapport à l'âge d'or, mais les acheteurs continuent à se presser aux enchères hebdomadaires de la Chambre de commerce.

Une semaine plus tard, le *Charles Carroll*, un baleinier de Monterey parti quatre mois plus tôt pour les côtes d'Alaska, passe la Porte d'Or, les cales pleines. Son capitaine est porteur d'un message du commandant du *Clifford* pour son principal actionnaire, Mercator.

– Entrez, capitaine. Vous avez croisé la route du *Clifford* ?

– Plus que croisé, monsieur Fleming. Nous avons chassé ensemble pendant deux semaines. Au large de l'île Saint-Laurent, dans le golfe de Norton, nous sommes tombés sur un parti de cachalots extraordinaire. Des dizaines… Non, des centaines de bêtes, comme si elles s'étaient toutes donné rendez-vous. L'océan bougeait comme pendant une tempête, mais ce n'était que dos, queues, nageoires grises. Ils semblaient occupés à quelque chose, chasser des bancs de calmars peut-être, ne faisaient aucun cas de notre présence. Nous avons fait un massacre, les eaux étaient rouges de sang. En quelques jours mes cales étaient pleines à ras bord. Plus un tonneau vide, de quoi remplir un lac de spermaceti. Nous avons décidé de rentrer à Monterey mais M. Russel avait encore un peu de place. Et surtout très envie de continuer à exploiter ce filon. Il m'a remis cette lettre pour vous.

Il tend un pli fermé à la cire.

À bord du baleinier *Clifford,* au large de l'île Saint-Laurent.
Alaska.

Le 31 avril de l'an 1865.

Monsieur Fleming,

Le capitaine Palmer, commandant du *Charles Carroll,* va vous expliquer que nous sommes tombés, dans le golfe de Norton, en mer d'Alaska, entre Emmonak et l'île Saint-Laurent, sur une incroyable concentration de cachalots. À l'heure où je vous écris, il ne me reste qu'une dizaine de barriques vides, toutes les autres débordent d'huile et de spermaceti. Les entrailles de l'une des bêtes contenaient aussi une quantité phénoménale d'ambre gris, la plus belle prise qu'il m'eût été donné de voir.

Je pense que vous conviendrez qu'il serait dommage de ne pas profiter d'une telle chance, qu'un capitaine baleinier ne rencontre qu'une fois dans sa vie, et encore. Nous ne sommes en mer que depuis deux mois, l'équipage a signé pour six, et tous sont enthousiastes à l'idée de ce que cette chasse miraculeuse va leur rapporter. Je vous demande donc de nous envoyer, le plus vite possible, une goélette chargée de tonneaux vides qui récupérera notre cargaison et nous permettra de continuer notre campagne. Nous sommes, et allons rester, aux alentours de la pointe est de l'île Saint-Laurent, votre navire n'aura aucun

mal à nous trouver. La nouvelle de cette concentration exceptionnelle de cachalots court tous les ports du Pacifique, faites vite !
Respectueusement.

Capitaine Francis R. Roberts.

– Qu'en pensez-vous, capitaine Palmer ?

– Il a raison. Je décharge demain à Monterey et repars le plus vite possible. Pour une fois, l'équipage me supplie de rempiler. Je n'ai pas fait les calculs, mais pour mes armateurs, et pour nous, c'est la fortune assurée. Mieux qu'un filon dans la Sierra.

– J'ai une goélette à quai. Combien de jours de navigation ?

– Je dirais… Trois semaines, si vous avez un pilote qui connaît ces parages, surtout le passage à travers les îles Aléoutiennes.

Le soir même, Mercator s'arrête chez Smith, le shipchandler du port, achète un jeu de cartes du Nord, jusqu'aux côtes russes. En entendant son cheval, Thomas se précipite vers son père, qui l'attrape et le monte à califourchon sur ses épaules. Ils entrent dans le salon.

– Sara ! Chérie, viens voir.

Il déroule deux cartes sur la grande table. Thomas pose ses coudes dessus, suit avec son doigt le trait des côtes.

– Bonsoir, chéri. Qu'est-ce que tu apportes ?

– Regarde : tu vois cette île, là, Saint-Laurent ? Pas loin de la Russie. Le *Clifford* est dans ce détroit, entre l'île et l'Alaska. J'ai reçu des nouvelles : ils sont tombés sur une horde de cachalots innombrable, leurs cales sont pleines. Aussi vite, c'est exceptionnel. Ils demandent que j'envoie une goélette pour récupérer la cargaison, vider leur cale et continuer la chasse.

– Et tu veux y aller ?

– Six semaines, sept au plus. Roberts m'écrit qu'ils ont trouvé dans les entrailles d'un vieux mâle un trésor d'ambre gris. Tu sais, cette substance dégoûtante, qui ressemble à des excréments et se vend au prix de l'or. Je veux voir ça, la rapporter ici le plus vite possible, pour éviter les tentations. Et je n'ai pas navigué en haute mer depuis si longtemps…

– Pa', je peux venir ? Je peux venir avec toi, dis Pa' ?

– Tu es encore trop petit, mon Tom. Tu dois aller à l'école. On ne part pas si loin sur l'océan à ton âge. Mais quand je reviens, promis, nous prenons la *Sunset Star* et allons passer deux jours à Bolinas, par la Porte d'Or.

50

San Francisco (Californie)

8 janvier 2016

Une lettre ? Une vraie lettre avec un timbre ? Qui peut bien…

Juliet Stone retourne le pli qu'elle a trouvé, entre les prospectus, dans la boîte de sa résidence étudiante, sur le campus de l'université Stanford à San Francisco.

Expéditrice : Annabel Fleming, 52 Morgan Street, New Bedford – Massachusetts.

Tante Anna. Quatre-vingts ou quatre-vingt-un ans. La dernière de la famille à écrire à la main. Jolie écriture, au stylo-plume.

Juliet, ravissante brune au teint clair, grands yeux bleus et nez pointu comme une héroïne de manga, commande un cappucccino dans la salle surchauffée de Peet's Coffee & Tea, prend place à la table d'hôtes, sort de la poche extérieure de son sac un canif à manche d'ivoire de morse, ouvre l'enveloppe avec la lame.

New Bedford, le 5 janvier 2016

Ma petite Juliet,

Ta cousine Lauren m'a donné ton adresse à San Francisco.

Tu dois être étonnée de recevoir des nouvelles de ta vieille tante Anna. La dernière fois que je t'ai vue tu avais douze ou treize ans, des couettes et cette charmante fossette au creux des joues, la marque de fabrique des filles Fleming. Tu jouais avec les cousins sur la plage de Madaket, à Nantucket. C'était deux ans avant la mort de ta pauvre mère, je crois. Ensuite ton père n'a plus voulu passer les vacances sur l'île de nos ancêtres baleiniers et je n'ai pas eu le bonheur de te voir grandir. Lauren m'a montré les photos de la remise de ton diplôme : quelle belle jeune femme tu es devenue ! Tu as toujours eu (je me souviens de tes dessins) un don pour les arts, et je suis sûre que tu seras une grande artiste, ou que tu vas trouver ta voie dans ce domaine.

J'en viens au sujet de ma lettre : te rappelles-tu ton grand-oncle Humphrey, celui qui possédait la maison sur le port de Nantucket ?

Il est mort avant Noël. Paix à son âme, quatre-vingt-douze ans est un bel âge pour rejoindre ses ancêtres dans les pâturages du ciel.

C'était un vieil original, veuf pendant plus de vingt ans, pour lequel j'ai eu un petit béguin il y a quelques années (ne le dis à personne, je serais ridicule). Nous nous entendions bien, il venait me voir à New Bedford et nous allions nous promener sur le port, ou dans les étages du Musée de la chasse à la baleine.

Il m'a confié, dans son testament, des lettres à l'intention de certains de ses neveux et petits-neveux, ceux qu'il a connus quand ils venaient, enfants, jouer dans le grenier de sa maison. L'une d'elles t'est destinée. Elle est courte, je la recopie :

« À toi, petite Juliet Stone, qui aimais lire et te déguiser en pirate ou en chasseuse de cachalot, je laisse le coffre clouté aux couleurs de l'armement Fleming dans lequel tu trouveras des cartes marines, des bijoux africains, deux ou trois livres de bord de nos ancêtres baleiniers (ceux que je n'ai pas confiés au Whaling Museum de New Bedford), une pointe de harpon, un masque d'ébène. Je te lègue aussi deux mille dollars, pour payer un voyage, ainsi que le prix du billet d'avion depuis la Californie pour que tu puisses rendre visite à ta tante Annabel qui conservera le coffre à New Bedford en attendant ta venue. Sois heureuse et profite de la vie, qui est terriblement courte.

Keep on whaling !

Ton oncle Humphrey. »

Nous l'avons enterré la semaine dernière dans le cimetière de Prospect Hill, sur l'île. J'ai reçu le coffre hier, il t'attend dans mon salon. S'il te plaît, appelle-moi pour me dire quand tu comptes venir, achète le billet, je te rembourserai en liquide (Humphrey m'a laissé pour ça une jolie somme en pièces d'or espagnoles). Je serais ravie que tu puisses rester quelques jours, si tes cours le permettent.

Je t'embrasse et attends de tes nouvelles.

Ta tante Anna.

L'oncle Humphrey… Je me souviens de favoris blancs qui lui mangeaient les joues, d'un pantalon taché de sel, d'une odeur de tabac au miel. Des mains énormes tout en corne et entailles, des mains de pêcheur, qu'il posait sur ma tête comme s'il caressait un chat.

Deux mille dollars et un billet pour Boston, pas mal. J'ai des partiels dans dix jours, une sculpture à terminer. J'appelle Lauren ce soir pour récupérer le numéro d'Annabel et j'y vais à la fin du mois. Ce n'est pas ce qui va me payer mon semestre au Royal College of Arts de Londres l'an prochain, mais c'est un début. Et j'adore *aunt* Annabel. Nous pourrons peut-être aller à Nantucket, encore qu'en cette saison la côte Est soit un peu trop froide pour une Californienne.

Au deuxième soir de février, Annabel Fleming aperçoit, à travers les vitres auréolées de givre du salon de sa maison de bois de Morgan Street, dans le centre de New Bedford, la lueur des phares d'une limousine. Elle s'enroule dans un châle, écarte du pied le boudin de tissu contre les courants d'air au bas de la porte d'entrée, se tient sur le seuil, à l'abri du vent chargé de flocons, voit Juliet payer le chauffeur Uber, jeter sur son épaule un sac de marin, lui faire un sourire et un signe de la main.

– *Aunt* Anna ! Je suis si heureuse !

– Moi aussi, ma chérie. Ça fait si longtemps. Entre vite, il gèle ce soir. J'ai allumé le feu.

– Ta maison n'a pas changé. Le buisson devant la fenêtre, l'œil de bœuf à l'étage. Comme dans mon souvenir.

– Tu sais, à mon âge le changement fait un peu peur, on aime ses habitudes. Je l'ai fait repeindre il y a deux ans. Comment trouves-tu la couleur ?

– C'est bien, ce gris-vert. Elle était plutôt rouge, non ?

– Bordeaux, mais si passé qu'il était presque rose. Viens près de la cheminée.

Une bouteille de vin blanc, des sandwichs de pain de mie, des blinis, des sardines et du saumon fumé les attendent sur la table basse. Elles trinquent à leurs retrouvailles, à la mémoire de l'oncle Humphrey, à la santé d'Annabel, aux baleiniers de Nantucket, à l'admission de Juliet dans cette fameuse école d'art londonienne – « la meilleure du monde, *auntie,* ils refusent neuf candidatures sur dix ».

– Et les amours ? As-tu un amoureux ? Belle comme tu es, ils doivent se battre pour être à tes genoux, à San Francisco, non ?

– Bof, pas tant que ça. J'ai eu une histoire un peu sérieuse avec un bel Italien, l'an dernier, mais il est retourné à Florence. Il voulait que je l'accompagne mais je devais d'abord passer mon diplôme. Et quand je lui ai écrit que c'était fait, il m'a répondu qu'il m'avait trouvé une remplaçante, une Française.

– Il faut se méfier des Françaises, ma puce, crois-moi. Elles ont un truc avec les hommes que je n'ai jamais compris.

– Je n'étais pas sûre de vouloir partir en Italie, de toute façon. Florence, c'était davantage pour les musées et Michel-Ange que pour ce garçon. Après je suis sorti avec un gars de mon université, mais au bout de trois semaines il m'a demandé en mariage, et je me suis enfuie. Tu vois, rien d'exaltant. Mon but, c'est Londres l'an prochain, alors pas de fil à la patte.

– Tu as bien raison, ma chérie. Les études d'abord, trouve un métier qui te passionne, le reste viendra ensuite, tout naturellement.

– Le problème avec Londres, c'est que l'année est bien plus chère qu'à Stanford, et je n'ai pas de bourse. Mon père ne peut pas payer, je vais faire un autre emprunt mais je suis encore loin du compte.

– Combien te manque-t-il ?

– Vingt, vingt-cinq mille dollars. Peut-être davantage, la vie semble plus chère en Angleterre qu'en Californie.

– J'aimerais pouvoir te les donner, mais je ne les ai pas… Il y a les deux mille dollars d'Humphrey, je peux rallonger de deux ou trois mille, mais pas plus.

– Merci beaucoup, *auntie*. Je vais y arriver. J'ai prévu de travailler cet été, comme tous les ans, et je trouverai bien un bar qui voudra d'une *California girl*.

– Il est tard, je vais me coucher, ma chérie. J'ai préparé ta chambre, au premier étage à droite, face à la mienne. J'ai pensé que tu voudrais peut-être aller faire un tour au Musée de la chasse à la baleine, demain matin. Nous pourrons partir à la recherche des traces de la famille. Tu te souviens ?

– Vaguement, le squelette du cachalot suspendu dans le grand hall d'entrée. Avec plaisir, ma tante. Je monte aussi, je suis épuisée, je n'ai pas fermé l'œil pendant le vol.

Le lendemain matin, après les muffins aux myrtilles et une théière d'Earl Grey, Annabelle prête à Juliet des bottes fourrées, un manteau en duvet d'oie et elles partent à petits pas vers le Whaling Museum, le Musée de la baleine, à deux rues de là. Elles passent devant la proue d'une chaloupe en bronze, semblant sortir d'un mur, sur laquelle un baleinier aux muscles saillants brandit un harpon.

– Ah, lui je m'en souviens, cette sculpture m'effrayait quand j'étais petite.

Juliet approche de la plaque :

> Une baleine morte ou un canot coulé.
> En l'honneur des baleiniers dont la bravoure a apporté gloire et fortune à New Bedford et a fait connaître son nom dans tous les ports du monde.
> Sculpteur : Bela Lyon Pratt. 1913.

– Sais-tu que le marin qui a posé était un ami de mon père ? dit Annabel. Il s'appelait McLachlan, Richard McLachlan. Un bel homme, et un vrai harponneur dans sa jeunesse.

Elles arrivent sur la petite place, dans le centre historique de New Bedford, au moment où s'ouvrent les portes du musée.

– Madame Fleming, ravie de vous revoir, dit la jeune femme à la caisse. Voilà vos billets. Vous avez bien raison de venir à l'ouverture. C'est mercredi, jour des scolaires, ça va piailler toute la journée. Mais ils n'arrivent que dans une heure.

– Tu es invitée permanente ? demande Juliet comme elles se dirigent vers la première salle.

– Bien sûr, comme tous les descendants des familles baleinières qui ont confié des archives, des objets ou ont financé le musée. Nous n'avions pas beaucoup d'argent à offrir, mais les Fleming avaient gardé un entrepôt plein de matériel de chasse, tout a été transféré ici.

Juliet se plante sous le squelette complet d'un cachalot mâle suspendu dans le hall d'entrée. Il était plus grand dans son souvenir. Depuis des années, de l'huile coule goutte à goutte de la pointe de sa mâchoire, dans un récipient de verre.

– Viens, je vais te montrer ma salle favorite, la collection de *scrimshaw*. Tu as vu celui qui est à la maison ?

Elles s'attardent devant de longues vitrines où sont exposées des dents de cachalots gravées, décorées de scènes de chasse, de vues de Nantucket, de drapeaux américains, de sirènes aux seins rebondis.

– Tu vois, celui-ci ? Il est presque identique au mien, je pense qu'il est du même auteur, mais je n'ai pas son nom. Et tu as vu, là, sur le mur ?

Dans un cadre noir, le capitaine Stewart Fleming pose pour la photo, l'air sévère, le regard fier, à la barre de son navire, le *Freedom*, dans le port de Nantucket un jour de 1844.

– C'est avec ce navire que les fils de Stewart Fleming sont partis pour les mines d'or de Californie, ma fille. J'aimerais savoir ce qu'ils sont devenus, mais les archives de la famille n'évoquent que leur départ.

– Je crois bien qu'il y a une rue ou une place Fleming, à San Francisco, mais je n'y suis jamais allée. Je ferai une recherche sur internet, si tu veux, *auntie*.

– Ah oui, merci ma chérie. Viens, je t'offre un café. La gérante de la cafétéria est une copine, je passe la voir presque chaque jour.

Après les cappuccinos, elles montent au premier, tournent autour de la maquette à échelle un demi du navire baleinier *Lagoda*, complète avec voiles et cordages, posent les mains sur les bancs de rame d'une chaloupe de chasse, les manches de harpons, retrouvent dans les listes d'équipage, inscrites à l'encre violette sur de grands cahiers jaunis, les noms de parents, de cousins ou d'amis de la famille.

Sur les photos aux teintes passées, les hommes ont tous le même regard, fier, dur, vaguement inquiet.

Elles déjeunent d'une chaudrée de palourdes de Nouvelle-Angleterre au Waterfront Grille, sur l'un des anciens quais où ne s'amarrent plus que des bateaux de plaisance, puis entrent dans la boutique de la Moby Dick Brewing Company pour acheter douze bouteilles de leur bière Eye of the Whale, « l'œil de la baleine », que Juliet rapportera à ses amis de Stanford.

– As-tu pris le temps d'ouvrir le coffre d'Humphrey, hier soir ? demande Annabel.

– Non, je l'ai vu près de la cheminée. Je me suis dit que je ferai ça aujourd'hui.

– Rentrons, je commence à avoir froid.

La malle cloutée est fermée par un cadenas cassé en position ouverte. Elle est décorée sur les flancs de silhouettes de baleines et de cachalots. Sur le couvercle l'inscription « Fleming and Sons – Whale Oil » est presque effacée.

– Je vais dormir une petite heure, ma chérie. La sieste a des vertus insoupçonnées, je ne suis pas tombée malade depuis trente ans.

– À tout à l'heure, *auntie*.

À genoux sur le tapis, Juliet ouvre le coffre. Cette odeur… Elle a dix ans, le grenier de la maison de Nantucket est une caverne magique pleine de vieux tissus, de casquettes de marins, de manches de harpons, de morceaux de filets, de bouées grignotées par les mulots, de voiles de chaloupes pliées en douze, rongées par le sel. Son cousin Elliot, petit roux de huit ans, a fixé une fourchette au bout d'un manche à balai et menace de descendre harponner le chat de la maison.

Juliet ouvre une boîte de biscuits de mer en fer, décorée d'une image de clipper dans la tempête. À l'intérieur, trois colliers en pâte de verre multicolore. Elle en passe un, se lève, se regarde dans le miroir. Splendide. Une gravure représentant deux chaloupes attaquant un cachalot, dans un cadre d'ébène. Un masque africain en bois sombre, long comme son bras. Une dizaine de cartes marines, pliées et attachées ensemble par un morceau d'écoute. La première détaille les abords de Cuba, la dernière la côte d'un pays du golfe de Guinée. Une pointe de harpon rouillée, une assiette en fer-blanc, un couteau au manche entouré de corde tressée. Dans un coin, quatre cahiers à couverture de cuir. Les journaux de bord. Elle ouvre le premier.

Goélette Sunset Star
Armement Fleming & Co
Bois et matériaux
Bolinas – San Francisco
Californie

Le premier voyage date de juin 1852, le navire transportait des grumes, des planches et du bois de construction dans la baie de San

Francisco. Date des voyages, cargaison, nom des marins et du capitaine. Juliet déchiffre les lignes manuscrites en les suivant du doigt. Plus question de chasse à la baleine, on dirait.

Les dernières pages s'ouvrent sur la mention :

Voyage vers l'île de Saint-Laurent, au large de l'Alaska.

Départ de San Francisco : 5 mai 1865.

L'écriture a changé, les lettres sont plus grandes, mieux tracées, plus lisibles. Juliet s'installe à la table de la salle à manger, approche une lampe, dévore le récit comme un roman d'aventures, se mord la lèvre inférieure. Nom de Dieu… Elle sort son ordinateur portable de son sac, ouvre un logiciel de navigation. Elle entre les coordonnées figurant sur la dernière page du journal de bord, entourées de deux traits de crayon rouge : *Latitude North 65° 4' 44". Longitude West 165° 8'*.

Quand sa tante revient dans le salon, Juliet lève la tête de son écran. Ses yeux brillent d'excitation, elle lui sourit et dit :

– *Auntie,* je crois bien que mes problèmes d'argent pour l'an prochain sont réglés. Je repars demain, je dois aller en Alaska.

51

Baie de Norton (mer de Béring)
Près de l'île Saint-Laurent

26 juin 1865

– Le voilà, à tribord. Le deuxième, avec le grand mât, c'est le *Clifford*, dit Mercator en baissant sa longue-vue. Envoyez les fanions. Nom de Dieu, je n'ai jamais vu une telle concentration de baleiniers en dehors d'un port ! Il y en a combien, six ? Non, sept. Et les voiles, là-bas, deux autres, c'est certain. Qui viendrait croiser dans ces parages ?

Les navires sont à l'ancre, groupés dans une baie de l'île Saint-Laurent comme des poussins dans un coin de basse-cour, abrités de la houle et des courants du détroit de Béring, minuscules face à l'océan où dérivent encore des morceaux d'icebergs et aux montagnes de terre noire couronnées de neige.

La *Sunset Star* a franchi la Porte d'Or vingt-trois jours plus tôt. Mercator à la barre pendant des heures, léger sourire sous sa casquette de laine, il a longé les côtes de la Colombie-Britannique, traversé le golfe d'Alaska, le passage d'Unimak entre les îles Aléoutiennes puis plein nord, vers Saint-Laurent.

Dans ses cales, deux cents tonneaux de chêne, vides ou prêts à être montés. Sur le pont, un équipage réduit, huit hommes, quatre employés de la maison Fleming et quatre marins italiens, attirés par l'aventure et la paie de quatre dollars par jour, le double de ce qu'ils gagnent en convoyant du bois et du bétail dans la baie.

À bord du *Clifford,* pour montrer qu'il a reconnu le nouvel arrivant, le capitaine Roberts donne l'ordre d'envoyer les couleurs de l'armement Fleming, pavillon aux deux séquoias sur fond de mont Tamalpais, la montagne boisée qui surplombe Bolinas.

La *Sunset Star* jette l'ancre à quelques encablures, une chaloupe descend le long de sa coque. Mercator à l'avant, aux avirons Fergus Smalls et un Sicilien. Un marin leur lance l'échelle de bois et de corde, ils enjambent le bastingage.

– Bienvenue à bord du *Clifford*, monsieur... Je veux dire capitaine Fleming. Nous vous attendions avec impatience, il n'y a plus un récipient à bord, à part les casseroles du cuistot, qui ne déborde de spermaceti. Une chasse miraculeuse comme on n'en fait qu'une fois dans une vie de baleinier. Avez-vous vu les hordes de cachalots, en route ?

– Pas vraiment... Bonjour capitaine Roberts. J'ai aperçu un jet de vapeur hier, mais ça ressemblait à un rorqual. Et il semblait être seul.

– Ils sont plutôt le long de la côte Est de l'île, je ne comprends pas la raison d'un tel rassemblement. Nous en voyons moins depuis deux ou trois jours. Tous ces baleiniers dans la baie sont au même point : soutes pleines à ras bord, ils finissent de cuire la graisse et attendent des tonneaux vides pour continuer. Deux bateaux de New Bedford sont repartis la semaine dernière, direction le cap Horn, avec un an d'avance.

– Nous avons une centaine de barriques, et au moins autant en pièces détachées, avec leurs cerclages, que les charpentiers vont assembler.

– Parfait. Venez dans ma cabine, capitaine. Je vous sers un verre de rhum, vous regardez les livres de compte et nous descendons à la soute. Il faut que je vous montre ça, et aussi l'ambre.

– Ah oui, allons-y.

Les coursives, les escaliers, les planchers luisent de graisse. Dans la cale, arrimées les unes aux autres, calées dans tous les coins, les barriques débordent d'huile ; plus d'une sur deux est remplie de spermaceti.

– Il y avait tellement de bêtes qu'au bout de trois jours à ce rythme nous avons éteint les fours, arrêté de brûler la graisse, dit Francis Roberts. Nous hissions les poissons à bord, un trou dans le crâne, vidions le spermaceti le plus vite possible, balancions le reste à la mer. Nous en avons même harponné trois depuis le pont du *Clifford*. Ils nous entouraient comme si quelque chose les attirait. D'habitude, l'odeur du sang les effraie et les fait fuir, pas cette fois. Cette mêlée de cachalots, de requins en furie dans des eaux rouges, c'était une vision d'apocalypse. Un soir deux orques ont participé au festin, nous en avons tué un. Quand nous allons raconter ça dans les tavernes d'Oakland, personne ne nous croira…

– Et l'ambre ?

– Dans le premier cachalot que nous avons tué, deux jours avant de tomber sur la horde. Un vieux mâle qui semblait malade, avec une peau grise, presque blanche. Son crâne contenait peu de spermaceti, c'était étonnant. Quand nous avons ouvert son ventre, il a lâché une odeur horrible, les gars ont reculé en gueulant.

– Oui, quand il y a beaucoup d'ambre gris, c'est qu'ils sont mal en point, ont mangé quelque chose qui les a empoisonnés et les tue à petit feu, disait mon père. C'est dans les carcasses des grands mâles qu'on en trouve le plus.

– Nous avons mis des foulards sur notre bouche pour découper les entrailles. C'est moi qui les ai vus : trois blocs compacts, deux gros et un petit, comme de la merde solidifiée, au fond des intestins. J'ai tout de suite compris. J'en avais trouvé un peu, il y a longtemps, je savais où chercher.

– Vous les avez pesés ?

– Évidemment ! Vous êtes prêt, capitaine ? Cent vingt livres !

– Non !

– Si ! Plus de cent livres d'une matière plus précieuse que l'or. Capitaine Fleming, vous voilà riche.

– Je le suis déjà, monsieur Roberts. Les séquoias du mont Tamalpais ont fait ma fortune. Je n'ai pas besoin de cet argent. Merci pour votre loyauté, Francis. Elle vous vaudra un tiers de la prise. Le reste ira à un projet que j'ai depuis longtemps…

– Un tiers ! Mais c'est… Merci, capitaine. Merci. Et votre idée ?

– Je vais financer la création d'une école de mousses, à San Francisco… Ou plutôt à Oakland. Pour ces gamins qui traînent sur le port et ne savent pas écrire leur nom, qui sont traités comme des chiens à bord des baleiniers.

– C'est bien. Venez voir où je l'ai stocké. Je ne crois pas que mes gars aient vraiment compris la valeur de la prise, les plus jeunes n'en avaient jamais vu, ils pensaient que c'étaient des étrons solidifiés.

– C'est quand même un peu ça, non ? Les plus beaux étrons de mer.

Dans un coin de la soute, près d'une poutre maîtresse, une caisse de bois clair. À l'intérieur, un coffre de fer fermé par un couvercle gravé de motifs mexicains. Roberts le soulève, révèle un paquet de toile enduite d'une épaisse couche de graisse, qui exhale un fumet puissant, mélange d'excrément, de musc, d'algue pourrie et comme de tabac moisi.

– Cette odeur… Quand on l'a sentie une fois, on ne l'oublie jamais. Mon père en avait rempli une minuscule tabatière de porcelaine en forme de morse qu'il gardait sur son bureau. Quand il l'ouvrait, ça empestait toute la pièce. La première fois qu'il me l'a fait sentir, j'avais cinq ou six ans, je suis parti en pleurant, je croyais que c'était une punition. Pourquoi le coffre ?

– Pour la conservation, et pour être sûr que les gars ne confondent pas ça avec de l'huile ou du spermaceti.

Mercator dénoue les cordes qui enserrent le paquet, écarte les pans de toile. Le morceau d'ambre, de la taille d'un gros galet boursouflé, baigne dans les excréments. Avec la pointe du couteau inuit qu'il porte à la ceinture dès qu'il est en mer, Mercator en prélève une noisette, l'effrite entre ses doigts. Il ne s'est pas encore solidifié, la consistance rappelle un bois tendre, une éponge durcie. Il le sent, ferme les yeux. Il a huit ans. Le bureau de son père, où il n'entrait que sur autorisation, au dernier étage de la maison près du port de Nantucket, vue sur le bassin. Les trophées, les dents de morse et de narval, fanons de baleine, cartes marines, trois-mâts dans une bouteille. Les lances et le sabre d'abordage au mur, le globe terrestre. L'odeur de pipe froide et de l'ambre gris. La main calleuse sur sa tête.

– L'ultime trésor des baleiniers, bravo, Francis. Je ne sais pas si quelqu'un pourra nous en donner son meilleur prix à San Francisco. Il faudra peut-être l'envoyer à New Bedford. Je sais à qui m'adresser.

– Merci, capitaine Fleming. Vous êtes un seigneur.

Ils remballent le paquet dans la toile, renouent les cordes, referment le coffre et clouent le couvercle de la caisse, allument deux lampes à huile, parcourent le fond de cale encombré de tonneaux luisants, de barriques maculées de traces blanchâtres de spermaceti. Mercator additionne les quantités, multiplie par le prix au litre de l'huile de tête de cachalot, parvient à une somme astronomique, plus élevée que tout ce qu'il a vu débarquer, dans sa vie antérieure, sur les quais de Nantucket.

– Nous avons des provisions, de la viande fraîche, des légumes, de la bière pour les hommes et une bouteille de champagne français pour nous, capitaine. Nous allons mouiller bord à bord. Ce soir, dîner de fête sur la *Sunset Star*, en l'honneur de la plus belle prise de l'histoire de la chasse à la baleine sur la côte Ouest. Vous allez rentrer à San Francisco en héros. Comptez sur moi, Francis, pour répandre la nouvelle dans toute la baie. Combien de temps pour remplir à nouveau les cales ?

– Si les bestiaux continuent à se précipiter sous nos harpons, un mois, six semaines au plus. Mais le filon risque de s'épuiser, tous les baleiniers du Pacifique sont en route. Dans une semaine ils seront tous là. Il y a bien un moment où les poissons vont comprendre qu'il vaut mieux se disperser, non ?

Cinq jours après le solstice d'été, le soleil ne se couche pas sur Saint-Laurent. Il pâlit et descend sur l'horizon vers minuit, pour remonter et entamer un nouveau cycle, baigne les flots et les prairies de lichen de l'île d'une étrange clarté bleutée. Dans cette ambiance irréelle, des planches sont posées sur des barriques sur le pont de la *Sunset Star,* voiles en guise de nappes, des pièces de bœuf rôtissent au barbecue, un tonneau de bière de San Francisco est mis en perce. Les deux équipages festoient, entonnent au son d'un bandonéon des chansons de *whalers* du Massachusetts, *Blow ye winds*, des romances de Nouvelle-Angleterre. Il fait clair comme en plein jour mais le navire est décoré de lampes à huile, de torches trempées dans la graisse de baleine. Il resplendit à des milles à la ronde, attire les officiers des autres vaisseaux baleiniers qui sautent dans des canots et s'invitent à la fête.

C'est le *Gam*, la réunion rituelle des *whalemen* quand ils se croisent dans l'immensité des océans. À la table des capitaines, Mercator sort d'une mallette d'osier emplie de paille trois bouteilles de champagne et des flûtes de cristal frappées D★S, *Diamond Star*.

– Aux territoires de chasse de la mer de Béring, messieurs ! Vous écrivez une nouvelle page de l'histoire de l'industrie baleinière américaine !

– Et à la victoire de nos armées sur les confédérés ! lance le second d'un navire yankee. Longue vie à Abraham Lincoln !

– Vive le président Lincoln !

– À Lincoln !

Chacun regagne son navire vers vingt-deux heures, sous un soleil encore haut. Pendant que ses hommes rangent tables, assiettes et couverts, Mercator note dans le journal de bord la position de la baie, les quantités d'huile et de spermaceti dans les cales du *Clifford* et une description précise de l'ambre, les circonstances de sa découverte.

Le lendemain matin commence le transfert, par des cordages, des filets et des poulies suspendues au grand mât du baleinier, de la cargaison sur le pont puis dans les soutes de la *Sunset Star*. Les barriques vides et démontées font le chemin inverse.

Sur ordre de Mercator, la caisse contenant l'ambre gris est hissée à bord la première.

– Fergus, cette caisse-là, c'est la marchandise dont je vous ai parlé. Tout à l'avant, dans la proue, et couvrez-la d'une bâche.

– Bien, capitaine.

Vers onze heures, un homme à l'arrière signale une fumée noire sur l'horizon, plein sud. Mercator attend qu'elle se rapproche, déplie sa longue-vue. Un vapeur de belle taille, trois mâts, une cheminée centrale. Ce n'est pas un baleinier. Il paraît que sur la côte Est des navires à moteur et à hélice montent traquer le long des côtes du Groenland les dernières hordes de baleines bleues de l'Atlantique, mais ce n'est pas encore le cas dans le Pacifique, où la voile règne toujours en maître. Plus pour très longtemps, se dit Mercator. C'est peut-être ce navire dont un officier m'a parlé hier soir, en mission exploratoire avant la pose d'un câble sous-marin dans le détroit de Béring, pour relier l'Alaska à la Sibérie. Le télégraphe entre Washington et Moscou est pour bientôt…

Le transfert est presque terminé. Mercator reprend la longue-vue, observe le vapeur qui approche, vire sur tribord en direction de deux baleiniers, le *James Maury* et le *Nassau*. Ah, il hisse ses couleurs…

Russe ? C'est bizarre, je ne savais pas que les Russes avaient des navires de cette taille dans la région. La fumée devient plus noire et plus dense, comme s'il accélérait. Soudain une détonation sourde. Un coup de canon. Un autre. Dix mètres devant la proue du *James Maury*, deux gerbes d'écume.

52

À bord du vol AS-151
entre Seattle et Nome (Alaska)

21 mai 2016

Juste après le décollage de Seattle, Juliet Stone a rouvert son MacBook et continué la lecture de l'article du *Seattle Time* téléchargé dans la salle d'embarquement.

Nouvelle ruée vers les sables d'or de Nome (Alaska).
De notre envoyé spécial, Stephen Morris.

Aux premiers jours du XXe siècle, ils étaient des milliers à tamiser le sable noir des plages de Nome (Alaska), à la recherche de l'or de la mer de Béring. Depuis quelques années, la montée en flèche des cours de l'or attire à nouveau les prospecteurs vers ce village du bout du monde, au nord de la baie de Norton. Si loin, près du cercle arctique, presque en vue de la Sibérie, qu'aucune route ne l'a jamais relié au reste du continent. En bateau, en avion, ils reviennent désormais à Nome pour embarquer sur des barges, les plus petites de la taille d'une voiture, les plus grandes d'un navire, pour aspirer le sable noir et le tamiser à la recherche des pépites d'*Alaska gold*.
Pendant les neuf mois d'hiver, un millier de courageux, de désespérés ou de miséreux qui ne savent où aller s'enferment dans les maisons de bois et les mobile homes, écoutent mugir le vent du pôle, n'affrontent la neige et la nuit glacée que pour aller acheter du carburant pour le poêle, des pizzas et de la bière à la station-service ou passer des heures au saloon, à rêver à la prochaine saison.
Tout a commencé aux derniers jours du XIXe siècle, quand trois marins de fortune qui avaient commis l'erreur de s'embarquer pour une campagne de chasse sur un baleinier yankee et avaient déserté, préférant les épreuves du Grand Nord aux rudesses du bord, remarquent dans

le sable d'une crique, à la sortie de Nome, de petits cailloux couleur de miel. Avec des pelles et des tamis, ceux qui sont entrés dans l'histoire sous le nom des « trois veinards suédois » remplissent des seaux de pépites et donnent le coup d'envoi de la dernière ruée vers l'or de l'Ouest.

De chez nous, à Seattle, mais aussi de Vancouver, de San Francisco, du Klondike où ils défonçaient les berges des rivières, ont accouru des milliers de prospecteurs. Les plages dorées de Nome, Alaska, comme un mirage dans le désert septentrional.

En quelques mois, le poste de ravitaillement en eau douce des baleiniers, quelques âmes perdues au bout du continent, a vu affluer des chercheurs d'or du monde entier. Pas de port, pas de jetée, pas le temps d'en construire : ils ont débarqué sur des barges, des barques, ont empoigné des pioches et creusé au bord de l'eau. Les rendements étaient faramineux. En quelques semaines, une ville de tentes et de cabanes a poussé sur les dunes, derrière des kilomètres de plages éventrées. Pas de concessions, pas de *claims,* pas de règles : les uns à côté des autres, les pieds dans les vagues glacées de la mer de Béring, les mains en sang, le dos en feu. La fortune au bout de la pelle.

En 1900, ils étaient plus de dix mille à tamiser comme des damnés le sable noir, des centaines arrivaient chaque jour, venus de toute la côte Ouest et du Canada, puis d'Asie, d'Australie et d'Europe.

Au fil des ans, des maisons de bois, deux églises en dur, des hôtels et une centaine de bars et de bordels ont remplacé les tentes. Deux rues parallèles, tracées sur le sable sur dix kilomètres en front de mer. Les *good time girls,* prostituées qu'on paie en poudre d'or, accourent des docks d'Oakland, de Shanghai ou de Marseille. Nome et ses *golden sands,* El Dorado du Nord, a attiré les petits-enfants des *forty-niners,* « ceux de 1849 », ces chercheurs d'or venus du monde entier à la poursuite de leurs rêves, qui en ont peu ou pas trouvé mais ont inventé un État nommé Californie. Des millions de dollars en pépites sont envoyés à San Francisco pour y être fondus. Des fortunes sont tamisées en quelques mois, perdues au jeu, dans les vapeurs d'alcool et les jupons des filles en quelques jours. La légende de Nome, la dernière frontière, et de ses plages dorées, court les jetées de tous les ports de la côte Ouest, de Vancouver au Mexique. D'astucieux marchands – *mining the miners* – font des bénéfices indécents en pourvoyant aux besoins de la ville : du bois, du whisky, des femmes, des armes et des outils.

Puis, au fil des ans, les rendements baissent. Les plages, retournées par des hordes enfiévrées, des machines toujours plus grosses, rapportent à peine de quoi subsister dans ce bout du monde où tout est hors de prix. En 1909, les aventuriers renoncent, repartent vers le sud, les barges géantes et leurs godets de fer qui dévoraient le rivage rouillent sous la neige, Nome s'endort pour des décennies.

En été, des prospecteurs s'acharnent à passer dans leurs batées des kilos de sable pour en tirer quelques pépites. Quand elles sont assez grosses, ils les montent en colliers, pour les rares touristes.

Mais au début des années 2000, les cours mondiaux de l'or, qui stagnaient aux environs de trois cents dollars l'once, entament une montée en flèche. Neuf cents dollars en 2008, mille en 2010. Hier soir, à l'heure où nous bouclons cette édition, c'était mille trois cents dollars l'once. La ruée vers les plages dorées de Nome ne fait que (re)commencer.

Parfait, se dit Juliet. C'est le début de la saison. J'ai réservé l'emplacement pour ma tente, demain je fais le tour des restaurants pour trouver du boulot. Ensuite, on verra.

Quatre heures plus tard, sur le tapis à bagages, elle attend le même sac North Face que les barbus en casquettes et habits de travail avec lesquels elle a voyagé. Mais dans le sien pas de combinaison de plongée, pas de pièces détachées pour compresseur, pas d'outils.

Des vêtements chauds, une tente, une paire de bottes Timberland et dans sa besace le livre de bord de la *Sunset Star*.

– Excusez-moi, savez-vous où est le restaurant Airport Pizza ? Près de l'aérogare, je suppose…

– Pas du tout, Miss. Ils ont commencé dans l'aéroport, ils expédiaient même leurs pizzas par avion aux quatre coins du territoire, mais les augmentations de loyer les ont chassés. Maintenant ils sont en ville, près de la station-service. C'est là que vous allez ?

– Oui, j'ai rendez-vous avec le gars qui doit me louer un emplacement, dans le campement Morris.

– Je peux vous y conduire, si vous voulez. Mon *truck* est sur le parking. John, le patron d'Airport Pizza, est un ami.

– Avec plaisir, merci.

Ils jettent leurs sacs à l'arrière du pick-up de Jesse, grand gaillard roux de trente-quatre ans, bûcheron dans l'Oregon, quatrième été en Alaska à tamiser la mer de Béring.

La piste de l'aéroport touche presque la ville, le long de la Snake River. Dans ces immensités désertes, pas un arbre à l'horizon. Ils passent devant des carcasses d'avions à hélice, longent des casses automobiles, les squelettes d'anciennes barges et dragueuses de sable abandonnées dans des terrains vagues, des machines rouillées, fouillis de câbles, de bidons, de coques éventrées. Quelques rues goudronnées, des pistes.

En cette fin mai, le thermomètre ne dépasse pas zéro, un pâle soleil monte sur l'horizon, la neige se change en grésil. Ils franchissent la rivière, puis arrivent sur Front Street, la grand-rue du bord de mer. L'alignement de saloons et de bordels des premiers jours du XXe siècle a disparu. Polaris Bar, Bering Sea Restaurant, Board of Trade. Des marchands d'outils, de bateaux à moteur, comptoirs de rachat d'or en poudre ou en pépites. Quelques hôtels, *no vacancy*.

– Vous allez camper chez Morris, alors ? J'espère que vous avez un bon duvet…

– Oui. Je voulais louer une chambre sur Airbnb, mais il n'y a rien à un prix raisonnable.

– Oh la la, pour trouver un pieu à Nome en été, il faut s'y prendre des mois à l'avance. À mille trois cents dollars l'once, ils rappliquent de tout le pays. L'an dernier, j'avais un équipier de Floride, un autre du Tennessee. Vous venez bosser sur une barge, vous aussi ? Ce job n'attire pas beaucoup de filles. C'est dur, c'est dangereux, et l'eau est sacrément froide.

– Peut-être, je ne sais pas. Il faut que je trouve du travail, ça c'est sûr. Et que ça rapporte. Il ne me reste plus grand-chose de ma bourse, et je voudrais partir en Europe l'an prochain.

– Europe ? Où ça ?

– À Londres. Je suis admise dans une grande école, mais ça coûte une fortune.

– Donc, vous cherchez fortune. Comme nous tous. *Welcome to Nome, darling.* C'est la seule raison qui peut pousser quelqu'un à venir se perdre sur la dernière frontière.

Vingt minutes plus tard, Jesse la dépose devant l'entrée d'Airport Pizza.

– Bonne chance, jeune fille. On se reverra, c'est tout petit ici.

Juliet s'installe au bar, commande une bière, une part de pizza.

– Je peux vous offrir un verre, mademoiselle ?

– Excusez-moi, je ne voudrais pas être impolie, je descends de l'avion, mais vous êtes le cinquième à me draguer depuis que je suis arrivée dans ce bar. Non, merci. J'attends quelqu'un. Dites-moi, vous n'avez jamais vu une fille seule, à Nome, Alaska ?

– Comme vous voulez, *Miss. Sorry*. Et la réponse est : non, il n'y a pas beaucoup de filles seules à Nome, Alaska. Surtout aussi jolies. Faut nous comprendre. Ceux qui ont passé l'hiver ici repèrent une tête nouvelle à des kilomètres.

– Ben, fous la paix à la demoiselle. Elle attend Matthew, ils doivent parler affaires. Elle est là pour la saison, tu auras l'occasion de lui faire la conversation une autre fois.

Juliet Stone est assise sur un tabouret, au bout du comptoir d'Airport Pizza, dans la douce chaleur du four électrique, sac de voyage à ses pieds, besace sur les genoux. Elle vide son verre de bière, s'essuie la lèvre d'un revers de main.

– Faut pas vous fâcher. Les gars sont parfois un peu lourds avec les nouvelles, mais ils ne sont pas méchants. Vous verrez, dans deux semaines vous connaîtrez tout le monde. C'est une grande famille, les cinglés de l'or à Nome. Je vous remets ça ? C'est la maison qui offre.

– Non, merci. Si vous connaissez tout le monde, vous pouvez me dire si ce Matthew a souvent plus d'une heure de retard ?

– Matthew ? Oh… Ces jours-ci, il travaille sur sa barge, le port va être libre de glaces dans quelques jours, la saison va commencer, c'est la course aux pièces de rechange. Ils sont tous sur les dents. Vous l'avez eu au téléphone ?

– Il m'a dit vers sept heures…

– Alors il ne va pas tarder… Tenez, le voilà.

Un petit brun frisé, épaules de lutteur, pantalon de treillis taché de cambouis, bras couverts de tatouages tahitiens, sourire édenté, passe la porte, enlève sa casquette CAT et ses bottes boueuses qu'il pose dans un coin, approche du bar en chaussettes trouées aux orteils.

– Vous êtes Juliet ? Désolé pour le retard. Il fallait que je trouve une courroie pour le moteur de ma pompe, un vieux Volkswagen, ça a été plus long que prévu. J'ai dû faire trois casses auto. Première fois à Nome ?

– Oui.

– Bienvenue, alors. Vous allez voir, ce bled est complètement dingue. On adore ou on déteste. Moi, j'adore. C'est la dernière frontière, la liberté à l'état pur. Je n'ai pas encore gagné de quoi m'acheter un mobile home, mais c'est pour cet été, c'est sûr. Vous venez travailler sur une barge ?

– Sur une barge ou ailleurs. Une amie à San Francisco m'a dit qu'on pouvait gagner pas mal d'argent assez vite, alors je tente le coup.

– Rien ne rapporte autant que l'or, avec un peu de chance. Allez voir sur le port, les gars préparent leurs barges, les équipes ne sont pas encore toutes au complet. Moi, j'ai ce qu'il me faut, un vieux pote. Vous savez plonger ?

– J'ai le premier niveau Padi. Mais jamais dans une eau aussi froide. Elle est à combien ?

– En ce moment, quatre à cinq degrés. Ça va monter. Elle peut passer les dix-douze au mois d'août. C'est la Floride, par rapport aux cinglés qui plongent sous la glace, en plein hiver. Mais vous n'êtes pas obligée de vous mettre à l'eau. Il y a aussi pas mal de boulot sur la barge. Il faut quelqu'un pour alimenter le compresseur, vérifier les ancres, s'assurer que ce qui est aspiré du fond soit correctement tamisé, que les pépites ne passent pas par-dessus bord avant d'être triées, tout un tas de trucs. Si vous voulez, je vous montrerai mon installation demain. Mais parlons business. Vous cherchez un emplacement pour monter votre tente, c'est ça ?

– Oui, et tous les *State Camps* sont pleins. J'ai vu votre annonce sur Facebook.

– J'ai une chouette parcelle, sur la plage mais à l'abri d'une dune artificielle, creusée pendant le *gold rush*. J'ai installé une yourte, avec un poêle à bois qui fournit aussi de l'eau chaude. J'ai des lits jumeaux, si vous voulez je vous en loue un, celui du haut.

– Mais l'annonce disait : emplacement pour monter une tente.

– Oui, il y a ça aussi. Il y a la place pour une canadienne, et je fournis l'eau chaude. Dans ce cas c'est moins cher, soixante-cinq dollars le mois.

– C'est mesquin, votre soixante-cinq. Soixante.

– OK. Mais venez voir la yourte, c'est sympa d'être au chaud et à l'abri. Il peut pleuvoir pendant des jours, en juillet.

– Ça ira, merci. J'aime bien ma tente.

– Vous l'avez avec vous ?

– Là, dans mon sac.

– On peut y aller tout de suite, si vous voulez. Et on pourrait se tutoyer.

La Jeep Wrangler modèle 1976, assemblage de métal, plastique et bois liés au fil de fer et au ruban adhésif, avance en crabe. sur la piste, cahote pendant deux kilomètres, passe sous l'arche d'entrée du Morris Camping State Park.

– Ils en ouvrent un nouveau dans deux semaines, un peu plus au nord. Depuis que l'once a dépassé les mille huit cents dollars, tous les étés il manque au moins deux cents lits à Nome. Alors que trois chercheurs d'or sur quatre ne rentrent pas dans leurs frais. Dingue, non ?

– C'est sans doute ça, la fièvre de l'or…

– Tu l'as dit. Alors voilà la yourte. Pas mal, non ? Je l'ai achetée à un gars qui l'a fait venir de Seattle. Un super plongeur. Il a passé deux saisons ici, et est reparti plein aux as. Il s'est payé cash un bar à Victoria, sur l'île de Vancouver. Et l'emplacement pour ta tente, c'est là derrière. Abrité du vent de l'océan, des embruns et des tempêtes. Qu'est-ce que tu en dis ?

– Parfait. Je te paie vingt dollars de suite, je la monte.

– OK. Tu es sûre que la yourte…

– Matthew, tu deviens lourd.

– OK, d'accord. Un coup de main ?

– C'est une canadienne, ça va aller. En revanche c'est plus loin de la ville que j'aurais cru. Tu crois que je pourrais acheter un vélo, dans le coin ?

– Nome, c'est pas trop le genre vélo, mais en cherchant un peu… Je sais à qui demander. Si tu veux, je retourne dîner en ville dans deux heures. Ça te dit de venir ?

– Deux heures, parfait. À tout à l'heure.

La première chose que Juliet aperçoit, comme ils se garent sur le parking du Nugget Inn, Hotel-Restaurant-Billard, c'est l'affichette « Cherche serveuse » sur la porte d'entrée. Avant la fin du repas (hamburger de bison, frites surgelées, glace à la vanille), elle a négocié une place de serveuse au bar, seize heures-minuit, dix dollars de l'heure plus pourboires, six jours sur sept. Vous pouvez commencer demain ?

Elle se glisse trois heures plus tard dans son duvet de montagne, sur un matelas gonflable que Matthew lui a fourni, plus confortable qu'elle ne l'aurait cru. Le vent du large fait claquer les toiles, il faudra que je retende ça demain matin. Il fait froid, deux ou trois degrés, mais ses sous-vêtements thermiques lui tiennent chaud. Le faisceau de la lampe frontale éclaire l'intérieur de sa besace. Elle en sort le livre de bord relié de cuir, ouvre la première page, décorée d'un dessin d'ancre de marine et de la silhouette de deux séquoias sur fond de montagne.

Sunset Star Shooner. San Francisco. June 1852.

Le lendemain matin, réveillée mais hésitant à sortir de la chaleur du duvet, elle entend Matthew crier « le café est prêt » depuis la porte de la yourte. Elle enfile un pantalon sur son caleçon polaire, une parka, un bonnet. Une délicieuse odeur de pancakes monte d'une plaque de fonte posée sur le poêle à bois.

– Quand je suis seul, je mange plutôt au café, sur le port, mais ce matin je me suis dit que j'avais une invitée et qu'il fallait lui faire goûter à l'hospitalité du Grand Nord. Miel de sapin et gelée de groseille, pour les pancakes. Recette de ma mère.

– Merci, Matt. C'est gentil, je meurs de faim.

– Pas trop froid, cette nuit ?

– Pas du tout. J'aime bien le bruit du vent, ça me berce. Avec mes parents, quand j'étais enfant, nous campions chaque été, dans un parc national pendant une semaine.

– Où as-tu grandi ?

– À Boston. Mais il y a des *forty-niners* dans la famille, d'après ce qu'on raconte. Des baleiniers de Nantucket, qui ont passé une vingtaine d'années en Californie avant de rentrer, fortune faite. Du coup on a toujours aimé les histoires de prospecteurs…

– Ils en ont fait quoi, de cette fortune ? Tes parents en ont hérité ?

– Ils l'ont cramée en deux générations, jusqu'à un crétin qui a tout placé en Bourse juste avant la crise de 29. Il nous reste un terrain sur l'île qui vaut pas mal de blé, paraît-il, mais tout est bloqué en indivision. J'étais admise dans plusieurs écoles d'art, mais à cause de mes ancêtres j'ai choisi San Francisco. Les Fleming y ont laissé pas mal de traces, il y a même une rue.

– Fleming ? Tu t'appelles Fleming ?

– Non, Stone. Fleming, c'est du côté de ma mère. Attends, je vais retourner les pancakes, ils brûlent.

À l'entrée de la ville, Matthew la dépose chez un brocanteur-ferrailleur où, pour cinquante dollars, elle achète un VTT rouillé mais aux pneus neufs. Les pneus, c'est le plus important, ma belle. Super-dur à trouver, des pneus de vélo ici. Vous avez de la chance, mon neveu les a rapportés d'Anchorage la semaine dernière. Je vous assure, vous faites une affaire.

En milieu de matinée, la brume de mer se dissipe, un soleil de printemps, le premier de l'année, passe la crête des montagnes, fait fondre la neige, réchauffe la plaine qui fume à l'infini.

Juliet fait une entrée remarquée, cheveux au vent, pédalant entre les flaques, dans la zone portuaire où des gars en casquette et salopette s'affairent autour de leurs barges de prospection.

Dans le bassin, un hors-bord dessine des huit à la pleine puissance de ses cent cinquante chevaux pour briser la glace et finir de dégager un chenal vers la mer libre.

Le long des quais, sur cales, une vingtaine de barges de chercheurs d'or. Certaines sont de petits catamarans, avec coques d'aluminium soudées qui brillent au soleil, cabines fermées, pompes et tuyaux neufs en train d'être montés. D'autres tiennent davantage du radeau sur lequel un bric-à-brac de moteurs, compresseurs et caissons à moitié éventrés est attaché par des cordages et des colliers Serflex.

La plus grande, déjà à l'eau dans le bassin, est une barge de travaux de vingt-cinq mètres de long, surmontée de mâts de fer, genre poteaux de rugby, ornée d'un drapeau US et de son nom, *Christine Rose*.

À l'avant, une pelle mécanique au bras surdimensionné plonge dans l'eau du port, tourne sur elle-même et déverse le contenu de son godet géant dans l'installation de lavage du sable et les tamis qui occupent le centre de l'embarcation.

– Juliet ! Ohé ! Ici, c'est ici ! crie Matthew, ravi de montrer à David, son associé, qu'il connaît la jolie fille arrivée la veille, dont toute la ville parle.

Il descend de l'escabeau sur lequel il était perché, pose sa clef à molette.

– Juliet voici *Goldie,* notre *gold dredge*, la barge qui va faire de nous des millionnaires. Pas vrai, David ? Juliet, je te présente David, mon meilleur pote et associé. David, Juliet, ma nouvelle locataire au camping.

– Salut.

– Bonjour. Alors c'est ça, une barge de prospection…

– Oui, dit Matthew. Bon, comme tu vois ce n'est pas la plus grosse du port, c'est même l'une des plus petites, mais avec tout le fric qu'on a mis dedans, cette année, elle va cracher des pépites comme une machine à sous de Vegas, pas vrai, Dave ?

– Vaudrait mieux, mon pote. Parce que l'été dernier on a quand même passé notre temps à remplacer les pièces qui pétaient les unes après les autres et on n'a pas gagné un rond.

– Oui, mais là, à part le moteur, tout est neuf, ou presque. J'en suis de vingt mille dols, ça va rapporter, c'est sûr. Juste un peu de chance…

– Et comment ça marche, votre truc ? Parce que ça ressemble quand même à un radeau avec tout un tas de choses dessus…

– Regarde.

Matthew lui montre le moteur de Coccinelle qui alimente une pompe imposante, reliée à un tuyau de quinze centimètres de diamètre terminé par une grosse poignée.

– C'est avec ça que le plongeur au fond aspire le sable chargé d'or et l'envoie sur le tamis. Le mélange passe ici, sur les tapis en escalier. Les pépites, plus lourdes, tombent au fond, dans ce tapis qu'on appelle « mousse du mineur », le reste est rejeté en mer. Ça, c'est le compresseur qui envoie l'air dans le narguilé du plongeur, pour respirer, et ça c'est le générateur : il alimente une résistance qui chauffe l'eau avant qu'elle n'aille dans sa combinaison. Sans ça, tu ne tiens pas dix minutes dans une eau aussi froide. Tout ça marche à l'essence, c'est pour ça qu'il faut être deux : un qui plonge et l'autre qui vérifie que tout se passe bien, surveille les tamis et les tapis. Et bien sûr le moteur hors-bord, un trente chevaux, pour naviguer jusqu'à l'emplacement.

– Quel boulot ! C'est toujours le même qui plonge ?

– Non, on se relaie, toutes les deux ou trois heures. Mais je dois dire que pour ça, David est bien meilleur que moi.

– J'ai grandi en Alaska, pas peur de l'eau froide. J'ai été plongeur pour l'industrie pétrolière.

– Et on peut prospecter où on veut ?

Les deux garçons sourient.

– Pas vraiment. C'est super-réglementé, surveillé par les gardes du Department of Natural Resources, le DNR. Tu ne peux aspirer que dans la concession que tu loues, ou, comme on le fait, sous-loues. On passe notre temps les yeux sur le GPS pour être sûrs de ne pas en sortir.

– Ou alors il y a les deux zones qu'ils appellent « récréatives », juste en face de Nome, pour les amateurs, mais elles ont été tellement fouillées depuis un siècle qu'il n'y a plus grand-chose, dit David.

– L'important, c'est de louer une parcelle qui ne soit pas trop loin du port, pour ne pas cramer tout ce que tu trouves en essence. Et puis, tu t'en doutes, notre *Goldie* n'est pas faite pour naviguer en haute mer.

Juliet regarde le cadre de métal rouillé posé sur des bidons de plastique noir, le plancher qui doit être, quand l'engin est en mer, à dix centimètres au-dessus des flots, les coffres étanches pour les vêtements de rechange et le matériel.

– Et vous avez trouvé de l'or, avec ça ?

– C'est-à-dire… Pas beaucoup l'an dernier, c'était notre première saison et l'expérience compte beaucoup dans ce genre de business. On l'a bien amélioré, les tamis sont tout neufs, achetés à un pro renommé d'Anchorage.

– Heureusement, non ? dit David. Ne te vexe pas, mais ceux que tu avais fabriqués à partir de plans trouvés sur internet étaient de vraies passoires. On a dû remonter des dizaines de milliers de dollars du fond de la mer, pour les rejeter aussitôt. Jamais rien vu de plus frustrant. Matt, je te le répète : si c'est pareil cette année, au bout d'une semaine je suis dans l'avion.

– Non, flippe pas, *Bro*. Cette fois ça va marcher. Une journée pour terminer le montage, demain matin on sort faire les tests, tu vas voir.

– Bon, les garçons. Bossez bien. Moi je vais faire un tour de ville avec ma Harley et prendre mon premier service au Nugget.

– On passera boire une mousse. À tout à l'heure, *honey*.

53

Baie de Norton (mer de Béring),
près de l'île Saint-Laurent

27 juin 1865

– Capitaine, vous avez vu ça ? Des coups de semonce ! C'est du gros calibre. Qu'est-ce que c'est que ce bateau ?

Mercator scrute le pont du vapeur, aperçoit un canon de marine, jusqu'alors caché sous une bâche, deux artilleurs en uniforme gris qui s'affairent autour, un éclair et un rôt de fumée noire, nouvelle détonation. Gerbe d'écume entre les deux baleiniers.

– Il tire encore ! Mais qu'est-ce que c'est que…

– Monsieur Smalls, regardez à l'arrière, il amène le pavillon russe. Il en monte un autre… Oh, nom de Dieu !

– C'est quoi, ce drapeau ?

– Vous ne reconnaissez pas ? Croix bleue étoilée sur fond rouge. Les confédérés.

– Putain ! Le *Confederate Raider*. Un harponneur, un Mohawk du Canada, m'en a parlé hier soir. Il disait qu'il rôdait dans les parages, en chasse contre les baleiniers yankees. Je croyais qu'il blaguait, que c'était une légende qui courait les ports du Pacifique. Comme le kraken ou le cachalot blanc qui attaque les navires.

– Ils enlèvent la bâche qui cachait son nom à l'arrière… *Shenandoah.* C'est bien lui. Le *raider* de la marine sudiste. Mais qu'est-ce qu'il fout en mer de Béring ? Il ne sait pas qu'ils ont perdu la guerre, que le général Lee a capitulé en avril ? La capitainerie de San Francisco disait qu'il avait été repéré à Valparaíso, en route vers le cap Horn, que tout était fini. Attendez… Deux canots à la mer, des hommes armés rament vers le *James Maury,* ils vont l'arraisonner.

Fergus, branle-bas de combat. Tous les hommes sur le pont. Levons l'ancre, il faut filer. Nous pouvons lui échapper.

Le second souffle dans un sifflet à deux tons, trois gabiers grimpent aux échelles de corde, deux marins se précipitent sur le gaillard d'avant, empoignent les leviers du guindeau où s'enroule la chaîne de l'ancre et commencent à la relever. Le vent d'ouest gonfle la grand-voile, la *Sunset Star* pivote sur son axe. Mercator s'empare du porte-voix.

– Larguez la flèche et la brigantine, envoyez les huniers !

Il lâche la barre quelques secondes, vise le *James Maury* de sa lunette. Les soldats montent l'échelle de coupée, deux autres canots hérissés de fusils rament vers le *Nassau*. Les autres baleiniers ont compris. Ils manœuvrent pour prendre le vent, quitter les abords de l'île, fuir le prédateur.

– Fergus, prenez la barre. Cap plein est. Approchons de la côte d'Alaska, c'est notre seule chance. Avec sa chaudière il sera toujours plus rapide, mais sur les hauts-fonds son tirant d'eau ne lui permettra peut-être pas de nous poursuivre. Il va falloir qu'il choisisse ses proies.

Mercator voit que le *Milo* et l'*Hillman* ont mis cap au sud, que le *Covington* a pris son sillage, que l'*Isaac Howland* n'a pas encore bougé, sans doute aux prises avec une ancre récalcitrante.

– Envoyez toute la toile ! Hissez les focs, les cacatois !

L'équipage réduit ralentit les manœuvres ; les Siciliens, qui n'avaient jamais navigué sur une goélette de cette taille contrairement à leurs dires, emmêlent les cordages dans les hautes vergues, des voiles partent en torche. Fergus Smalls veut monter au grand mât.

– Laissez, Fergus. Nous sommes plein vent arrière, neuf nœuds, ça suffit pour l'instant. Le but est d'être hors de vue le plus vite possible. Putain de soleil, il ne va pas se coucher aujourd'hui… Espérons que les confédérés perdent du temps à arraisonner les deux autres.

– Mais pourquoi ce *raider* s'en prend-il à des navires civils, des baleiniers ? Il n'affronte pas la Navy de l'Union ?

– J'ai lu un article du *Boston Herald* affiché dans la capitainerie de Monterey : il expliquait que les confédérés savent que leur marine n'est pas de taille face à la flotte du Nord. Alors ils ont armé une dizaine de *raiders*, seulement deux ou trois vapeurs je crois, pour s'attaquer aux navires civils, de commerce, et surtout aux baleiniers, parce qu'ils font la fortune de l'économie yankee. Les marins de l'Union en ont coulé pas mal, un vapeur au large des côtes de France l'an dernier si je me souviens bien, mais ils n'ont jamais réussi à trouver le *Shenandoah*. Son capitaine, j'ai oublié son nom, est en train de devenir une légende, un genre de Hollandais volant sudiste. Personne ne sait où il est, certains parlaient d'Australie, d'autres disaient qu'il s'était réfugié en Écosse. Voilà, nous savons où il est : à nos trousses dans la mer de Béring ! Je n'aurais jamais cru qu'il monterait au nord des Aléoutiennes.

– Mais nous ne sommes pas un baleinier, c'est assez évident, non ?

– Espérons qu'il préférera poursuivre les autres et laisser filer la goélette.

– Que se passe-t-il en cas d'arraisonnement ? Ils tuent tout le monde ?

– Non. D'après le *Herald* ils capturent l'équipage s'il ne résiste pas, pillent le navire, kidnappent tout le monde à bord et mettent le feu. Quand ils ont trois ou quatre proies, ils transfèrent tous les prisonniers sur un navire et le laissent partir. Mais je préférerais ne pas avoir à le vérifier…

– Mais tout le monde dit que la guerre est finie, que l'Union a gagné…

– Apparemment, personne ne le lui a dit, à lui !

– Capitaine, capitaine ! lance un marin à l'arrière. Regardez !

Une colonne d'épaisse fumée noire monte sur l'horizon, près de l'île Saint-Laurent.

– Ça c'est un baleinier. Il n'y a qu'une cargaison d'huile pour donner cette couleur quand elle crame. C'est le *James Maury* ou le *Nassau*. Ils ne perdent pas de temps. Putain de soleil, il ne va jamais se coucher. Trois hommes dans le grand mât ! Allez me dégager le grand cacatois, bande d'Italiens incapables. On a besoin de toute la toile. Si on reste à dix nœuds, il nous rattrape en quelques heures !

– Capitaine, si on allégeait ? demande Fergus Smalls.

– Il faudra, peut-être, plus tard. Attendons de voir s'il nous poursuit. Quelle erreur d'être partis avec huit marins seulement ! Fergus, si on s'en sort, rappelez-moi de ne jamais appareiller avec moins de douze hommes. J'ai voulu faire des économies, on risque de le payer cher.

Pendant les heures de cette nuit où le soleil ne se couche pas, la *Sunset Star* file à pleine vitesse vers la côte de l'Alaska. Plus de voiles en vue. Les baleiniers se sont dispersés dans l'océan pour forcer le *raider* à abandonner certaines proies. Les cartes marines de la région n'existent pas, rien ne signale récifs et hauts-fonds, il faut se fier aux changements de couleur des eaux, à l'écume crevant sur les brisants, à l'instinct.

Mercator est descendu dormir deux heures dans sa cabine, a confié sa longue-vue à un matelot monté dans le poste de vigie. Aux premières heures du 28 juin, un cri :

– Là ! À six heures ! Une fumée ! Le vapeur ! Merde ! C'est lui, il approche !

Fergus Smalls envoie un Italien réveiller le capitaine, Mercator enfile ses bottes, se rue sur le pont.

– C'est bien lui. À cette distance nous voyons son panache, pas sûr qu'il puisse voir nos voiles. Fergus, passez-moi la barre. Nous allons approcher le plus près possible de la côte. Il faut le forcer à renoncer par peur de s'échouer. Prenez quatre hommes, aux poulies, montez des fûts de la cale, commencez par l'huile. Ceux de spermaceti sont marqués d'un S.

– OK, capitaine.

Les montagnes noires d'Alaska se découpent sur l'horizon, la *Sunset Star* approche du fond de la baie de Norton. Mercator envoie à tribord le plus jeune des marins, lui demande de mettre à l'eau la corde à nœuds plombée et de lui annoncer la profondeur toutes les deux minutes. Les premiers tonneaux d'huile sont montés de la soute.

– Capitaine, vous êtes sûr ? C'est une fortune…

– Vous préférez balancer le spermaceti, ou la caisse d'ambre ? Allez-y !

Quatre barriques passent par-dessus bord, flottent quelques secondes avant de couler.

– Encore ! Il se rapproche !

En deux heures, la cargaison d'huile, des milliers de dollars, est jetée à la mer.

– Vingt-six pieds ! Vingt-cinq ! crie le sondeur en remontant la corde à nœuds.

– Quel est le minimum, capitaine ?

– Quinze. En fait, treize, mais en dessous de quinze nous sommes en danger. Nous sommes encore trop lourds. Montez le spermaceti. Je ne vois plus son panache… Quelqu'un le voit ?

La fumée de la chaudière du *Shenandoah* a disparu sur l'horizon. Tous les marins de la *Sunset Star* scrutent les flots, vers l'arrière. Le *raider* a été comme avalé par l'océan, plus une trace. Il a peut-être renoncé, se dit Mercator. Son tirant d'eau ne lui permet pas de s'approcher si près d'une côte inconnue. Ou il a changé d'objectif, préféré un baleinier à ma goélette. Il s'apprête à donner l'ordre de ralentir l'allure quand :

– Là ! Il est là ! Derrière l'île !

À la barre du *Shenandoah,* le commandant confédéré James Waddell, marin d'exception, a anticipé la trajectoire de sa proie et s'est caché derrière un îlot pour dissimuler son panache de fumée et approcher à couvert. Sa silhouette se découpe sur l'horizon, il arrive à pleine vitesse.

– Nom d'un cachalot ! Paré à virer ! Fergus, les tonneaux ! Balancez le spermaceti, balancez tout ce que vous pouvez. Il faut gagner du poids !

La goélette met cap droit sur la côte, envoie ses deux focs, les seules voiles qu'il avait en réserve. Ce n'est plus la vitesse qui peut nous sauver, se dit Mercator, c'est le tirant d'eau.

– Capitaine ! Dix-huit pieds ! Seize ! Quinze ! hurle le sondeur. Haut-fond droit devant !

Mercator met la barre à bâbord toute, trop tard. Ça commence par un grondement lugubre qui monte du tréfonds du navire, la quille qui racle le fond, puis un craquement sec, comme une détonation : le safran vient de casser. Dans les mains de Mercator, le gouvernail tourne à vide. Le navire avance encore, sur sa lancée, puis s'incline sur tribord.

– Choquez tout, les mâts ne vont pas résister. Vite !

Les marins se ruent sur les écoutes, lâchent les voiles qui faseyent puis battent dans le vent. Un autre grondement fait trembler les structures de la goélette puis elle s'immobilise.

– Amenez les voiles ! crie Mercator dans le porte-voix. C'est fini.

Il regarde vers l'arrière. Le *raider* ralentit l'allure, diminue la voilure. Dans la longue-vue, il aperçoit deux marins en vareuse grise tourner autour du canon d'avant. Ils vont tirer un coup de semonce. Les imbéciles. Ils ne voient pas que nous nous sommes échoués ?

Deux minutes plus tard, une détonation, le boulet lève sa gerbe d'écume trente mètres devant la proue. Nouveau craquement, la *Sunset Star* prend de la gîte. Mercator fait hisser un drapeau blanc, rassemble l'équipage sur le pont.

– Bon, c'est fini. Désolé, c'est de ma faute, j'ai pensé pouvoir lui échapper, j'ai perdu. Il va falloir évacuer le navire, je ne sais pas combien de temps il va mettre à couler, ni même s'il va couler, mais nous ne pouvons pas prendre le risque. Je ne vois qu'une issue : nous constituer prisonniers et monter à bord du *Shenandoah*.

– Ils vont tous nous tuer ! crie Enzo Massaglia, un Sicilien.

– D'après ce que je sais, ils ne s'en sont jamais pris aux civils, même aux Yankees. Leur but est le pillage et la destruction de la flotte du Nord. Je pense que les équipages des baleiniers sont à bord et qu'ils vont nous relâcher.

– On met les chaloupes à la mer et on débarque sur la côte ! crie l'Italien.

– Possible, mais ensuite ? C'est l'Alaska. Il n'y a personne sur des milliers de miles. Vous pensez pouvoir marcher jusqu'à une ville ? Il n'y en a pas. Jusqu'à Seattle à pied ? Il faut des mois, c'est la mort assurée. Pas de pistes, des Indiens sauvages, des ours. La première chose est de vérifier la coque. Fergus, voulez-vous bien descendre à la soute constater les dégâts ? Il faut qu'on sache combien de temps nous avons. S'il n'y a pas de voie d'eau trop grave, je vais aller à bord du *Shenandoah* présenter notre reddition. Si vous ne me voyez pas revenir au bout de quatre heures, prenez les chaloupes et tentez votre chance par la terre. Commencez à préparer des sacs de vivres, les fusils et les munitions.

– Voie d'eau à l'avant, tribord, rien de grave, capitaine, annonce Fergus dix minutes plus tard. Le charpentier peut colmater.

– Bien. Deux volontaires avec moi, parés à mettre un canot à la mer.

– Je crois que ce ne sera pas la peine, capitaine. Regardez.

Deux chaloupes, quatre hommes en armes, baïonnettes aux canons, et quatre rameurs dans chacune d'elles, un officier debout à l'avant, quittent le flanc du *raider* et approchent. Arrivées à quelques encablures, les armes se baissent, visent la goélette.

Fergus Smalls remonte de l'armurerie, deux fusils dans les bras, une boîte de balles, un harpon en bandoulière.

– Fergus ! Non ! Vous voulez nous faire tous tuer ? Planquez ces armes. Tout le monde sur le pont. Gardez vos mains bien en vue, pas d'attitude hostile ou menaçante, ordonne Mercator. Descendez l'échelle de coupée.

– Ohé, la *Sunset Star* ! crie l'officier en grande tenue. Vous allez être arraisonnés au nom de la marine des États confédérés d'Amérique ! Vous êtes nos prisonniers. N'opposez pas de résistance et tout se passera bien. Vous êtes échoués ?

– Sur un haut-fond, pas de risque de naufrage dans l'immédiat, répond Mercator. Nous sommes un navire civil, nous n'avons pas l'intention de résister. Je vous autorise à monter à bord.

L'officier est le premier sur l'échelle de coupée. Il enjambe le bastingage. Il porte une redingote d'uniforme grise avec deux rangs de boutons dorés, une casquette galonnée, un sabre d'abordage côté droit, un revolver côté gauche, qui restent dans leurs fourreaux. Deux marins le suivent, baïonnettes en avant, qu'ils relèvent face à l'attitude passive de l'équipage.

L'officier ôte sa casquette, la coince sous son bras gauche. C'est un jeune homme fluet, aux lèvres minces, frange de cheveux bruns peignés sur le côté. Il s'éclaircit la voix.

– Je me présente : premier lieutenant William Conway Whittle, commandant en second du CSS *Shenandoah*, de la marine de la Confédération. Votre goélette et sa cargaison passent sous le contrôle de la Confédération des États américains. Nous vous remercions de ne pas opposer de résistance, aucun mal ne vous sera fait. Capitaine, si vous m'assurez que votre unité n'est pas en danger de chavirer, malgré sa position délicate, je vous prie de bien vouloir aller chercher vos documents et de me suivre sur le *Shenandoah*.

Mercator descend dans sa cabine, remonte avec le petit coffre de cuivre contenant son livre de bord, ses certificats de navigation.

– Fergus, je vous confie le commandement. Où en est le colmatage ?

– Presque terminé, capitaine. La voie d'eau est sous contrôle, les pompes en marche. Ce qui m'inquiète, capitaine, c'est la marée. Elle est basse, mais quand elle va monter…

– Je sais, Fergus. Nous avons un peu de marge. Dans combien de temps puis-je être de retour auprès de mes hommes, lieutenant ?

– Une heure ou à peu près. Vous allez rencontrer le lieutenant commandant Waddell, qui va vérifier vos créances et vous informera de la suite des opérations. Après vous, capitaine.

Mercator saute dans la chaloupe, deux soldats gris restent à bord de la goélette, arme à la bretelle. Le *raider* s'est laissé porter par le courant, a approché à la limite de son tirant d'eau, a jeté l'ancre. Son commandant attend le canot sur le pont, mains sur les hanches. C'est un homme de belle taille aux larges moustaches à l'anglaise, tête nue, raie au milieu. Il porte sa veste d'uniforme grise ouverte sur un gilet boutonné serré, d'épais galons dorés sur les manches, quatre décorations sur la poitrine.

– Bien que les circonstances soient, je vous l'accorde, un peu particulières, je vous souhaite, comme à tous nos commandants civils montés sur le *Shenandoah* contre leur volonté, bienvenue à bord, capitaine. Vous êtes ?

– Mercator Fleming, de l'armement Fleming, à San Francisco. Je vous serais reconnaissant de bien vouloir garantir l'intégrité physique de mon équipage. Nous sommes un navire civil, de transport, et n'avons rien à voir avec le conflit qui vous oppose aux États de l'Union.

– Capitaine, vous n'êtes pas sans savoir toutefois que la Californie a voté en faveur de l'Union et qu'en cela…

– Certes, commandant Waddell. Mais j'ai l'impression que de votre part vous ignorez une chose plus fondamentale encore : la guerre est finie. Vous avez perdu. Le général Lee a capitulé en avril. Les hostilités ont cessé, votre campagne contre les baleiniers yankees n'a plus de raison d'être. Vous devez nous libérer.

– Vous n'êtes pas le premier à m'affirmer cela. Alors je vous pose la même question qu'aux autres : Pouvez-vous le prouver ? Avez-vous, par exemple, un journal que je pourrais lire ? Nous n'avons pas touché terre depuis plus de trois mois. J'ai entendu des rumeurs, je sais que le cours de la guerre n'est pas en notre faveur, mais j'ai besoin d'une preuve.

Mercator réfléchit. Il n'a emporté à bord, pour un si court voyage, qu'un roman anglais, aucun journal ou magazine.

– J'ai peur que non, commandant. Mais vous pouvez interroger…

– Excusez-moi, capitaine Fleming. Les témoignages plus ou moins directs ou malintentionnés ne m'intéressent pas. J'ai des ordres de marche, une feuille de route. Tant que je n'ai pas reçu de contrordre ou la preuve formelle, par écrit, que la Confédération a été vaincue, je poursuis ma mission.

– Mais…

– Pensez-vous être en position de me couper la parole ? Vous et votre équipage êtes mes prisonniers, votre navire et sa cargaison sont sous mon contrôle. La marine de la Confédération a l'habitude de bien traiter ses captifs, mais ne mettez pas ma patience à l'épreuve. Voilà ce qui va se passer : une fois que j'aurai examiné vos documents, qui prouvent que vous n'appartenez pas à une puissance neutre et que vous êtes une cible légitime, vous retournerez à bord de votre bâtiment avec mon quartier-maître. Vous et vos hommes serez chacun autorisés à emporter un sac d'affaires personnelles. Vos valeurs en argent, métaux précieux ou autres seront confisquées, en échange d'un bon de saisie. Nous nous réservons le droit de réquisitionner tout équipement, instrument ou provisions dont nous pourrions avoir besoin. Vous quitterez votre bord, et votre navire sera détruit par le feu. Vous rejoindrez nos autres prisonniers, dit-il en se tournant vers l'arrière, où Mercator aperçoit une trentaine d'hommes, assis sur le pont ou sur des barriques. Vous serez ensuite transférés à bord du baleinier *Nassau,* dont nous avons pris le contrôle, et quand tout sera en règle je vous autoriserai à mettre les voiles en direction du port de votre choix. Maintenant, plus un mot. Donnez-moi ce coffre.

Un marin confédéré, sans doute un mercenaire kanak au teint cuivré et aux tatouages tribaux sur le visage, pose sa main sur l'épaule de

Mercator. Le commandant Waddell déplie les certificats, feuillette le livre de bord.

– Tout est en règle. Monsieur Mason, monsieur Bulloch, raccompagnez le capitaine à bord de son navire. Vous avez une heure pour le fouiller, procédure habituelle. Rappelez à nos soldats que tout pillage individuel sera puni de trois jours de cachot. Nous ne sommes pas des voleurs. Mettez les valeurs à part, dans ce sac de cuir, les instruments de navigation dans un autre. Voyez avec le cuistot de quoi il manque à la cambuse. Pour la cargaison, je ne crois pas qu'il vous reste grand-chose, n'est-ce pas, capitaine, au rythme où vous avez passé les tonneaux d'huile par-dessus bord ?

– C'est exact, commandant. Il était urgent de s'alléger.

– Pas grave, nous n'avons ni la place ni la volonté de stocker votre huile puante, le sang de la Nouvelle-Angleterre, comme vous l'appelez. Combien de marins à votre bord ?

– Huit.

– Monsieur Mason, vous y allez à deux chaloupes, donc. Exécution.

Mercator retrouve sur le pont de la *Sunset Star* son équipage au complet, y compris le charpentier qui a achevé de colmater, au bois et à l'étoupe, la voie d'eau dans la cale.

– Le pompage est terminé, dit Fergus Smalls. La marée montante va peut-être nous remettre à flot.

– Nous ne le saurons jamais, Fergus. Nous évacuons le navire. Vous avez dix minutes pour descendre remplir un sac de vêtements, aucune valeur, ils seront fouillés. Nous allons être transférés à bord du *Shenandoah* et ultérieurement libérés. Aucun mal ne nous sera fait, j'en ai obtenu l'assurance de son commandant. La *Sunset Star* va être brûlée. Je ne crois pas que nous aurions pu sortir de ce mauvais pas, de toute façon. Allez-y. Pas d'inquiétude, tout va bien se passer.

L'enseigne de vaisseau John Mason accompagne Mercator dans sa cabine, lui ordonne d'en ouvrir le coffre-fort. Il enfourne le portefeuille contenant trois cent vingt-huit dollars, quarante-cinq dollars canadiens et trente livres anglaises dans le sac que lui a confié le commandant Waddell, confisque les deux revolvers Colt Dragoon et leurs munitions, un sabre à poignée d'ivoire et un fusil Hawken.

Les autres armes du bord ont été jetées à l'eau par Fergus. Mercator obtient l'autorisation, avant de remettre son sextant, de monter sur le pont pour faire le point. Il note la dernière position de la *Sunset Star* dans un carnet qu'il glisse dans sa poche. Cherche à terre un repère, n'en trouve pas dans cette immense plaine grise. Il dessine d'un trait le profil des montagnes à l'horizon.

– Voulez-vous m'accompagner pour une inspection de vos soutes ? demande l'officier sudiste.

– Elles sont vides, ou pas loin. Par ici, suivez-moi.

Chacun une lampe à huile à la main, ils descendent dans les cales graisseuses. Mason glisse sur une flaque de spermaceti, se rattrape à une poutre.

– Putain de Yankees, ça pue comme cent porcheries, les entrailles de votre bateau. Comment pouvez-vous supporter ça ?

Il tape avec le manche de son poignard sur des barriques vides. Quand il arrive à la proue, il avise la caisse contenant l'ambre gris.

– Et ça, c'est quoi ?

– Ça, rien. Des déchets.

– Ouvrez.

Mercator attrape le maillet suspendu à un clou, fait sauter quatre cales, soulève le couvercle de la caisse, puis celui du coffre de métal.

– Pouah ! Mais qu'est-ce… Faut vraiment être un putain de Yankee pour stocker de la merde à la cale. Vous ne pouvez pas la jeter par-dessus bord, comme tout le monde ? Refermez ça, c'est une infection !

– Comme vous voulez.

Quand ils remontent sur le pont, l'équipage est rassemblé près de l'échelle. Un Sicilien tient à deux mains une mandoline qu'un soldat gris tente de lui arracher.

– Smith ! Lâche ça. Tu connais les consignes du patron. Tu veux être accusé de pillage ? Ils ont droit à leurs affaires personnelles. Fous-lui la paix. Jones, Hunt, les torches. Vous attendez que nous soyons à bord des chaloupes, vous mettez le feu aux voiles et vous nous rejoignez en vitesse. Videz ce tonneau d'huile sur le pont, à l'arrière, vous allez voir comment ça va cramer.

Mercator laisse descendre ses hommes le long de l'échelle de coupée, s'assied à l'avant de l'un des canots. Les deux marins enflamment les torches à la graisse de baleine. Les voiles s'embrasent. Ils s'éloignent à toutes rames. Ils sont à bonne distance quand le bois gorgé d'huile prend feu. Les flammes montent dans la mâture, la *Sunset Star* devient une boule de feu sur l'océan couronnée d'une fumée noire et âcre. Elle prend de la gîte, s'incline sur le côté. Une heure plus tard, serrés les uns contre les autres sur le pont du *Shenandoah,* Mercator et ses hommes le voient disparaître dans les flots.

54

Nome (Alaska)

4 juillet 2016

Malgré le soleil encore haut, Nome tire son feu d'artifice en même temps que le reste des États-Unis en cette soirée de fête nationale. À vingt-trois heures, ils sont des milliers sur la plage, bouteilles à la main, à saluer la première gerbe bleu-blanc-rouge tirée vers l'est, où le ciel est plus sombre. Steaks hachés et saucisses grillent sur les barbecues, un groupe amateur sur une estrade massacre des standards de Bruce Springsteen, les bars ont monté des stands où coulent des hectolitres de bière, les treize gâteaux du « Grand concours de tarte aux pommes 2016 » sont alignés sur des tréteaux.

– Tu vois, si tu avais un four dans ton mobile home, j'aurais pu participer, dit Juliet à son nouvel amoureux. Avec la recette de ma mère, j'étais la reine des tartes pour la saison, à coup sûr.

Vince McDee la prend par les épaules, l'embrasse dans le cou.

C'est un beau garçon de vingt-six ans, brun ténébreux, grand, mince, chercheur d'or et plongeur hors pair jalousé de tous, qui a, pour séduire la belle serveuse du Nugget Inn, employé une tactique imparable. Quand tous les mâles de la région faisaient les pieds au mur pour attirer son attention, il a joué l'indifférent, plongé dans un recueil de poésie française ou un roman de Jack London, sur son tabouret de bar, le plus loin possible de Juliet sur laquelle son regard jamais ne se posait, à part pour commander sa bière d'une voix monocorde. Elle a mordu à l'hameçon au bout d'une semaine. Moi, c'est *Martin Eden* mon London préféré, et vous ? Trois heures plus tard elle était dans son lit, dans un *trailer* délabré, en désordre mais confortable, bien chauffé et spacieux, à l'écart de la ville, derrière la station-service.

Le lit deux places, quand même, c'est pas mal. Je commence à avoir mal au dos sur ce matelas de camping. Et le brave Matt devient de plus en plus lourd. La couette sent le propre, ce Vince est charmant, musclé, cultivé, la douche fonctionne, je crois que je vais prendre mes quartiers d'été ici…

– Je te laisse cinquante dols, tu vas acheter un four demain matin, si tu veux, *darling*. J'adore la tarte aux pommes. Hamburger ou saucisse ?

– Plutôt saucisse. Chaque fois que je pense aux conditions d'élevage des vaches dans ce pays, j'ai envie de devenir végétarienne.

– Pas sûr que ce soit mieux pour les porcs, mais bon… Saucisse pour moi aussi. Attends-moi, je reviens.

Ils sont ensemble depuis deux semaines, hier Juliet a plié sa tente et transporté ses affaires dans le mobile home, sous le regard désolé de Matthew.

En hiver, sous la glace, comme en été, sur une barge, Vince McDee est le seul chercheur d'or de Nome, sans doute d'Alaska, à travailler en solo. Il a inventé et fabriqué un appareillage révolutionnaire pour faire sous l'eau un premier tri du sable, des graviers et des rochers aspiré par sa pompe de surface. Comme un scaphandrier du fond des mers, il remplit avec ce qui sort de ses tamis sous-marins, un mélange de sable noir, de pépites et de poudre d'or, de gros seaux qu'il remonte sur sa barge. Il passe ensuite, dans une cahute à l'abri des regards, ce *pay-dirt* dans des tamis plus fins, puis dans la traditionnelle batée où brille une petite fortune en *Alaska gold*.

– Avec ce système, mes rendements sont deux ou trois fois plus élevés que ceux qui tamisent en surface. Mon record, c'est vingt-cinq onces en douze heures. Plus de trente mille *bucks* en une journée, Juliet ! C'est pour ça qu'ils me détestent tous. Certains ne gagnent pas ça dans la saison. Ils ont cassé mon atelier pour tenter de mettre la main sur mes machines, ils ne comprennent pas comment c'est possible. Mais ils ne sont pas près de piger. J'ai toujours refusé de vendre ma combine, ou de la breveter. C'est tout simple, mais personne n'y avait pensé avant moi.

– Mais ce n'est pas dangereux de plonger seul ? Même en hiver, sous la banquise ? Si le compresseur s'arrête, il n'y a plus d'air, tu fais quoi alors ?

– Je remonte dare-dare. Ça m'est arrivé une fois ou deux. C'est vrai que c'est un peu chaud. Faut pas traîner, sous la glace il faut retrouver le trou assez vite. Mais on n'a rien sans rien, *honey*.

Juliet se dégage de son étreinte, se place face à lui, lui prend les deux mains, le regarde droit dans les yeux en fronçant le nez.

– Écoute, Vince. J'ai une idée. Embauche-moi. J'ai entendu parler les gars, au bar. Je sais ce qu'il faut faire sur le *dredge* : surveiller le compresseur, la pompe, le départ de l'eau chaude, le niveau de carburant. J'ai beaucoup bricolé avec mon père, je sais me servir des outils, j'ai un Leatherman, regarde. Je veillerai sur toi, qu'il ne t'arrive rien. Et quand tu remonteras, je serai là pour t'embrasser, te réchauffer. Qu'est-ce que tu en dis ?

– Pourquoi pas… C'est pas con. Je n'ai jamais trouvé quelqu'un à qui faire confiance, mais toi…

– Tout ce que je te demande, c'est de m'assurer au minimum ce que je gagne au Nugget. Cinq cents dollars par semaine. J'ai besoin de ce fric.

Vince l'attire à lui, l'embrasse sur les lèvres puis s'écarte d'elle, la prend par les épaules.

– Voilà ce que je te propose : un quart de nos prises. Cinq cents *bucks* la semaine minimum mais crois-moi, *Hon'*, ce sera beaucoup plus. Beaucoup, beaucoup plus. J'ai gagné pas mal d'argent cet hiver, acheté un pick-up neuf, du matos, mon *trailer*, je n'ai pas besoin de grand-chose d'autre. Si je peux t'aider à payer ton école à Londres, c'est avec plaisir. Elle s'appelle comment, déjà ?

– RCA, le Royal College of Art. La meilleure *art school* du monde. Tu es sérieux ?

– Comme la justice. Je ne le dis qu'à toi, mais j'ai eu une sacrée trouille, en mars, sous la glace. J'ai cru que c'était fini, que je ne trouverais jamais ce putain de trou. Le filtre à essence du générateur s'est bouché, j'ai failli rester au fond. Y a des gars qui sont morts comme ça, même si personne n'en parle. Tope là.

– Merci, oh merci ! Je commence quand ?

– Mais demain matin, ma Juliet. Tu es à Nome, Alaska. La saison d'été est courte, les glaces reviennent en octobre. Chaque heure où les pompes ne fonctionnent pas, c'est de l'or qui reste au fond. Il y a des équipes qui tournent vingt-quatre heures sur vingt-quatre, je crois bien que la soirée du 4 juillet est la seule où elles arrêtent. Et encore, je suis sûr qu'en prenant la piste de la plage il ne faudrait pas aller loin pour entendre ronronner un générateur. Regarde, on arrive au stand du Nugget Inn. Tu veux aller dire au patron qu'il a perdu la plus jolie serveuse qu'il ait jamais eue, que son chiffre d'affaires va se casser la gueule, ou tu veux que je m'en charge ?

– J'y vais. Je t'apporte une bière ?

– Une Tundra Wookie, s'il te plaît. Ou une Big Mountain.

Le lendemain matin, après une courte nuit, ils embarquent peu avant dix heures sur le *Garibaldi,* la barge de Vince amarrée dans le petit bassin du port.

– C'est le nom de mon bled, sur la côte Pacifique, en Oregon. Fondé par des Ritals, tu t'en doutes. Mon père était un grand chasseur sous-marin. J'ai grandi dans l'eau froide, première combi à cinq ans, ça aide pour ce genre de job. J'étais ado quand j'ai vu un reportage sur Nome et ses plages aux trésors. Encore mineur quand je suis venu pour la première fois. Ça a marché de suite. J'ai un don pour trouver les bons coins, je crois. Ou alors beaucoup de chance. Bon, je te montre les commandes. La plus importante : le générateur. S'il s'arrête, tout s'arrête. Il alimente la pompe, ici, la résistance qui chauffe l'eau, là, le compresseur, derrière. Le réservoir est là, tu vois la jauge ? Ça c'est la nourrice pour le moteur hors-bord, pas la peine de t'en occuper, on part avec le plein tous les matins, et mon spot n'est pas très loin. Bon, on y va, je t'explique le reste sur place.

– Laisse-moi lancer le moteur et barrer, dis-moi juste où nous allons.

– Tu pars sur la droite à la sortie du chenal, dit Vince en sautant sur le quai pour larguer les amarres. Je t'indiquerai le point GPS.

L'océan est calme ce matin, un soleil voilé éclaire la plaine et les montagnes d'une clarté diaphane. La barge est sommaire mais solide, avec des rebords en alu brossé qui permettent de naviguer dans une petite houle sans embarquer trop d'eau, du matériel neuf, bien agencé. Au centre, au lieu des boîtes à écluses, les installations de tamisage et filtrage du sable comme sur les autres bateaux, le *dredge* de Vince contient une grosse caisse en inox dans laquelle il range, à l'abri des regards et des convoitises, son équipement sous-marin.

– Mes délais de mise en route sont plus longs que les autres, il faut tout descendre au fond et refaire les branchements, mais ensuite les rendements sont bien meilleurs. Tu vas voir, chérie… Tiens bien ce cap, je mets ma combi.

Juliet le regarde se déshabiller, passer les jambes dans son épaisse combinaison Aqua Lung, la remonter autour de sa taille, enfiler les bras, la tête et ajuster une large cagoule couvrant les épaules.

– Tu vois ici, et là, ce sont les valves pour l'eau chaude, ensuite elle se diffuse à l'intérieur. Mais pour le visage, les mains et les pieds, il n'y a pas grand-chose à faire. Tu te les pèles. Après, c'est une question d'habitude et de résistance, il faut serrer les dents. Mais quand tu vois les pépites, les cailloux jaunes sur fond de sable noir, tu oublies que tu te cailles, crois-moi ! Plus y en a, moins tu te gèles. Passe-moi le GPS, s'il te plaît. On approche… Latitude 64° 2… 3… Encore un peu… C'est bon, coupe le moteur, je jette l'ancre. Tu vois, ma concession est ici, deux cent vingt yards autour de nous, dans tous les sens. Faut faire bien gaffe de ne pas en sortir. Tu as l'impression qu'il n'y a quasiment personne dans le coin, à part les deux *dredges* là-bas et le *Christine Rose*, le grand machin un peu plus loin, mais on s'espionne tous, tout le temps. Tu débordes dans la concession voisine, et dans les deux heures quelqu'un te balance aux agents du DNR, qui débarquent en Zodiac et te collent une amende.

Vince ouvre le cadenas qui fermait son grand coffre central, en sort les pièces de sa boîte à écluses sous-marine, les assemble, puis les immerge avec un filin. Il prépare ensuite le long tuyau annelé de la pompe aspirante, le met à l'eau.

– Voilà, *darling*. Tout est prêt. Maintenant le générateur, manette verte.

La machine s'ébroue, ronfle, prend son rythme de croisière.

– Puis la pompe, le bouton bleu, le compresseur, ici et l'eau chaude, là. Tu vois, ça c'est ma ligne de vie : l'air c'est le flexible noir, la chaleur le rose. Ils sont attachés ensemble, le long d'un filin. Je suis au bout. Maintenant que tu es là, je vais acheter un système radio que je relierai à mon masque, on pourra se parler. Bon, j'y vais. Je fais un premier tour d'environ deux heures s'il n'y a pas de problème et je remonte.

Il passe la tête dans le masque intégral qui lui couvre le visage, serre les quatre sangles, enfile ses gants à trois doigts, fait signe que tout va bien et saute à pieds joints dans l'océan gris-bleu. Juliet s'agenouille, plonge la main dans l'eau : elle ne dépasse pas les dix degrés Celsius.

Elle fait le tour des machines, tapote la jauge d'essence du générateur, tend l'oreille au ronronnement du compresseur, pose un doigt sur le tuyau d'eau chaude, regarde dans l'eau remonter les bulles, s'assied sur une caisse en plastique. Pas grand-chose à faire s'il n'y a pas de pépin. Demain, j'apporte mon bouquin, ou je vais trouver le temps long.

Un hors-bord approche. Trois gars en tenues de plongée font un crochet pour voir qui est à bord de la barge de Vince McDee, saluent de la main, s'éloignent.

Deux heures plus tard, les bulles qui remontent à la surface grossissent, Juliet aperçoit la tête de son amoureux sous l'eau, il attrape les barreaux de l'échelle et monte. À sa ceinture, trois filins qu'il détache.

– Chérie, tu peux couper les machines. Il y a un seau de *pay-dirt* au bout de chaque corde. Tu veux bien les remonter pendant que je me change ? D'habitude je fais ça à terre, mais c'est ton premier jour, et je vais te faire découvrir ta première pépite.

Juliet récupère les trois bouts, en arrime deux, hisse le troisième. Le seau de vingt litres est lourd, lesté d'un galet rond et plat qui maintient le contenu au fond.

– Jette le caillou, je le retrouverai facilement.

Elle remonte les deux autres. Vince a enfilé un short, une laine polaire, un bonnet. Il remplit un coffre rectangulaire d'eau de mer, prend une batée de plastique vert. Avec une petite pelle, il sort un mélange de sable, de terre et de fin gravier noir du premier seau.

– Regarde, celle-là est si grosse qu'on la voit direct. Attrape-la. Miss Stone, je vous présente votre première pépite de *Bering Sea gold*. Petite pépite, je te présente Juliet Stone, future grande artiste.

Il verse deux pelles de *pay-dirt* dans la batée, la plonge dans l'eau, la fait tourner du geste traditionnel des chercheurs d'or, élimine peu à peu le sable, plus léger. En quelques minutes, le fond de la batée est tapissé de poudre d'or et de pépites, les plus grosses de la taille d'une lentille, les plus petites d'une tête d'épingle.

– Ça, c'est au moins une demi-once, chérie. S'il y a la même teneur dans les trois seaux, nous n'aurons pas perdu notre matinée. Tu as vu la technique ? À toi.

Ils tamisent le reste, en tirent près de quatre onces – valeur à la revente à Nome : plus de cinq mille dollars –, mangent une salade de pâtes froide et des brownies, café tiède dans un thermos, puis Vince retourne au fond pendant trois heures. Ils rentrent avant dix-huit heures, prennent une douche, font l'amour, sortent dîner chez Airport Pizza, terminent la soirée dans l'atelier.

– J'adore voir apparaître l'or dans le sable, dit Juliet. C'est magique.

– Tu comprends la fièvre de l'or, maintenant ? Ces gars qui ont accouru sur la côte Ouest de l'Amérique de tous les coins du monde, juste pour ce moment, les doigts qui tremblent, le cœur qui bat plus vite quand une grosse pépite brille au fond de la batée. Tu es sur les traces de tes ancêtres *forty-niners,* mademoiselle Fleming.

– Tu ne crois pas si bien dire…

Ils repartent le lendemain en fin de matinée.

– Pas la peine de commencer trop tôt, en juillet. Tu as vu, le soleil ne se couche pas, ou à peine. Il faut bien manger, être en forme pour affronter l'eau froide. Le problème, c'est que je ne dors plus assez depuis que je t'ai rencontrée.

Juliet sourit, lui envoie un baiser du bout des doigts.

Ils amassent en dix jours une trentaine d'onces d'or, achètent à Juliet une combinaison sèche, étanche à l'eau, et une bouteille. Elle le rejoint sous l'eau, quinze minutes toutes les deux heures, pour l'aider à ramasser le *pay-dirt*, remplir les seaux, les remonter. Sur la barge, elle commence le tri pendant qu'il est cinq mètres sous elle, découvre en criant de joie une pépite plus grosse que l'ongle de son pouce.

– On la garde, il y a un gars à Nome qui monte ça en bijou, ça te fera un souvenir, *darling*. Tu l'auras autour du cou quand tu seras vieille et que tu auras oublié mon prénom. Tu diras à tes petits-enfants : ça, c'est quand votre grand-mère était chercheuse d'or en Alaska !

Un matin, début août, pendant que Vince s'équipe, Juliet met en marche la pompe qui démarre, hoquette, s'emballe à plein régime puis s'arrête dans un bruit de ferraille, comme si une pièce en mouvement à l'intérieur avait explosé.

– C'est grave, non ? demande Juliet.

– Plutôt, oui. Elle n'a qu'un an, pourtant. Pioneer, le meilleur modèle du marché. Fin de la journée, *baby*. Il faut démonter et espérer que les pièces de rechange sont dispo.

– Sinon ?

– Sinon, c'est FedEx depuis Anchorage. Deux jours minimum.

De retour au port, ils emportent la pompe à l'atelier où, le carter central enlevé, le diagnostic est rapide : un écrou s'est dévissé et a détruit en tournant presque toutes les ailettes.

– C'est réparable ?

– Pas vraiment. Trop long, trop cher. Le plus simple est de changer de pompe. Je vais voir chez Builders Industrial Supplies s'ils en ont une assez puissante. Tu viens ?

– Bien sûr, j'adore les magasins d'outillage,

Ils font le tour des trois fournisseurs de la ville. Aucun n'a une pompe d'une puissance suffisante. Chez Builders, la dernière vient d'être vendue à des Texans.

– J'appelle le revendeur à Anchorage, je le connais. Quel jour sommes-nous ? Mardi. Au plus tôt jeudi matin, il n'y a pas de vols le mercredi. Merde !

– Donc nous avons un jour *off* ?

– Exact, *mademoiselle*. Une journée au lit !

– Peut-être pas la journée. J'ai une idée pour l'après-midi.

55

San Francisco (Californie)

16 août 1865

L'entrée dans le port de Seattle, au début du mois d'août, du baleinier *Nassau* avec à bord, serrés comme des sardines, une centaine de *whalers* affamés dont les navires avaient été capturés, pillés et brûlés par le *confederate raider Shenandoah* a provoqué une onde de choc qui a traversé le pays, jusqu'à New York et Washington.

Pendant trois jours d'escale, les rescapés ont raconté leur calvaire aux journalistes locaux, qui ont expédié leurs articles aux quatre coins des États-Unis. Ils se sont ensuite précipités aux bureaux du télégraphe, où priorité leur a été donnée, pour prévenir familles et armateurs à New Bedford, Nantucket, Plymouth ou San Francisco.

Navire capturé, brûlé et coulé par marine sudiste au large de l'Alaska – Stop – Pas de victime à bord. Cargaison perdue – Stop – Sommes arrivés à Seattle – Stop – San Francisco dans une dizaine de jours – Stop – Merci prévoir voyage de retour côte Est – Stop.

Mercator a envoyé trois lignes à son bureau, sur le port de San Francisco, qu'un coursier a apporté dans la minute à Sara, occupée à faire la caisse de la journée au Diamond Star et à distribuer aux filles leur part des bénéfices de la semaine.

Ils sont une cinquantaine sur le pont, en cette matinée du 16 août, quand le *Nassau* franchit la Porte d'Or. Face à l'île d'Alcatraz, une vingtaine d'embarcations prévenues de leur arrivée les attendent et les escortent jusqu'au quai de Telegraph Hill où les accueillent fanfare et autorités locales. Sara est à bord du *Sandy Point*, une barge de transport de grumes de l'armement Fleming.

– Sara ! Sara ! Je suis là ! Ici ! crie Mercator de la proue du baleinier, quand il l'aperçoit.

Elle porte une robe mauve, agite son ombrelle. Dieu qu'elle est belle !

– Mercator ! Merc' ! J'ai eu si peur !

Elle accoste avant lui, prend leur fils Thomas par la main ; ils sont au pied de l'échelle de coupée du *Nassau* quand le capitaine Mercator Fleming, suivi de son équipage au complet, pose le pied sur le quai de sa ville, dix semaines après l'avoir quittée. Il étreint son fils et sa femme.

– Comment allez-vous, mes amours ?

– C'est vrai, Pa', que tu as été attaqué par des pirates ?

– En quelque sorte, oui, mon Tom.

– Ils avaient des sabres, un drapeau à tête de mort ?

– Pas de tête de mort, mais les couleurs de la Confédération. Ce sont des Américains qui mènent une guerre qu'ils ont perdue, dans l'Est, mais le commandant du bateau ne le savait pas. Mais bon, nous sommes là, il n'y a eu ni morts ni blessés, c'est le plus important. Mais c'est la première fois que je perds un navire, ça fait une sale impression de le voir brûler et de ne pouvoir rien faire. Mais un navire, ça se remplace. J'en ferai construire un autre, encore plus beau, à Bolinas. Tu as été sage pendant que je n'étais pas là ?

– À peu près. Il est un peu remuant à l'école, dit Sara en lui frottant le sommet du crâne. Le père François est venu me voir pour s'en plaindre, mais ça va s'arranger, n'est-ce pas Thomas ?

– Oui maman.

– Et il a commencé les cours de français, avec un jeune marquis arrivé de Paris pendant la Ruée vers l'or. Philomène et Gertrude lui font réciter ses conjugaisons… *Je marche, tu marches.*

– Excusez-moi, monsieur ! Vous êtes le capitaine Fleming ? demande un officier en uniforme de l'US Navy.

– C'est moi.

– Bienvenue à San Francisco, capitaine. Content de vous voir de retour. Le commodore Douglas souhaite que les commandants des navires arraisonnés par le *Shenandoah* viennent le rencontrer dans son bureau du port de toute urgence. Si possible dans le courant de l'après-midi. Cette affaire est d'une importance stratégique vitale, vous comprenez…

– Bien sûr. Mais il faut d'abord que je me change, je porte les mêmes vêtements depuis un mois.

– Évidemment. Prenez votre temps. Je vous propose quatre heures ?

– Quatre heures, très bien.

Allongé dans la baignoire, Mercator raconte à Sara les secrets de sa campagne, les cent vingt livres d'ambre gris, d'une valeur à New York d'au moins cent cinquante mille dollars, le marin sudiste qui a cru être tombé sur les toilettes du navire et s'est pincé le nez.

– L'ambre brûle bien, mais je pense que le coffre en fer qui était dans la proue l'aura protégé de l'incendie. Mon bateau a coulé par l'avant, les flammes ne l'auront pas atteinte. C'est un trésor englouti, désormais, comme dans les livres de légendes marines que me lisait ma mère dans mon lit, à Nantucket. Les chasseurs de baleines sont des chasseurs de trésors, ils adorent les histoires d'ambre gris, et leurs enfants encore davantage. Je vais affréter une goélette dès que possible pour aller le récupérer. Il est au fond par moins de vingt pieds de profondeur, ce sera facile. Je connais un Grec à Oakland qui est le meilleur scaphandrier de la…

– Ah non ! Tu ne vas quand même pas repartir des mois, cette fois à la chasse à je ne sais quel trésor !

– Pas tout de suite, ne t'inquiète pas. L'épave sera prise dans les glaces dans quelques semaines, personne n'ira la chercher. De toute façon, je suis le seul à avoir noté sa position exacte. Le capitaine sudiste avait pris mon journal de bord mais il me l'a rendu, j'ai tout consigné dedans. L'été prochain, ou celui d'après…

– Bon, je préfère ça. D'ici là…

– Désolé, ma chérie, mais je n'oublierai pas. Cent vingt livres d'ambre gris, pour un baleinier, ça vaut tout l'or de la Californie.

– Un baleinier ?

– Bon… Un ancien baleinier.

Trois heures plus tard, les commandants du *Brunswick*, du *James Maury*, de l'*Isaac Howland*, du *Nassau*, du *Milo*, du *Hillman*, du

Covington et Mercator se retrouvent dans le bureau du commodore Erasmus Douglas, patron de l'US Navy pour la côte Ouest et l'Alaska.

– Messieurs, dit l'officier en tenue blanche, je viens de recevoir un câble de l'amiral David G. Farragut, commandant de la flotte américaine, qui vous souhaite la bienvenue à San Francisco et vous félicite, vous et vos hommes, de votre sang-froid lors de cette épreuve. Si vous le voulez bien, j'aimerais que vous me relatiez les circonstances exactes de la capture et de la destruction de vos unités.

Chaque capitaine baleinier prend la parole, Mercator en dernier. Tirs de semonce, arraisonnements, fouilles et pillages, rassemblement sans violence des équipages à bord du *Nassau*, sabotages, incendies, naufrages.

– Merci messieurs. Des dispositions sont étudiées pour que les pertes que vous avez subies soient compensées, dans le cadre des réparations et dommages de guerre dont les États confédérés devront s'acquitter. Je suis autorisé par Washington à vous révéler, en vous demandant de n'en parler à personne, que peu après la destruction de vos navires le capitaine du *Shenandoah* a été confronté à la preuve irréfutable de la défaite de son armée. Il aurait mis fin à sa campagne de pillage, mais c'est une information que nous devons confirmer. Il semble que vous avez hélas été ses dernières victimes.

– Commodore, dit Mercator, pouvez-vous nous dire comment il a pu être persuadé ? Parce que nous avons essayé…

L'officier se tourne vers son second, qui acquiesce des paupières.

– Le 2 août, le *raider* a arraisonné, toujours au large de l'Alaska, le trois-mâts *Barracouta,* qui avait quitté San Francisco le 20 juillet, avec à bord des journaux récents. Leur lecture a convaincu le capitaine Waddell que la guerre était perdue, que le gouvernement confédéré avait été renversé et que sa campagne de destruction des navires yankees n'avait plus de justification. Bien évidemment, il n'a pas révélé au commandant du *Barracouta* ce qu'il allait faire et quel cap il comptait prendre. Mais vous vous doutez bien que notre objectif est, plus que jamais, de capturer ce maudit *confederate raider* et de le traduire en justice. Je ne vous en dirai pas davantage, vous le comprendrez. Je veux une nouvelle fois vous remercier et vous féliciter. Je dois maintenant vous laisser. Nos officiers de renseignement prendront contact avec vous, merci de bien vouloir noter avant de partir vos adresses ou les établissements où vous serez joignables demain. Je suppose que ceux d'entre vous qui sont basés en Nouvelle-Angleterre ont hâte de prendre le vapeur pour rentrer sur la côte Est. Si je ne me trompe pas, le prochain part dans deux jours. Si vous avez du mal à trouver une place en première classe, faites-le-moi savoir, je peux intervenir et le ferai avec plaisir.

Pendant ce temps, Sara organisait dans la salle à manger du Diamond Star un dîner de gala pour cent personnes, leurs amis et les amis de leurs amis, quelques officiels et notables aux premiers rangs desquels Samuel Brannan, le professeur Altmaier, premier adjoint au maire, les meilleurs clients de la Fleming & Co, les employés de Mercator et les siens, pour fêter dignement le retour de son mari et de son équipage. Un banquet qui resta dans les mémoires de la ville, avec huit plats préparés par les cuisiniers français, des hectolitres de champagne et de whisky, une pièce montée en forme de goélette, un spectacle de cancan à réveiller les morts et un numéro de strip-tease par Mlle Lulu, avant lequel Thomas avait été envoyé se coucher.

– Merci mon amour, dit Mercator à Sara quelques heures plus tard, avant de la renverser sur le lit de leur chambre.

Par les fenêtres ouvertes, donnant sur le balcon qui surplombe la ville, les premières lueurs de l'aube éclaircissent le ciel au-dessus de la baie.

– C'est vrai que vous n'avez pas été maltraités ?

– Tout à fait. Ce capitaine sudiste s'est comporté en gentleman. Je crois qu'il savait que tout était perdu, mais il continuait sa mission, faute d'avoir reçu l'ordre de l'interrompre. Sacré marin, en tout cas.

Trois semaines plus tard, comme promis, ils embarquent Thomas à bord d'un ketch de location. Destination Bolinas. Les courants et les remous de la Porte d'Or passés, Mercator coiffe son fils de sa casquette de capitaine, lui pose les mains sur la roue d'acajou.

– C'est toi qui barres, fiston. Tu sens la force du vent dans les voiles ? La proue qui ouvre les vagues ? Le bateau sous tes pieds ? Tiens le cap. Tu vois le mont Tamalpais, devant nous ? Bolinas là, droit devant. Allez, moi je vais faire une sieste…

– Non ! Pa' ! Ne me laisse pas ! Je ne peux pas…

Sara sourit, Mercator pose sa main sur l'épaule de Thomas.

– Bon, d'accord. Je reste à côté de toi. Mais tu navigues, fils. Ton grand-père était le meilleur capitaine de Nantucket, l'île des baleiniers, la capitale mondiale des tueurs de cachalots, il est temps que tu découvres l'océan.

Ils accostent sur la nouvelle jetée de Bolinas et s'installent, comme de coutume, dans deux chambres du Smiley's Shooner Saloon. Juste avant de le vendre, pour ouvrir un chantier naval à l'entrée du chenal, Eddie Ross a fait ajouter sur la façade, à la peinture blanche : *Established 1849.*

Mercator a dessiné sur une feuille pliée en huit la silhouette de la goélette qu'il commande à Eddie : un peu plus longue, plus fine, plus rapide que la *Sunset Star,* il la baptisera *Sara,* ne l'a pas encore dit à sa femme.

Il pose le croquis sur la table de billard, dans la salle du rez-de-chaussée.

– Qu'est-ce que tu en penses, Ed ?

– Jamais rien construit d'aussi beau, mais je peux, j'ai la place. Il me faudrait deux ou trois charpentiers supplémentaires.

– Je te les envoie de San Francisco. J'ai les pins pour les mâts, du chêne du mont Diablo qui sèche depuis deux ans. Ça ira ?

– Deux ans, c'est bien.

– Tu viens à l'entrepôt, tu prends ce qu'il te faut. Je voudrais des planchers en séquoia, pour les cabines.

– C'est vous le client, capitaine.

– J'ai apporté six mille dollars pour le premier versement. Tu montres mon dessin à ton architecte naval, tu lui fais faire les plans et tu me l'envoies avec à Frisco. Combien de temps pour le dessiner ?

– Il termine un bateau de pêche… Je dirais six semaines, deux mois au plus.

– D'accord. À la tienne, Eddie. Tu te souviens de juin 49, quand nous avons débarqué ici après avoir raté l'entrée de la baie dans le brouillard ? Nous arrivions du cap Horn…

– Vous parlez que je m'en souviens ! Le Forgeron vous servait de guide, avec son chat et son cochon apprivoisé. Paix à son âme.

Pendant l'automne et l'hiver, ils passent régulièrement quelques jours à Bolinas. Mercator vend sa scierie de Woodville, dont les machines crachent la vapeur comme au premier jour, à un immigrant norvégien, utilise la recette pour payer la construction de la goélette. Dans la cale du chantier naval, la charpente prend forme autour de la quille, de la varangue et des couples de chêne qui dessinent la silhouette du navire.

– À ce rythme, mise à l'eau au début de l'été, boss.

– Très bien, Eddie.

Mi-novembre, Fergus Smalls entre dans le bureau de Mercator, un exemplaire du quotidien *Alta California* à la main.

– Boss, regardez page quatre. Sur deux colonnes, l'article est daté de Liverpool, Angleterre, par le correspondant du *New York Daily Times*.

> Nous apprenons l'arrivée dans le port de Liverpool, le 6 novembre, du CSS *Shenandoah,* le *confederate raider* de sinistre mémoire, qui a coulé une trentaine de navires civils de l'Union, s'en prenant particulièrement à la flotte baleinière de Nouvelle-Angleterre. Recherché par toute la flotte de l'Union, il semble que le *raider* soit parvenu à échapper à ses poursuivants et à regagner le port où il avait été construit. Les autorités anglaises assurent avoir saisi le navire et mis aux arrêts officiers et équipage. Leur sort dépend désormais de tractations qui ne vont pas manquer de s'ouvrir entre Londres et Washington.

– De la mer de Béring à Liverpool, sans se faire repérer, en trois mois, avec toute l'US Navy à ses trousses… Ce capitaine Waddell est un phénomène, dit Mercator. Je suis curieux de voir ce qu'il va advenir de lui.

Au printemps de 1866, des affiches à la Chambre de commerce de San Francisco annoncent la mise en vente de nouvelles coupes de bois sur les pentes du mont Tamalpais, qui surplombe Bolinas.

Les années héroïques, où n'importe qui pouvait abattre n'importe quoi dans les forêts de Californie, sont révolues. L'administration de l'État a pris en main la gestion d'immenses espaces sauvages, géomètres et fonctionnaires ont quadrillé la Sierra, établi un cadastre où les parcelles privées côtoient des zones publiques.

– Sara, je dois partir deux ou trois jours inspecter un secteur qui va être mis aux enchères le mois prochain, près du sommet de

Tamalpais, dit Mercator. D'après le rapport il y a de beaux séquoias et surtout des chênes vieux d'au moins un siècle. J'en ai besoin pour les chantiers navals.

– Comment y vas-tu ? Par la piste ?

– Non, en bateau jusqu'à Bolinas, puis à cheval. Eddie manque de clous et de chevilles pour la goélette, je les lui apporte.

– Tu pars quand ?

– Lundi, sans doute. Ou mardi.

– Tu y vas seul ?

– Je pense. Je traverse le lagon par le bac, et l'aller-retour se fait dans la journée.

– Tu dois vraiment aller sur place ? Tu ne peux pas envoyer quelqu'un ?

– Je pourrais, mais d'une part j'aime cette montagne, c'est la première chose que j'ai vue, depuis le *Freedom*, quand la brume s'est levée, le jour de notre arrivée, et d'autre part il ne faut pas se tromper sur la qualité des arbres. Si tu paies une fortune une coupe de bois et que les troncs sont pourris, c'est la catastrophe. J'ai besoin de les toucher, d'écouter le vent dans leurs branches. Il y a un gars qui fait un miel fameux, près de Cataract Falls, je t'en rapporterai pour le restaurant.

Quatre jours plus tard, à Bolinas, Mercator selle à l'aube une jument grise dans l'écurie d'Eddie Ross.

– Merci pour la tente, la couverture et le fusil, Ed. Je pense être de retour avant ce soir, mais si c'est plus long que prévu, je passerai la nuit là-haut.

Il embarque à bord du premier bac de la journée, traverse le lagon, touche terre au pied du mont Tamalpais. Dans sa poche, un plan manuscrit dont certaines parties, correspondant aux parcelles mises en vente, sont hachurées au crayon. La piste serpente à l'assaut de la montagne, entre les buissons et les souches de séquoias abattus il y a longtemps, dont le bois a bâti San Francisco. Nous n'avons jamais coupé par ici, se dit-il. Trop compliqué de traverser le lagon, à l'époque, c'était bien avant le bac. Mais il faudra bien y venir, il n'y a plus un *redwood* facile d'accès à abattre sur toute la côte. C'est incroyable ce qui a été coupé en quinze ans. Si ça continue à ce rythme, on sera obligé d'aller les chercher au fin fond de la sierra centrale, les arbres rouges. La faim de bois de construction n'est pas près d'être rassasiée. Ils commencent à bâtir, en ville, sur des collines où nous chassions le daim il y a quatre ou cinq ans. Et les travaux qu'ils envisagent pour le port vont faire venir de nouveaux habitants de tous les coins du pays. Il faut que je regarde s'il n'y a pas aussi des cyprès par ici.

Il déplie la carte sur le pommeau de sa selle, lève les yeux vers le sommet de la montagne, la replie, la glisse dans la poche de sa veste de cuir et engage la jument dans un sentier à peine tracé, qui mène à l'orée d'une forêt de séquoias. Il met pied à terre, tient sa monture par les rênes et pénètre à pas lents dans la cathédrale végétale.

Il s'arrête au pied du premier géant, enlève le gant de sa main droite, la pose sur l'écorce. Après toutes ces années, ces centaines d'arbres passés sous la cognée de ses bûcherons, sous la scie de ses machines, l'émotion du premier jour. Cette impression de force, de majesté, d'éternité. Il sait qu'après lui viendront les hommes qui abattront ces géants magnifiques, les découperont, les débiteront en planches. Ils deviendront maisons, entrepôts, jetées, charrettes. Mais à cet instant il est seul au pied de ces titans. Sous ses doigts il sent les longues fibres brunes, douces et régulières. Il imagine les racines, immenses, les sommets qu'il ne peut voir. La brise marine monte de l'océan, agite les frondaisons, vingt ou trente mètres au-dessus de sa tête. Le sol est couvert de cônes : en s'ouvrant, ils vont libérer les graines, une sur mille va germer et devenir un arbre. Il faudrait peut-être les replanter ailleurs, si on veut que nos petits-enfants et leurs enfants aient quelque chose à couper. Une pépinière de séquoias, ça c'est une idée…

Il pénètre, en suivant un torrent où la jument se désaltère, dans un étroit vallon où les *redwoods* poussent si serrés que règne une pénombre humide. Les rayons du soleil ne percent que la canopée, d'où descendent des chants d'oiseaux. Odeurs de bois en décomposition, d'humus, de tourbe. Un tronc abattu il y a des décennies par une tempête montée du Pacifique barre le chemin, il le contourne à flanc de talus. L'ombre centenaire des séquoias a tué toute végétation, à l'exception de grands buissons de fougères et de quelques arbustes rabougris. Il s'arrête devant un tronc monstrueux, une vingtaine de mètres de diamètre, évidé et carbonisé en son centre. Touché par la foudre, sans doute, se dit Mercator.

Soudain, la jument lève la tête, écarte les naseaux, dresse les oreilles et pousse un hennissement.

– Là, là, tout doux.

Mercator tire sur les rênes, tente de mettre une main sur son chanfrein.

La monture se cabre, bouscule l'homme de sa jambe droite, hennit et souffle à coups saccadés. Elle a peur. Il se précipite sur l'étui de selle, en sort le fusil. La jument rue à nouveau, affolée. Les rênes échappent à Mercator, la bête fait demi-tour et part au galop. Il lève son arme, tend l'oreille. Rien, le clapotis du torrent. Puis un léger bruit de feuilles remuées, de branches. Devant lui, à une dizaine de mètres, deux petits grizzlis, boules de poils, museaux pointus, jouent dans la boue du ruisseau sans se soucier de lui. Oh, merde ! Où est la mère ? Il arme la culasse, bloque sa respiration, tourne lentement sur lui-même, doigt sur la gâchette.

Derrière lui, un grondement sourd. Il se retourne. Il aperçoit la tête de l'ourse, une oreille, au-dessus d'un buisson de fougère. Elle se remet à quatre pattes et fonce vers lui en grognant comme un fauve, gueule ouverte, renverse tout sur son passage. La voilà ! Elle est à trois mètres quand il tire, la touche sans doute, pas sûr.

Pas le temps de recharger, l'ourse en furie le percute à pleine vitesse. Il vole contre une souche, s'écrase contre le tronc, souffle coupé. Elle est sur lui. Coup de patte : les griffes, longues comme des doigts d'homme, déchirent la vareuse au niveau de la poitrine, arrachent les chairs. Un deuxième coup, sur le crâne, entaille le cuir chevelu.

Il hurle, de peur et de douleur. Aveuglé par le sang, il tâtonne à sa ceinture, trouve son poignard inuit, le dégaine, porte un coup dans le flanc, qui s'enfonce dans la fourrure. La bête grogne, se relève. Mercator s'aplatit, face contre terre. Faire le mort, immobile, c'est ma seule chance. Il essaie de ne plus respirer, n'y parvient pas. Elle se penche sur lui, il sent son haleine dans son oreille, sa langue chaude et râpeuse. D'un coup de patte, elle le retourne, pose les griffes sur son bras, immobilise le couteau, renifle l'odeur du sang et plonge en grognant les crocs dans sa gorge, sectionne à moitié le cou, arrache les chairs. Le sang jaillit à gros bouillons de sa carotide. Mercator meurt dans un atroce gargouillis.

La bête, museau ensanglanté, donne deux coups de patte. La proie ne bouge plus. Le danger pour les oursons est écarté. Elle se retourne, retrouve ses petits, de la tête les fait sortir du ruisseau. Ils la suivent dans la forêt, vers le sommet du mont Tamalpais.

56

Nome (Alaska)

3 août 2016

– Il est sympa, ton pote, de nous prêter son Zodiac, dit Juliet comme ils passent la pointe de la jetée du port de Nome.

Vince pousse la manette des gaz, le hors-bord bondit de vague en vague.

– D'autant plus sympa qu'il me devait deux cents dollars et que j'ai annulé sa dette, dit Vince en élevant la voix, pour couvrir le bruit du quatre-vingts chevaux Yamaha. À Nome, rien n'est gratuit, surtout pendant la saison. Tu commences à le comprendre, non ?

– Alors merci, Vince.

– De rien, *honey*. Bon, tu veux bien me dire où nous allons, maintenant ? Je ne suis pas fan de surprises, et j'aurais bien fait la grasse matinée. Il n'y a pas grand-chose à voir, dans le coin, c'est pas la Californie…

– Si mes calculs sont bons, entre quatre et cinq milles au nord, à peu près deux cents yards de la plage.

– Ah, l'épave. C'est pour ça que tu as pris la combi et la bouteille ? Tu veux plonger dessus.

– Mais tu connais ?

– Bien sûr, tout le monde sait qu'il y a un trois-mâts coulé dans le coin. Ce n'est pas le seul d'ailleurs. Mais ça ne rapporte rien, les épaves. Ici, quand on plonge, c'est pour ramasser des pépites. Alors descends le voir si tu veux, moi je reste au sec. Ce sera sans doute ma seule journée de repos avant le mois d'octobre. Le vol d'Anchorage arrive à dix heures demain matin, on installe la nouvelle pompe et à deux heures on peut être sur l'eau. Tu as pris le GPS ?

– Je l'ai.

Elle sort de son sac étanche le journal de bord de la *Sunset Star*, l'ouvre à la dernière page. *Latitude North 65° 4' 44"*. Elle entre la coordonnée dans le récepteur GPS, de la taille d'un gros téléphone portable.

– C'est quoi, un vieux cahier ?

– Je pense que c'est le journal de bord de la goélette qui a coulé. Elle s'appelait *Sunset Star*, port d'attache San Francisco.

– C'est marrant. Où as-tu trouvé ça ?

– Dans une brocante, dans Castro District.

Le soleil passe au-dessus des montagnes, chasse les brumes matinales. Ils rencontrent une barge de chercheurs d'or qui reconnaissent Vince, le saluent à grands signes.

– Ralentis, on arrive. 42, 43, 44''. Ici, c'est ici. Coupe le moteur, je jette l'ancre.

– Bon, avant que tu ne t'équipes, café !

Il sort d'un sac de sport un thermos, un paquet de cookies.

– Il y a dix-huit, vingt pieds de fond, pas plus, ça va être facile.

Juliet rouvre le journal de bord de Mercator, se tourne vers les montagnes, le tient à bout de bras. Le croquis de la ligne de crêtes, dessiné un siècle et demi plus tôt par son ancêtre, correspond à l'enchaînement des sommets qu'elle a sous les yeux. C'est bien là. Reste à savoir si le coffre a résisté, si un plongeur ne l'a pas déjà trouvé, si l'ambre gris est encore dedans…

Elle se déshabille, enfile les sous-vêtements polaires, la combinaison sèche, boit une gorgée de café, croque dans un gâteau avant de passer la cagoule.

– Tu ne disposes que de trente minutes d'air, j'espère que ça suffira. Ne perds pas de temps.

– Bon, j'y vais, ne t'inquiète pas.

– Sois prudente, je surveille tes bulles. Regarde ta montre. Pas besoin de paliers à cette profondeur, mais remonte doucement quand même. À tout à l'heure.

Elle s'assied à l'envers sur le boudin du Zodiac, les palmes à l'intérieur, dos à l'océan, et bascule en arrière dans l'eau. Elle allume sa lampe frontale. C'est sableux, visibilité moyenne. Elle souffle longuement dans le détendeur pour vider ses poumons et commencer à descendre. Voilà le fond. Quatre, cinq mètres. Une méduse de la taille d'une citrouille passe dans son champ de vision.

Elle a entré le point GPS dans son ordinateur de plongée, suit la flèche qui indique l'ouest. Rien pour l'instant. Elle palme en souplesse, à un mètre du fond. Premier indice : un tronçon de poutre en décomposition. Par là. Elle remonte un peu et la voit.

L'épave de la *Sunset Star* a été disloquée par le temps et les tempêtes mais la carcasse de bois reste en partie visible. Ici, ce devait être le grand mât, là un morceau de coque. La proue, il faut que je trouve la proue. Je ne suis pas arrivée à savoir s'il y avait une figure à l'avant, je ne crois pas. Plus que quinze minutes et je commence à avoir froid.

Cette poutre, là, ça pourrait être la quille, suivons-la. Elle se termine ici. Trois coups de palme, Juliet descend, le masque au ras du sable. Elle attrape le couteau attaché à sa cheville, creuse, gratte. Le bois se décompose sous la lame. Elle écarte les morceaux de la main gauche, essaie de soulever le moins de sable possible. C'est quoi, ça ? Elle enfonce la lame sur quelques centimètres. Du métal. Son rythme cardiaque s'accélère. Oh putain… Elle glisse le poignard dans son fourreau, creuse à deux mains. C'est plat. Elle essuie le sable d'un revers de gant, braque ses lampes. Sur le couvercle du coffre, des motifs mexicains.

57

San Francisco (Californie)

18 juillet 1866

– En pépites ? Et l'intégralité de la somme en or brut ? Mais madame Fleming, c'est trop, où voulez-vous…

– Écoutez-moi, monsieur Fargo. Je suis l'une de vos meilleures clientes depuis… Quand avez-vous ouvert votre établissement, déjà ?

– 1852.

– C'est ça. Nous étions en Californie depuis trois ans. Vous avez gagné des fortunes sur mon dos et celui de mon mari. Je vous connais depuis cette date, c'est pour ça que je vous ai chargé de vendre les entreprises Fleming, le Diamond Star, les bateaux, tout ce que j'avais. Je ne garde que la maison, que je prête à l'école française. J'ai décidé à la mort de mon mari de rentrer à New York. Je veux revoir ma famille, de bonnes écoles pour mon fils. Alors il me faut vendre vite, et vous savez comme moi que j'aurais pu en tirer un bien meilleur prix. Je n'ai pas négocié votre commission, qui est plus que confortable. Mais j'y mets une condition : vous transformez tout ça en or, en pépites d'or brut. En vrac.

– Je peux vous avoir des lingots, c'est sûr, facile à transporter. Mais des pépites…

– Débrouillez-vous. Je suis partie dans l'Ouest chercher de l'or. Ce sont des sacs de pépites que je veux vider sur le bureau de mon père. Nous sommes au pays de l'or, non ? Alors bougez-vous. Ne me dites pas que vous ne connaissez pas un négociant en or, à San Francisco, *the city of gold*. Vous me trouvez… C'est combien, le total ?

– Plus d'un demi-million, justement, c'est le problème.

– Plus d'un demi-million de dollars en pépites d'or brut. Dans des sachets de coton, je vous prie, le tout dans des sacs de cuir. Je reviens vendredi.

Trois jours plus tard, Sara Magnet, veuve Fleming, entre dans le hall de la Wells Fargo Bank, accompagnée de Fergus Smalls et de deux gardes armés de fusils. Sur le parquet de son bureau, au premier étage, William Fargo a aligné huit sacs en cuir de bison, contenant chacun vingt-cinq kilos d'or en pépites.

– Merci, monsieur Fargo, et adieu. Je vous ferai parvenir mon adresse à New York pour le virement du reste, quand vous aurez vendu les terrains.

– Bien, madame Fleming. Tout à fait, madame Fleming. Je vous souhaite un bon voyage.

Le surlendemain, Fergus, Richard Bailey et le professeur Georg Altmaier, passagers du *Freedom* arrivés avec elle en 1849, viennent chercher Sara et Thomas à bord de deux fiacres.

– J'ai entamé les démarches pour donner à une rue ou une place le nom de « Capitaine Mercator Fleming », dit le professeur. Le maire ne peut pas me refuser ça. Brannan appuie mon initiative.

– Merci, professeur. Envoyez-moi une photographie de la plaque quand elle sera posée. Et venez nous voir à New York.

– Dès qu'ils auront terminé la construction du chemin de fer transcontinental, je vous promets d'en être l'un des premiers passagers. D'ici deux ou trois ans, à ce qu'on dit, ils progressent vite.

Ils montent au cimetière de Russian Hill où repose Mercator. Son corps, à moitié dévoré par les animaux, a été retrouvé trois jours après sa mort par Eddie Ross et un groupe de volontaires de Bolinas partis à sa recherche. Sur la pierre de granit clair :

Mercator Fleming
1820-1866
Baleinier – Bâtisseur
Mari – Père

Sara dépose une rose blanche sur la tombe. Thomas est immobile à ses côtés. Il va avoir douze ans. Il est grand pour son âge, brun, svelte. Il ressemble à son père, mais davantage encore à son oncle Nicholas, dont l'âme parcourt les océans, avec les dauphins. Il s'agenouille dans la terre, pose les deux mains sur la pierre, se relève. Il serre les poings, ravale un sanglot.

– Viens, maman.

Dans le port, sur le quai dix-sept, la cheminée centrale du vapeur *SS Pittsburg* crache une épaisse fumée noire. Il lâche deux longs coups de sirène, appareillage dans une heure. Sara donne la main à son fils, monte l'échelle de coupée de première classe, sans se retourner. Derrière elle, quatre porteurs avec des sacs de cuir.

Épilogue

Gare du Nord (Paris)

14 octobre 2016

Juliet Stone embarque dans l'Eurostar, *Business Premier*, départ pour Londres dans huit minutes. Elle sourit au jeune homme en costume Paul Smith qui l'aide à ranger son sac de voyage dans le râtelier.

Il cherche un moyen d'engager la conversation, n'en trouve pas, s'assied. Plus tard.

Elle s'installe, ouvre son ordinateur, se connecte au wi-fi, consulte sa messagerie. Encore un courriel de Vince. Je lui répondrai demain, de l'hôtel. Ce n'est pas très chic ce que j'ai fait, disparaître comme ça, sans rien laisser d'autre qu'une adresse électronique, en lui faisant croire que j'allais faire du shopping à Anchorage.

Je l'aime bien, en fait. Je pourrais même l'aimer tout court, il ne faudrait pas grand-chose. Je pourrais lui demander de me rejoindre à Londres… Mais qu'est-ce qu'il ferait à Londres ? C'est un chercheur d'or, un gars de l'Ouest. Il ne tiendrait pas trois jours. Nous verrons dans deux ans, quand j'aurai mon diplôme. Je reviendrai à San Francisco, il ne passera peut-être pas sa vie à aspirer du sable dans l'eau glacée…

En tout cas, j'ai eu raison de venir vendre l'ambre gris en France. L'acheteur de Guerlain m'en a donné vingt pour cent de plus que les New-Yorkais. Ils m'ont invitée dans leur usine, près de Paris, m'ont reçue comme une reine. L'endroit s'appelle Orphin, ils m'ont expliqué que ça pouvait se traduire par *fine gold,* en anglais. Le capitaine Fleming me fait un clin d'œil, à travers les siècles. Ils n'avaient jamais vu une telle quantité d'ambre gris en un seul lot. J'ai cru que le « nez », leur créateur, allait tourner de l'œil quand il a ouvert la boîte. Il m'a expliqué que l'ambre a la faculté, très rare, de fixer les autres essences quand ils font des mélanges. Ils vont le faire macérer plus d'un an, et utiliser son extrait liquide. Le trésor de la *Sunset Star* va finir en doses infinitésimales dans des bouteilles de parfum puis dans le cou et les cheveux des femmes. Samsara, Shalimar. Ils m'ont offert une dizaine de flacons. Ce matin, j'ai mis quelques gouttes de Vol de nuit.

Elle ouvre sa besace sur ses genoux, en sort une revue d'art, un roman de Mario Vargas Llosa et le livre de bord de son ancêtre. Elle caresse la peau de phoque tannée, feuillette les premières pages, passe le doigt sur l'encre, déchiffre l'écriture fine, penchée sur la droite. Les dates, le nom des ports, des vents et des courants. Le dessin de la ligne de crête des monts qui surplombent Nome. En dernière page, du rabat de la couverture elle sort une photographie délavée.

Un homme tient une femme par l'épaule, leur petit garçon en tenue de bûcheron par la main. Sara sourit. Mercator fixe le photographe d'un regard noir, intense. Il me parle. Il sait. Thomas suit des yeux le vol d'un papillon. Ils posent devant la souche d'un séquoia géant, abattu à la hache.

Juliet retourne le cliché.

Bolinas, Sept 1862.

RÉALISATION : NORD COMPO À VILLENEUVE-D'ASCQ
ACHEVÉ D'IMPRIMER SUR ROTO-PAGE PAR L'IMPRIMERIE FLOCH À MAYENNE
DÉPÔT LÉGAL : AVRIL 2018. N° 138507 (92304)
IMPRIMÉ EN FRANCE